改革开放40周年·大国议题丛书

黄金水道

——长江经济带

吴传清　黄磊　万庆　等 编著

HUANGJIN SHUIDAO

CHANGJIANG

JINGJIDAI

重庆大学出版社

内容提要

本书围绕新时期长江经济带发展建设重点任务，紧紧把握“生态优先、绿色发展”的战略定位，深入探究长江经济带生态环境保护、生态文明建设、主体功能区布局、综合立体交通走廊建设、产业创新驱动转型升级、新型城镇化推进、全面开放格局构建，为将长江经济带建设成为我国生态文明建设的先行示范带、创新驱动带、协调发展带建言献策。本书可为科研院所研究人员、政府工作人员提供参考，也可作为高校研究区域经济学的教师及研究生的参考书目。

图书在版编目（CIP）数据

黄金水道：长江经济带／吴传清等编著．--重庆：
重庆大学出版社，2018.9
（改革开放 40 周年·大国议题丛书）
ISBN 978-7-5689-1391-1

Ⅰ.①黄…　Ⅱ.①吴…　Ⅲ.①长江经济带—区域经济
发展—研究　Ⅳ.①F127.5

中国版本图书馆 CIP 数据核字（2018）第 223987 号

改革开放 40 周年·大国议题丛书
黄金水道
——长江经济带
吴传清　黄　磊　万　庆　等编著
策划编辑：马　宁　尚东亮
责任编辑：刘茂林　　版式设计：刘茂林
责任校对：邹　忌　　责任印制：张　策
*
重庆大学出版社出版发行
出版人：易树平
社址：重庆市沙坪坝区大学城西路 21 号
邮编：401331
电话：（023）88617190　88617185（中小学）
传真：（023）88617186　88617166
网址：http://www.cqup.com.cn
邮箱：fxk@cqup.com.cn（营销中心）
全国新华书店经销
北京盛通印刷股份有限公司印刷
*
开本：720mm×1020mm　1/16　印张：29　字数：399 千
2018 年 9 月第 1 版　　2018 年 9 月第 1 次印刷
印数：1—4 000
ISBN 978-7-5689-1391-1　定价：99.00 元

丛书编委会

中国改革开放为什么能够成功

——《改革开放40周年·大国议题丛书》总序

经过40年的改革开放,中国成功地实现了从计划经济向市场经济的转轨,国家经济实力、科技实力、国防实力、综合国力得到前所未有的提升;党的面貌、国家的面貌、人民的面貌、军队的面貌、中华民族的面貌发生了前所未有的变化。我们的改革开放为什么能够成功? 回首40年改革开放历程,有三条重要经验值得总结。

坚持党对改革开放的领导，确保社会主义方向不动摇

办好中国的事情,关键在党。改革开放之初,邓小平同志就将坚持党中央的领导核心地位与推进改革开放紧密联系起来,不仅要求党中央树立权威,体现出能力,还强调要打造“一个具有改革开放形象的领导集体”。以江泽民同志为核心的党中央面对改革的深入推进和国际环境的深刻变化,向全党明确提出了“四个服从”;以胡锦涛同志为总书记的党中央,立足于推进社会主义现代化的重任,提出要坚决维护中央权威。

习近平总书记多次强调要充分发挥党总揽全局、协调各方的核心作用,全党要统一意志、统一行动、步调一致,尤其是中央政治局要带头自觉维护中央权威,增强工作合力,做到“全党一盘棋、全国一盘棋”。他告诫全党:“中国是一个大国,决不能在根本性问题上出现颠覆性错误,一旦出现就无法挽回、无法弥补。”

从世界社会主义运动的经验教训看,如果没有共产党作为坚强的领导核心,改革就会进退失据,甚至走上不归路。苏联之所以解体,一个重要原因就是1990年3月苏联通过修改宪法取消了党的领导,结果使改革背离人民的利益,最终酿成悲剧。戈尔巴乔夫曾在接受中国记者采访时说:“我深深体会到,改革时期,加强党对改革进程的领导,是所有问题的重中之重。在这里,我想通过我们的惨痛失误来提醒中国朋友:如果党失去对社会和改革的领导,就会出现混

乱，那将是非常危险的。”

坚持党对改革的领导，最根本的就是要保证改革开放不偏离社会主义方向，既不走封闭僵化的老路，也不走改旗易帜的邪路。什么是社会主义？邓小平同志1978年9月在东北三省视察时说：“社会主义要表现出它的优越性，哪能像现在这样，搞了20多年还这么穷，那要社会主义干什么？”1984年11月，他第一次提到了共同富裕，并在一次即席讲话中指出：“社会主义的目的就是要全国人民共同富裕，不是两极分化……我们提倡一部分地区先富起来，是为了激励和带动其他地区也富裕起来。”1992年邓小平在“南方谈话”中提出“社会主义的本质就是解放生产力，发展生产力，消灭剥削，消除两极分化，最终达到共同富裕”，并且强调“共同富裕是社会主义制度不能动摇的原则”。

党的十八大以来，以习近平同志为核心的党中央坚定不移地带领人民走共同富裕的道路。习近平总书记指出：“我们追求的发展是造福人民的发展，我们追求的富裕是全体人民共同富裕。”2012年年底，习近平总书记在河北调研时指出：“没有农村的小康，特别是没有贫困地区的小康，就没有全面建成小康社会”；2013年至2015年，他在海南、云南、陕西等地调研时多次论及“小康不小康，关键看老乡”“全面实现小康，一个民族都不能少”。2013年11月习近平总书记在湖南湘西考察时首次提出精准扶贫，进一步拓展了共同富裕的实现途径。在精准扶贫、精准脱贫基本方略的统领下，社会各界、各行各业的力量被动员起来，产业扶贫、教育扶贫、健康扶贫、金融扶贫、生态扶贫、电商扶贫相继涌现。东西部扶贫协作和对口支援政策积极推行，一系列脱贫创新实践在各地蓬勃开展。

坚持“三个有利于”标准，充分尊重人民群众的首创精神

1984年10月，《中共中央关于经济体制改革的决定》明确规定，全党同志在进行改革的过程中，应该把是否有利于发展生产力作为检验一切改革得失成败的最主要标准。1987年6月邓小平同志明确讲：“我们的改革要达到一个什么目的呢？总的目的是要有利于巩固社会主义制度，有利于巩固党的领导，有

利于在党的领导和社会主义制度下发展生产力。”同年10月党的十三大提出：“是否有利于生产力发展应该成为我们考虑一切问题的出发点和检验一切工作的根本标准。一切有利于生产力发展的东西，都是符合人民根本利益的，因而是社会主义所要求的，或是社会主义所允许的。”

1992年邓小平在“南方谈话”中明确提出，判断改革开放中一切工作得失、是非、成败的标准是：是否有利于发展社会主义社会的生产力，是否有利于增强社会主义国家的综合国力，是否有利于提高人民的生活水平。这“三个有利于”的判断标准不仅包括了生产力标准，而且把发展生产力、增强综合国力和提高人民生活水平三者有机结合起来，是对生产力标准的深化和发展。

坚持“三个有利于”标准，不断解放和发展生产力，要依靠亿万群众的主体力量和创新精神，依靠人民迸发出激情和活力。事实证明：改革开放的历程就是人民群众的首创精神不断激发、不断涌现的过程。

1978年12月，安徽凤阳小岗村18户农民自发搞起了“大包干”，由此揭开了农村改革的序幕。1980年9月，中央决定允许农民根据自愿原则实行家庭联产承包制；1982年1月，中央一号文件明确指出“包产到户、包干到户都是社会主义集体经济的生产责任制”；到1983年年初，中央一号文件进一步肯定，家庭联产承包责任制是“在党的领导下中国农民的伟大创举”。邓小平同志曾明确指出：“农村搞家庭联产承包，这个发明权是农民的。”他说，“新的农村政策优势从哪里来的？难道是我们几个中央领导同志，我们的省长、书记们的发明吗？这里面当然有党的集体智慧，各级党政领导确实做了大量概括和提高的工作。而更重要的，却是亿万农民的实践，亿万农民的创造”，还说“农村改革中的好多东西，都是基层创造出来，我们把它拿来加工提高作为全国的指导”。

非公经济的发展同样来源于人民群众创业激情的释放。1982年温州出现创业高潮，当地个体工商企业超过10万家，占全国总数的十分之一，形成了闻名全国的“温州模式”。温州的非公经济发展当时之所以能领跑全国，一个重要的原因就是温州人“敢为人先、特别能创业”的精神得到了充分尊重，创新意识被充分调动,才走出了一条“生活逼出来,市场放出来,群众闯出来”的独特发展之路。

党的十八大以来,习近平总书记强调,改革开放是亿万人民自己的事业,必须坚持尊重人民首创精神。他指出:“要广泛听取群众意见和建议,及时总结群众创造的新鲜经验,充分调动群众推进改革的积极性、主动性、创造性,把最广大人民智慧和力量凝聚到改革上来,同人民一道把改革推向前进。”“要充分调动人民群众的积极性、主动性、创造性”“要自觉拜师人民、尊重人民、依靠人民”。在推进改革开放的实践中,全国不少地方尊重人民首创精神,激发企事业单位、社会组织的活力,盘活各类社会资源,在推动实现政府治理和社会自我调节、居民自治良性互动方面实现了新突破。

坚持改革、发展、稳定的有机统一，正确处理三者关系

早在20世纪80年代初,邓小平同志多次提出必须保持“国内安定团结的政治局面”。1987年在接见外宾时他指出,保持“国内安定团结的政治局面”和“有领导有秩序地进行社会主义建设”是实现“三步走发展战略”的重要条件之一。“没有安定团结的政治环境,什么事情都干不成。”1989年2月邓小平同志指出:“中国的问题,压倒一切的是需要稳定。没有稳定的环境,什么都搞不成,已经取得的成果也会失掉。”

以江泽民同志为核心的第三代中央领导集体,将改革、发展、稳定作为中国改革开放和社会主义现代化建设事业三个有机统一的组成部分:改革是动力,发展是目的,稳定是前提。以胡锦涛同志为总书记的党的领导集体,着眼于科学发展和构建社会主义和谐社会,自觉调整和改革生产关系与生产力、上层建筑与经济基础不相适应的方面和环节,不断提高改革决策的科学性,增强改革措施的协调性。

党的十八大以来,以习近平同志为核心的党中央,要求必须处理好改革、发展、稳定三者之间的关系,以更大的政治勇气和智慧,进一步解放思想、解放和发展社会生产力、增强社会创新活力。习近平同志强调,全面深化改革要处理好几种关系,其中就包括要处理好胆子要大和步子要稳的关系、改革发展稳定的关系。改革是发展的动力,是实现长期稳定的基础;发展是改革的目的,是稳定最可靠的保证;稳定则是改革、发展的前提条件,也是发展的重要要求。处理改革发展稳定的关系,就是要坚持把改革的力度、发展的速度和社会可承受的程度统一起来,在社会稳定中推进改革发展。

正确处理改革发展稳定的关系,必须找到三者的结合点。习近平总书记强调,要把"人民拥护不拥护、人民赞成不赞成、人民高兴不高兴、人民答应不答应"作为想问题、干事业的出发点和落脚点,本着对历史负责、对人民负责的态度,准确把握改革发展稳定的平衡点,准确把握近期目标和长期发展的平衡点,准确把握改革发展的着力点,准确把握经济社会发展和改善人民生活的结合点,坚持问政于民、问需于民、问计于民,从老百姓最关心、最直接、最现实的问题入手,在转方式、调结构、保民生、推动可持续发展方面取得实实在在的成效。

中国改革开放为什么能够成功的三条经验已被理论和实践所印证。在中国改革开放 40 周年之际,在重庆市文化委员会、重庆大学的领导和支持下,成立了由中共中央党校(国家行政学院)副校(院)长王东京教授、重庆大学校长张宗益教授共同担任主任的丛书编委会,在丛书编委会的总体统筹和指导下,由中国大运河智库联盟理事长、重庆智库创始人兼总裁王佳宁同志担任总策划,重庆大学出版社社长易树平教授牵头组织出版了"改革开放 40 周年 · 大国议题丛书"。该丛书聚焦中国政府转型、"一带一路"建设、京津冀协同发展、长江经济带发展、新一轮东北振兴、自由贸易试验区等一系列治国理政的伟大实践,既有学术理论研究,又有实践经验总结,兼具原创性、思想性、学术性和史料性,对破解发展难题、增强发展动力、厚植发展优势,具有重要的出版价值。10 年前,佳宁同志和重庆大学出版社曾经共同策划并推出"中国经济改革 30 年丛书",社会反响较大。如今,"改革开放 40 周年 · 大国议题丛书"秉承这一好的传统,更以全新面孔出现。丛书作者均为长期跟踪研究改革开放前沿问题的专家学者,阵容强大且权威。

研究和写作是一个知行合一的过程,这是专家学者的使命。丛书 9 卷,洋洋洒洒,全方位展示改革开放和现代化进程中关键领域、行业的发展进程和愿景。期待“改革开放40周年·大国议题丛书”对关注中国改革开放事业的各界读者有所助益,从而让我们一起以更广博的胸怀续写华夏新篇章。

中共中央党校(国家行政学院)副校(院)长、教授

王东京

2018年8月

重庆大学校长、教授

张宗益

2018年8月

前 言

改革开放以来,国家不断优化国土空间开发格局,沿长江通道作为我国国土空间开发最重要的东西轴线,长江沿线地区发展的战略性、紧迫性和重要性愈益凸显。推动长江经济带发展,是新时期党中央、国务院主动适应、把握、引领经济发展新常态,科学谋划中国经济新棋局,打造中国新经济支撑带,加快中国经济实现高质量发展作出的既惠当前又利长远的重大决策。2013 年 7 月 21 日,习近平总书记视察湖北武汉新港时指出,"长江流域要加强合作,发挥内河航运作用,努力把全流域打造成黄金水道"。2014 年 3 月,李克强总理在《政府工作报告》中提出"建设长江经济带"。2014 年 9 月,国务院出台《国务院关于依托黄金水道推动长江经济带发展的指导意见》,初步明确长江经济带发展的基本思路。2016 年 9 月,中央正式印发《长江经济带发展规划纲要》,明确"生态优先、绿色发展"战略定位,全方位系统布局长江经济带建设重点。2017 年 10 月,党的十九大进一步要求"以共抓大保护、不搞大开发为导向推动长江经济带发展"。2018 年 4 月,习近平总书记在武汉主持召开的深入推动长江经济带发展座谈会上提出"使长江经济带成为引领全国经济高质量发展的生力军"。党的十八大以来,国家对长江经济带生态环境建设、综合交通走廊建设、产业转型升级、新型城镇化推进、对外开放格局建设、体制机制创新作出了一系列战略部署。

本书梳理了改革开放以来国家长江经济带发展战略的演变历程,围绕新时期长江经济带发展的战略重点任务,侧重总结分析 2011—2017 年长江经济带生态文明、交通走廊、产业体系、城市群、对外开放等发展态势。本书撰写工作由吴传清(武汉大学)、黄磊(武汉大学)、万庆(湖北大学)等领衔完成。本书呈现出以下三大主要特色:一是系统性。本书详细梳理了改革开放 40 年来长江经济带发展战略的来龙去脉，全面探讨了长江经济带生态文明建设、主体功能区布局、综合交通走廊建设、产业创新驱动和绿色发展、新型城镇化建设、全方位对外开放布局，紧扣“生态优先、绿色发展”的战略领域，覆盖长江经济带建设的重点领域，本书是首部系统论述长江经济带发展战略的著作。二是专业性。本书由武汉大学区域经济研究中心团队负责撰写，不仅紧扣国家关于长江经济带发展战略的总体布局，还更加凸显区域元素，关注区域发展战略与政策，根据不同的主体产品类型和区域资源环境承载能力，精准定位长江经济带主体功能区布局，系统梳理长江经济带发展战略的相关政策文件。三是技术性。本书为政府工作人员和高校科研院所研究人员提供了丰富的区域经济研究方法，如计量经济学、空间经济学、空间统计学、技术经济学、生态经济学等学科分析工具。这些研究方法可以保证本书研究结论的可靠性和政策建议的有效性。

本书具体章节写作分工如下：第一章由吴传清、黄磊撰写；第二章由黄成（武汉大学）、吴传清撰写；第三章由黄磊、吴传清撰写；第四章由吴传清、邓明亮（武汉大学）撰写；第五章由黄成、杜宇（武汉大学）、邓明亮撰写；第六章由吴传清、宋子逸（武汉大学）撰写；第七章由吴传清、黄磊、黄成、杜宇、申雨琦（武汉大学）、吴重仪（武汉大学）、邓明亮撰写；第八章由郑开元（武汉大学）、张高琼（武汉大学）撰写；第九章由万庆撰写；第十章由杜宇、吴传清撰写；附录由邓明亮整理。

感谢重庆大学出版社为本书出版提供的大力支持！感谢王佳宁先生、易树平先生提供的热情支持！感谢责任编辑在出版过程中所付出的辛勤劳动！

编　者
2018 年 7 月 31 日

目　录

第一章

1 长江经济带发展战略演进脉络

内容提要 长江经济带发展战略是新时期关系国家发展全局的重大战略，长江经济带是推动我国经济高质量发展的生力军。改革开放以来，长江经济带发展战略的演变大体经历了三个阶段：早期构想阶段（1978—1992 年）、早期探索阶段（1992—2013 年）、全面实施推进阶段（2013—2018 年）。2013 年以来长江经济带进入全面实施推进时期，新时期长江经济带发展的总体战略定位为生态文明建设的先行示范带、引领全国转型发展的创新驱动带、具有全球影响力的内河经济带、东中西互动合作的协调发展带。长江经济带发展的战略重点为保护长江生态环境、构建综合交通运输体系、创新驱动产业转型升级、推动新型城镇化发展、建立全方位对外开放格局、完善区域协调体制机制。

改革开放以来，长江经济带发展经历了较长时期才最终被确立为国家重大发展战略，从早期的初步设想到早期的尝试探索再到当前的全面推进，数次进入国家区域协调发展战略总体布局。随着沿海开发战略的日趋成熟，沿江开发战略的推进愈发迫切。而新时期我国经济发展进入新常态，资源环境约束趋紧，长江经济带发展不同于以往的“大开大建”，“生态优先、绿色发展”成为必须坚持的战略定位，“绿色、创新、协调、开放、共享”成为必须践行的发展理念。本章侧重梳理长江经济带发展战略的演进脉络，总结新时期长江经济带发展的总体战略目标和战略重点任务。

第一节 长江经济带发展战略的演进历程

一、早期构想阶段（1978—1992 年）

在改革开放初期，国务院发展研究中心马洪提出“一线一轴”战略构想，“一线”即指“沿海一线”，“一轴”即指“长江发展轴”。1984 年 12 月，陆大道根据

"点-轴开发理论"提出国土空间"T 型"发展战略格局，明确指出 20 世纪末期与 21 世纪初期我国应重点发展两条一级轴线（海岸地带轴与长江沿岸轴）。其中，海岸地带轴覆盖现今环渤海地区、长三角地区和珠三角地区；长江沿岸轴大体覆盖现今长三角地区、长江中游城市群、成渝城市群、滇中城市群和黔中城市群，与长江经济带覆盖范围大体相当。陆大道倡导的沿海沿江"T 型"开发格局主张被国家计划委员会（2003 年更名为国家发展和改革委员会）1987 年编制的《全国国土总体规划纲要（草案）》、1990 年编制的《全国国土总体规划纲要》采纳，提出"在生产力的总体布局方面，以东部沿海地带和横贯东西的长江沿岸相结合的'T'型结构为主发展轴线，以其他主要交通干线为二级发展轴线，按照点、线、面逐步扩展的方式进一步展开生产力布局"。

20 世纪 80 年代优先开放开发的城市和区域均位于沿海地带轴。诸如 1980 年设立珠海、厦门、深圳三大经济特区，1981 年设立汕头经济特区，1984 年设立十四个沿海开放城市①，1985 年设立三个沿海经济开放区（长江三角洲、珠江三角洲和闽南三角洲），1988 年设立海南经济特区等。20 世纪 80 年代长江沿岸轴总体上仍处于自我发展阶段，长江沿岸轴的开放开发仍停留在规划构想阶段。

二、早期探索阶段（1992—2013 年）

20 世纪 90 年代初期，随着上海浦东新区的开发和三峡工程的兴建，长江沿线地区发展问题被纳入国家发展战略视野，国家从战略高度提出要重点发展"长江三角洲及长江沿江地区经济"。1992 年 4 月，七届全国人大五次会议通过《关于兴建长江三峡工程的决议》，决定将兴建三峡工程列入国民经济和社会发展十年规划。1992 年 6 月，国务院召开长江三角洲及长江沿江地区经济发展规划座谈会。1992 年 10 月，中央决定以上海浦东为龙头，开放芜湖、九江、黄

---

① "十四个沿海开放城市"指大连、秦皇岛、天津、烟台、青岛、连云港、南通、上海（仅为浦西老城区）、宁波、温州、福州、广州、湛江、北海。

石、武汉、岳阳、重庆 6 个沿江城市和三峡库区，实行沿海开放城市和地区的经济政策。1992 年 10 月，党的十四大报告指出，“以上海浦东开发为龙头，进一步开放长江沿岸城市，尽快把上海建成国际经济、金融、贸易中心城市之一，带动长江三角洲和整个长江流域地区的新飞跃”。长江流域地区发展上升为国家发展战略。

1995 年 9 月，十四届五中全会通过的《中共中央关于制定国民经济和社会发展“九五”计划和 2010 年远景目标的建议》提出，“要突破行政区划界限，在已有经济布局的基础上，以中心城市和交通要道为依托，进一步形成以上海为龙头的长江三角洲及沿江地区经济带等若干跨省（区、市）的经济区域”。1996 年 3 月，全国人大八届四次会议通过的《中华人民共和国国民经济和社会发展“九五”计划和 2010 年远景目标纲要》明确提出，“以浦东开放开发、三峡建设为契机，依托沿江大中城市，逐步形成一条横贯东西、连接南北的综合型经济带”。

江苏、安徽、江西、湖北、湖南、重庆等沿江省份纷纷实施沿江开发战略，重视沿江地区开放开发，在沿江地区建立经济技术开发区和城市新区。为进一步扩大发展空间，打破行政体制分割障碍，打通沿江交通网络，沿线省份开始自下而上地尝试探索长江经济带整体协同发展的合作协调机制。2005 年，长江沿江 9 省份签订《长江经济带合作协议》。2009 年以来，长江沿线七省二市①不断呼吁“将长江经济带的发展上升为国家战略”。

尽管长江经济带发展在这一时期首次被确立为国家战略地位，但国家因率先启动沿海开放战略以及实施区域协调发展总体战略，寄希望于发挥上海的龙头作用带动长江沿线发展，国家层面尚未实质性地实施长江经济带发展战略，更多表现为沿江省份开放开发的自发探索。受沿岸省份分割的行政体制与尚不完善的交通基础设施等客观条件制约，长江经济带经济发展极不平衡，仍旧未能形成一条横贯东西、连接南北的协调经济带。

① “七省二市”指沿长江干线的上海市、重庆市、江苏省、安徽省、江西省、湖北省、湖南省、四川省和云南省。

三、全面实施推进阶段(2013—2018 年)

新时期长江经济带发展再次上升为国家战略的重大背景是经济发展进入新常态,面临着增速换挡、结构调整、动能转换、城乡统筹、区域协调、生态修复与保护等诸多挑战,迫切需要培育新的复合巨型增长极(带)支撑我国经济社会全面发展。而经过多年自我发展与国家间断性投入,长江经济带在经济体量、增长速度、产业基础、创新资源、交通网络、联系密度、生态资源等诸多方面均已形成良好的发展基础,能够成为新常态下我国经济、社会、生态全面发展的重要支撑带。因此客观上要求长江经济带发展必须上升为国家重大发展战略,成为挺起新时期中国发展的"脊梁"。

2013 年 7 月 21 日,习近平总书记视察湖北武汉新港时提出,"长江流域要加强合作,发挥内河航运作用,把全流域打造成黄金水道"。总书记对长江流域发展提出新要求,长江流域发展引起中央高度重视。2013 年 9 月 21 日,李克强总理在国家发展改革委呈报件上批示:"沿海、沿江先行开发,再向内陆地区梯度推进,这是区域经济发展的重要规律。请有关方面抓紧落实,深入调研形成指导意见,依托长江这条横贯东西的黄金水道,带动中上游腹地发展,促进中西部地区有序承接沿海产业转移,打造中国经济新的支撑带。"2013 年 9 月 23 日,国家发展改革委会同交通部在北京召开《依托长江建设中国经济新支撑带指导意见》研究起草工作动员会议。同年 12 月,将长江经济带的地域范围扩展为 11 省份(云南、贵州、四川、重庆、湖北、湖南、安徽、江西、江苏、浙江、上海)。

2014 年 3 月 5 日,李克强总理首次在政府工作报告中提出,"依托黄金水道,建设长江经济带",长江经济带发展被明确定位为国家战略。2014 年 4 月 28 日,李克强总理在重庆召开座谈会,与长江沿线 11 省份主要负责人讨论长江经济带建设。2014 年 9 月 25 日,国务院出台《国务院关于依托黄金水道推动长江经济带发展的指导意见》,明确长江经济带发展的总体战略定位和战略重点任务。2014 年 9 月 25 日，国务院出台《长江经济带综合立体交通走廊规划（2014—2020 年）》，明确打造黄金水道和建设综合立体走廊的主要任务，系统谋划长江经济带交通建设。

2016 年 1 月 5 日，习近平总书记在重庆主持召开推动长江经济带发展座谈会，强调“当前和今后相当长一个时期，要把修复长江生态环境摆在压倒性位置，共抓大保护，不搞大开发”，明确长江经济带“生态优先、绿色发展”的战略定位。2016 年 3 月 2 日，国家发展改革委等三部委联合颁布《长江经济带创新驱动产业转型升级方案》，明确长江经济带产业创新发展的重点任务和保障措施，系统谋划长江经济带产业创新发展。2016 年 9 月，中共中央正式印发《长江经济带发展规划纲要》，明确长江经济带发展的战略定位和总体布局。

2017 年 6 月 30 日，工信部等五部委联合颁布《关于加强长江经济带工业绿色发展的指导意见》，明确长江经济带工业绿色发展的主要抓手和保障措施，加快推动长江经济带工业绿色发展。2017 年 7 月 13 日，环境保护部（现为“生态环境部”）颁布《长江经济带生态环境保护规划》，明确长江经济带生态环境保护的重点任务和保障措施。2017 年 10 月 18 日，习近平总书记在党的十九大报告上进一步强调“以共抓大保护、不搞大开发为导向推动长江经济带发展”，把保护长江生态环境作为长江经济带开放开发的重要前提。

2018 年 4 月 26 日，习近平总书记在武汉主持召开深入推动长江经济带发展座谈会，提出推进长江经济带高质量发展，使长江经济带成为引领我国经济高质量发展的生力军。

2013 年以来长江经济带发展被确立为新时期国家重大战略，这是国家积极适应、引领经济发展新常态，培育中国经济发展的新增长极，推动经济高质量发展所作出的重大战略部署。国家对长江经济带交通网络、产业布局、生态环境、新型城镇化、对外开放、体制机制创新等作出了一系列部署，长江经济带沿线 11 省份陆续出台相应的地方行动方案。

第二节　新时期长江经济带发展的战略定位

2014 年 9 月 25 日印发的《国务院关于依托黄金水道推动长江经济带发展的指导意见》初步明确长江经济带发展的“四带”战略定位（“具有全球影响力的内河经济带、东中西互动合作的协调发展带、沿海沿江沿边全面推进的对内对外开放带、生态文明建设先行示范带”）。2016 年 3 月 17 日发布的《中华人民共和国国民经济和社会发展第十三个五年规划纲要》进一步提出长江经济带发展的“三带”战略定位（“生态文明建设的先行示范带、创新驱动带、协调发展带”）。2016 年 9 月，中共中央正式印发的《长江经济带发展规划纲要》进一步强调长江经济带发展的“四带”战略定位（“生态文明建设的先行示范带、引领全国转型发展的创新驱动带、具有全球影响力的内河经济带、东中西互动合作的协调发展带”）。

一、生态文明建设的先行示范带

长江是中华民族的母亲河，是中华文化的重要发祥地。长江流域以水为纽带，连接上下游、东西部、左右岸、干支流，形成完整开放的自然生态系统。长江经济带横跨我国“两屏三带”生态安全战略中的八大国家级重点生态功能区①，森林资源丰富、水资源充裕、生物种类繁多，生态流量充足，在涵养江河湖泊水源、调节气候变化、保护生态多样性与防治水土流失方面发挥着巨大功效，是我国生态文明建设的重要支撑带，构成我国生态文明建设的“绿色脊梁”。截至 2016 年年底，长江经济带九省二市拥有国家级、省级自然保护区 1 096 个，湿地面积为 11 542.90 千公顷，森林面积为 84 660.60 千公顷，森林蓄积量为

① “八大国家级重点生态功能区”指若尔盖草原湿地生态功能区、川滇森林及生物多样性生态功能区、桂黔滇喀斯特石漠化防治生态功能区、秦巴生物多样性生态功能区、三峡库区水土保持生态功能区、武陵山生物多样性及水土保持生态功能区、南岭山地森林及生物多样性生态功能区、大别山水土保持生态功能区。

531 041.23亿立方米，占全国比重分别为 39.85%、21.53%、40.76%、35.08%，高于长江经济带国土面积占全国比重的 21.23%；森林覆盖率为 41.53%，远高于全国平均水平 21.63%①。除长江经济带先天生态禀赋充裕外，沿线省份对长江经济带生态环境保护和修复治理高度重视，不遗余力地加强区内生态文明建设，巩固生态文明建设成果，将长江经济带建设成山青、水秀、天蓝的绿色生态廊道。截至 2016 年年底，累计建设地质公园 180 个，建设总投资达 299.84 亿元，分别占全国比重的 34.42%和 49.09%；2016 年恢复矿山占用损坏面积 9.79 千公顷，治理投入 32.10 亿元，分别占全国比重的 22.43%和 41.64%；累计除涝面积 8 803.70千公顷，当年新增除涝面积 194.10 千公顷，分别占全国比重的 38.17%和 52.22%；累计治理水土流失面积 48 760.30 千公顷，新增水土流失治理面积 1 870.00千公顷，水土保持及生态项目当年完成投资达 270.85 亿元，分别占全国比重的 40.49%、33.27%和 55.06%。长江经济带在维护国家生态系统稳定的可持续发展进程中占据着极其重要的地位。

二、引领全国转型发展的创新驱动带

长江经济带是我国创新驱动的重要策源地，教育、科技创新资源富集，先进制造业、高技术产业、战略性新兴产业发展迅猛。总体而言，长江经济带创新投入与创新产出极为庞大，创新驱动规模效应和带动效应显著，创新驱动能力强劲，是我国最具创新活力的区域之一。2016 年长江经济带高技术产业企业高达 15 473 家，从业人员平均人数为 584.26 万人，分别占全国比重的 50.24%与 43.54%，聚集着全国近一半的高技术企业与从业人员；长江经济带高技术产业主营业务收入高达 71 337.87 亿元，利润总额为 4 712.73 亿元，分别占全国比重的 46.38%和 45.75%，其中医药制造业主营业务收入占全国比重的 45.25%，航空、航天器及设备制造业主营业务收入占全国比重的 29.90%，电子及通信设备

① 数据整理自中国统计出版社出版的《中国环境统计年鉴 2017》。

制造业主营业务收入占全国比重的42.40%，计算机及办公设备制造业主营业务收入占全国比重的56.27%，医疗仪器设备及仪器仪表制造业主营业务收入占全国比重的62.50%，信息化学品制造业主营业务收入占全国比重的65.79%[①]，长江经济带对全国高技术产业起到了强大的支撑作用。长江经济带云集着丰富的创新资源，可为长江经济带保持持久强劲创新能力提供不竭动力支撑。截至2016年年底，长江经济带集中了研究与开发机构1 236家，高等院校1 115所，分别占全国比重的34.23%与42.95%；R&D[②] 人员全时当量高达180.42万人/年，R&D经费内部支出高达7 027.91亿元，发明专利授权数高达13.99万件，分别占全国比重的46.52%、44.83%和46.29%[③]。长江经济带已成为引领全国转型发展的创新驱动带。

三、具有全球影响力的内河经济带

长江货运量居全球内河第1，长江经济带是人口、产业集聚带。上中下游分布着三大巨型城市群，其中，长三角城市群为世界级城市群，长江中游城市群、成渝城市群为国家级城市群，具有横贯东西、连接南北、通江达海密集的水陆空立体交通运输网络，对周边地区有着极强的辐射引领作用。长江经济带已形成电子信息产业、汽车产业、高端装备制造业、钢铁工业、有色金属工业、纺织服装产业等优势产业集群，通过"渝新欧""蓉欧快铁""汉新欧""湘新欧""义新欧""合新欧"等中欧班列与沿海沿江大港大湾深度融入国际市场，已具备较强的国际竞争力。截至2016年年底，长江经济带国内生产总值与人口数量高达33.72万亿元与5.91亿人，集聚了全国42.22%的经济体量与和42.77%的人口总量，进出口货物总额高达1.57万亿美元，占全国比重的42.53%。2016年长江经济带金属制造业、汽车制造业销售产值分别为1.68万亿元和3.95万亿元，分别占

① 数据整理自中国统计出版社出版的《中国高技术产业统计年鉴2017》。

② R&D是"研究与开发"的英文编写。

③ 数据整理自中国统计出版社出版的《中国科技统计年鉴2017》。

全国比重的 42.70%和 49.14%；纺织服装、服饰业销售产值为 1.17 万亿元，占全国比重的 49.31%；铁路、船舶、航空航天和其他运输设备制造业销售产值为1.05 万亿元，占全国比重的 51.85%①。长江经济带的经济地位，特别是产业地位接近全国的一半分量，其他任何一个经济区域都无法比拟，庞大的经济体量和密集的人口数量要求构建发达的综合交通运输网络，满足区内人流、物流、资金流、信息量、技术流的充分流动，加快经济社会发展。截至 2016 年年底，长江经济带公路里程、铁路营运里程分别高达 204.43 万公里与 3.66 万公里，占全国比重的 43.53% 和 29.49%；内河航道里程则高达 9.03 万公里，占全国比重的 71.08%；货运量与客运量分别为 185.16 亿万吨和 94.27 亿万人，分别占全国比重的42.21%和 49.61%②。具有国际竞争力的世界级产业集群、完备的现代综合立体交通网络、功能健全的世界级及国家级城市群，长江经济带正在成为具有全球影响力的内河经济带。

四、东中西互动合作的协调发展带

长江经济带横跨九省二市，辖区面积高达 203.85 万平方千米，占全国的 21.23%，其上中下游地区与东中西部地区具有较高的耦合性，下游（苏、浙、沪）、中游（鄂、湘、赣、皖）和上游地区（云、贵、川、渝）大体分属于我国国土空间的东部、中部和西部地区，上中下游地区经济社会发展呈显著阶梯状分布格局。

各地区具备独特的梯度比较优势，下游长三角地区经济发达拥有雄厚的资金和先进的技术，而中上游地区开发强度相对较低具有较为充足的后备土地和劳动力，同时拥有丰富的矿产、水利与生态资源，交叉的比较优势使得上中下游地区具备良好的协调发展基础。长三角地区能够充分发挥辐射引领作用，促进中上游地区有序承接产业梯度转移，推动上中下游地区协同发展。截至 2016

① 数据整理自中国统计出版社出版的《中国统计年鉴 2017》《中国贸易外经统计年鉴 2017》《中国工业统计年鉴 2017》。

② 数据整理自中国统计出版社出版的《中国统计年鉴 2017》。

年年底,中上游地区已建立了安徽皖江、江西赣南、湖南湘南、湖北荆州、重庆沿江和四川广安等六大国家级承接产业转移示范区,重点承接下游长三角地区乃至整个东部地区产业转移。2016 年下游地区 R&D 人员全时当量、R&D 经费内部支出、发明专利授权量、高技术产业销售收入分别占长江经济带的 61.19%、59.86%、62.64%、60.81%①,研发强度高达 2.45%,远高于同期全国 2.01%的平均水平,下游地区形成对中上游地区的绝对技术和资金优势;而 2016 年中上游地区城镇化率仅为 51.86%,低于同期全国平均水平 57.35%,更远低于下游地区的 70.52%,中上游地区尚有 2.08 亿的非城镇人口,城市后备劳动力充足,且中上游地区城镇单位就业人员年平均工资与城镇私营单位就业人员年平均工资分别为 60 811 元与 37 747 元,远低于下游地区的 81 268 元与 46 446 元,中上游地区较下游地区具有显著的劳动力资源优势和成本优势。另一方面,中上游地区较下游地区具有明显的生态资源优势,为下游地区经济社会快速发展提供了有效的生态屏障与优质的生态产品。2016 年中上游地区国家级和省级自然保护区数量与面积分别占长江经济带的 93.43%与 95.06%,森林面积与森林蓄积量占长江经济带的 90.90%与 94.66%,森林覆盖率为 42.11%,远高于下游地区 36.58%的森林覆盖率。长江经济带上中下游地区梯度发展格局与交叉比较优势,有条件建设成为我国东中西部区域协调发展的示范带。

第三节　新时期长江经济带发展的战略重点

根据《国务院关于依托黄金水道推动长江经济带发展的指导意见》《长江经济带发展规划纲要》的战略部署,新时期长江经济带发展应实施"六大"战略重点任务,即生态环境保护、综合交通体系建设、产业转型升级、新型城镇化发展、全方位开放发展、区域协调发展体制机制创新。

---

① 数据整理自中国统计出版社出版的《中国统计年鉴 2017》《中国高技术产业统计年鉴 2017》。

一、保护长江生态环境

将保护和修复长江生态环境摆在长江经济带发展的首要位置，共抓大保护，不搞大开发，全面落实主体功能区战略、规划与制度，明确生态功能分区，划定生态保护红线、水资源开发利用红线和水功能区限制纳污红线，强化水质跨界断面考核，推动协同治理，严格保护一江清水，努力建成上中下游相协调、人与自然和谐相处的绿色生态廊道。重点做好五方面工作：

一是保护和改善水环境，重点是严格治理工业污染、严格处置城镇污水垃圾、严格控制农业面源污染、严格防控船舶污染。

二是保护和修复水生态，重点是妥善处理江河湖泊关系、强化水生生物多样性保护、加强沿江森林保护和生态修复。

三是有效保护和合理利用水资源，重点是加强水源地特别是饮用水源地保护、优化水资源配置、建设节水型社会、建立健全防洪减灾体系。

四是有序利用长江岸线资源，重点是合理划分岸线功能、有序利用岸线资源。

五是加强生态环境协同保护，重点是建立负面清单管理制度，加强环境污染联防联控，建立长江生态补偿机制，开展生态文明先行示范区建设。

二、构建综合交通运输体系

加快交通基础设施互联互通，是推动长江经济带发展的先手棋。要着力推进长江水道畅通，把长江全流域打造成黄金水道；统筹铁路、公路、航空、管道建设，率先建成网络化、标准化、智能化的综合立体交通走廊，进一步提高质量和效益，增强对长江经济带发展的战略支撑力。重点做好四方面工作：

一是提升黄金水道功能，全面推进干线航道系统化治理，重点解决下游“卡脖子”、中游“梗阻”、上游“瓶颈”问题，进一步提升干线航道通航能力。

二是促进港口合理布局，强化港口分工协作，统筹港口规划布局，优先发展枢纽港口，积极发展重点港口，适度发展一般港口，严格控制港口码头无序建设。

三是完善综合交通网络，围绕建设长江大动脉，加快铁路网络建设步伐，优先实施消除铁路“卡脖子”工程，形成与黄金水道功能互补、衔接顺畅的快速大能力铁路通道。

四是大力发展联程联运，加快发展多式联运，鼓励发展铁水、公水、空铁等多式联运，增加集装箱和大宗散货铁水联运比重，提高公水、空铁联运效率，提升运输服务一体化水平。

三、创新驱动产业转型升级

创新驱动是推动长江经济带产业转型升级的重要引擎。要牢牢把握全球新一轮科技革命和产业变革机遇，大力实施创新驱动发展战略，着力加强供给侧结构性改革，在改革创新和发展新动能上做“加法”、在淘汰落后过剩产能上做“减法”，加快推进产业转型升级，形成集聚度高、国际竞争力强的现代产业走廊。重点从三方面发力：

一要打造创新示范高地，集聚人才优势，强化企业技术创新能力，营造良好创新创业生态，加强知识产权保护执法，完善技术成果转让中介服务体系。

二是推动产业整合升级，打造世界级产业集群，加快推进农业现代化，提升现代农业和特色农业发展水平，优先发展生产性服务业，大力发展生活性服务业。

三是培育和壮大战略性新兴产业，优化战略性新兴产业布局，推进产业技术创新联盟建设，建设一批具有竞争力的产业创新创新中心。

四、推动新型城镇化发展

长江上中下游城镇化水平和质量差别较大，推进新型城镇化不能搞“一刀切”，而是要“大中小结合、上中下联动”。围绕高质量城镇化目标，优化城镇化空间格局、推进农业转移人口市民化、加强新型城市建设、统筹城乡发展。重点做好四方面工作：

一是优化城镇化空间格局，以城市群为重点，形成区域联动、结构合理、集约高效、绿色低碳的新型城镇化格局，促进各类城市协调发展，发挥特大城市引领作用、大城市核心带动作用，强化城市交通建设，建成与新型城镇化布局相匹配的城市群交通网络。

二是推进农业转移人口市民化，因地施策、因城施策拓宽进城落户渠道，创新农业转移人口市民化模式，统筹推进异地城镇化与就地城镇化。

三是加强新型城镇建设，提升城市特色品质，将生态文明理念全面融入城市发展，增强城市经济、基础设施、公共服务和资源环境的承载能力，创新城市规划管理，有效化解各种“城市病”。

四是统筹城乡发展，推进美丽乡村建设，加强农村道路、供水、垃圾、污水等设施建设和环境治理保护，加大扶贫开发力度，深入推进集中连片特困地区扶贫攻坚，提高居民生活水平，实施积极的就业政策，鼓励以创业带动就业。

五、建立全方位开放格局

立足上中下游地区对外开放的不同基础和优势，因地制宜提升开放型经济发展水平。重点做好三方面工作：

一是发挥上海及长江三角洲地区的引领作用。加快复制推广上海自贸试验区改革创新经验。将上海自贸试验区打造成服务贸易创新政策先行区。鼓励上海及长三角地区重点发展高端产业、高增值环节和总部经济，加快培育以技术、品牌、质量和服务为核心的竞争新优势，率先打造开放型经济升级版。推动长三角与中上游地区共同构建航运、加工贸易和金融合作链条。率先构建引领跨境电子商务和国际贸易发展的规则体系。

二是将云南建设成为面向南亚东南亚的辐射中心。加快推进与周边基础设施互联互通及跨境运输便利化。以昆明为中心构建面向南亚东南亚的进出口集散网络,促进加工贸易、保税物流、跨境电子商务等业务发展。加快云南沿边金融综合改革试验区发展,推进相关重点开发开放试验区建设。

三是加快内陆开放型经济高地建设。推动区域互动合作和产业集聚发展,打造重庆西部开发开放重要支撑和成都、武汉、长沙、南昌、合肥等内陆开放型经济高地。完善中上游口岸支点布局,支持在国际铁路货物运输沿线主要站点和重要内河港口合理设立直接办理货物进出境手续的查验场所,支持内陆航空口岸增开国际客货运航线、航班。

六、完善区域协调体制机制

一是统一市场准入制度。进一步简政放权,清理阻碍要素合理流动的地方性政策法规,清除市场壁垒,实施统一的市场准入制度和标准,推动劳动力、资本、技术等要素跨区域流动和优化配置。建立公平开放透明的市场规则,推动上海、重庆等地率先开展负面清单管理制度试点。加强市场监管合作,建立区域间市场准入和质量、资质互认制度。研究建立务实、高效的区域标准化协作机制。

二是促进基础设施共建共享。统筹基础设施规划建设,加强省际沟通协调,做好设计方案、技术标准和建设时序衔接,打破区域分隔和行业垄断,逐步消除区域运输服务标准差距,构建统一开放有序的运输市场。加快物流体制改革,推进江海联运、铁水联运、公水联运有效衔接,大力发展直达运输,规范收费行为,降低物流成本。

三是加快完善投融资体制。推动政府和社会资本合作(PPP)建设基础设施、公用事业等领域项目。鼓励地方研究设立长江经济带产业投资基金和创业投资基金,鼓励保险等资金进入具有稳定收益的投资领域。鼓励跨省区共同发起设立城际铁路、环境治理等投资基金,按照市场规则规范化运作。探索创新金融产品,鼓励开展融资租赁服务,支持长江船型标准化建设。

参考文献

[1] 秦尊文.长江经济带战略形成前的理论研究[J].长江大学学报(社会科学版),2018(1):37-43.

[2] 秦尊文.长江经济带形成中的地方实践[J].长江大学学报(社会科学版),2018(3):51-56.

[3] 陆大道.建设经济带是经济发展布局的最佳选择——长江经济带经济发展的巨大潜力[J].地理科学,2014(7):769-772.

[4] 吴传清.建设长江经济带的国家意志和战略重点[J].区域经济评论,2014(4):45-47.

[5] 文余源.建设长江经济带的现实价值[J].改革,2014(6):26-28.

[6] 郑德高,陈勇,季辰晔.长江经济带区域经济空间重塑研究[J].城市规划学刊,2015(3):78-85.

[7] 成长春.长江经济带协调性均衡发展的战略构想[J].南通大学学报(社会科学版),2015(1):1-8.

[8] 吴威,曹有挥,梁双波,等.长江经济带航空运输发展格局及对策建议[J].经济地理,2018(2):98-103,171.

[9] 黄娟.协调发展理念下长江经济带绿色发展思考——借鉴莱茵河流域绿色协调发展经验[J].企业经济,2018(2):5-10.

[10] 付保宗.长江经济带产业绿色发展形势与对策[J].宏观经济管理,2017(1):55-59.

[11] 肖金成,刘通.长江经济带:实现生态优先绿色发展的战略对策[J].西部论坛,2017(1):39-42.

[12] 陆玉麒,董平.新时期推进长江经济带发展的三大新思路[J].地理研究,2017(4):605-615.

[13] 金凤君,张海荣.长江经济带交通体系建设与重庆的通道战略[J].西部论

坛,2017(2):30-38.

[14] 赵吉.城市支点、协调发展与长江经济带城市群走向[J].重庆社会科学,2017(2):42-49.

[15] 吴传清,黄磊.长江经济带绿色发展的难点与推进路径研究[J].南开学报(哲学社会科学版),2017(3):50-61.

[16] 王维.长江经济带“4E”协调发展时空格局研究[J].地理科学,2017(9):1354-1362.

[17] 黄勤,林鑫.长江经济带建设的指标体系与发展类型测度[J].改革,2015(12):33-41.

[18] 秦尊文.推动长江经济带全流域协调发展[J].长江流域资源与环境,2016(3):351-352.

[19] 刘振中.促进长江经济带生态保护与建设[J].宏观经济管理,2016(9):30-33,38.

[20] 肖金成,黄征学.长江经济带城镇化战略思路研究[J].江淮论坛,2015(1):5-10,2.

[21] 段学军,虞孝感,邹辉.长江经济带开发构想与发展态势[J].长江流域资源与环境,2015(10):1621-1629.

第二章

2

长江经济带空间格局

内容提要　长江经济带是由水、路、港、岸、产、城等要素构成的巨型流域经济带。长江经济带空间格局视野下的"一轴两翼三极多点"由长江黄金水道、南北两翼运输轴、三大城市群，以及重要节点城市构成。根据主体功能定位，长江经济带的城市化地区、农产品主产区和重点生态功能区三类主体功能区，其国土空间战略格局可细分为城镇化战略格局、农业战略格局、生态安全战略格局。梳理长江经济带各县(市、区)主体功能定位，有利于促进主体功能区战略在市县层面精准落地，形成长江经济带科学的国土空间开发保护格局。

长江经济带是横跨我国东、中、西不同类型区域的流域经济带，也是世界上人口最多、城市体系最为完整、产业规模最大的巨型经济带，在中国区域经济发展总体格局中具有非常重要的战略地位。2016 年 1 月 5 日，习近平总书记在重庆主持召开的推动长江经济带发展座谈会上指出，长江经济带作为流域经济，涉及水、路、港、岸、产、城和生物、湿地、环境等多个方面，是一个整体，必须全面把握、统筹谋划。2018 年 4 月 26 日，习近平总书记在武汉主持召开的深入推动长江经济带发展座谈会上指出，长江经济带各个地区、每个城市在各自发展过程中一定要从整体出发，树立"一盘棋"思想，要运用系统论的方法，正确把握自身发展和协同发展的关系，努力将长江经济带建设成有机融合的高效经济体。统筹长江经济带空间治理，优化长江经济带空间格局对区域协调、永续发展具有重要意义。

2010 年 12 月 21 日，国务院印发《全国主体功能区规划》，将国土空间按开发方式分为优化开发区域、重点开发区域、限制开发区域和禁止开发区域，为长江经济带国土空间开发和保护提供了依据。长江经济带自然与人文地域分异显著，包含了四种类型主体功能区。在长江经济带推行主体功能区建设，有利于引导人口分布、经济布局与资源环境承载能力相适应，促进人口、经济、资源环境的空间均衡。2016 年 9 月正式印发的《长江经济带发展规划纲要》指出，长江通道是我国国土空间开发最重要的东西轴线，在区域发展总体格局中具有重要战略地位，要全面落实主体功能区制度，发挥各地区比较优势，促进生产生活生态空间协调，形成“一轴两翼三极多点”格局。2017 年 10 月 12 日中共中央、国务院印发的《关于完善主体功能区战略和制度的若干意见》进一步指出，推进主体功能区建设是党中央、国务院作出的重大战略部署，是我国经济发展和生态环境保护的大战略，完善主体功能区战略和制度，关键要在严格执行主体功能区规划基础上，将国家和省级层面主体功能区战略格局在市县层面落地。因此，推行主体功能区规划在长江经济带市县层面精准落地，有利于优化长江经济带国土空间开发保护格局，对加快长江经济带生态文明建设，促进空间均衡发展，推动形成更高质量、更有效率、更可持续的空间发展模式具有重要意义。

第一节　长江经济带“一轴两翼三极多点”空间格局

一、沿江绿色发展轴

长江通道是我国国土空间开发最重要的东西轴线，以长江为主轴构建发展格局，能有效地将长江三角洲城市群、长江中游城市群和成渝城市群的产业和基础设施连接起来，促进要素自由流动、市场开放统一，推进产业有序转移与承接、优化升级，推动新型城镇集聚发展。根据《长江经济带发展规划纲要》，长江经济带依托长江黄金水道，发挥上海、武汉、重庆的核心作用，以沿江主要城镇为节点，构建沿江绿色发展轴。突出生态环境保护，统筹推进综合立体交通走廊建设、产业和城镇布局优化、对内对外开放合作，引导人口经济要素向资源环境承载能力较强的地区集聚，推动经济由沿海溯江而上梯度发展，实现上中下游地区协调发展。

二、南北两翼运输轴

建设长江经济带综合立体交通走廊是深入推动长江经济带发展的重要支撑，也是连接中国东中西交通大走廊的重要举措。长江经济带南北两翼运输轴是综合立体交通走廊的重要组成部分，能有效地发挥长江主轴线的辐射带动作用，向南北两侧腹地延伸拓展，提升南北两翼支撑力。南翼以沪瑞运输通道为依托，北翼以沪蓉运输通道为依托，促进交通互联互通，加强长江重要支流保护，增强省会城市、重要节点城市人口和产业集聚能力，夯实长江经济带发展基础。

三、三大城市群增长极

长江三角洲城市群、长江中游城市群、成渝城市群构成了国家"两横三纵"城市化战略格局中的"一横"，战略地位显著。三大城市群作为三大增长极，分别发挥着辐射带动长江下游、中游、上游地区发展的作用。从三大城市群分布的空间结构上看，三大城市群分别位于长江经济带下游、中游、上游地区，城市群的中心城市以长江干流为发展轴线分布，节点城市以长江南北两翼运输通道为发展轴线连接，形成了走廊-串珠状发展模式。

1.长江三角洲城市群

长江三角洲城市群跨越上海市、江苏省、浙江省、安徽省，主要分布于国家"两横三纵"城市化格局的优化开发区域和重点开发区域，包括上海市，江苏省的南京、无锡、常州、苏州、南通、盐城、扬州、镇江、泰州，浙江省的杭州、宁波、嘉兴、湖州、绍兴、金华、舟山、台州，安徽省的合肥、芜湖、马鞍山、铜陵、安庆、滁州、池州、宣城等26市①。从城市群功能定位看，长江三角洲城市群以建设世界

---

① 国家发展改革委　住房城乡建设部关于印发长江三角洲城市群发展规划的通知[EB/OL].国家发展改革委官网，2016-06-01.

级城市群为目标,在科技进步、制度创新、产业升级、绿色发展等方面发挥引领作用。

长江三角洲城市群空间结构为雁型模式。上海作为长江三角洲城市群的发展极,在空间上处于“领头雁”位置,通过规模经济产生集聚效应与扩散效应,不断引导产业、人口、资本、技术等要素在各城市间流动。南京、杭州、合肥、苏州、无锡、宁波、常州七个城市作为协调极,根据城市地域条件和经济发展水平承担不同职责,通过构建产业链,在城市空间和产业布局等方面做好产业承接和与上海错位发展的工作。通过交通等要素连接,长江三角洲城市群已经打造成了以上海为核心,以南京都市圈、杭州都市圈、合肥都市圈、苏锡常都市圈、宁波都市圈为发展极,以沿海发展带、沿江发展带、沪宁合杭甬发展带、沪杭金发展带为发展轴线的“一核五圈四带”的网络化空间格局。

2.长江中游城市群

长江中游城市群是以武汉城市圈、环长株潭城市群、环鄱阳湖城市群为主体形成的特大型城市群,规划范围包括湖北省武汉市、黄石市、鄂州市、黄冈市、孝感市、咸宁市、仙桃市、潜江市、天门市、襄阳市、宜昌市、荆州市、荆门市,湖南省长沙市、株洲市、湘潭市、岳阳市、益阳市、常德市、衡阳市、娄底市,江西省南昌市、九江市、景德镇市、鹰潭市、新余市、宜春市、萍乡市、上饶市及抚州市、吉安市的部分县(区)①。从城市群功能定位看,长江中游城市群的功能定位是中国经济新增长极、中西部新型城镇化先行区、内陆开放合作示范区、“两型”社会建设引领区。

长江中游城市群空间结构为星座网络模式。武汉城市圈、环长株潭城市群、环鄱阳湖城市群为网络结构的三个中心,各中心由交通走廊连接,依托沿

① 国家发展改革委关于印发长江中游城市群发展规划的通知[EB/OL].国家发展改革委官网, 2015-04-13.

江、沪昆和京广、京九、二广"两横三纵"重点发展轴线[①],形成沿线大中城市和小城镇合理分工、联动发展的格局,人流、物流、资金流、信息流等在三中心之间相互扩散和流动。

3.成渝城市群

成渝城市群具体范围包括重庆市的渝中、万州、黔江、涪陵、大渡口、江北、沙坪坝、九龙坡、南岸、北碚、綦江、大足、渝北、巴南、长寿、江津、合川、永川、南川、潼南、铜梁、荣昌、璧山、梁平、丰都、垫江、忠县等27个区(县)以及开县[②]、云阳的部分地区,四川省的成都、自贡、泸州、德阳、绵阳(除北川县、平武县)、遂宁、内江、乐山、南充、眉山、宜宾、广安、达州(除万源市)、雅安(除天全县、宝兴县)、资阳等15个市[③]。从城市群功能定位看,成渝城市群的功能定位是全国重要的现代产业基地、西部创新驱动先导区、内陆开放型经济战略高地、统筹城乡发展示范区、美丽中国的先行区。

成渝城市群空间结构为双核模式。重庆和成都地理位置邻近,历史文化底蕴相似,经济社会发展水平接近,并呈现出同城化趋势,构成成渝城市群的双核。通过重庆两江新区和四川天府新区辐射带动资阳、遂宁、内江、永川、大足、荣昌、潼南、铜梁、璧山等沿线城市,构成成渝发展主轴,并形成川南城镇密集区、南遂广城镇密集区。在城市群东西两侧,泸州、宜宾、江津、长寿、涪陵、丰都、忠县、万州等节点城市依托长江黄金水道及沿江高速公路、铁路等形成沿江城市带。绵阳、德阳、乐山、眉山等城市依托成绵乐城际客运专线、宝成—成昆铁路和成绵、成乐、成雅高速公路等形成成德绵乐城市带。整体上成渝城市群已通过综合运输通道网络形成"一轴两带、双核三区"空间发展格局。

---

① 沿江发展轴:宜昌、荆州、岳阳、鄂州、黄冈、咸宁、黄石、九江等沿江城市。沪昆发展轴:上饶、鹰潭、景德镇、新余、宜春、萍乡、株洲、湘潭、娄底。京广发展轴:孝感、咸宁、岳阳、株洲、衡阳。京九发展轴:麻城、蕲春、武穴、黄梅、德安、共青城、永修、丰城、樟树、新干、峡江。二广发展轴:襄阳、荆门、宜昌、荆州、常德、益阳、娄底。

② 2016年6月8日,国务院批复同意撤销开县,设立重庆市开州区。

③ 国家发展改革委 住房城乡建设部关于印发成渝城市群发展规划的通知[EB/OL]. 国家发展改革委官网, 2016-04-27.

四、重要节点城市

除三大城市群以外,长江经济带还有徐州市等一批重要节点城市(见表 2.1)。其中,江苏省徐州市、连云港市、宿迁市、淮安市属于东陇海地区,是国家层面的重点开发区域;贵州省贵阳市、遵义市、安顺市、黔东南苗族侗族自治州、黔南布依族苗族自治州属于黔中地区,是国家层面的重点开发区域;云南省昆明市、曲靖市、玉溪市、楚雄彝族自治州属于滇中地区,是国家层面的重点开发区域。

表 2.1 长江经济带重要节点城市

省份	城市	功能定位
江苏	徐州市、连云港市、宿迁市、淮安市	新欧亚大陆桥东方桥头堡,我国东部地区重要的经济增长极
浙江	温州市、衢州市、丽水市	海峡西岸经济区连接长江三角洲地区重要枢纽的功能,加快构筑对外开放平台,建设民营经济改革与发展的先行区
安徽	亳州市、淮北市、宿州市、阜阳市、蚌埠市、淮南市、六安市、黄山市	—
湖北	恩施土家族苗族自治州	湖北省重要的生物多样性维护区和森林生态保护区,调整农业结构,稳步发展地方特色工业,重点发展旅游业
湖南	邵阳市、张家界市、郴州市、永州市、怀化市、湘西土家族苗族自治州	—
江西	赣州市	江西省副中心城市和赣粤闽湘四省通衢的区域性现代化中心城市
四川	巴中市、攀枝花市、广元市、阿坝藏族羌族自治州、甘孜藏族自治州、凉山彝族自治州	—

续表

省份	城市	功能定位
贵州	贵阳市、遵义市、安顺市、毕节市、铜仁市、六盘水市、黔西南布依族苗族自治州、黔东南苗族侗族自治州、黔南布依族苗族自治州	全国重要的能源原材料基地、以航天航空为重点的装备制造基地、烟草工业基地、绿色食品基地和旅游目的地、区域性商贸物流中心
云南	昆明市、曲靖市、玉溪市、保山市、昭通市、丽江市、普洱市、临沧市、文山壮族苗族自治州、红河哈尼族彝族自治州、西双版纳傣族自治州、楚雄彝族自治州、大理白族自治州、德宏傣族景颇族自治州、怒江傈僳族自治州、迪庆藏族自治州	我国连接东南亚、南亚国家的陆路交通枢纽，面向东南亚、南亚对外开放的重要门户，全国重要的烟草、旅游、文化、能源和商贸物流基地，以化工、冶金、生物为重点的区域性资源精深加工基地

注:“—”表示功能定位不明确。

资料来源:整理自《全国主体功能区规划》以及长江经济带沿线相关省份政府网站。

根据《长江经济带发展规划纲要》，发挥长江经济带三大城市群以外诸多地级城市的支撑作用，以资源环境承载力为基础，不断完善城市功能，发展优势产业，建设特色城市，加强与中心城市的经济联系与互动，带动地区经济发展。

第二节　长江经济带城镇化战略格局

一、优化开发区域

长江三角洲地区是国家层面的优化开发区域，位于全国“两横三纵”城市化战略格局中沿海通道纵轴和沿长江通道横轴的交汇处，包括上海市和江苏省、浙江省的部分地区，区域面积 21.07 万平方千米。长江三角洲地区以上海为核心城市，以南京、杭州为两翼中心城市，形成了沿沪宁和沪杭甬线、沿江、沿湾、沿海、沿宁湖杭线、沿湖、沿东陇海线、沿运河、沿温丽金衢线为发展带的“一核九带”空间格局,以不足全国 1%的国土面积,承载了全国约 5%的人口,创造了全国近 20%的 GDP。根据《全国主体功能区规划》,长江三角洲地区的功能定位:长江流域对外开放的门户,我国参与经济全球化的主体区域,有全球影响力的先进制造业基地和现代服务业基地,世界级大城市群,全国科技创新与技术研发基地,全国经济发展的重要引擎,辐射带动长江流域发展的龙头,我国人口集聚多、创新能力强、综合实力强的三大区域之一。

长江三角洲地区是我国经济最发达和最活跃的地区之一,开发密度高、人口密集,资源环境承载能力呈减弱趋势,环境问题日益凸显。按照主体功能定位(见表 2.2),长江三角洲地区未来应逐步改进经济增长模式,优化空间布局和产业结构,强化土地集约节约利用,追求经济社会与资源环境协调发展。

表 2.2　长江三角洲地区城市功能定位

城市	功能定位
上海	核心城市,国际经济、金融、贸易、航运中心和国际大都市。加快发展现代服务业和先进制造业,强化创新能力和现代服务功能,率先形成服务经济为主的产业结构,增强辐射带动长江三角洲其他地区、长江流域和全国发展的能力
南京、杭州	长江三角洲两翼中心城市。增强南京金融、科教、商贸物流和旅游功能,发挥南京在长江中下游地区承东启西枢纽城市作用,建设全国重要的现代服务业中心、先进制造业基地和国家创新型城市,区域性的金融和教育文化中心。增强杭州科技、文化、商贸和旅游功能,建设国际休闲旅游城市,全国重要的文化创意中心、科技创新基地和现代服务业中心
宁波、苏州、无锡	宁波建设成为长江三角洲南翼的经济中心和国际港口城市,苏州建设成为高新技术产业基地、现代服务业基地和旅游胜地,无锡建设成为先进制造业基地、国家传感信息中心、商贸物流中心、服务外包和创意设计基地
常州、南通、扬州、镇江、泰州、湖州、嘉兴、绍兴、台州、舟山	增强集聚能力,加强城市功能互补,提高整体竞争力

资料来源:整理自《全国主体功能区规划》。

二、重点开发区域

1.国家层面重点开发区域

根据《全国主体功能区规划》，长江经济带涉及的国家层面重点开发区域主要包括东陇海地区、江淮地区、长江中游地区、成渝地区、黔中地区、滇中地区（见表2.3）。这些地区资源环境承载能力和开发适应性较强，能开展大规模、高强度城镇化和工业化，是长江经济带重要的人口和经济聚集区。

表2.3　长江经济带沿线11省份国家层面重点开发区域

国家层面重点开发区域	县(市、区)	功能定位
东陇海地区	江苏省：云龙区、鼓楼区、泉山区、铜山区、海州区、连云区	新亚欧大陆桥东方桥头堡，我国东部地区重要的经济增长极
江淮地区	安徽省：庐阳区、瑶海区、蜀山区、包河区、肥西县、肥东县、镜湖区、弋江区、鸠江区、三山区、无为县、繁昌县、花山区、雨山区、博望区、当涂县、和县、郊区、铜官区、义安区、枞阳县、贵池区、迎江区、大观区、宜秀区、琅琊区、南谯区、宣州区	承接产业转移的示范区，全国重要的科研教育基地，能源原材料、先进制造业和科技创新基地，区域性的高新技术产业基地
长江中游地区	江西省：东湖区、西湖区、青云谱区、青山湖区、南昌县、新建区、昌江区、珠山区、乐平市、濂溪区、浔阳区、共青城市、柴桑区、湖口县、渝水区、月湖区、贵溪市、临川区 湖北省：江岸区、江汉区、硚口区、汉阳区、武昌区、青山区、洪山区、东西湖区、汉南区、蔡甸区、江夏区、黄陂区、新洲区、黄石港、下陆区、铁山区、西塞山区、大冶市、鄂城区、华容区、黄州区、孝南区、应城市、汉川市、咸安区、仙桃、潜江、天门	全国重要的高新技术产业、先进制造业和现代服务业基地，全国重要的综合交通枢纽，区域性科技创新基地，长江中游地区人口和经济密集区

续表

国家层面重点开发区域	县(市、区)	功能定位
长江中游地区	湖南省:芙蓉区、岳麓区、开福区、天心区、雨花区、望城区、长沙县、宁乡市、浏阳市、天元区、荷塘区、芦淞区、石峰区、株洲县、醴陵市、攸县、雨湖区、岳塘区、珠晖区、雁峰区、石鼓区、蒸湘区、岳阳楼区、云溪区、武陵区、资阳区、赫山区、娄星区、涟源市、冷水江市	全国重要的高新技术产业、先进制造业和现代服务业基地,全国重要的综合交通枢纽,区域性科技创新基地,长江中游地区人口和经济密集区
成渝地区	重庆市:涪陵区、渝中区、大渡口区、江北区、沙坪坝区、九龙坡区、南岸区、北碚区、巴南区、渝北区、长寿区、江津区、合川区、永川区、南川区、綦江区、铜梁区、大足县、荣昌区、璧山区、万州区、黔江区 四川省:锦江区、青羊区、金牛区、武侯区、成华区、龙泉驿区、青白江区、新都区、温江区、都江堰市、彭州市、邛崃市、崇州市、金堂县、双流区、郫都区、大邑县、浦江县、新津县、旌阳区、广汉市、什邡市、绵竹市、罗江区、涪城区、游仙区、江油市、安州区、市中区、五通桥区、沙湾区、夹江县、峨眉山市、金口河区、犍为县、东坡区、彭山县、丹棱县、青神县、仁寿县、雨城区、名山区、荥经县、雁江区、简阳市	全国统筹城乡发展的示范区,全国重要的高新技术产业、先进制造业和现代服务业基地,科技教育、商贸物流、金融中心和综合交通枢纽,西南地区科技创新基地,西部地区重要的人口和经济密集区
黔中地区	贵州省:南明区、云岩区、乌当区、白云区、花溪区、观山湖区、清镇市、修文县、息烽县、红花岗区、汇川区、播州区、西秀区、平坝区、七星关区、凯里市、麻江县、都匀市、福泉市、瓮安县、龙里县、织金县、黔西县、惠水县	全国重要的能源原材料基地、以航天航空为重点的装备制造基地、烟草工业基地、绿色食品基地和旅游目的地,区域性商贸物流中心

续表

国家层面重点开发区域	县(市、区)	功能定位
滇中地区	云南省:五华区、盘龙区、官渡区、西山区、呈贡区、普宁区、富民县、嵩明县、寻甸回族彝族自治县、安宁市、麒麟区、马龙县、富源县、沾益区、宣威市、红塔区、澄江县、华宁县、江川区、通海县、易门县、峨山彝族自治县、楚雄市、牟定县、南华县、武定县、禄丰县	我国连接东南亚、南亚国家的陆路交通枢纽,面向东南亚、南亚对外开放的重要门户,全国重要的烟草、旅游、文化、能源和商贸物流基地,以化工、冶金、生物为重点的区域性资源精深加工基地

注:表中“大足县”现为“大足区”。

资料来源:整理自《全国主体功能区规划》以及长江经济带沿线 11 省份主体功能区规划。

2.省级层面重点开发区域

根据长江经济带沿线 11 省份主体功能区规划,除上海、重庆没有省级层面重点开发区域外,其他各省均依据生态环境承载能力和开发适应性两项评估,规划出省级层面重点开发区域(见表 2.4)。

表 2.4　长江经济带沿线 11 省份省级层面重点开发区域

省份	县(市、区)	功能定位
上海	无	无
江苏	浦口区、六合区、通州区、海门市、启东市、如皋市、清江浦区、淮安区、淮阴区、亭湖区、盐都区、邗江区、江都区、仪征市、高港区、姜堰区、靖江市、泰兴市、宿城区、宿豫区	我国东部地区重要的经济增长极,具有较强国际竞争力的制造业基地;具有全国影响的新型城镇化密集带;辐射带动能力强的新亚欧大陆桥东方桥头堡,我国重要的综合交通枢纽和对外开放的窗口;我国重要的高效农业示范区;全省率先基本实现现代化的重要保障区

续表

省份	县(市、区)	功能定位
浙江	象山县、宁海县、奉化区、诸暨市、嵊州市、婺城区、金东区、兰溪市、义乌市、东阳市、永康市、普陀区、岱山县、柯城区、椒江区、黄岩区、路桥区、玉环市、温岭市、三门县、临海市、莲都区	浙江海洋经济发展示范区的重要组成部分和舟山群岛新区建设的主平台,义乌国际贸易综合改革试点的核心区及辐射带动区
安徽	颍州区、颍东区、颍泉区、谯城区、大通区、田家庵区、谢家集区、八公山区、潘集区、龙子湖区、蚌山区、禹会区、淮上区、杜集区、相山区、烈山区、埇桥区、金安区、屯溪区、徽州区	安徽工业化和城镇化的重点地区,全国承接产业转移的示范区、先进制造业和现代服务业基地、重要的科研教育和科技创新基地、能源原材料基地和农产品加工基地,区域性的战略性新兴产业和高新技术产业基地
江西	信州区、上饶县、广丰区、安源区、湘东区、袁州区、吉州区、青原区、吉安县、章贡区、赣县区、南康区、丰城市、高安市、樟树市、瑞昌市、彭泽县	推动全省经济持续增长的重要增长极,落实区域发展总体战略、促进区域协调发展的重要支撑点,扩大对外开放的重要门户,全省重要的人口和经济集聚区,承接产业转移的重点区域,先进制造业和现代服务业基地
湖北	襄城区、樊城区、襄州区、张湾区、茅箭区、曾都区、西陵区、伍家岗区、点军区、猇亭区、枝江市、东宝区、掇刀区、荆州区、沙市区、恩施市	区域性先进制造业基地、农副产品加工基地和物流集散基地,为全省经济的持续增长发挥重要支撑作用
湖南	双清区、大祥区、北塔区、邵东县、岳阳县、津市市、北湖区、苏仙区、永兴县、冷水滩区、零陵区、鹤城区、中方县	适度拓展产业空间,扩大人居和生态空间,在优化结构、节约资源、保护环境的基础上,重点支持要素集聚、土地集约、人口集中,推动经济又好又快发展,成为全省经济和人口的密集地区,支撑富民强省和中部崛起的主要区域
重庆	无	无

续表

省份	县(市、区)	功能定位
四川	川南地区:自流井区、贡井区、大安区、沿滩区、富顺县、江阳区、龙马潭区、纳溪区、泸县、合江县、翠屏区、宜宾县、南溪区、江安县、市中区、东兴区、威远县、隆昌市 川东北地区:船山区、安居区、射洪县、大英县、顺庆区、高坪区、嘉陵区、阆中市、南部县、广安区、华蓥市、武胜县、通川区、达川区、大竹县、利州区、昭化区、朝天区、巴州区 攀西地区:东区、西区、仁和区、市盐边县、西昌市、冕宁县、会理县	支撑全省经济增长的重要支撑区,实施加快推进新型工业化新型城镇化的主要承载区,是全省经济和人口密集区
贵州	钟山区、水城县、盘州市、兴义市、兴仁县、碧江区、万山区、松桃苗族自治县	支撑全省经济增长的重要增长极,落实国家和我省区域发展总体战略、促进区域协调发展的重要支撑点,推进城市化、新型工业化和发展现代产业的重要集聚区,全国重要的人口和经济密集区
云南	隆阳区、昭阳区、鲁甸县、古城区、华坪县、思茅区、临翔区、个旧市、开远市、蒙自市、河口瑶族自治县、砚山县、大理市、祥云县、弥渡县、瑞丽市	支撑全省乃至全国经济增长的重要增长极,工业化和城镇化的密集区域,落实国家新一轮西部大开发战略、我国面向西南开放重要桥头堡,促进区域协调,实现科学发展、和谐发展、跨越发展的重要支撑点

资料来源:整理自长江经济带沿线11省份主体功能区规划。

第三节　长江经济带农业战略格局

一、国家层面农产品主产区

长江经济带优质农地资源丰富，主产水稻、小麦、棉花、油菜、畜产、水产等，是我国重要的商品粮基地、商品棉基地和农产品出口贸易基地。全国共9个商品粮基地，有5个分布在长江经济带；全国共5个商品棉基地，有3个分布在长江经济带；全国共3个农产品出口贸易基地，有1个分布在长江经济带。由此可见，长江经济带在我国农业战略格局中占据极为重要的地位。从粮食播种面积来看，2011—2015年粮食作物播种面积逐年攀升，至2016年小幅下降。整体上，长江经济带粮食作物播种面积占全国比重保持稳定（见图2.1），对维护国家粮食安全有重要意义。

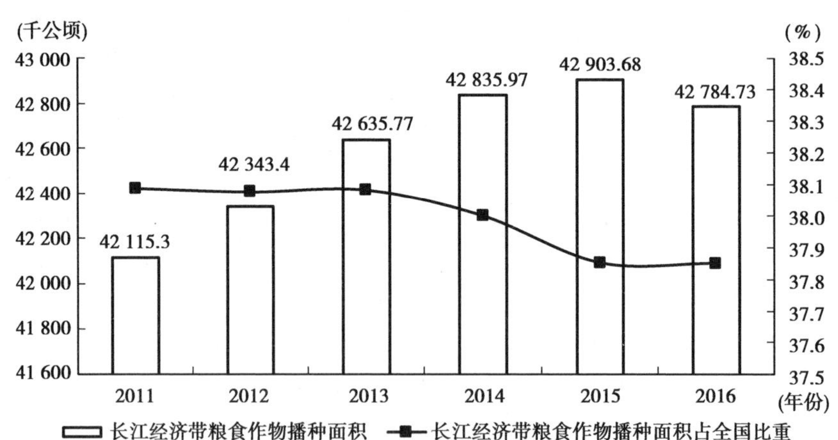

图2.1　2011—2016年长江经济带粮食作物播种面积及占全国比重

资料来源：根据《中国农村统计年鉴》（2012—2017）的相关统计数据整理。

根据《全国主体功能区规划》，长江经济带涉及的国家层面农产品主产区主要有长江流域主产区全部，黄淮海平原主产区少部分，华南主产区少部分。从空间分布特征看,长江经济带农产品主产区主要分布在四川盆地和长江中下游平原。除上海外,其他省份均有国家层面农产品主产区分布(见表 2.5)。

表 2.5　长江经济带沿线 11 省份国家层面农产品主产区

国家层面农产品主产区	县(市、区)	功能定位
黄淮海平原主产区	江苏省:贾汪区、邳州市、新沂市、睢宁县、沛县、丰县、沭阳县、泗阳县、泗洪县、金湖县、盱眙县、洪泽区、涟水县 安徽省:濉溪县、涡阳县、蒙城县、利辛县、砀山县、萧县、灵璧县、泗县、怀远县、固镇县、五河县、凤台县、临泉县、太和县、阜南县、颍上县、界首市	建设以优质强筋、中强筋和中筋小麦为主的优质专用小麦产业带,优质棉花产业带,以籽粒与青贮兼用和专用玉米为主的专用玉米产业带,以高蛋白大豆为主的大豆产业带,以肉牛、肉羊、奶牛、生猪、家禽为主的畜产品产业带
长江流域主产区	江苏省:溧水区、高淳区、金坛区、溧阳市、如东县、海安县、高邮市、宝应县、句容市、兴化市 浙江省:平湖市、海盐县、衢江区、龙游县、江山市 安徽省:长丰县、巢湖市、庐江县、寿县、裕安区、霍邱县、叶集区、舒城县、来安县、全椒县、定远县、凤阳县、明光市、天长市、芜湖县、南陵县、含山县、东至县、桐城市、怀宁县、宿松县、望江县、郎溪县、广德县 江西省:进贤县、永修县、都昌县、德安县、余江县、吉水县、峡江县、新干县、永丰县、泰和县、余干县、鄱阳县、万年县、弋阳县、玉山县、铅山县、东乡区、南城县、崇仁县、乐安县、金溪县、宜丰县、奉新县、万载县、上高县、宁都县、信丰县、于都县、兴国县、会昌县、瑞金市、上栗县、分宜县 湖北省:阳新县、远安县、当阳市、宜都市、宜城市、谷城县、枣阳市、老河口市、梁子湖区、京山县、钟祥市、沙洋县、云梦县、安陆市、公安县、松滋市、洪湖市、监利县、石首市、江陵县、团风县、黄梅县、武穴市、蕲春县、崇阳县、嘉鱼县、赤壁市、随县、广水市	建设以双季稻为主的优质水稻产业带,以优质弱筋和中筋小麦为主的优质专用小麦产业带,优质棉花产业带,“双低”优质油菜产业带,以生猪、家禽为主的畜产品产业带,以淡水鱼类、河蟹为主的水产品产业带

续表

国家层面农产品主产区	县(市、区)	功能定位
长江流域主产区	湖南省:湘潭县、湘乡市、韶山市、衡南县、耒阳市、衡山县、衡东县、衡阳县、祁东县、常宁市、武冈市、洞口县、隆回县、新邵县、邵阳县、湘阴县、临湘市、华容县、君山区、汨罗市、平江县、鼎城区、临澧县、澧县、安乡县、桃源县、汉寿县、南县、沅江市、桃江县、安仁县、祁阳县、道县、溆浦县、双峰县 重庆市:潼南区、梁平区、丰都县、垫江县、忠县、开州区 四川省:中江县、三台县、盐亭县、梓潼县、安岳县、乐至县、荣县、井研县、资中县、长宁县、高县、珙县、筠连县、兴文县、叙永县、古蔺县、蓬溪县、西充县、营山县、蓬安县、仪陇县、岳池县、开江县、渠县、宣汉县、平昌县、剑阁县、苍溪县、邻水县、洪雅县、汉源县、芦山县、会东县、德昌县、米易县 贵州省:开阳县、普定县、长顺县、贵定县、桐梓县、绥阳县、正安县、道真仡佬族苗族自治县、务川仡佬族苗族自治县、凤冈县、湄潭县、余庆县、仁怀市、金沙县、思南县、德江县、三穗县、镇远县、岑巩县、天柱县、黎平县、丹寨县、玉屏县、普安县、晴隆县、贞丰县、安龙县、独山县、六枝特区、纳雍县、大方县	建设以双季稻为主的优质水稻产业带,以优质弱筋和中筋小麦为主的优质专用小麦产业带,优质棉花产业带,“双低”优质油菜产业带,以生猪、家禽为主的畜产品产业带,以淡水鱼类、河蟹为主的水产品产业带
华南主产区	云南省:宜良县、石林彝族自治县、禄劝彝族苗族自治县、陆良县、师宗县、罗平县、会泽县、新平彝族傣族自治县、元江哈尼族彝族傣族自治县、元谋县、姚安县、施甸县、腾冲市、龙陵县、昌宁县、宁洱哈尼族彝族自治县、墨江哈尼族自治县、景谷傣族彝族自治县、江城哈尼族彝族自治县、澜沧拉祜族自治县、凤庆县、云县、永德县、镇康县、双江拉祜族佤族布朗族傣族自治县、耿马傣族佤族自治县、沧源佤族自治县、建水县、弥勒市、石屏县、泸西县、元阳县、绿春县、红河县、丘北县、宾川县、洱源县、鹤庆县、云龙县、芒市、梁河县、盈江县、陇川县、镇雄县、彝良县、威信县	建设以优质高档籼稻为主的优质水稻产业带,甘蔗产业带,以对虾、罗非鱼、鳗鲡为主的水产品产业带

资料来源:整理自《全国主体功能区规划》。

二、省级层面农产品主产区

根据长江经济带沿线 11 省份主体功能区规划,仅江苏省规划省级层面农产品主产区,分别为赣榆区、灌云县、东海县、灌南县、东台市、大丰区、射阳县、阜宁县、滨海县、响水县、建湖县。该区域的功能定位是全省农产品供给的重要保障区、农产品加工生产基地、生态功能维护区、新农村建设示范区。

第四节 长江经济带生态安全战略格局

一、国家层面重点生态功能区

长江经济带是生态文明建设的先行示范带,长江流域水资源总量占全国的35%,森林覆盖率达 41.3%,河湖湿地面积约占全国的 20%,拥有各种珍稀动植物,是我国重要的生物基因宝库,也是我国重要的生态安全屏障。

根据《全国主体功能区规划》,长江经济带涉及的国家层面重点生态功能区有大别山水土保持生态功能区、南岭山地森林及生物多样性生态功能区、秦巴生物多样性生态功能区、武陵山区生物多样性与水土保持生态功能区、三峡库区水土保持生态功能区、若尔盖草原湿地生态功能区、川滇森林及生物多样性生态功能区、桂黔滇喀斯特石漠化防治生态功能区。从空间分布来看,长江经济带涉及的国家层面重点生态功能区主要分布于上游和中游的多山地区,以四川盆地和江汉平原为中心环绕分布。除上海、江苏外,其他省份均有国家层面的重点生态功能区分布(见表 2.6)。

表 2.6 长江经济带沿线 11 省份国家层面重点生态功能区

生态功能区	县(市、区)	功能定位
大别山水土保持生态功能区	安徽省:金寨县、霍山县、太湖县、岳西县、潜山县、石台县、黄山区、歙县、休宁县、黟县、祁门县、青阳县、泾县、绩溪县、旌德县 湖北省:孝昌县、大悟县、红安县、麻城市、罗田县、英山县、浠水县	实施生态移民,降低人口密度,恢复植被
南岭山地森林及生物多样性生态功能区	江西省:大余县、上犹县、崇义县、安远县、龙南县、定南县、全南县、寻乌县、井冈山市 湖南省:炎陵县、宜章县、临武县、桂东县、汝城县、嘉禾县、宁远县、蓝山县、新田县、双牌县	禁止非保护性采伐,保护和恢复植被,涵养水源,保护珍稀动物
秦巴生物多样性生态功能区	湖北省:郧阳区、郧西县、竹溪县、丹江口市、竹山县、房县、保康县、南漳县、神农架林区 重庆市:巫溪县、城口县 四川省:旺苍县、青川县、通江县、南江县、万源市	减少林木采伐,恢复山地植被,保护野生物种
武陵山区生物多样性与水土保持生态功能区	湖北省:建始县、利川市、宣恩县、咸丰县、鹤峰县、来凤县 湖南省:慈利县、石门县、桑植县、永定区、武陵源区、辰溪县、麻阳苗族自治县、泸溪县、凤凰县、花垣县、龙山县、永顺县、古丈县、保靖县 重庆市:酉阳土家族苗族自治县、彭水苗族土家族自治县、秀山土家族苗族自治县、武隆县、石柱土家族自治县	扩大天然林保护范围,巩固退耕还林成果,恢复森林植被和生物多样性
三峡库区水土保持生态功能区	湖北省:巴东县、夷陵区、秭归县、兴山县、长阳土家族自治县、五峰土家族自治县 重庆市:巫山县、奉节县、云阳县	巩固移民成果,植树造林,恢复植被,涵养水源,保护生物多样性
若尔盖草原湿地生态功能区	四川省:阿坝县、若尔盖县、红原县	停止开垦,禁止过度放牧,恢复草原植被,保持湿地面积,保护珍稀动物
川滇森林及生物多样性生态功能区	四川省:汶川县、茂县、理县、小金县、松潘县、九寨沟县、金川县、黑水县、马尔康县、壤塘县、北川羌族县、平武县、天全县、宝兴县、康定县、泸定县、丹巴县、九龙县、雅江县、道孚县、炉霍县、甘孜县、新龙县、德格县、白玉县、石渠县、色达县、理塘县、巴塘县、乡城县、稻城县、得荣县、盐源县、木里藏族自治县 云南省:玉龙纳西族自治县、屏边苗族自治县、金平县、文山市、西畴县、马关县、广南县、富宁县、勐海县、勐腊县、剑川县、泸水市、福贡县、贡山独龙族怒族自治县、兰坪白族普米族自治县、香格里拉市、德钦县、维西傈僳族自治县	保护森林、草原植被,在已明确的保护区域保护生物多样性和多种珍稀动植物基因库

续表

生态功能区	县(市、区)	功能定位
桂黔滇喀斯特石漠化防治生态功能区	贵州省:威宁彝族回族苗族自治县、赫章县、关岭布依族苗族自治县、镇宁布依族苗族自治县、紫云苗族布依族自治县、望谟县、册亨县、平塘县、罗甸县	封山育林育草,种草养畜,实施生态移民,改变耕作方式
新增国家重点生态功能区	浙江省:淳安县、文成县、泰顺县、磐安县、开化县、常山县、遂昌县、云和县、庆元县、景宁畲族自治县、龙泉市 江西省:浮梁县、遂川县、万安县、安福县、永新县、婺源县、南丰县、黎川县、宜黄县、资溪县、广昌县、靖安县、铜鼓县、莲花县、泸溪县、修水县、石城县 湖北省:通城县、通山县 湖南省:茶陵县、南岳区、新宁县、绥宁县、城步苗族自治县、安化县、资兴市、东安县、江永县、江华瑶族自治县、沅陵县、新晃侗族自治县、会同县、靖州苗族侗族自治县、通道侗族自治县、芷江侗族自治县、洪江市、新化县、吉首市 四川省:沐川县、峨边彝族自治县、马边彝族自治县、石棉县、宁南县、普格县、布拖县、金阳县、昭觉县、喜德县、越西县、甘洛县、美姑县、雷波县 贵州省:江口县、石阡县、印江土家族苗族自治县、沿河土家族自治县、施秉县、黄平县、荔波县、三都水族自治县、雷山县、锦屏县、剑河县、台江县、赤水市、习水县、榕江县、从江县 云南省:东川区、巧家县、盐津县、大关县、永善县、绥江县、宁蒗彝族自治县、景东县、永胜县、镇沅彝族哈尼族拉祜族自治县、孟连傣族拉祜族佤族自治县、西盟佤族自治县、大姚县、永仁县、双柏县、麻栗坡县、景洪市、永平县、南涧彝族自治县、漾濞彝族自治县、巍山彝族回族自治县	—

注:表中“武隆县”现在为“武隆区”。

资料来源:整理自《全国主体功能区规划》;国家发展改革委办公厅关于明确新增国家重点生态功能区类型的通知[EB/OL].国家发展改革委官网,2017-02-03.

二、省级层面重点生态功能区

根据长江经济带沿线 11 省份主体功能区规划，长江经济带仅浙江省、安徽省、江西省、湖南省、四川省、云南省规划省级层面生态功能区（见表 2.7）。

表 2.7　长江经济带沿线 11 省份省级重点生态功能区

省份	县（市、区）	功能定位
上海	无	无
江苏	无	无
浙江	桐庐县、建德市、临安市、永嘉县、安吉县、新昌县、武义县、浦江县、嵊泗县、天台县、仙居县、青田县、缙云县、松阳县	提供多种生态服务，保障全省生态安全
安徽	宁国市	全国重要的生物多样性保护型和水源涵养型生态功能区之一，是长三角地区的重要生态屏障
江西	湾里区、安义县、武宁县、庐山市、德兴市、横峰县	全省乃至全国的生态安全屏障，重要的水源涵养区、水土保持区、生物多样性维护区和生态旅游示范区，人与自然和谐相处的示范区
湖北	无	无
湖南	桂阳县、通道县	保障我省生态安全的重要区域，建设绿色湖南的重要载体，实现可持续发展的重要生态功能区，人与自然和谐相处的示范区。维系长江流域和珠江流域水体安全，减少河流泥沙，维护生物多样性的重要区域
重庆	无	无
四川	屏山县	无
贵州	无	无
云南	水富县	无

资料来源：整理自长江经济带沿线 11 省份主体功能区规划。

参考文献

[1] 国务院.全国主体功能区规划[M].北京:人民出版社,2015.

[2] 国务院.中华人民共和国国民经济和社会发展第十三个五年规划纲要[M].北京:人民出版社,2016.

[3] 唐长春.长江流域主体功能区建设布局与配套政策研究[M].南京:东南大学出版社,2016.

[4] 伍世代,曾月娥.主体功能区背景下的城市群空间重构[M].北京:科学出版社,2017.

[5] 李红波.城市群主体功能区土地利用结构空间管制研究[M].北京:中国大地出版社,2013.

[6] 陈雯,孙伟,吴加伟,等.长江经济带开发与保护空间格局构建及其分析路径[J].地理科学进展,2015(11):1388-1397.

[7] 钟业喜,冯兴华,文玉钊.长江经济带经济网络结构演变及其驱动机制研究[J].地理科学,2016(1):10-19.

[8] 徐小任,徐勇.长江经济带后备适宜建设用地潜力[J].长江流域资源与环境,2016(12):1789-1796.

[9] 吴传清,万庆.长江经济带城镇化发展的时空格局与驱动机制研究——基于九大城市群 2004—2013 年数据的实证分析[J].武汉大学学报(哲学社会科学版),2015(5):44-51.

[10] 郑德高,陈勇,季辰晔.长江经济带区域经济空间重塑研究[J].城市规划学刊,2015(3):78-85.

[11] 樊杰,王亚飞,陈东,等.长江经济带国土空间开发结构解析[J].地理科学进展,2015(11):1336-1344.

[12] 吴常艳,黄贤金,陈博文,等.长江经济带经济联系空间格局及其经济一体化趋势[J].经济地理,2017(7):71-78.

[13] 王维,陈云,王晓伟,等.长江经济带区域发展差异时空格局研究[J].长江流域资源与环境,2017(10):1489-1497.

[14] 黄贤金.基于资源环境承载力的长江经济带战略空间构建[J].环境保护,2017(15):25-26.

[15] 李程骅.长三角城市群格局中的"扬子江城市群"构建策略[J].江海学刊,2016(6):89-95.

[16] 王维.长江经济带"4E"协调发展时空格局研究[J].地理科学,2017(9):1354-1362.

[17] 马静,邓宏兵,张红.长江经济带区域经济差异与空间格局分析[J].统计与决策,2017(16):86-90.

[18] 肖金成,黄征学.长江经济带城镇化战略思路研究[J].江淮论坛,2015(1):2,5-10.

[19] 尚勇敏,曾刚,海骏娇."长江经济带"建设的空间结构与发展战略研究[J].经济纵横,2014(11):87-92.

[20] 陈文娣,黄震方,蒋卫国,等.长江中游经济带区域经济差异及其时空演变特征[J].热带地理,2013(3):324-332.

[21] 李嬛,宁越敏,魏也华,等.长江经济带沿江城市群空间分布格局与联动机理研究[J].长江流域资源与环境,2016(12):1797-1806.

[22] 国家发改委国土地区所课题组,肖金成,汪阳红,等.成渝城市群的战略定位与规划目标[J].中国发展观察,2016(13):53-56.

[23] 王圣云,翟晨阳.长江经济带城市集群网络结构与空间合作路径[J].经济地理,2015(11):61-70.

[24] 冯兴华,钟业喜,李峥荣,等.长江经济带城市体系空间格局演变[J].长江流域资源与环境,2017(11):1721-1733.

[25] 唐晓岚,任宇杰,马坤.基于自然资源生态优势的长江国家公园大廊道的构想[J].环境保护,2017(17):38-44.

[26] 李振瑜,张建军,耿玉环.基于空间关系的长江经济带城市群生态效应扩散研究[J].中国农业大学学报,2017(1):161-171.

第三章

3 长江经济带生态环境保护

内容提要　加强长江经济带生态环境保护,提升长江经济带生态环境绩效,是推动长江经济带加快生态文明建设和经济高质量发展的重要内涵。采用熵权-TOPSIS、超效率 SBM-GML 指数法从环境质量、生态效率、绿色全要素生产率等三个维度对 2011—2016 年长江经济带生态环境绩效进行全面评估。结果显示长江经济带生态环境绩效整体呈稳步提升态势,优于全国平均水平;上中下游地区生态环境绩效呈梯度递增态势,上游地区最弱,中游地区次之,下游地区最优;上海、江苏、浙江、重庆 4 省份为推动长江经济带生态环境绩效提升的核心增长极。长江经济带生态环境绩效明显,同时也面临着水生态环境形势严峻、沿江重化工业围江围湖、环境协同保护发展机制仍有待完善等制约长江经济带生态环境建设的突出问题。进一步提升长江经济带生态环境绩效,应强化长江生态功能恢复,增强产业绿色发展新动能,健全生态环境协同保护体制机制。

2016 年 1 月 5 日,习近平总书记在重庆主持召开的推动长江经济带发展座谈会上指出,"当前和今后相当长一个时期,要把修复长江生态环境摆在压倒性位置,共抓大保护,不搞大开发"。2016 年 9 月,中央正式印发的《长江经济带发展规划纲要》强调"把保护和修复长江生态环境摆在首要位置,共抓大保护,不搞大开发,努力建成绿色生态廊道"。2017 年 7 月 13 日,环境保护部(现为"生态环境部")等三部委联合颁布的《长江经济带生态环境保护规划》指出,长江经济带生态环境形势仍然严峻,要把生态环境保护摆在优先位置,确保一江清水延绵后世。2017 年 10 月 18 日,习近平总书记在党的十九大报告中进一步强调"以共抓大保护、不搞大开发为导向推动长江经济带发展"。2018 年 4 月 26 日,习近平总书记在武汉主持召开的深入推动长江经济带发展座谈会强调,"必须从中华民族长远利益考虑,把修复长江生态环境摆在压倒性位置,共抓大保护、不搞大开发,探索出一条生态优先、绿色发展新路子"。国家高度重视长江经济带生态环境保护,始终强调将长江经济带生态环境保护摆在压倒性位置,强化长江经济带生态环境保护力度。

第一节　长江经济带生态环境绩效评估

一、长江经济带环境质量评估

参考学术界关于环境质量评价的相关研究成果，从工业环境、农业环境、生活环境、自然环境四大维度综合评估长江经济带生态环境质量。

工业生态环境是生态环境内部波动最为强烈的部分，对其他环境的影响和改造最为深刻。从工业生产环境和工业治理环境两个方面反映工业生态环境的发展质量。工业生产环境主要反映工业生产过程中环境非期望产出状态，向自然生态空间排放毒害物质越多，则工业生产环境越差；工业治理环境则是反映对工业生产环境的修复和改善状况，对环境非期望产出无害化处理越充分，则工业治理环境越好。

农业生态环境是生态环境内部覆盖面较为广阔的部分，受工业环境和生活环境影响较大，与自然环境的兼容性较好。参考工业环境分析框架，从农业生产环境与农业治理环境两个方面评估农业生态环境质量。农业生产环境侧重反映农业生产活动对自然环境的不利影响以及工业和生活环境对农业生产的不利影响，旨在表征农业生产的便利性和绿色性；农业治理环境主要反映对农业粗放生产活动的集约改进能力，提高农业生产效率并降低对自然环境的开发强度。

生活生态环境是生态环境的重要组成部分，是生态环境质量提升的最终落脚点。改善生态环境的最终目的是提高居民的绿色生活水平，实现人与自然的和谐发展，最大化生态效益、经济效益、社会效益。从生活消费环境和生活宜居环境两个方面反映生活生态环境质量，其中前者主要反映居民日常生活消费产生的废弃物有害程度，废弃物排放强度越高，有毒害物质越多，则生活消费环境越差；后者主要反映居民的绿色生活环境，侧重凸显居民的绿色生活空间和绿色消费方式，绿色生活空间越高，绿色消费方式越便捷，则绿色生活环境质量越好。

自然生态环境是生态环境的物质基础，是其他环境赖以存在的自然条件，是生态环境的核心组成部分。从自然环境状态和自然环境修复两个方面反映自然生态环境质量。自然环境状态对自然环境现状进行表征，是对地区生态功能强弱的重要评估依据，主要反映生态要素保护和发展的现状。自然环境修复侧重反映对自然生态空间的修复保护能力，对自然生态环境不合理开发所造成的自然生态环境退化而采取的保护性措施强度的反映。

共选取 26 个指标构建长江经济带生态环境质量评估指标体系，其中 16 项正向指标，10 项负向指标（见表 3.1）。由于自然生态环境在生态环境中处于基础性地位，是其他环境存在发展的前提条件，选取 8 项指标评估自然生态环境，其他环境均选用 6 项指标。

表 3.1　长江经济带生态环境质量评估指标体系

<table>
<tr><th>目标层</th><th>系统层</th><th>准则层</th><th>指标层</th><th>属性</th><th>单位</th></tr>
<tr><td rowspan="12">生态环境</td><td rowspan="6">工业生态环境</td><td rowspan="3">工业生产环境</td><td>万元工业增加值工业废水排放量</td><td>负向</td><td>吨/万元</td></tr>
<tr><td>万元工业增加值工业废气排放量</td><td>负向</td><td>万立方米/万元</td></tr>
<tr><td>万元工业增加值工业固体废物产生量</td><td>负向</td><td>吨/万元</td></tr>
<tr><td rowspan="3">工业治理环境</td><td>工业废水处理率</td><td>正向</td><td>%</td></tr>
<tr><td>工业废气处理率</td><td>正向</td><td>%</td></tr>
<tr><td>工业固体废物处理率</td><td>正向</td><td>%</td></tr>
<tr><td rowspan="6">农业生态环境</td><td rowspan="3">农业生产环境</td><td>每公顷耕地面积化肥施用量</td><td>负向</td><td>吨/公顷</td></tr>
<tr><td>每公顷耕地面积农药使用量</td><td>负向</td><td>千克/公顷</td></tr>
<tr><td>耕地减少面积中建设占用比重</td><td>负向</td><td>%</td></tr>
<tr><td rowspan="3">农业治理环境</td><td>耕地减少面积中生态退耕比重</td><td>正向</td><td>%</td></tr>
<tr><td>有效灌溉面积占耕地面积比重</td><td>正向</td><td>%</td></tr>
<tr><td>节水灌溉面积占耕地面积比重</td><td>正向</td><td>%</td></tr>
</table>

续表

目标层	系统层	准则层	指标层	属性	单位
生态环境	生活生态环境	生活消费环境	人均城镇生活污水排放量	负向	吨/人
			每吨生活污水排放量中化学需氧量含量	负向	千克/人
			每吨生活污水排放量中氨氮含量	负向	千克/人
		生活宜居环境	建成区绿化覆盖率	正向	%
			城市生活污水处理率	正向	%
			生活垃圾无害化处理率	正向	%
	自然生态环境	自然环境状态	草原面积占国土面积比重	正向	%
			湿地面积占国土面积比重	正向	%
			沙化面积占国土面积比重	负向	%
			森林覆盖率	正向	%
		自然环境修复	自然保护区面积占国土面积比重	正向	%
			地质公园投资建设强度	正向	万元/公顷
			矿山恢复治理强度	正向	万元/公顷
			水土流失治理面积占国土面积比重	正向	%

选用熵权-TOPSIS 模型作为评价长江经济带生态环境质量水平和指标权重确定工具。TOPSIS(technique for order preference by similarity to ideal solution)模型是一种逼近理想解的排序方法,主要根据研究对象与正、负理想解的距离进行相对优劣的评价,该方法能够客观全面地反映各方案的综合评价值,然后根据综合评价值的大小对各方案进行排序,通过在目标空间中定义一个测度,以此测量目标靠近正理想解和远离负理想解的程度来评估研究区的生态环境质量水平。本书引入改进的 TOPSIS 模型来进行研究,相对于传统综合指数法更具科学性、客观性、准确性。

采用 TOPSIS 评价长江经济带生态环境质量水平,首先需确定各指标对应权重，以准确测算各层次及整体生态环境质量的具体水平。确定权重的方法大体有三类：第一类是主观赋权法，通过研究者或专家根据经验判定各指标的相对重要性，主要有层次分析法和德尔菲法；第二类是客观赋权法，不事先判定指标的相对重要性，而是根据指标数值的关联度与波动特征由指标自身确定权重，主要有主成分分析法、熵值法、变异系数法；第三类则是主观与客观相结合的组合赋权法。在指标确定和搜集数据过程中，本书认为每个指标对反映生态环境质量均具有重要作用，无法主观臆断某一指标在评估生态环境质量中所发挥的作用大小，因此决定选用对数据挖掘利用最充分的客观赋权法——熵值法确定指标权重，既可反映整体生态环境质量，又可反映生态环境的四大子环境质量。为保证不同年度生态环境质量水平的可比性，各指标在所有年度的权重应相等，因此本书将研究周期内各省份指标数据合并建立统一的指标数据矩阵，而非每年构建一个数据矩阵，每年指标权重都不相同，使得不同年份的生态环境质量水平无法比较，甚至会出现评价结果与实际情况不符的现象。熵权-TOPSIS 模型具体计算过程如下：

第一步，指标权重确定。

(1)无量纲正向化处理①：

正向指标：

$$X'_{ti,j}=\frac{X_{ti,j}-\min\{X_j\}}{\max\{X_j\}-\min\{X_j\}}(t=1,2,\cdots,6;i=1,2,\cdots,30;j=1,2,\cdots,16)$$

负向指标：

$$X'_{ti,j}=\frac{\max\{X_j\}-X_{ti,j}}{\max\{X_j\}-\min\{X_j\}}(t=1,2,\cdots,6;i=1,2,\cdots,30;j=1,2,\cdots,10)$$

调整量：

$$X'^{+}_{ti,j}=X'_{ti,j}+0.001 \tag{3.1}$$

---

① 由于熵值法求取权重需对标准化后指标值取对数，故整体将正向化标准化指标值向上平移 0.001 个单位。

(2)计算第 i 个省份的第 j 项指标在第 t 年标准值的比重：

$$Y_{ti,j} = \frac{X'^{+}_{ti,j}}{\sum_{t=1}^{6}\sum_{i=1}^{30} X'^{+}_{ti,j}} (t = 1,2,\cdots,6; i = 1,2,\cdots,30; j = 1,2,\cdots,26) \quad (3.2)$$

(3)计算第 j 项指标的信息熵值：

$$e_j = - 1/\ln(6 \times 30) * \sum_{t=1}^{6}\sum_{i=1}^{30} (Y_{ti,j} \times \ln Y_{ti,j})(j = 1,2,\cdots,26) \quad (3.3)$$

(4)计算第 j 项指标的信息效用值：

$$d_j = 1 - e_j (j = 1,2,\cdots,26) \quad (3.4)$$

(5)计算第 j 项指标的权重：

$$w_j = d_j / \sum_{j=1}^{26} d_j (j = 1,2,\cdots,26) \quad (3.5)$$

第二步，计算权重规范化矩阵 $\{s_{ti,j}\}_{180\times 26}$。

$$s_{ti,j} = w_j * X'_{ti,j} (t = 1,2,\cdots,6; i = 1,2,\cdots,30; j = 1,2,\cdots,26) \quad (3.6)$$

可以看出权重规范化矩阵元素即为第 i 个省份的第 j 项指标在第 t 年的生态环境质量水平。

第三步，确定正理想解集 $\{s_j^+\}$ 和负理想解集 $\{s_j^-\}$。

正理想解的集合：

$$\{s_j^+\} = \{\max\{s_{ti,1}\}, \max\{s_{ti,2}\}, \cdots, \max\{s_{ti,26}\}\} (j = 1,2,\cdots,26)$$

负理想解的集合：

$$\{s_j^-\} = \{\min\{s_{ti,1}\}, \min\{s_{ti,2}\}, \cdots, \min\{s_{ti,26}\}\} (j = 1,2,\cdots,26)$$

正理想解集即为所有决策单元(第 t 年的第 i 个省份算一个决策单元)各指标得分最大值的集合，而负理想解集即为所有决策单元各指标得分最小值的集合。

第四步，计算第 t 年的第 i 个省份与正理想集的欧氏距离(d_{it}^+)和与负理想集的欧氏距离(d_{it}^-)。

$$d_{it}^+ = \sqrt{\sum_{j=1}^{26} (s_{ti,j} - s_j^+)^2} \quad (3.7)$$

$$d_{it}^{-} = \sqrt{\sum_{j=1}^{26} (s_{ti,j} - s_{j}^{-})^{2}} \tag{3.8}$$

第五步,计算第 t 年的第 i 个省份以负理想解为基准通过测度与负理想集的距离来间接测度与正理想解的贴进度 λ_{ti}。

$$\lambda_{ti} = d_{ti}^{-}/(d_{ti}^{+} + d_{ti}^{-}),\lambda_{ti} \in [0,1] \tag{3.9}$$

式中,λ_{ti}值越大,表示与决策目标正理想解集越接近,即生态环境质量水平越高,工业环境趋向绿色化,农业环境趋向集约化,生活环境趋向低碳化,自然环境趋向生态化。

长江经济带自 2013 年始上升为新时期国家重大战略,以 2011 年为研究时段起点,研究长江经济带发展重大战略确定前后的绿色发展水平,研究周期确定为 2011—2016 年。评价指标的基础数据均来源于中国统计出版社出版的《中国统计年鉴》(2012—2017)、《中国工业经济统计年鉴 2012》、《中国工业统计年鉴》(2013—2017)、《中国农村统计年鉴》(2012—2017)、《中国环境统计年鉴》(2012—2017)、《中国能源统计年鉴》(2012—2017)、《中国高技术产业统计年鉴》(2012—2017)、《中国城市(镇)生活与价格年鉴 2012》、《中国价格统计年鉴》(2013—2017),所选用涉及市场价值的指标值均为价格平减后的实际值。为准确反映长江经济带生态环境质量,将长江经济带置于全国范围下,比较分析长江经济带生态环境质量在全国的相对水平,因数据缺失等原因,港澳台地区和西藏自治区未参与测算,实际有 30 个省份参与测算比较。

为系统分析长江经济带环境绩效的地区差异,将长江经济带作上中下游地区划分,上游地区包括云、贵、川、渝 4 省份,中游地区包括鄂、湘、赣、皖 4 省份,下游地区包括苏、浙、沪 3 省份。评估结果如下:

(1)从长江经济带工业生态环境质量与全国平均水平比较而言,长江经济带工业生态环境质量整体较为稳定,绝对水平略高于长江经济带以外地区、全国平均水平。2011—2016 年长江经济带工业生态环境质量水平在 0.831 至 0.844轻微波动,整体年均增长 0.2 个百分点;长江经济带以外地区工业生态环境质量水平由 0.771 增长至 0.776，年均增长 0.13 个百分点；全国工业生态环境质量水平由 0.793 增长至 0.796，年均增长 0.07 个百分点（见表 3.2）。长江经济带工业生态环境的绿色度高于全国平均水平，绿色生产技术的研发应用推广力度总体较强，致力于推动生产过程低碳化、循环化、绿色化，加速了全国工业生态环境改善。但 2014—2016 年长江经济带工业生态环境质量呈出现下降趋势，依然存在工业粗放式增长所带来的环境隐患，不能忽视长江经济带工业环境问题，特别是沿江化工企业、航运污染等。

表 3.2　2011—2016 年全国及各地区工业生态环境质量

年份 地区	2011		2012		2013		2014		2015		2016	
	得分	排名	得分	排名	得分	排名	得分	排名	得分	排名	得分	排名
全国	0.793		0.807		0.812		0.811		0.803		0.796	
长江经济带	0.831	1	0.836	1	0.839	1	0.844	1	0.844	1	0.831	1
非长江经济带	0.771	2	0.790	2	0.797	2	0.792	2	0.779	2	0.776	2
长江上游地区	0.752	3	0.767	3	0.760	3	0.770	3	0.776	3	0.766	3
长江中游地区	0.829	2	0.830	2	0.836	2	0.838	2	0.833	2	0.813	2
长江下游地区	0.940	1	0.936	1	0.949	1	0.950	1	0.947	1	0.940	1

资料来源：根据测算结果整理。

从长江经济带上中下游地区工业生态环境质量比较而言，上游地区、中游地区、下游地区工业生态环境质量呈现出稳定的梯度递增格局，上游地区工业生态环境质量最差，中游地区次之，上游地区最优。2011—2016 年长江经济带上游地区工业生态环境质量水平由 0.752 上升至 0.766，年均增长 0.36 个百分点；中游地区工业生态环境质量由 0.829 下降至 0.813，年均下降 0.39 个百分点；下游地区工业生态环境质量保持稳定，维持在 0.940 高位水平（见表 3.2）。上游地区经济发展水平相对较低，工业基础相对薄弱，生产技术较为落后，工业生产的环境非期望产出较大，工业生产环境质量相对较差，但改善趋势明显。中游地区工业生态环境质量保持稳健水平，但2015年、2016年退化明显，需重点关注中游地区传统制造业过剩产能消耗与改造升级。下游地区工业生态环境质量处于较高水平，工业生产技术领先全国，工业生产的环境非期望产出相对较少，工业生态环境质量进一步提升的余地较小。

从长江经济带沿线11省份工业生态环境质量比较而言，沿线11省份工业生态环境质量分化严重，工业生态环境质量发展水平与所在省份的工业绿色生产技术密切相关。上海、江苏、浙江、安徽等4省份处于第一梯队，工业生态环境质量高于长江经济带乃至全国其他省份，特别是上海、江苏、浙江3省份工业生态环境质量稳居全国前5位，是长江经济带工业生态环境质量最优的地区；湖北、湖南、重庆等3省份处于第二梯队，属于长江经济带传统制造业基地，产业基础较为扎实，技术积累较为深厚，随着近年来产业转型升级步伐加快，推广应用新型绿色清洁型生产技术，工业生态环境质量保持较高水平；江西、四川、贵州、云南等4省份处于第三梯队，工业生态环境质量相对较低，经济发展水平相对落后，工业生产方式较为粗放，工业生产的环境压力较大。2011—2016年长江经济带沿线11省份工业生态环境质量整体较为平稳，但除湖北、贵州、云南外，2016年沿江其他8省份工业环境质量均出现较大下降，沿江省份贯彻落实长江经济带“共抓大保护、不搞大开发”的意识和行动有待进一步加强(见表3.3)。

表3.3 2011—2016年长江经济带11省份工业生态环境质量

年份 省份	2011		2012		2013		2014		2015		2016	
	得分	排名	得分	排名	得分	排名	得分	排名	得分	排名	得分	排名
上海	0.954	2	0.957	2	0.957	2	0.959	2	0.953	2	0.952	2
江苏	0.941	3	0.928	4	0.951	3	0.951	3	0.947	3	0.933	4
浙江	0.924	5	0.924	5	0.940	5	0.940	5	0.942	4	0.934	3
安徽	0.869	7	0.889	8	0.903	8	0.903	8	0.911	7	0.895	8

续表

省份＼年份	2011		2012		2013		2014		2015		2016	
	得分	排名	得分	排名	得分	排名	得分	排名	得分	排名	得分	排名
江西	0.766	16	0.766	20	0.772	19	0.777	18	0.777	17	0.715	24
湖北	0.868	8	0.858	12	0.860	12	0.865	12	0.828	12	0.790	16
湖南	0.814	14	0.805	14	0.808	17	0.807	14	0.816	14	0.854	11
重庆	0.865	9	0.884	9	0.895	9	0.899	10	0.897	9	0.870	9
四川	0.748	20	0.746	21	0.732	23	0.739	22	0.743	21	0.726	22
贵州	0.691	26	0.718	25	0.678	28	0.712	26	0.730	23	0.732	21
云南	0.705	24	0.721	24	0.734	22	0.730	23	0.734	22	0.737	20

注：排名为长江经济带沿线 11 省份在全国 30 个省份中的排名，不含港澳台地区、西藏自治区。下同。

资料来源：根据测算结果整理。

（2）从长江经济带农业生态环境质量与全国平均水平比较而言，长江经济带农业生态环境质量呈平稳增长态势，优于长江经济带以外地区、全国平均水平。2011—2016 年长江经济带农业生态环境质量由 0.357 上升至 0.387，年均增长 1.62 个百分点，农业生态环境质量稳步提升；长江经济带以外地区农业生态环境质量由 0.389 波动至 0.390，年均增长 0.04 个百分点，农业生态环境质量不稳定；全国平均农业生态环境质量由 0.378 波动上升至 0.389，年均增长 0.60 个百分点（见表 3.4）。长江经济带农业生态环境质量上升速度快于长江经济带以外地区，但因初始水平差距较大，前期农业生产方式仍旧较为粗放，对化肥、农药依赖性较大，农业面源污染较为严重，农业生态环境质量绝对水平仍低于长江经济带以外地区和全国平均水平。但长江经济带农业环境质量与长江经济带以外地区差距逐渐缩小而逐步趋同，农业生产方式逐步优化，转向高产优质、集约高效的现代农业发展道路。

从长江经济带上中下游地区农业生态环境质量比较而言，上游、中游、下游地区农业生态环境质量水平整体呈正偏态"V形"分布，上游地区农业生态环境质量较好，中游地区最差，下游地区最优。2011—2016年上游地区农业生态环境质量由0.393波动上升至0.408，年均增长0.73个百分点；中游地区农业生态环境质量由0.287波动上升至0.324，年均增长2.42个百分点；下游地区农业生态环境质量由0.402平稳上升至0.444，年均增长1.98个百分点（见表3.4）。上游地区农业生态环境质量保持总体平稳，实现农业发展过程中努力降低环境影响，提升农业发展的生态效益。中游地区经济增长动机较为强烈，偏向通过加大农药、化肥投入强度实现农业生产增长，并将低效率的农业生产空间转向高效率的工业生产空间，农业生态环境质量较上下游地区差距较大。下游地区迈过农业粗放增长阶段后，逐步摒弃拼资源、拼消耗的低效发展模式，注重优化农业生产空间结构，增强农业科技创新能力，提升农业的集约生产效益，农业生态环境质量最优。

表3.4　2011—2016年全国及各地区农业生态环境质量

年份/地区	2011		2012		2013		2014		2015		2016	
	得分	排名	得分	排名	得分	排名	得分	排名	得分	排名	得分	排名
全国	0.378		0.379		0.375		0.357		0.362		0.389	
长江经济带	0.357	2	0.359	2	0.362	2	0.350	2	0.371	1	0.387	2
非长江经济带	0.389	1	0.391	1	0.382	1	0.362	1	0.356	2	0.390	1
长江上游地区	0.393	2	0.393	2	0.391	2	0.351	2	0.402	2	0.408	2
长江中游地区	0.287	3	0.288	3	0.301	3	0.306	3	0.310	3	0.324	3
长江下游地区	0.402	1	0.410	1	0.406	1	0.407	2	0.409	1	0.444	1

资料来源：根据测算结果整理。

从长江经济带沿线11省份农业生态环境质量（见表3.5）比较而言，沿线11省份农业生态环境质量整体水平不高，在全国整体处于中等靠后位置。上海、江苏、浙江、重庆等4省份处于第一梯队，农业生态环境质量呈上升或缓慢下降的良好发展态势，农业生态环境质量全国排名整体呈快速上升态势，以江苏省上升幅度最大，提高13个名次，农业生态环境质量相对保持较高水平。四川、贵州2省份处于第二梯队，农业生态环境质量在全国处于中等水平，呈较快下降态势，农业生态环境质量改善不明显，处于全国中等靠后位置。安徽、江西、湖北、湖南、云南5省份处于第三梯队，农业生态环境质量处于靠后位置，下降幅度较大或保持低位水平，农业生产空间收缩幅度较大，而建设空间则大幅扩张。安徽、江西、湖北、湖南、四川等省份农业生产能力在全国占据重要地位，农业生态环境质量不高对长江经济带乃至全国农业生产稳定具有较大的负面影响，应加强长江经济带农业生态环境修复改善。

表3.5　2011—2016年长江经济带沿线11省份农业生态环境质量

年份 省份	2011		2012		2013		2014		2015		2016	
	得分	排名	得分	排名	得分	排名	得分	排名	得分	排名	得分	排名
上海	0.481	3	0.490	2	0.483	2	0.442	4	0.447	4	0.456	5
江苏	0.351	20	0.363	17	0.363	15	0.396	8	0.394	9	0.435	7
浙江	0.374	14	0.379	14	0.371	14	0.382	11	0.385	12	0.441	6
安徽	0.320	23	0.321	23	0.337	21	0.333	22	0.337	22	0.346	21
江西	0.292	26	0.295	27	0.301	25	0.312	24	0.314	23	0.325	24
湖北	0.250	30	0.254	30	0.269	30	0.277	28	0.287	28	0.313	25
湖南	0.287	27	0.281	29	0.298	27	0.301	26	0.303	25	0.311	26
重庆	0.381	13	0.382	13	0.382	13	0.336	21	0.540	1	0.556	2
四川	0.396	12	0.399	11	0.400	9	0.358	16	0.360	16	0.364	18
贵州	0.429	7	0.428	7	0.422	7	0.367	14	0.370	14	0.371	16
云南	0.367	16	0.362	18	0.360	18	0.343	19	0.340	21	0.339	23

资料来源：根据测算结果整理。

(3)从长江经济带生活生态环境质量与全国平均水平比较而言,长江经济带生活环境质量整体保持较快上升态势,略高于全国平均水平。2011—2016年长江经济带生活生态环境质量由0.540上升至0.621,年均增长2.83个百分点,长江经济带生活生态环境质量持续提升,绿色生活方式稳步推广,绿色清洁度稳步提升;长江经济带以外地区生活生态环境质量由0.548上升至0.628,年均增长2.75个百分点,略滞后于长江经济带;全国平均生活生态环境质量由0.545上升至0.625,年均增长2.78个百分点(见表3.6),生活生态文明建设稳步推进。虽然长江经济带生活生态环境质量整体增长速度高于全国平均水平,但绝对水平整体低于全国平均水平,长江经济带绿色生活方式仍有待深入推广,绿色生活基础设施建设有待加强。

表3.6 2011—2016年全国及各地区生活生态环境质量

地区＼年份	2011		2012		2013		2014		2015		2016	
	得分	排名	得分	排名	得分	排名	得分	排名	得分	排名	得分	排名
全国	0.545		0.565		0.582		0.595		0.607		0.625	
长江经济带	0.540	2	0.562	2	0.576	2	0.588	2	0.602	2	0.621	2
非长江经济带	0.548	1	0.567	1	0.585	1	0.599	1	0.609	1	0.628	1
长江上游地区	0.534	2	0.559	2	0.571	2	0.580	2	0.596	2	0.619	2
长江中游地区	0.531	3	0.545	3	0.564	3	0.578	3	0.594	3	0.612	3
长江下游地区	0.559	1	0.589	1	0.600	1	0.614	1	0.620	1	0.634	1

资料来源:根据测算结果整理。

从长江经济带上中下游地区生活生态环境质量比较而言,上游地区、中游地区、下游地区生活生态环境质量整体呈右偏“V形”分布,上游地区生态环境质量较高,中游地区最差,下游地区最优。2011—2016年上游地区生活生态环境质量由0.534上升至0.619,年均增长3.00个百分点;中游地区由0.531上升至

0.612,年均增长 2.86 个百分点;下游地区生活生态环境质量由0.559上升至0.634,年均增长 2.57 个百分点(见表 3.6)。中游地区经济发展基础难以消化快速膨胀的城镇人口所带来的环境压力,人地关系矛盾在中游地区表现得尤为明显,城镇居民的生活生态环境相对较差;上游地区吸纳城镇人口有限,对生活生态环境容量消耗较小,城镇居民的生活生态环境相对较好;下游地区城市绿色基础设施完善,人口承载能力较大,生活生态环境较为优越。

从长江经济带沿线 11 省份生活生态环境质量比较而言,长江经济带沿线 11 省份生活生态环境质量绝对水平普遍得到提升,但全国相对水平整体靠后,大部分省份全国排名长期处于中等靠后位置或保持下降态势。江苏、安徽、浙江、重庆等 4 省份生活生态环境质量水平处于第一梯队,重视城镇生活废物治理,绿化覆盖率较高,城镇居民生活生态环境条件较好;上海、江西、贵州等 3 省份生活生态环境质量水平处于第二梯队,逐步加强城市废物治理,扩大城市绿色基础设施,城镇居民生活生态环境改善明显;湖北、湖南、四川、云南等 4 省份生活生态环境质量水平处于第三梯队,城市绿色基础设施建设相对滞后,城镇居民生活生态环境较差。此外,长江经济带省份间生活生态环境质量的差距逐步缩小,由 2011 年的 0.089 逐步缩小至 2016 年的 0.060,长江经济带省份间的生活生态环境质量逐渐趋同(见表 3.7)。

表 3.7 2011—2016 年长江经济带沿线 11 省份生活生态环境质量

年份 省份	2011		2012		2013		2014		2015		2016	
	得分	排名	得分	排名	得分	排名	得分	排名	得分	排名	得分	排名
上海	0.516	21	0.570	14	0.580	15	0.600	15	0.605	15	0.612	18
江苏	0.596	5	0.609	6	0.621	8	0.631	8	0.641	8	0.655	9
浙江	0.563	12	0.587	9	0.600	13	0.611	13	0.615	14	0.636	13
安徽	0.544	16	0.560	16	0.589	14	0.609	14	0.623	12	0.641	12

续表

省份＼年份	2011		2012		2013		2014		2015		2016	
	得分	排名	得分	排名	得分	排名	得分	排名	得分	排名	得分	排名
江西	0.566	10	0.564	15	0.570	17	0.573	19	0.598	18	0.615	15
湖北	0.507	22	0.531	22	0.559	19	0.572	20	0.580	19	0.597	21
湖南	0.507	23	0.526	24	0.539	23	0.557	21	0.575	22	0.595	22
重庆	0.578	8	0.603	7	0.612	9	0.616	11	0.625	11	0.646	10
四川	0.516	20	0.539	20	0.550	21	0.552	23	0.577	21	0.602	20
贵州	0.518	19	0.540	19	0.566	18	0.575	18	0.602	16	0.625	14
云南	0.524	17	0.554	18	0.556	20	0.578	17	0.579	20	0.605	19

资料来源:根据测算结果整理。

(4)从长江经济带自然生态环境质量与全国平均水平比较而言,长江经济带自然生态环境质量保持平稳增长态势,优于全国平均水平。2011—2016 年长江经济带自然生态环境质量由 0.367 稳步上升至 0.388,年均增长 1.13 个百分点;长江经济带以外地区自然生态环境质量由 0.332 波动上升至 0.333,年均增长 0.06 个百分点,整体保持相对稳定,自然生态环境质量提升并不明显;全国平均自然生态环境质量由 0.345 上升至 0.353,年均增长 0.48 个百分点(见表 3.8)。长江经济带自然生态环境质量绝对水平和相对增长速度均高于全国平均水平,长江经济带的自然生态环境基础条件较好,对自然生态环境的保护力度较大,草原、湖泊、森林、湿地等绿色生态空间原真性得到较好保护。需要注意的是,自然生态环境质量水平在四大子生态环境质量中相对最低,反映出静态的自然生态环境较其他动态的生态环境更为脆弱,保护和修复过程相对较为缓慢,在短期内难以显现自然生态环境修复成效,需要投入更多的绿色环保资金、环境治理技术、绿色高端人才。

从长江经济带上中下游地区自然生态环境质量比较而言，上游地区、中游地区、下游地区自然生态环境质量整体呈正偏态“V形”分布，上游地区自然生态环境较好，中游地区最差，下游地区前期相对较优。2011—2016年上游地区自然生态环境质量由0.366波动上升至2016年的0.383，年均增长0.95个百分点；中游地区自然生态环境质量由0.366平稳上升至0.369，年均增长0.17个百分点，基本保持稳定；下游地区自然生态环境质量由0.369快速上升至0.419，年均增长2.06个百分点（见表3.8）。上游地区因自然生态禀赋较高，生态旅游、生态农业发展迅猛，但自然环境修复力度相对较弱，自然生态环境质量仍低于下游地区；中游地区受传统重化工业产业结构影响，对自然生态环境破坏较大，且保护修复资金投入不足，自然生态环境质量较低；下游地区依托发达的经济实力与先进的环境技术水平，持续加大生态环境修复力度，驱动长江经济带自然生态环境质量提升。

表3.8　2011—2016年全国及各地区自然生态环境质量

年份 地区	2011		2012		2013		2014		2015		2016	
	得分	排名	得分	排名	得分	排名	得分	排名	得分	排名	得分	排名
全国	0.345		0.346		0.354		0.355		0.360		0.353	
长江经济带	0.367	1	0.369	1	0.374	1	0.381	1	0.386	1	0.388	1
非长江经济带	0.332	2	0.333	2	0.342	2	0.340	2	0.344	2	0.333	2
长江上游地区	0.366	3	0.364	2	0.368	2	0.382	2	0.378	2	0.383	2
长江中游地区	0.366	2	0.381	1	0.363	3	0.367	3	0.373	3	0.369	3
长江下游地区	0.369	1	0.359	3	0.398	1	0.399	1	0.414	1	0.419	1

资料来源：根据测算结果整理。

从长江经济带沿线11省份自然生态环境质量比较而言，绝大多数省份自然生态环境质量呈上升态势，但省份间的增长速度差异显著。上海、江苏、浙江、江西、云南等5省份自然生态环境质量处于全国前列，为长江经济带自然生态环境质量水平的第一梯队;湖北、湖南、重庆、四川、贵州等5省份自然生态环境质量处于全国中等水平,为长江经济带自然生态环境质量水平的第二梯队;安徽省自然生态环境质量处于全国相对靠后位置,为长江经济带自然生态环境质量水平的第三梯队。江西省凭借其良好的自然生态本底,2016年森林覆盖率高达60.01%,远高于全国平均水平,自然生态环境质量水平稳定处于全国前10位。安徽省大力承接长三角地区传统污染密集型制造业转移,对自然生态空间侵蚀较大,自然生态环境质量提升较慢,较上海、江苏、浙江差距显著。与长江经济带上中下游地区生活生态环境质量变动趋势不同,省份间差距未有收敛趋势,稳定在0.05左右轻微波动(见表3.9)。

表3.9　2011—2016年长江经济带沿线11省份自然生态环境质量

年份 省份	2011		2012		2013		2014		2015		2016	
	得分	排名	得分	排名	得分	排名	得分	排名	得分	排名	得分	排名
上海	0.366	13	0.366	12	0.408	4	0.415	3	0.414	5	0.413	4
江苏	0.346	19	0.316	23	0.385	8	0.369	13	0.419	3	0.413	3
浙江	0.394	4	0.394	6	0.401	6	0.414	5	0.410	8	0.431	2
安徽	0.314	22	0.299	26	0.310	27	0.313	26	0.321	24	0.310	24
江西	0.395	3	0.402	5	0.402	5	0.408	7	0.415	4	0.404	7
湖北	0.378	6	0.388	8	0.368	14	0.386	8	0.395	11	0.377	13
湖南	0.377	7	0.437	1	0.373	12	0.362	18	0.362	17	0.384	9
重庆	0.371	10	0.378	10	0.360	18	0.368	14	0.384	12	0.375	14
四川	0.366	12	0.361	16	0.363	17	0.364	17	0.365	15	0.370	16
贵州	0.356	18	0.336	18	0.373	11	0.366	15	0.354	18	0.383	10
云南	0.370	11	0.382	9	0.374	10	0.430	2	0.410	7	0.406	5

资料来源:根据测算结果整理。

(5)从长江经济带综合生态环境质量与全国平均水平比较而言,长江经济带总体生态环境质量整体保持平缓上升态势,略优于全国平均水平。2011—2016年长江经济带综合生态环境质量由0.490平稳上升至0.517,年均增长1.08个百分点;长江经济带以外地区由0.481波动上升至0.497,年均增长0.65个百分点;全国平均综合生态环境质量由0.485上升至0.505,年均增长0.81个百分点(见表3.10)。长江经济带综合生态环境质量均高于全国平均水平,长江经济带综合生态环境质量绝对水平和相对增长速度均领先于全国平均水平,特别是长江经济带工业生态环境质量与自然生态环境质量显著优于长江经济带以外地区。长江经济带综合生态环境质量增长稳定性较强,对全国生态环境系统稳定和生态功效提升发挥着主导作用,为全国生态环境质量提升的驱动源。

从长江经济带上中下游地区综合生态环境质量比较而言,上游地区、中游地区、下游地区综合生态环境质量呈稳定右偏"V形"分布,上游地区综合生态环境质量较好,中游地区最差,下游地区最优。2011—2016年上游地区综合生态环境质量水平由0.486上升至0.513,年均增长1.06个百分点;中游地区综合生态环境质量水平由0.476年上升至0.498,年均增长0.92个百分点;下游地区综合生态环境质量水平由0.505上升至0.536,年均增长1.20个百分点(见表3.10)。上中下游地区综合生态环境质量绝对水平和相对增速呈正相关,上游地区综合生态环境质量增长速度较快,绝对水平较高;中游地区增长速度最慢,绝对水平最低;下游地区则保持平稳增长态势,综合生态环境质量处于领先水平。上中下游地区间综合生态环境质量差距呈缓慢扩张趋势,生态环境质量较好地区具有先发优势,生态环境质量较差地区在短期内难以取得显著的环境绩效。

表3.10　2011—2016年全国及各地区综合生态环境质量

年份 地区	2011		2012		2013		2014		2015		2016	
	得分	排名	得分	排名	得分	排名	得分	排名	得分	排名	得分	排名
全国	0.485		0.491		0.496		0.494		0.498		0.505	
长江经济带	0.490	1	0.497	1	0.501	1	0.502	1	0.511	1	0.517	1

续表

地区＼年份	2011		2012		2013		2014		2015		2016	
	得分	排名	得分	排名	得分	排名	得分	排名	得分	排名	得分	排名
非长江经济带	0.481	2	0.488	2	0.493	2	0.489	2	0.490	2	0.497	2
长江上游地区	0.486	2	0.493	2	0.494	2	0.490	2	0.506	2	0.513	2
长江中游地区	0.476	3	0.487	3	0.484	3	0.488	3	0.494	3	0.498	3
长江下游地区	0.505	1	0.509	1	0.521	1	0.524	1	0.529	1	0.536	1

资料来源:根据测算结果整理。

从长江经济带沿线11省份综合生态环境质量比较而言,沿线11省份综合生态环境质量差异显著,增长速度波动幅度较小,大部分省份保持平稳缓慢增长态势。上海、江苏、浙江、重庆等4省份为第一梯队,综合生态环境质量领先于长江经济带其他省份,处于全国前列;江西、湖北、湖南、四川等4省份为第二梯队,综合生态环境质量处于全国中等水平,保持相对较快提升速度;安徽、贵州、云南等3省份则处于第三梯队,综合生态环境质量改进不明显,长期处于全国相对较低的发展水平。浙江省综合生态环境质量一直处于全国前5位,重庆市受益于工业生态环境和农业生态环境的快速优化,促使综合生态环境质量提升迅猛,为构成长江经济带生态环境质量提升的核心增长极。尽管云南省年均增长速度为1.09个百分点,但工业、农业、生活生态环境质量过低,难以在短期内凸显出综合生态环境质量提升成效(见表3.11)。

表3.11　2011—2016年长江经济带沿线11省份综合生态环境质量

省份＼年份	2011		2012		2013		2014		2015		2016	
	得分	排名	得分	排名	得分	排名	得分	排名	得分	排名	得分	排名
上海	0.528	2	0.540	2	0.549	2	0.544	2	0.545	3	0.548	4
江苏	0.505	8	0.502	9	0.525	6	0.530	4	0.542	4	0.548	5

续表

省份＼年份	2011		2012		2013		2014		2015		2016	
	得分	排名	得分	排名	得分	排名	得分	排名	得分	排名	得分	排名
浙江	0.515	4	0.520	4	0.525	5	0.535	3	0.534	5	0.554	3
安徽	0.472	24	0.473	25	0.486	19	0.489	18	0.495	15	0.495	17
江西	0.481	13	0.485	17	0.488	18	0.493	15	0.501	12	0.497	13
湖北	0.474	21	0.483	19	0.484	21	0.492	16	0.496	14	0.497	15
湖南	0.473	23	0.493	12	0.479	25	0.479	22	0.484	21	0.500	12
重庆	0.508	7	0.516	7	0.509	9	0.499	11	0.560	2	0.567	2
四川	0.491	10	0.494	10	0.497	11	0.486	20	0.492	16	0.496	16
贵州	0.479	17	0.479	22	0.490	17	0.476	23	0.481	23	0.494	19
云南	0.468	25	0.481	20	0.480	24	0.499	14	0.491	18	0.494	18

资料来源:根据测算结果整理。

二、长江经济带生态效率评估

生态效率是考虑生产的环境成本后投入与产出的相对大小。科学合理地处理环境成本构成测度生态效率的关键,选用全局超效率方向性 SBM (Super slack-based measure)模型。方向性距离函数可以有效区分期望产出和非期望产出,但是由于方向性距离函数属于径向比例函数,只能测度无效 DMU(Decision Making Unit)的投入产出比例变动,未能考虑投入、产出变量的非零松弛项,容易高估绿色发展效率。为解决这一问题,Fukuyama 和 Weber (2009)将方向性距离函数和松弛测度模型结合提出方向性 SBM 模型,但传统的 SBM 模型只能识别有效单元和无效单元,无法对有效单元的有效性作进一步区分，且无法实现测度结果的跨期可比。因此本书采用全局超效率 SBM 模型测度长江经济带生态效率。首先，借鉴相关研究成果，构建全局生产技术集(global production technology set)：

$$P^G(x)=\begin{cases}(y^t,b^t)\ \Big|\ \sum_{t=1}^{T}\sum_{q=1}^{Q}\lambda_q^t x_{qn}^t \geqslant y_n^t, n=1,\cdots,N\\ \sum_{t=1}^{T}\sum_{q=1}^{Q}\lambda_q^t x_{qm}^t \leqslant x_m^t, m=1,\cdots,M\\ \sum_{t=1}^{T}\sum_{q=1}^{Q}\lambda_q^t b_{qi}^t \leqslant b_i^t, i=1,\cdots,I\\ \sum_{q=1}^{Q}\lambda_q^t=1,\lambda_q^t\geqslant 0, q=1,\cdots,Q\end{cases}\tag{3.10}$$

式中，λ_q^t 表示 t 时期第 q 个 DMU 投入、产出值的权重。当生产技术规模报酬不变(CRS)时，$\lambda_q^t \geqslant 0$；当规模报酬可变(VRS)时，$\sum_{q=1}^{Q}\lambda_q^t=1,\lambda_q^t\geqslant 0$。有学者提出 $P^t(x^t)$ 是 t 时期生产技术集，因而集合中的数据仅是 t 时期生产技术水平下的观测值，忽略了参照技术的非同期性，进而存在技术水平“被迫倒退”的可能性，引致效率测度出现偏误。x 表示决策单元的投入要素，$x=(x_1,x_2,\cdots,x_M)\in R_+^M$，$y$ 表示决策单元的期望产出类型，$y=(y_1,y_2,\cdots,y_N)\in R_+^N$，$b$ 表示决策单元的非期望产出类型，$b=(b_1,b_2,\cdots,b_I)\in R_+^I$。

超效率全局 SBM 模型实际上是结合超效率 DEA(Data Envelopment Analysis)模型、SBM 模型以及全局生产技术集的优势，比起传统的 DEA 模型，不仅可以更合理地处理非期望产出，对有效决策单元的有效性作进一步区分，而且可以实现跨期决策单元生态效率的可比。含有非期望产出的全局超效率 SBM 模型表示如下：

$$\min\varphi=\frac{\frac{1}{M}\sum_{t=1}^{T}\sum_{m=1}^{M}(\bar{x}/x_{qm})}{\frac{1}{N+I}\left(\sum_{t=1}^{T}\sum_{n=1}^{N}\bar{y}/y_{qn}+\sum_{t=1}^{T}\sum_{i=1}^{I}\bar{b}/b_{qi}\right)}$$

$$
\text{s.t.}\begin{cases}
\bar{x} \geqslant \sum_{t=1}^{T}\sum_{r=1,\neq q}^{Q}\lambda_r^t x_{rm}^t, m = 1,\cdots,M \\
\bar{y} \leqslant \sum_{t=1}^{T}\sum_{r=1,\neq q}^{Q}\lambda_r^t y_{rn}^t, n = 1,\cdots,N \\
\bar{b} \geqslant \sum_{t=1}^{T}\sum_{r=1,\neq q}^{Q}\lambda_r^t b_{ri}^t, i = 1,\cdots,I \\
\bar{x} \geqslant x_{qm}, m = 1,\cdots,M \\
\bar{y} \leqslant y_{qn}, n = 1,\cdots,N \\
\bar{b} \geqslant b_{qi}, i = 1,\cdots,I \\
\sum_{r=1}^{Q}\lambda_r^t = 1 \\
\lambda_r^t \geqslant 0, r = 1,\cdots,Q
\end{cases} \tag{3.11}
$$

式中,φ 即为在全局生产技术与可变规模报酬条件(VRS)下 t 时期 q 决策单元的生态效率,可实现跨期生态效率的比较分析,识别有效决策单元的相对有效性。

生态效率测度主要涉及三类变量:一般投入、期望产出、非期望产出。一般投入变量基于新古典增长理论,主要考虑劳动、资本、能源三类变量,分别选用年末就业人口(万人)、全社会固定资本存量(亿元)、能源消费总量(万吨标准煤),其中全社会固定资本存量根据 Goldsmith(1951)提出的永续盘存法进行测算,折旧率采用张军(2004)研究成果确定为 9.6%。期望产出主要考虑全社会总产出,以地区生产总值(亿元)衡量。非期望产出主要考虑温室气体和环境污染物两类物质,分别选用二氧化碳排放量(万吨)、废水排放量(万吨)、二氧化硫排放量(万吨)、一般工业固体废物产生量(万吨),采用熵值法构建环境非期望产出指数作为代理变量。

由于尚未有二氧化碳排放量的官方统计数据,参考学术界相关研究成果,采用 2006 年联合国政府间气候变化专门委员会(Intergovernmental Panel on

Climate Change,IPCC)为联合国气候变化框架公约及京都协议书所制定的《2006年 IPCC 国家温室气体清单指南》第二卷(能源)第六章提供的参考方法。二氧化碳排放总量根据主要涉碳能源消费所产生的二氧化碳排放估算量求和得到。具体公式如下:

$$m_{CO_2} = \sum_{i=1}^{8} E_i \times NCV_i \times CEF_i \times COF_i \times (44/12) \quad (3.12)$$

式中,E_i 为第 i 种能源消费量,《中国能源统计年鉴》中分省区最终能源消费种类被划分为煤炭、焦炭、原油、汽油、煤油、柴油、燃料油、天然气、电力共9 种,其中电力能源属于二次能源,由其他能源(如风能、水能、煤能)转化而来,一方面属于无碳清洁能源,另一方面不能重复计算含碳能源消耗,借鉴一般文献的通用做法,不予单独考虑电力能源的碳排放转化量,故本书只考虑前 8 种含碳一次能源。NCV_i 为《中国能源统计年鉴》提供的 8 种一次能源的平均低位发热量(IPCC 也称为净发热量)。CEF_i 为能源消耗的碳排放系数,COF_i 为碳氧化因子(也称为碳氧化率),两者可通过国家出台的《综合能耗计算通则》(GB/T 2589—2008)、《省级温室气体清单编制指南》(发改办气候〔2011〕1041号)两部文件获取。(44/12)为碳气化系数(二氧化碳与碳分子量比率)。长江经济带二氧化碳排放估算结果如下:

(1)从长江经济带二氧化碳排放与全国整体比较而言,长江经济带二氧化碳排放总量和排放增长速度均低于长江经济带以外地区,长江经济带二氧化碳排放控制良好。2011—2016 年长江经济带二氧化碳排放总量由 380 426 万吨轻微波动增长至 387 456 万吨,年均增长 0.37 个百分点,整体保持平稳;长江经济带以外地区二氧化碳排放总量由 821 773 万吨平稳增长至 878 568 万吨,年均增长 1.35 个百分点;全国二氧化碳排放总量由 1 202 198 万吨持续增长至1 266 024万吨,年均增长 1.04 个百分点(见表 3.12)。长江经济带二氧化碳排放总量占全国份额由 31.6%下降至 30.6%,以全国三成的二氧化碳份额代价却生产了全国四成以上的 GDP 份额,长江经济带资源能源利用效率得到显著提升。

表 3.12　2011—2016 年全国及各地区二氧化碳排放量

单位:万吨

年份 / 地区	2011		2012		2013		2014		2015		2016	
	排放量	排名	排放量	排名	排放量	排名	排放量	排名	排放量	排名	排放量	排名
全国	1 202 198		1 236 021		1 231 878		1 248 053		1 250 083		1 266 024	
长江经济带	380 426	2	386 043	2	385 608	2	381 939	2	383 672	2	387 456	2
非长江经济带	821 773	1	849 978	1	846 270	1	866 115	1	866 411	1	878 568	1
长江上游地区	103 177	3	107 755	3	106 798	3	105 606	3	100 809	3	100 965	3
长江中游地区	126 564	2	127 723	2	124 975	2	126 055	2	128 315	2	128 901	2
长江下游地区	150 684	1	150 565	1	153 835	1	150 278	1	154 548	1	157 590	1

资料来源:根据测算结果整理。

(2)从长江经济带上中下游地区二氧化碳排放比较而言,上游地区、中游地区、下游地区二氧化碳排放呈现严格的梯度递增格局,碳排放总量与经济体量成显著的正相关关系。2011—2016 年上游地区二氧化碳排放总量呈负增长趋势,排放总量由 103 177 万吨减少至 100 965 万吨,年均下降 0.43 个百分点,占长江经济带二氧化碳排放份额由 27.12%下降至 26.06%;中游地区排放总量由 126 564 万吨缓慢上升至 128 901 万吨,年均增长 0.37 个百分点,占长江经济带二氧化碳份额稳定在 33%左右;下游地区排放总量由 150 684 万吨增长至 157 590万吨,年均增长 0.90 个百分点,占长江经济带二氧化碳排放份额由 39.61%上升至 40.67%,远高于中上游地区二氧化碳排放水平(见表 3.12)。上中下游地区二氧化碳排放控制情况良好,上游地区在实现生态发展中表现出上游担当,实现碳排放负增长,中游地区传统高耗能产业节能减排成效显著,保持碳排放缓慢增长,下游地区将制造业和生活二氧化碳排放降至最低,严控二氧化碳排放增长。

(3)从长江经济带沿线 11 省份二氧化碳排放比较而言,长江经济带各省份间二氧化碳排放总量和增速差异较大,整体保持平稳增长态势。江苏、浙江、安徽为第一梯队,二氧化碳排放总量较高,增速较快,以江苏和安徽最为典型,江苏二氧化碳排放稳居长江经济带 11 省份首位,安徽省二氧化碳排放增速为长江经济带 11 省份首位,年均增长 3.10 个百分点;湖北、湖南、四川、贵州为第二梯队,二氧化碳排放在全国处于中等水平,碳排放控制情况较好;重庆、云南、江西、上海为第三梯队,二氧化碳排放总量和排放速度均较低。上海技术水平领先全国,制造业比重较低,重庆、云南强化生态环境保护,二氧排放水平较低。江西、贵州经济较为落后,排放水平不高,但具有发展高耗能高污染产业的强烈动机,二氧化碳排放水平增速较快(见表 3.13)。

表 3.13　2011—2016 年长江经济带沿线 11 省份二氧化碳排放量

单位:万吨

年份 省份	2011		2012		2013		2014		2015		2016	
	排放量	排名	排放量	排名	排放量	排名	排放量	排名	排放量	排名	排放量	排名
上海	27 742	18	27 351	19	28 603	18	26 023	20	26 865	19	26 897	18
江苏	77 430	3	79 059	3	80 885	3	80 360	4	83 270	3	86 636	3
浙江	45 512	9	44 155	9	44 348	10	43 894	11	44 413	11	44 057	11
安徽	33 674	14	35 194	15	37 970	12	39 202	12	39 265	12	39 231	12
江西	19 082	25	19 185	25	20 521	25	20 879	24	21 805	21	22 113	22
湖北	41 095	10	41 120	11	35 418	15	35 809	15	35 488	15	35 553	14
湖南	32 714	15	32 224	16	31 065	16	30 166	16	31 757	16	32 005	16
重庆	17 923	26	17 690	27	15 270	27	16 359	27	16 525	27	16 335	27
四川	34 858	13	36 298	14	37 090	13	38 406	13	36 049	14	34 842	15
贵州	25 673	20	28 093	18	29 145	17	28 135	18	27 925	17	29 663	17
云南	24 723	21	25 674	21	25 293	20	22 706	22	20 310	25	20 125	24

资料来源:根据测算结果整理。

长江经济带生态效率的考察周期选取2011—2016年,并将长江经济带置于全国视野下,反映长江经济带生态效率在全国的相对水平。因西藏、港澳台地区数据缺失较多,未参与测算。基础数据来自全国30个省份2012—2017年统计年鉴、《中国环境统计年鉴》(2012—2017)、《中国能源统计年鉴》(2012—2017)、《中国统计年鉴》(2012—2017)。评估结果如下:

(1)从长江经济带生态效率与全国平均水平比较而言,长江经济带生态效率绝对水平低于全国平均水平,但提升速度远高于全国平均水平,长江经济带生态发展动力强劲。2011—2016年长江经济带生态效率呈平稳较快增长态势,由0.391稳步增长至0.521,于2015年超过长江经济带以外地区,年均增长5.92个百分点;长江经济带以外地区生态效率呈平缓增长态势,由0.427缓慢增长至0.490,年均增长2.78个百分点;全国平均生态效率亦呈平稳增长态势,由0.414稳步增长至0.501,年均增长3.91个百分点(见表3.14)。长江经济带主导全国生态效率变动趋势,更加注重环境的生态低碳发展模式已成为主流,长江经济带是推动全国生态绿色发展的驱动力。

(2)从长江经济带上中下游地区生态效率比较而言,上中下游地区生态效率呈严格的梯度递增格局,上游地区生态效率最低、中游地区较高、下游地区最高,地区分异显著。2011—2016年上游地区生态效率呈平稳增长态势,由0.295持续增长至0.348,年均提升3.36个百分点;中游地区生态效率亦呈平稳增长态势,由0.341持续上升至0.381,年均增长2.27个百分点;下游地区生态效率保持稳定的快速上升态势,由0.585持续增长至0.937(见表3.14),年均增长9.89个百分点,是长江经济带生态效率变化趋势最好、提升速度最快的地区,引领长江经济带低碳循环生态发展。长江经济带中上游地区逐渐摒弃原有的粗放发展模式,加快推广低碳循环生态的生产方式和生活方式,提升环境、经济、社会发展综合效益,下游地区在这一过程中起到显著的示范带动作用。

表 3.14　2011—2016 年全国及各地区生态效率

地区＼年份	2011		2012		2013		2014		2015		2016	
	得分	排名	得分	排名	得分	排名	得分	排名	得分	排名	得分	排名
全国	0.414		0.434		0.437		0.444		0.456		0.501	
长江经济带	0.391	2	0.406	2	0.423	2	0.441	2	0.468	1	0.521	1
非长江经济带	0.427	1	0.450	1	0.445	1	0.445	1	0.450	2	0.490	2
长江上游地区	0.295	3	0.299	3	0.317	3	0.319	3	0.332	3	0.348	3
长江中游地区	0.341	2	0.342	2	0.354	2	0.356	2	0.360	2	0.381	2
长江下游地区	0.585	1	0.633	1	0.659	1	0.718	1	0.792	1	0.937	1

资料来源:根据测算结果整理。

(3)从长江经济带沿线 11 省份生态效率比较而言,长江经济带省份间生态效率差异显著,极化分异趋势明显,绝大部分省份保持稳定增长态势。上海、江苏、浙江、重庆为第一梯队,在全国处于较高水平,生态效率呈平稳较快上升态势,持续主动推动生产生活过程低碳化,减少经济社会发展的环境代价,是长江经济带生态效率提升的核心增长极;江西、湖北、湖南为第二梯队,在全国处于中等水平,生态效率整体保持相对平稳,对低碳清洁生产生活方式的需求逐步提升;四川、安徽、贵州、云南为第三梯队,在全国处于相对靠后的水平,生态效率前期损失较大,绝对水平整体偏低。长江经济带经济较发达省份对绿色发展重视程度较高,生态效率稳步快速上升,经济欠发达省份在前期偏向以牺牲环境为代价换取经济社会发展,但随着“两型”社会与生态文明建设进程加快,生产生活过程趋于低碳清洁高效化,生态效率逐步提升(见表 3.15)。

表 3.15　2011—2016 年长江经济带沿线 11 省份生态效率

年份 省份	2011		2012		2013		2014		2015		2016	
	得分	排名	得分	排名	得分	排名	得分	排名	得分	排名	得分	排名
上海	0.805	4	0.856	3	0.834	4	0.900	4	0.945	4	1.026	2
江苏	0.450	9	0.503	8	0.563	8	0.631	6	0.768	6	1.052	1
浙江	0.501	8	0.540	7	0.580	7	0.622	7	0.662	7	0.733	7
安徽	0.308	20	0.306	20	0.309	19	0.307	19	0.305	20	0.325	21
江西	0.350	15	0.360	15	0.360	16	0.363	16	0.362	16	0.373	17
湖北	0.345	16	0.342	17	0.365	15	0.367	15	0.378	15	0.403	15
湖南	0.359	14	0.358	16	0.381	14	0.389	14	0.396	14	0.424	13
重庆	0.391	13	0.406	13	0.455	10	0.465	10	0.486	10	0.509	10
四川	0.291	21	0.297	22	0.308	20	0.305	20	0.326	19	0.354	20
贵州	0.243	24	0.233	26	0.235	26	0.232	26	0.234	26	0.240	27
云南	0.255	23	0.259	24	0.270	22	0.273	22	0.282	22	0.289	24

资料来源:根据测算结果整理。

三、长江经济带绿色全要素生产率评估

以全局方向性 SBM 距离函数为基础,进一步测度绿色全要素生产率指数 GML(Global Malmquist-Luenberger),并在可变规模报酬条件下,GML 指数分解为全局效率变化指数(GEFFCH)和全局技术进步指数(GTECH)的乘积。由于 GML 指数以各期的生产可能集作为参考集,相邻两期在测度全局方向性 SBM 距离函数参考的是同一全局生产前沿,不存在前沿交叉现象,故 GML 指数只能分解为效率变化和技术变化两类指数,无法作进一步细分。在此依据全局效率变化指数和全局技术进步判识绿色全要素生产率变动的主要驱动力。

$$GML_t^{t+1} = \frac{1 + \overrightarrow{D}(x^t, y^t, b^t; -g^x, g^y, -g^b)}{1 + \overrightarrow{D}(x^{t+1}, y^{t+1}, b^{t+1}; -g^x, g^y, -g^b)}$$

$$= \left[\frac{1 + \overrightarrow{D^t}(x^t, y^t, b^t; -g^x, g^y, -g^b)}{1 + \overrightarrow{D^{t+1}}(x^{t+1}, y^{t+1}, b^{t+1}; -g^x, g^y, -g^b)}\right] \cdot$$

$$\left[\frac{\dfrac{1 + \overrightarrow{D^G}(x^t, y^t, b^t; -g^x, g^y, -g^b)}{1 + \overrightarrow{D^t}(x^t, y^t, b^t; -g^x, g^y, -g^b)}}{\dfrac{1 + \overrightarrow{D^G}(x^{t+1}, y^{t+1}, b^{t+1}; -g^x, g^y, -g^b)}{1 + \overrightarrow{D^{t+1}}(x^{t+1}, y^{t+1}, b^{t+1}; -g^x, g^y, -g^b)}}\right]$$

$$= GEFFCH_t^{t+1} \cdot GTECH_t^{t+1}$$

式中，GML_t^{t+1} 大于 1 表示绿色全要素生产率由 $t \to t+1$ 期呈上升趋势；$GEFFCH_t^{t+1}$ 大于 1 表示每个决策单元从 $t \to t+1$ 期更加接近生产前沿面，存在技术效率改进，对绿色全要素生产率有增长贡献；$GTECH_t^{t+1}$ 大于 1 表示存在技术进步使每个决策单元的生产可能边界向外扩张，技术进步存在并对绿色全要素生产率增长起到促进作用。小于 1 和等于 1 的情形以此类推。

由于全局 GML 指数以全局 SBM 模型为基础，长江经济带绿色全要素生产率指数评价指标体系与生态效率评价指标体系相同。评估结果如下：

（1）从长江经济带绿色全要素生产率与全国比较而言，长江经济带绿色全要素生产率整体保持较好态势，优于长江经济带以外地区、全国平均水平。2011—2016 年长江经济带绿色全要素生产率指数均大于 1，呈稳定增长态势，年均增长 4.62 个百分点；长江经济带以外地区绿色全要素生产率呈"U 形"变动趋势，在 2011—2013 年呈衰减态势，在 2013—2016 年呈增长态势，整体呈下降态势，年均下降高达 1.19 个百分点；全国平均绿色全要素生产率亦呈"U 形"变动趋势，受长江经济带强势带动作用，整体呈上升态势，年均增长 0.90 个百分点。长江经济带绿色发展成效逐渐凸显，较早地转变经济发展方式，注重绿色技术推广和生态环境保护，加快建设全国生态文明建设的先行示范带（见表 3.16）。

从长江经济带上中下游地区绿色全要素生产率比较而言，上中下游地区绿色全要素生产率整体呈右偏“V 形”分布，上游地区较高，中游地区最低，下游地区最高。2011—2016 上游地区绿色全要素生产率指数均大于 1，呈平稳增长态势，年均增长 2.90 个百分点；中游地区绿色全要素生产率指数均大于 1，呈持续增长态势，年均增长 2.21 个百分点，略低于上游地区，绿色发展成效相对不足；下游地区绿色全要素生产率指数均大于 1，保持持续快速增长态势，年均增长高达 10.33 个百分点，绿色发展成效显著，持续加大绿色技术推广应用，倡导绿色生活方式，发展壮大绿色清洁产业。长江经济带绿色发展的薄弱环节在中上游地区，特别是中游地区面临传统高耗能产业转型升级压力，绿色发展进程相对曲折（见表 3.16）。

表 3.16　2011—2016 年全国及各地区绿色全要素生产率指数

年份 地区	2011—2012		2012—2013		2013—2014		2014—2015		2015—2016		平均	
	得分	排名	得分	排名	得分	排名	得分	排名	得分	排名	得分	排名
全国	0.923		0.952		1.026		1.023		1.133		1.009	
长江经济带	1.027	1	1.046	1	1.028	2	1.046	1	1.086	2	1.046	1
非长江经济带	0.868	2	0.902	2	1.025	1	1.010	2	1.162	1	0.988	2
长江上游地区	1.008	2	1.051	2	1.003	3	1.039	2	1.045	3	1.029	2
长江中游地区	1.003	3	1.034	3	1.008	2	1.009	3	1.058	2	1.022	3
长江下游地区	1.087	1	1.053	1	1.091	1	1.108	1	1.181	1	1.103	1

资料来源：根据测算结果整理。

从长江经济带沿线 11 省份绿色全要素生产率比较而言，长江经济带各省份绿色全要素生产率普遍呈上升态势，但增长速度差异显著，绿色发展成效分化明显。上海、江苏、浙江、重庆处于第一梯队，绿色全要素生产率保持快速增长态势，依托较强的经济基础持续强化绿色技术创新投入，推动生产过程低碳、清洁、循环、绿色化，绿色发展动能最强，成效最突出，是引领长江经济带绿色发展的关键地区；湖北、湖南、四川处于第二梯队，绿色全要素生产率在全国处于中等水平，绿色发展成效逐渐明显，绿色发展红利初步显现；安徽、江西、贵州、云南处于第三梯队，绿色全要素生产率在全国处于相对靠后位置，绿色发展动力不稳定，对传统粗放型经济发展模式的依赖性较大，需警惕绿色发展新动能培育过程中的传统路径依赖。长江经济带经济发展较高的省份绿色发展绩效较好，经济发展水平较低的省份绿色发展绩效相对较弱，绿色发展的空间溢出效应和示范带动效应有待进一步加强（见表 3.17）。

表 3.17　2011—2016 年长江经济带沿线 11 省份绿色全要素生产率指数

年份 / 省份	2011—2012		2012—2013		2013—2014		2014—2015		2015—2016		平均	
	得分	排名	得分	排名	得分	排名	得分	排名	得分	排名	得分	排名
上海	1.064	4	0.974	27	1.079	3	1.050	7	1.086	11	1.050	8
江苏	1.120	1	1.118	4	1.122	2	1.217	2	1.370	4	1.185	1
浙江	1.079	3	1.074	7	1.073	4	1.063	6	1.108	9	1.079	4
安徽	0.995	21	1.008	19	0.994	18	0.992	24	1.067	14	1.011	21
江西	1.027	10	1.000	22	1.008	13	0.998	23	1.030	23	1.012	19
湖北	0.993	22	1.066	9	1.007	14	1.029	12	1.065	15	1.032	14
湖南	0.996	18	1.064	10	1.021	9	1.018	13	1.072	13	1.034	13
重庆	1.040	7	1.120	2	1.023	8	1.044	8	1.047	19	1.054	6
四川	1.022	12	1.036	15	0.992	20	1.066	5	1.088	10	1.040	12
贵州	0.960	26	1.007	21	0.988	23	1.009	17	1.026	24	0.998	27
云南	1.012	15	1.044	13	1.010	12	1.035	10	1.023	25	1.025	15

资料来源：根据测算结果整理。

（2）从长江经济带绿色技术追赶与全国比较而言，长江经济带绿色技术追赶效应相对较强，但整体绿色发展后劲不足，绿色技术创新动能有待进一步释放。2011—2016 年长江经济带绿色技术追赶效应整体保持相对平稳态势，年均下降 0.68 个百分点，绿色技术追赶动力不强；长江经济带以外地区绿色技术追赶效应呈"U 形"变动态势，2011—2014 年呈快速衰减态势，2014—2016 年呈上升态势，整体呈减弱态势，年均下降 4.20 个百分点；全国平均技术进步追赶效应也呈"U 形"变动态势，整体趋于下降，年均下降 2.92 个百分点。长江经济带绿色技术追赶动力较弱，绿色全要素生产率增长偏向依靠邻近地区的绿色技术外溢，绿色技术创新的自主研发投入有待进一步加强，应探索适宜的绿色发展路径（见表 3.18）。

表 3.18　2011—2016 年全国及各地区绿色技术追赶效应

年份 地区	2011—2012		2012—2013		2013—2014		2014—2015		2015—2016		平均	
	得分	排名	得分	排名	得分	排名	得分	排名	得分	排名	得分	排名
全国	0.900		0.931		0.991		1.007		1.032		0.971	
长江经济带	0.985	2	1.002	2	0.978	2	0.992	2	1.011	2	0.993	1
非长江经济带	0.854	1	0.892	1	0.999	1	1.015	1	1.045	1	0.958	2
长江上游地区	0.986	2	1.022	1	0.970	2	1.004	1	1.001	3	0.997	2
长江中游地区	0.970	3	0.982	3	0.966	3	0.973	3	1.019	1	0.982	3
长江下游地区	1.004	1	1.002	2	1.003	1	1.001	2	1.012	2	1.004	1

资料来源：根据测算结果整理。

从长江经济带上中下游地区绿色技术追赶比较而言，上中下游地区绿色技术追赶效应整体呈右偏"V 形"分布，下游地区技术进步效应最强，上游地区次之，中游地区最弱。2011—2016 年上游地区技术进步效应整体保持相对平稳状态，波动幅度较小，呈缓慢衰减态势，年均下降 0.35 个百分点；中游地区整体呈衰减态势，仅在2015—2016年表现出较弱的绿色技术追赶倾向，绿色技术追赶效应年均下降1.82个百分点，中游地区不倾向加大绿色技术研发追赶周边绿色发展成效较高地区；下游地区呈平缓上升态势，绿色技术追赶效应年均增长0.43个百分点，下游地区具有较强的绿色技术追赶能力，绿色发展的内生动能稳定，为长江经济带绿色发展引擎。可以看出，长江经济带绿色发展绩效相对较弱地区的绿色技术追赶效应较弱，对绿色技术创新投入相对不足，倾向获得邻近地区的绿色技术外溢，降低绿色发展的自主探索成本（见表3.18）。

从长江经济带沿线11省份绿色技术追赶比较而言，长江经济带各省份绿色技术追赶效应普遍不强，对绿色技术创新投入有待进一步加强和优化，绿色发展的动能后劲不足。上海、江苏、重庆为第一梯队，绿色技术追赶效应强劲，是长江经济带绿色发展的核心驱动源，带动长江经济带全局绿色发展，以江苏省最为典型，2011—2016年绿色技术追赶效应持续为正，年均增长0.92个百分点；浙江、湖南、四川、云南为第二梯队，绿色技术追赶效应整体呈弱衰退趋势，在全国处于中等水平，绿色发展动能较强，受传统路径依赖较弱；安徽、江西、湖北、贵州为第三梯队，绿色技术追赶效应呈强衰退趋势，在全国处于靠后水平，这些省份或邻近绿色发展动能充足省份，或经济社会发展程度较低，绿色发展的内生性较弱，是增强长江经济带绿色发展动能的重要潜在地区。长江经济带沿线11省份的绿色追赶效应整体不强，需进一步加大绿色技术创新投入，培育壮大绿色发展新动能（见表3.19）。

表3.19　2011—2016年长江经济带沿线11省份绿色技术追赶效应

年份 / 省份	2011—2012		2012—2013		2013—2014		2014—2015		2015—2016		平均	
	得分	排名	得分	排名	得分	排名	得分	排名	得分	排名	得分	排名
上海	1.006	8	0.987	22	1.011	3	1.015	5	1.017	12	1.006	8
江苏	1.010	6	1.018	11	1.008	4	1.005	9	1.005	21	1.010	6
浙江	0.995	13	1.001	16	0.989	9	0.983	18	1.014	15	0.995	13

续表

省份＼年份	2011—2012		2012—2013		2013—2014		2014—2015		2015—2016		平均	
	得分	排名	得分	排名	得分	排名	得分	排名	得分	排名	得分	排名
安徽	0.965	20	0.935	29	0.968	19	0.959	27	1.036	9	0.965	20
江西	1.001	10	0.943	28	0.987	12	0.971	24	1.002	23	1.001	10
湖北	0.954	25	1.030	7	0.949	25	0.986	16	1.015	14	0.954	25
湖南	0.958	23	1.024	9	0.962	22	0.975	21	1.024	11	0.958	23
重庆	1.015	4	1.052	5	0.991	8	1.003	10	1.015	13	1.015	4
四川	0.972	17	1.025	8	0.926	27	1.024	4	1.009	20	0.972	17
贵州	0.958	24	1.018	10	0.977	17	0.992	14	0.991	26	0.958	24
云南	1.001	11	0.993	19	0.989	10	1.000	12	0.988	27	1.001	11

资料来源:根据测算结果整理。

(3)从长江经济带绿色技术进步与全国比较而言,长江经济带绿色技术外溢效应强于长江经济带以外地区、全国平均水平,绿色技术进步较快。2011—2016年长江经济带绿色技术进步均大于1,呈稳步快速提升态势,年均增长5.33个百分点,远高于长江经济带以外地区,绿色技术进步红利是长江经济带绿色发展的主要驱动力,远甚于绿色技术追赶的贡献度;长江经济带以外地区绿色技术进步整体呈上升态势,年均增长3.14个百分点,高于绿色技术追赶效应,长江经济带以外地区绿色发展绩效提升亦为绿色技术外溢型“单轮驱动”;全国平均绿色技术进步均大于1,呈平稳增长态势,年均增长3.94个百分点,长江经济带对全国绿色技术外溢扩散贡献度较大。长江经济带绿色发展主要得益于绿色技术进步,而内生绿色技术追赶效应较弱,一定程度制约了长江经济带绿色发展的持久性与稳健性(见表3.20)。

从长江经济带上中下游地区绿色技术进步比较而言,上中下游地区绿色技术进步整体呈梯度递增分布格局，上游地区绿色技术进步最弱，中游地区较强，下游地区最强。2011—2016 年上游地区绿色技术进步均大于 1，呈稳步上升态势，年均增长 3.26 个百分点；中游地区绿色技术进步均大于 1，呈稳步较快上升态势，年均增 4.10 个百分点，中游地区绿色发展对下游地区绿色技术外溢的依赖性较大；下游地区绿色技术进步均大于 1，呈稳步快速上升态势，年均增长高达 9.86 个百分点，为下游地区绿色发展的绝对主导驱动力。长江经济带下游地区的绿色技术进步效应要远高于中上游地区，长江经济带绿色发展成效较好地区内部绿色技术外溢效应要高于绿色发展滞后地区；紧邻长江经济带下游地区的中游地区接受的绿色技术外溢要显著高于上游地区，长江经济带绿色技术进步效应与地理距离密切相关（见表 3.20）。

表 3.20　2011—2016 年全国及各地区绿色技术进步

地区＼年份	2011—2012		2012—2013		2013—2014		2014—2015		2015—2016		平均	
	得分	排名	得分	排名	得分	排名	得分	排名	得分	排名	得分	排名
全国	1.026		1.023		1.036		1.016		1.098		1.039	
长江经济带	1.043	1	1.044	1	1.052	1	1.054	1	1.074	2	1.053	1
非长江经济带	1.016	2	1.011	2	1.026	2	0.995	2	1.112	1	1.031	2
长江上游地区	1.022	3	1.029	3	1.034	3	1.034	3	1.045	2	1.033	3
长江中游地区	1.034	2	1.053	1	1.043	2	1.037	2	1.038	3	1.041	2
长江下游地区	1.083	1	1.052	2	1.088	1	1.106	1	1.167	1	1.099	1

资料来源：根据测算结果整理。

从长江经济带沿线 11 省份绿色技术进步比较而言，长江经济带各省份绿色技术进步效应虽差异较大，但普遍较高，在全国处于相对靠前水平，没有省份绿色技术进步为负。上海、江苏、浙江、四川为第一梯队，绿色技术进步在全国处于靠前的水平，具有较强的绿色技术外溢消化吸收能力；安徽、湖北、湖南、重庆为第二梯队，绿色技术进步在全国处于中等水平，对周边地区的绿色技术引进消化能力一般，绿色发展动能亟待增强；江西、贵州、云南为第三梯队，绿色技术进步在全国处于靠后水平，邻近省份绿色发展成效并不明显，获得邻近省份的绿色技术外溢有限，绿色技术进步与绿色技术追赶效应均不强，是长江经济带绿色发展的难点地区。整体而言，长江经济带沿线 11 省份绿色技术进步效应较强，倾向通过接受周边省份绿色技术外溢实现绿色发展，一定程度上忽视了长江经济带绿色发展的内生技术追赶动能培育，长江经济带绿色发展的内生性和稳定性有待提升（见表 3.21）。

表 3.21 2011—2016 年长江经济带沿线 11 省份绿色技术进步

年份 省份	2011—2012		2012—2013		2013—2014		2014—2015		2015—2016		平均	
	得分	排名	得分	排名	得分	排名	得分	排名	得分	排名	得分	排名
上海	1.058	4	0.987	23	1.067	7	1.034	16	1.068	9	1.042	12
江苏	1.109	2	1.098	2	1.113	1	1.211	1	1.362	2	1.175	1
浙江	1.084	3	1.073	5	1.084	4	1.082	5	1.093	6	1.083	3
安徽	1.031	16	1.078	3	1.027	22	1.034	17	1.029	23	1.040	15
江西	1.025	18	1.061	10	1.022	23	1.028	21	1.027	24	1.033	21
湖北	1.040	9	1.035	18	1.061	8	1.043	9	1.049	13	1.046	9
湖南	1.039	10	1.039	15	1.061	9	1.044	8	1.047	14	1.046	10
重庆	1.024	19	1.065	8	1.032	18	1.041	10	1.031	22	1.039	16
四川	1.052	6	1.011	19	1.071	6	1.041	11	1.078	8	1.050	8
贵州	1.003	25	0.989	21	1.011	25	1.018	24	1.036	17	1.011	26
云南	1.012	23	1.051	11	1.022	24	1.036	14	1.035	18	1.031	22

资料来源：根据测算结果整理。

第二节　长江经济带生态环境保护存在的突出问题和破解方略

一、长江经济带生态环境保护存在的突出问题

1.水生态环境形势严峻

(1)水环境污染严重。经过多年的水污染防治,长江经济带水环境质量整体稳中有升,地表水环境状况总体良好。河流水污染状况好转,主要湖泊和代表性水库水质状态、营养状况有所改善,重点水功能区、集中式饮用水水源地水质达标情况整体较好。但长江经济带水环境状况并不乐观,长江干线及主要支流沿江城市近岸存在大段污染带,下游地区及部分支流“水华”频发,城市内湖污染较严重,部分饮用水水源地水质达不到使用功能要求,水功能区达标率也不高,农村化肥农业面源污染、城市生活生产点源污染尤为突出。长江经济带城镇化和工业化快速发展,生产和生活用水需求急速增长,因此长江经济带耗水总量和废水排放量快速增长,造成较为严重的水污染问题。长江经济带废水排放总量巨大,占全国比重相当高,2016 年长江经济带废水排放量高达 314.02 亿吨,占全国废水排放总量的 44.16%,废水排放强度达 9.3 吨/万元,同期全国平均水平为 9.1 吨/万元。农村化肥农药残余直接入河湖,城市污水不经处理直接排放,工业废水不达标排放、偷排投放现象仍然存在,直接造成局部城市江段水污染严重、城市内湖污染、营养化严重,长江经济带下游地区河湖污染极为严重,太湖流域水质长期处于劣五类,水体富营养化严重。长江经济带水污染问题突出,严重制约长江经济带水环境质量,对长江经济带生态环境保护造成巨大威胁。

(2)绿色生态空间急剧退化。长江经济带作为流域经济带,水生态环境是

连接上下游的关键生态系统,维护长江经济带生态系统稳定,需要加强水生态环境保护,特别是保障充分的水生态绿色空间。确保充裕的绿色生态空间是加大长江经济带水生态环境保护的基础性工作,但长江经济带水生态绿色空间侵蚀严重,水土流失加剧、江河湖草关系紧张、岸线开发无序等问题仍长期存在。长江经济带上游地区因沿江无序水电开发,各种规模水电站分布于长江干支流中,特别是沿江岸线遭到高强度开发,极大地改变了长江上游地区地质地貌原生形态,加剧了长江经济带水土流失。而长江经济带中下游地区湖泊数量锐减,面积大幅萎缩,枯水期延长,蓄滞洪水功能严重退化,以洞庭湖、鄱阳湖、洪湖、巢湖水域面积缩减尤为典型。长江经济带正快速推进城镇化和工业化,拓展城市化空间,增加城镇建设用地,尽管退耕还林还湖工程取得一定成效,但长江经济带水生态绿色空间收缩趋势未有明显好转。2016 年长江经济带水土流失累计治理面积高达 48.76 万平方千米,占长江经济带国土面积的 23.72%,而全国平均水平仅为 12.45%,长江经济带水土流失情况极为严重;2016 年长江经济带建设用地占用耕地面积高达 1 207.89 平方千米,占全国比重高达 47.60%,远远超出长江经济带同期经济总量份额;2016 年长江经济带发生 4 次地震灾害,占全国比重为 33.3%,较 2015 年增加 4.76 个百分点。长江经济带水生态绿色空间退化趋势未得到根本好转,需加大水生态空间保护修复扩张。

(3)生物多样性遭到破坏。长江经济带生态环境地位突出,山水林田湖草构成完整生态系统,是我国重要的生态屏障。据《长江经济带生态环境保护规划》不完全统计,长江流域有淡水鲸类 2 种,鱼类 424 种,浮游动物 753 种,底栖动物 1 008 种,浮游植物 1 200 余种,水生高等植物 1 000 余种。流域内分布有中华鲟、达氏鲟、白鲟、长江江豚等国家重点保护野生动物,圆口铜鱼、岩原鲤、长薄鳅等特有物种,以及"四大家鱼"等重要经济鱼类。长江流域已建立水生生物、内陆湿地自然保护区 119 处,其中国家级自然保护区 19 处,国家级水产种质资源保护区 217 处。但由于持续加剧的水环境风险,长江经济带水生态环境质量持续走低,干支流水质严重富营养化,湖泊枯水期延长,对长江经济带动植物生存发展造成巨大影响，水生生物生存空间压缩，长江经济带生物多样性指数持续走低，部分珍稀动植物数量锐减。长江流域长期围湖造田、采矿挖砂、交通航运、兴修水电站，进一步破坏长江水生生物生存空间原真性，导致水生生物栖息地破碎化。污废水排放导致部分水域水污染问题突出。过度捕捞加剧渔业资源衰退，主要经济鱼类种群数量明显减少，中华鲟、达氏鲟（长江鲟）、胭脂鱼、“四大家鱼”等珍稀鱼类和经济鱼类鱼卵和鱼苗大幅减少，部分鱼类濒临灭绝，且面临外来有害生物入侵，长江上游受威胁鱼类种类占全国五分之二。长江经济带生物种类减少明显，长江生态服务功能有弱化趋势。

2.重化工业环境风险较大

（1）中上游地区化工废物排放压力巨大。长江经济带重化工业比重较高，工业废物排放强度高、沿江布局大量化工企业，特别是中上游地区重化工业产值比重远低于工业废弃物产出排放比重，重化工污染物排放强度较高，承载长江经济带生产生活的主要化工物质，面临较高的环境风险，对中上游地区生态环境稳定产生巨大威胁。2016 年长江经济带中上游地区生产总值占长江经济带比重为 54.7%，但废水排放总量占长江经济带比重却高达 59.6%，特别是具有剧毒化学性质的铅、汞、镉、砷排放几乎均源自中上游地区，分别高达 95.5%、92.9%、98.6%、98.7%，远远高于经济体量份额，长江经济带的河水、湖水中蓝藻、绿藻等现象日趋严重，长江经济带经济仍未摆脱粗放增长模式。安徽、湖南、江西等邻近长三角、珠三角发达地区的省份以及云南等欠发达资源型省份工业化学有毒物质排放尤为突出，除传统制造业造成的污染存量，还应警惕邻近发达地区的落后过剩产能转移所带来的排污增量。值得注意的是，长江经济带工业废水主要为投入生产过程中的有机化工废水，特别是造纸、皮革、印染、化纤、有色金属等工业废水，不同于工业冷却无机化工废水，工业有机化工废水毒害物质种类较为多元，且具有强烈的氧化性，毒性较强，不易自然分解，对沿江地区人居生态环境危害严重。当前化工氨氮、乙烯、化纤等基础化工产品存在严重的结构性与系统性产能过剩，应严格禁止在长江经济带中上游地区新增有机化工产品产能,加快削减长江经济带重化工污染物排放压力。

(2)石化产业布局分散。长江经济带石化产业规模巨大,沿江布局了大量的石化企业,分散在长江经济带上中下游各个地区,港口岸线开发强度大,特别是下游地区已无自然岸线,随着下游地区产业转型升级加快以及环境规制强度加强,石油化工产业有向中上游地区分布趋势,重化工围江围湖问题突出。沿江绝大部分石化企业为规模较小的中小型企业,经济实力整体较弱,环境治理能力不足,未能达到规范入园门槛,只能零星分布于沿江各个乡镇,且中上游地区基层地方政府在招商引资过程中,考虑到石化企业能带来短期的经济效益与税收增长,不惜环境成本将高污染、高耗能的石化企业引进至当地加以扶持发展,对污染严重企业仅给予象征性惩罚。石化产业分散布局造成石化基础设施重复建设与低效使用,无法同周边企业共享公用工程体系,不利于提升石化产业规模经济效益。分散布局石化产业也加剧了环境污染,长江中下游地区几乎每个港口都有炼油装置,治理渗油、漏油造成的石化污染任务艰巨,需要投入大量的石化清洁人力、物力、财力,而地市级以下的环保行政管理资源有限,部分长江上游欠发达地区的县城和乡镇没有环保专职人员,对零星分布的中小型石化企业监管规范能力十分有限。在长江上游生态敏感脆弱地区或水源地邻近地区布局建设大型化工联合装置,会极大破坏长江上游生态功能,降低长江经济带生态环境发展质量。

(3)部分资源型化工行业产销分离较大。长江经济带化工产业的典型特点表现为原料产地、产品生产与市场销售之间离散性较高,大型资源型企业生产在中上游地区,而市场则在下游地区,增加了运输成本,加剧了移动源污染风险。长江经济带仅有沪、苏、鄂、川 4 省份生产原油,以湖北、四川为主,但浙、皖、湘、渝等原油产量较少省份均布局了较大规模原油产能,需要依靠大规模的海运和内河运输将原油转运到沿江各省份,增加了长江干支流的原油泄漏风险。硫酸、硝酸等无机化学产品的主要产地在长江上游地区云贵川 3 省份,生产原料主要来自其他地区,且无机化学产品的消费市场主要在湖北、江苏等中下游地区工业大省强省,长江上游地区硫酸、化肥生产企业远离原料产地,不靠近主要消费地区,产生大量的化工产品运输需求,进一步加剧了长江干流及主要支流化学产品点源污染风险。2016 年长江经济带沿线 11 省份共计发生 131 次突发环境事件,占全国比重高达 43.09%,其中长江经济带中上游地区发生 98 次,占长江经济带比重高达 74.81%,以中游地区湖北省最多,高达 37 次环境事件,是全国环境突发事件最频繁的省份。长江干线发生的危险船舶事件涉及甲苯、混合二甲苯等一类危化品事故,虽未造成实质的水污染,但仍然存在较大的环境安全隐患,化工企业与原料产地和消费地相对分离产生大规模的航运需求,频繁通过长江干线运输石油化工产品大大增加了污染长江水体的环境风险。

3.协同发展机制不健全

(1)市场行政壁垒较为严重。长江经济带各地区仍然推行以 GDP 为主导的政绩考核标准,极力追求地方利益最大化,地区间存在较为严重的无序竞争关系,市场一体化程度仍有待提升。中上游地区政府间竞争激烈,存在较强的非合作博弈,一定程度地推行市场壁垒政策,导致市场条块分割严重,环境政策执行的机会主义倾向明显,破坏了环境政策的完整性与约束性。长江经济带中上游欠发达地区为实现地区经济快速增长,竞相压低地价,提供大量优质廉价土地,降低环境准入门槛,招商引进被下游地区淘汰了的落后的高耗能高污染制造业,对中上游地区的生态系统稳定造成巨大威胁。长江经济带中上游地区城市产业结构相似度较高,竞相发展绿色高端产业,摒弃传统支柱产业,中小城市产业绿色发展的特色性不足,中心城市的绿色带动辐射能力有限,甚至会吸收周边中小城市的绿色发展动能,产业结构同质化强化了地区间绿色协同发展的行政壁垒。长江经济带内城市职能分工不明确,产业结构趋同现象严重,城市群内城市都将同一个产业或同几个产业,如汽车、石油、化工、装备制造列为重点发展产业,部分省份在政府采购中仍偏向当地汽车产品的潜在政策规定,通过行政手段制造不公平竞争,人为地通过行政手段分割市场。城市间"小而全,大而全”的产业和基础设施服务体系,使得长江经济带尚未建立流域上下游之间产业分工合作与生态环境保护联动协同的网络体系。

(2)合作机制约束效应不强。长江经济带现有地区合作机制较为松散,缺乏具有整体性、专业性和协调性的大区域合作平台,尚未形成强有力的全流域省际合作机制,《关于建立长江上游地区省际协商合作机制的协议》《关于建立长江中游地区省际协商合作机制的协议》《推进长三角区域市场一体化发展合作协议》均为地区性的合作协议,实际约束力不足,特别是在生态环境保护建设领域,流域环境污染联防联控机制仍处于起步阶段,生态效益协调、环境信息共享、环境预警机制有较大改进空间。缺乏健全而有效的生态补偿机制,上游地区环境保护的生态效益难以转化为经济社会效益,相邻城市间在布局重化工项目时,往往存在以邻为壑的动机,较少主动考虑对下游地区生态环境效益造成的损害。面临经济增长与环境保护的两难选择,上游地区经济发展以牺牲上游地区和下游地区生态环境为代价,不得不投入大量财力进行后期环境治理。现行长江流域管理主要涉及《水法》《水污染防治法》《水土保持法》《防洪法》《河道管理条例》及地方相关要素管理法规和条例等,这些部门和地方法律法规虽都涉及长江流域的管理,但相互之间存在交叉与矛盾,且分散的法律法规在涉及具体综合事务处理上可操作性较差,刺激了长江经济带开发与保护的碎片化趋向,开发管理缺乏综合性法律法规保障,进一步加剧了长江经济带开发行为的无序性与生态环境保护的滞后性。

(3)职能部门统筹管理能力较弱。长江经济带缺乏强有力的环境管理职能部门,水利部派出机构长江水利委员会作为长江流域水务管理的职能部门,以水资源管理和水行政为中心,无法承担系统管理长江经济带生态环境的重任。其他相关部委在长江流域设置的分支机构延续着单一要素的管理思路,涉及流域环境管理事务,各机构之间存在管理职能交叉。长江水资源保护和水污染治理面临多龙治水困境,部门之间缺乏沟通协调,导致各部门出台的长江水环境保护的诸多标准、规划和政策互为抵触,加深流域治理的困境。中央为强化长江经济带发展的统筹管理能力,不断完善顶层设计制度,成立推动长江经济带发展领导小组,下设推动长江经济带发展领导小组办公室,不定期召开长江经济带发展座谈会,指导长江经济带生态环境建设,为长江经济带环境保护一体化进程发挥了重要促进作用。国家成立的高级别领导小组和办公室在统一长江经济带建设的指导思想上作用明显,但具体执行的国家发展改革委基础产业司长江处专职人员不足,长江经济带沿线 11 省份甚至没有推动长江经济带发展的专职人员,国家制定的长江经济带生态环境建设政策方针对地方政府缺乏有效衔接,进一步加剧了地方政策环境保护的机会主义。在水生态环境建设方面,纵向管理部门存在交叉和重叠,各部门积极参与有利可图的管理事务,而对生态保护投入的事务关注不够。

二、提升长江经济带生态环境绩效的路径与方略

1.强化生态系统功能修复

(1)加强环境污染治理。修复长江生态环境,提升长江生态服务功能,削减长江污染排放是当务之急。治理长江污染排放是提升长江生态功能的最直接手段,应着力从工业、农业、船舶和生活四个方面推进长江环境污染治理。大力整治工业污染,禁止沿江新增化工项目,坚决取缔“十小”企业,重点整治造纸、印染、制革、电镀、有色等高污染行业,推进沿江重化工企业集中入园,推进绿色工厂建设,加强工业污染排放及处理设施在线监测监管,限期不达标则一律关停。加强农业污染整治,逐步降低化肥农药施用量,加快化肥农药替代利用行动,推广测土配方施肥,引导科学合理施肥,提高化肥利用效率,减少农业畜禽养殖污染排放,加强长江中下游湖泊及干支流畜禽禁养区管理。严格处理城镇污水垃圾,加强城镇污水处理基础设施建设,特别是污水处理厂、配套管网、垃圾转运处置设施,提高城镇污水集中处理水平,逐步实现沿江城镇污水和垃圾全收集全处理,切实加强城市黑臭水体无害集中化处理。严格船舶污染防控,建立健全船舶环保标准,加快推广节能高效清洁型绿色船舶,完善船舶污染物

的接收处理，集中存储与处理船舶生活污水和垃圾，强化水上危险品运输环保安全监管，防范船舶油气泄漏风险，全面降低船舶污染排放。

(2)维护生态系统多样性。保障长江经济带生态系统稳定，基本前提条件是维护长江生态物种多样性，增强长江生态系统服务功能基础，应重点从水源地、水生生物多样性、森林生态系统等三个方面着手维护长江生态系统稳定。强化水源地保护，建设河湖资源保护带和生态隔离带，增强水源涵养和水土保持能力，深入实施退田还湖、退耕还湖、生态补水工程，推进富营养化湖泊生态修复，加快推进丹江口、三峡库区等核心水源保护区生态安全清洁小流域建设，保障长江水源地生态系统稳定，提升长江生态服务功能。加强水生生物多样性保护，重点加强濒临灭绝的水生生物保护，加快新建一批水生动植物自然保护区与种质资源保育区，修复和改善水生生物生境，优化保护地的结构和布局，根据生物保护实际采取就地或迁地保护，大力加强对水生生物监测监管，使淡水豚、扬子鳄、中华鲟、江豚及其他珍稀物种得到全面保护。推进森林生态系统保护，以长江天然林资源为基础，建设长江森林体系，继续推进退耕还林、退田还湖工程，加强银杉、水杉、珙桐等珍稀濒危植物及微小种群野生植物生境恢复，全面推进国家公园建设，重点加强自然保护区、地质公园、森林公园、风景名胜区保护和建设，加强沿江森林保护和生态修复。

(3)优化岸线资源利用。岸线地区是长江与陆地交接的最直接地区，自然生态环境改变最为剧烈。沿岸地区集聚了大量的人口和产业，优化沿江岸线资源配置，严控岸线开发利用，是提升长江生态系统服务功能的必然要求，应重点从功能区划与效率提升两个方面优化岸线资源利用。科学划定岸线功能，以《长江岸线保护和开发利用总体规划》为基准，划定保护区、保留区、控制利用区和开发利用区范围。不同功能区保护发展重点不同，应重点强化保护和保留区岸线生态系统稳定功能，加强水资源、水生态、水环境保护，有效保护自然岸线生态环境，控制利用区要严控新增开发利用项目，开发利用区应进一步提升岸线开发效率，优化沿江工业岸线与港口岸线布局，推动岸线绿色有序开发，强化岸线的生态服务功能。有序利用岸线资源,挖掘沿江自然历史人文景观资源,打造绿色文化景观带,为沿线居民提供舒适的近水空间,为沿江动植物保留更多的绿色生态空间,并加快建立、加紧落实岸线资源有偿使用制度,内部化岸线资源的外部性,合理确定岸线资源开发成本,促进岸线资源集约有序开发,保障岸线生态功能稳步提升。

2.增强产业绿色发展新动能

(1)推动工业绿色发展。加快工业生产绿色化,提升工业环境兼容性。优化工业生产布局,以主体功能区规划为依据,根据资源环境承载力和国土空间开发适宜性确定工业绿色发展方向和开发强度,在资源环境承载力较低、生态系统较为脆弱的地区进行严格的开发管制,遵循"生态优先、绿色发展"的开发原则,构建特色突出与协调发展的工业绿色发展格局。开展传统制造业绿色化改造,结合长江经济带共抓大保护的要求以及工业发展实际情况,推广清洁生产工艺和绿色生产设备,淘汰、化解、转移钢铁、水泥、船舶等严重过剩产能,推动钢铁、石化、有色金属、纺织服装等传统高耗能、高污染、低效益工业企业清洁低碳绿色发展,提升沿江传统制造企业和重化工企业的绿色生产技术和管理水平。发展壮大节能环保产业,推动节能环保装备制造业集群化发展,加快建设汽车零部件、工程机械、重型机床等高价值再制造业集聚区,推动重金属污染防治、污泥处理处置、挥发性有机物治理等核心技术产业化,以共伴生矿产资源回收利用、尾矿稀有金属分选和回收、大宗固体废物大掺量高附加值利用为重点,建设资源综合利用基地。

(2)大力发展现代服务业。强化绿色环保服务,突显产业发展的环境效益。加快发展绿色金融,鼓励银行加快绿色金融产品创新,大力开发绿色信贷、绿色债券、绿色保险,为清洁生产、绿色交通、绿色建筑、生态农业等提供资金和技术支撑,加快传统纺织、钢铁、有色等高排放型工业与粗放、低效型农业绿色化转型升级。优化节能环保服务,提高节能环保技术研发能力与服务水平,加强与新型农业大户联系,推广应用新型绿色生产技术,支撑发展生态修复、环境风险与损害评价等服务，推进水权、能权、碳权、污权交易，在城镇污水垃圾处理、工业园区污染物集中处理等重点领域开展环境污染第三方治理，增强节能环保产业的专业化技术支撑。支持产业绿色融合发展，促进有条件的行业领军企业向绿色创意孵化、绿色研发设计、绿色售后服务等产业链两端延伸产品价值，推进信息化与工业化紧密对接，推广发展绿色智能化服务，提高绿色制造智能化服务，鼓励发展生产、生活、生态有机结合的功能复合型农业，将农业发展与环境保护、创新创业有机结合，支持农业产业化联合体、农业创客空间、休闲农业、观光农业、乡村旅游等融合发展。

（3）推动农业高效生态发展。提升农业绿色效益，增强农业发展的环境兼容性。优化农业空间布局，推动农业绿色高效发展，在农业生产与水土资源匹配较好地区，在保障国家粮食安全前提下，优先发展地理标志特色农产品与高价值优势经济作物，提升农业绿色发展效益，推动农村一二三产业融合发展，在资源过度利用、环境问题突出、生态系统脆弱地区，加强农业污染治理，严格落实退耕还林、退田还湖政策，强化农业生态环境建设，修复农业生态系统。加强农业资源保护和利用，鼓励使用绿色高效的有机化肥，推广零残留农药，推动畜禽粪污集中化处理，严控养殖容量和养殖密度，减少农药内源性污染，最大化控制农业面源污染，实行水资源红线管理，推动水资源过度利用区休养恢复治理，适度减少灌溉面积，推广农业取水许可管理模式，增强农民有偿用水意识和节水积极性。强化农业绿色科技人才支撑，充分利用农业高等教育、农业职业教育等培训渠道，培养农村环境监测、生态修复等方面的技能型人才，提高农业绿色科技入户率、到田率，在新型职业农民培育及农村实用人才带头人培训中，传播农业绿色发展理念和绿色生产技术，为农业绿色发展提供坚实的人才支撑，依托绿色科技进步和农民绿色技能提升引领农业绿色发展。

3.完善生态环境协同保护制度

（1）建立负面清单管理制度。强化负向管控约束，优化长江开发强度。加快编制实施产业准入负面清单，将对地区环境容量消耗较大、创新能力较弱、经济效益贡献度较低的行业列入限制发展类行业，将对水耗、能耗、排污强度超出地区资源环境承载阈值的行业列入禁止发展类行业，对限制和禁止类行业进行严格监控和审批，根据地区产业结构变动实际情况与环境保护重点动态调整产业准入负面清单，保障产业准入负面清单环境保护的准确性和有效性。推动空间准入负面清单管制，厘定生态保护红线，严格管控长江经济带生态环境脆弱地区及沿江干线支流一公里范围内开发活动，对不符合环保要求滥用占用岸线、河段、土地，突破生态保护红线的企业，限期集中规范入园，到期仍未迁出的企业直接关停，确保生态系统承载能力不恶化或降低。明确环境准入负面清单管理底线，控制长江经济带大气环境、水环境、土壤环境重点管控区污染排放，重点从污染物排放种类、排放总量、排放强度上管控开发建设活动，对超出环境容量的管控单元，要求制订污染物排放削减计划并按期考核，削减污染物排放总量，推进废弃物循环利用，对整顿仍不达标的管控单元严格执行区域限批。

（2）完善污染联防联控机制。强化污染联防联控，协同推进长江生态保护。推进环境信息公开共享，各级政府应定期发布环境质量半年度公报、年度公报及环保工作月度总结报告，重点排污企业应如实公开污染物排放及处理等环境信息，保证流域间环境信息共享畅通，提升对突发环境事件的预见性。建立规划环评会商机制，充分考虑上游地区与下游地区的环境经济利益，将流域上下游地区意见作为相关地区开展开发利用规划环评编制和审查的重要参考依据。涉及跨省环境安全的重大石化、化工、有色、水利水电等项目环评应实施省际会商，若上下游地区就开发利用规划及重大项目环境意见未能达成一致，应审慎批准相应规划与项目，提升全流域环境协同治理的主动性。建立环境事件共同响应机制，制订长江经济带跨界突发环境事件应急预案。一旦跨界突发环境事件发生，上游地区政府立即将环境事件信息第一时间报告生态环境部并告知下游地区政府，下游地区应积极配合上游地区协同应对处置跨界突发环境事件，控制污染扩散范围，定期交流在污染防控、环境执法、应急处置等方面的经验与教训，增强环境污染联防联控能力。

(3)推进长江生态补偿制度。创新生态补偿方式,提高生态补偿效益。优化纵向生态补偿,对不同类型、不同领域的生态补偿资金进行统筹整合,设立生态补偿专项财政资金,加大中央财政和省级财政对长江经济带禁止开发区、重点生态功能区、长江干支流上游地区的转移支付,将生态补偿转移支付额度与环境保护绩效挂钩,增强生态补偿积极性,逐步提升生态贫困地区基本公共服务水平,增强绿水青山保护者获得感。推动横向生态补偿。按照"谁受益、谁开发、谁补偿"的原则,探索上中下游开发地区、受益地区与生态保护补偿地区进行横向生态补偿的机制。补偿标准参考生态功能区向下游地区提供的生态服务价值量及因保护生态环境所牺牲的发展机会成本,补偿实施门槛根据跨界断面水质达标状况,以浙江、安徽两省的新安江流域横向生态补偿试点为范本逐步向长江经济带全域推广。加快要素生态补偿,"输血"与"造血"补偿同步进行,通过直接资金生态补偿快速提升生态致贫居民生活水平,同时建立下游受益地区对上游生态保护地区对口支援机制,向生态功能区输送绿色生产技术和绿色科技人才,与生态贫困地区共建生态产业园区,开展人才培训,发展绿色生态产业,共享企业上缴财政税收,增强生态欠发达地区的内生发展能力,促进流域上中下游地区共享发展成果,共担生态环境建设成本。

参考文献

[1] 王振.长江经济带蓝皮书:长江经济带发展报告(2016—2017)[M].北京:社会科学文献出版社,2017.

[2] 王振.长江经济带蓝皮书:长江经济带发展报告(2011—2015)[M].北京:社会科学文献出版社,2016.

[3] 周冯琦,程进,陈宁,等.长江经济带环境绩效评估报告[M].上海:上海社会科学院出版社,2016.

[4] 王维.长江经济带生态保护与经济发展耦合协调发展格局研究[J].湖北社会科学,2018(1):73-80.

[5] 黄娟.协调发展理念下长江经济带绿色发展思考——借鉴莱茵河流域绿色协调发展经验[J].企业经济,2018(2):5-10.

[6] 王维,张涛,王晓伟,等.长江经济带城市生态承载力时空格局研究[J].长江流域资源与环境,2017(12):1963-1971.

[7] 赵鑫,胡映雪,孙欣.长江经济带生态效率及收敛性分析[J].产业经济评论,2017(6):90-103.

[8] 柯小玲,向梦,冯敏.基于灰色聚类法的长江经济带中心城市生态安全评价研究[J].长江流域资源与环境,2017(11):1734-1742.

[9] 李强.产业升级与生态环境优化耦合度评价及影响因素研究——来自长江经济带108个城市的例证[J].现代经济探讨,2017(10):71-78.

[10] 李华旭,孔凡斌,陈胜东.长江经济带沿江地区绿色发展水平评价及其影响因素分析——基于沿江11省(市)2010—2014年的相关统计数据[J].湖北社会科学,2017(8):68-76.

[11] 杜雯翠,江河.《长江经济带生态环境保护规划》内涵与实质分析[J].环境保护,2017(17):51-56.

[12] 吴传清,黄磊.承接产业转移对长江经济带中上游地区生态效率的影响研究[J].武汉大学学报(哲学社会科学版),2017(5):78-85.

[13] 徐梦佳,刘冬,葛峰,等.长江经济带典型生态脆弱区生态修复和保护现状及对策研究[J].环境保护,2017(16):50-53.

[14] 张惠远.加快打造美丽中国的“绿腰带”——《长江经济带生态环境保护规划》解读[J].环境保护,2017(15):7-10.

[15] 洪亚雄.长江经济带生态环境保护总体思路和战略框架[J].环境保护,2017(15):12-16.

[16] 黄贤金.基于资源环境承载力的长江经济带战略空间构建[J].环境保护,2017(15):25-26.

[17] 吴传清,黄磊.长江经济带绿色发展的难点与推进路径研究[J].南开学报

(哲学社会科学版),2017(3):50-61.

[18] 黄娟,程丙.长江经济带“生态优先”绿色发展的思考[J].环境保护,2017(7):59-64.

[19] 卢丽文,宋德勇,黄璨.长江经济带城市绿色全要素生产率测度——以长江经济带的108个城市为例[J].城市问题,2017(1):61-67.

[20] 肖金成,刘通.长江经济带:实现生态优先绿色发展的战略对策[J].西部论坛,2017(1):39-42.

[21] 宓泽锋,曾刚,尚勇敏,等.长江经济带市域生态文明建设现状及发展潜力初探[J].长江流域资源与环境,2016(9):1438-1447.

[22] 唐德才,汤杰新,薛佩佩.长江经济带环境治理效率研究——基于投入产出优化分析的视角[J].现代管理科学,2016(9):69-71.

[23] 秋缬滢.关于对长江经济带生态环境保护的哲学思考[J].环境保护,2016(16):9-11.

[24] 任胜钢,袁宝龙.长江经济带产业绿色发展的动力找寻[J].改革,2016(7):55-64.

[25] 卢丽文,宋德勇,李小帆.长江经济带城市发展绿色效率研究[J].中国人口·资源与环境,2016(6):35-42.

[26] 吴传清,陈文艳.长江经济带经济增长与环境质量关系的实证研究[J].生态经济,2016(5):34-37,73.

[27] 汪克亮,孟祥瑞,程云鹤.环境压力视角下区域生态效率测度及收敛性——以长江经济带为例[J].系统工程,2016(4):109-116.

[28] 杨翔,李小平,周大川.中国制造业碳生产率的差异与收敛性研究[J].数量经济技术经济研究,2015(12):3-20.

[29] 杨恺钧,毛博伟,胡蓝.长江经济带物流业全要素能源效率——基于包含碳排放的SBM与GML指数模型[J].北京理工大学学报(社会科学版),2016(6):54-62.

[30] OH D H. A Global Malmquist-Luenberger Productivity Index[J]. Journal of Productivity Analysis, 2010, 34(3): 183-197.

[31] FUKUYAMA H, WEBER W L. A Directional Slacks-Based Measure of Technical Inefficiency[J]. Socio-Economic Planning Sciences, 2009, 43(4): 274-287.

[32] 王树华. 长江经济带跨省域生态补偿机制的构建[J]. 改革, 2014(6): 32-34.

[33] 张兵兵, 朱晶, 全晓云. 技术进步与二氧化碳排放强度: 理论与实证分析[J]. 科研管理, 2017(12): 41-48.

[34] 陈诗一. 能源消耗、二氧化碳排放与中国工业的可持续发展[J]. 经济研究, 2009(4): 41-55.

[35] 杨骞, 刘华军. 中国二氧化碳排放的区域差异分解及影响因素——基于1995—2009年省际面板数据的研究[J]. 数量经济技术经济研究, 2012(5): 36-49, 148.

[36] 张兵兵, 徐康宁, 陈庭强. 技术进步对二氧化碳排放强度的影响研究[J]. 资源科学, 2014(3): 567-576.

第四章

4 长江经济带生态文明试验示范试点建设

内容提要　长江经济带在国家生态文明试验区建设、生态经济区建设、国家公园体制试点、流域生态补偿试点实践中成效显著，积累了许多生态文明试验示范试点建设经验。美丽中国“江西样板”和“多彩贵州公园省”建设是长江经济带生态文明体制改革综合实验的重要举措。鄱阳湖生态经济区、洞庭湖生态经济区建设为长江经济带优化生态系统积累了宝贵经验。长江经济带推5个国家公园体制试点，在全国国家公园体制试点建设中地位突出；在中央财政支持重点流域生态补偿试点的同时，长江经济带沿线11省份积极探索上中下游开发地区、受益地区与生态保护地区之间的横向流域生态补偿机制，推进新安江、赤水河、汉江流域生态补偿试点，形成了多种补偿模式。推进长江经济带发展，应继续将修复长江生态环境放在首要位置，总结生态文明建设经验，深入推进长江经济带生态文明试验示范试点建设。

长江经济带发展必须避免“先污染，后治理”的发展方式。党的十八大以来，党中央、国务院高度重视我国生态文明制度建设顶层设计，高度关注长江经济带绿色发展。“生态优先、绿色发展”“既要金山银山，也要绿水青山，绿水青山就是金山银山”“共抓大保护、不搞大开发”“自然价值和自然资本”“山水林田湖草是一个生命共同体”，已形成系统的生态文明建设思想。习近平总书记在深入推动长江经济带发展座谈会的讲话中进一步强调“把修复长江生态环境摆在压倒性位置”，长江经济带发展要“探索出一条生态优先、绿色发展新路子”。

第一节　国家生态文明试验区建设

设立国家生态文明试验区是贯彻落实新发展理念、改善生态环境质量、推动绿色发展的重要举措。江西、贵州生态文明试验区的设立是在长江经济带开展生态文明体制改革综合实验的重要举措，是践行长江经济带“生态优先、绿色发展”战略定位的重要体现。

一、“江西样本”

江西是我国南方地区重要的生态安全屏障，绿色生态是江西的最大财富、最大优势和最大品牌，与此同时，江西面临着发展经济和保护环境的双重压力。在江西建设国家生态文明试验区，有利于发挥江西生态优势，使绿水青山产生巨大生态效益、经济效益、社会效益，探索中部地区绿色崛起新路径；有利于保护鄱阳湖流域作为独立自然生态系统的完整性，构建山水林田湖草生命共同体，探索大湖流域保护与开发新模式；有利于把生态价值实现与脱贫攻坚有机结合起来，实现生态保护与生态扶贫双赢，推动生态文明共建共享，探索形成人与自然和谐发展新格局。中共中央办公厅、国务院办公厅印发《国家生态文明试验区（江西）实施方案》（2017）明确提出要积极探索大湖流域生态文明建设新模式，培育绿色发展新动能，努力打造美丽中国“江西样板”。

1.战略定位与主要目标

江西国家生态文明试验区建设旨在通过开辟绿色富省、绿色惠民新路径，进一步提升生态环境质量、增强人民群众获得感。江西国家生态文明试验区建设战略定位体现在综合治理、绿色崛起、制度创新和生态扶贫 4 个方面，具体包括：

（1）山水林田湖草综合治理样板区。把鄱阳湖流域作为一个山水林田湖草生命共同体，统筹山江湖开发、保护与治理，建立覆盖全流域的国土空间开发保护制度，深入推进全流域综合治理改革试验，全面推行河长制，探索大湖流域生态、经济、社会协调发展新模式，为全国流域保护与科学开发发挥示范作用。

（2）中部地区绿色崛起先行区。统筹推进生态文明建设与长江经济带建设、促进中部地区崛起等战略实施，加快绿色转型，将“生态+”理念融入产业发展全过程、全领域，建立健全引导和约束机制，构建绿色产业体系，促进生产、消费、流通各环节绿色化，率先在中部地区走出一条绿色崛起的新路子。

(3)生态环境保护管理制度创新区。落实最严格的环境保护制度和水资源管理制度，着力解决经济社会发展中面临的突出生态环境问题，创新监测预警、督察执法、司法保障等体制机制，健全体现生态文明要求的评价考核机制，构建政府、企业、公众协同共治的生态环境保护新格局。

(4)生态扶贫共享发展示范区。推动生态文明试验区建设与打赢脱贫攻坚战、促进赣南等原中央苏区振兴发展等深度融合，探索生态扶贫新模式，进一步完善多元化的生态保护补偿制度，建立绿色价值共享机制，引导全社会参与生态文明建设，让广大人民群众共享生态文明成果。

基于试验区战略定位，江西国家生态文明试验区的建设目标主要表现在制度创新和生态环境保护和治理两个方面(见表 4.1)。2018 年和 2020 年是实现江西国家生态文明试验区建设目标的两个重要时间节点，制度创新目标主要包括流域生态保护补偿、河湖保护与生态修复、绿色产业发展、生态扶贫、自然资源资产产权等生态环境保护、绿色产业发展管理制度；生态环境保护和治理目标主要涉及山水林田湖草的保护、大气环境治理、经济发展质量提高等方面。

表 4.1　江西生态文明试验区建设主要目标

目标类型	实现年份	具体内容
制度创新	到 2018 年	在流域生态保护补偿、河湖保护与生态修复、绿色产业发展、生态扶贫、自然资源资产产权等重点领域形成一批可复制、可推广的改革成果
	到 2020 年	建成具有江西特色、系统完整的生态文明制度体系，基本建立山水林田湖草系统治理制度，国土空间开发保护制度更加完善，多元化的生态保护补偿机制更加健全
		基本建立有利于绿色产业发展的制度，资源节约和环境友好的绿色产业发展导向牢固树立，环境治理和生态保护市场体系更加完善，初步走出一条绿色崛起新路子

续表

目标类型	实现年份	具体内容
制度创新	到 2020 年	基本建立质量优先的生态环境保护管理制度,城乡一体、气水土协同的监管治理体系更加完善
		基本建立绿色价值全民共享制度,生态扶贫取得决定性成果,生态产品价值得到更多实现
		基本建立体现绿色政绩观的评价考核制度,激励约束并重的生态文明建设目标评价考核和责任追究制度得到普遍施行,为全国生态文明体制改革创造一批典型经验和成熟模式,在推进生态文明领域治理体系和治理能力现代化方面走在全国前列
生态环境保护和治理	到 2020 年	全省森林覆盖率稳定在 63%,草原综合植被盖度达到 86.5%
		地表水水质优良比例提高到 85.3%,重要江河湖泊水功能区水质达标率达到 91%以上,鄱阳湖流域水功能区水质达标率达到 90%以上,全面消除Ⅴ类及劣Ⅴ类水体
		水土流失面积和强度显著下降
		县级及以上城市空气质量优良天数比率达到 92.8%以上,细颗粒物年均浓度降至 39 微克/立方米以下
		湿地面积不低于 91 万公顷
		万元地区生产总值能耗、万元地区生产总值用水量、温室气体以及主要污染物排放量进一步下降,经济发展的质量和效益显著提高

资料来源:整理自《国家生态文明试验区(江西)实施方案》(2017 年 9 月)。

2.制度体系与重点任务

《国家生态文明试验区(江西)实施方案》(2017)提出构建山水林田湖草系统保护与综合治理制度体系、严格的生态环境保护与监管体系、促进绿色产业发展的制度体系、环境治理和生态保护市场体系、绿色共治共享制度体系、全过程的生态文明绩效考核和责任追究制度体系等 6 大体系,明确建立健全自然资源资产产权制度等 24 项重点任务,涉及江西生态文明建设的各个领域(见表 4.2)。

表 4.2　江西国家生态文明试验区建设重点任务

制度体系	重点任务	具体任务
山水林田湖草系统保护与综合治理制度体系	建立健全自然资源资产产权制度	推动全省自然资源统一确权登记;健全自然资源资产管理体制
	加快完善国土空间开发保护制度	落实主体功能区制度;加快推进全省多规合一;全面划定生态保护红线;实行最严格的耕地保护制度;探索自然生态空间用途管制制度
	积极探索流域综合管理制度	建立流域综合修复制度;健全流域生态保护补偿制度;创新流域综合管理模式
	健全生态系统保护与修复制度	加强水土流失综合防治;健全森林保护与管理制度;建立健全湿地生态系统保护、恢复与补偿制度;完善生物多样性保护制度
构建严格的生态环境保护与监管体系	健全生态环境监测网络和预警机制	建立部门协调机制;推动建立生态环境质量趋势分析和预警机制
	建立健全以改善环境质量为核心的环境保护管理制度	建立鄱阳湖水质月监测评估、季预警通报、年度责任考核机制;建立建设用地调查评估制度、土壤污染治理及风险管控制度;建立生态环境损害赔偿和责任追究制度;完善突发环境事件应急机制;建立覆盖城乡的集中式饮用水水源地保护机制
	创新环境保护督察和执法体制	建立健全省级环境保护督察制度;建立生态环境综合执法机制;健全跨区域环境联合执法协作机制
	完善生态环境资源保护的司法保障机制	强化环境资源案件的信息公开和公众参与机制;完善环境资源行政执法和司法的衔接机制;推动构建环境资源纠纷多元化解决机制
	健全农村环境治理体制机制	健全绿色生态农业技术和循环农业模式推广机制;完善农作物秸秆综合利用补助机制;建立以县为主、乡镇为辅、省市奖补的经费保障机制
构建促进绿色产业发展的制度体系	创建有利于绿色产业发展的体制机制	探索绿色生态农业推进机制;探索新兴产业发展推进机制;探索服务业发展引导机制
	建立有利于产业转型升级的体制机制	健全传统产业转型促进机制
	建立有利于资源高效利用的体制机制	强化节能降耗制度落实机制;落实资源节约利用制度;完善循环经济引导机制

续表

制度体系	重点任务	具体任务
构建环境治理和生态保护市场体系	加快培育环境治理和生态保护市场主体	建立社会资本投入生态环境保护的引导机制
	逐步完善环境治理和生态保护市场化机制	建立自然资源资产有偿使用制度;探索建立排污权交易制度;探索建立碳排放权交易市场体系;探索建立水权交易制度;探索建立用能权交易制度
	健全绿色金融服务体系	完善企业环境信用评价制度;推动建立银行绿色信贷业绩评价机制;稳妥有序探索环境权益交易市场机制;完善与绿色金融相关的监管机制
构建绿色共治共享制度体系	创新生态扶贫机制	建立生态保护补偿扶贫机制
	建立绿色共享机制	探索建立适应群众健康需求的生态环境指标统计和发布机制,健全优质生态环境资源的推广和共享机制
	完善社会参与机制	建立环境保护新闻发言人制度;完善建设项目环境影响评价信息公开机制;完善环境违法举报制度
	健全生态文化培育引导机制	把生态文明纳入国民教育体系和干部教育培训体系
构建全过程的生态文明绩效考核和责任追究制度体系	进一步完善生态文明建设评价考核制度	实行差别化的考核制度
	探索编制自然资源资产负债表	完善自然资源资产相关统计制度
	开展领导干部自然资源资产离任审计	探索并逐步完善领导干部自然资源资产离任审计制度
	建立生态环境损害责任终身追究制度	建立生态环境损害分级制度
	加强生态文明考核与责任追究的统筹协调	建立由各级党委负责的生态文明考核追责统筹机制

资料来源:整理自《国家生态文明试验区(江西)实施方案》(2017 年 9 月)。

(1)构建山水林田湖草系统保护与综合治理制度体系。尊重并顺应鄱阳湖流域自然规律，深入贯彻共抓大保护、不搞大开发理念，突出山水林田湖草生命共同体的系统性和完整性，探索完善自然资源资产产权、国土空间开发保护、流域综合管理、生态保护与修复等制度。

(2)构建严格的生态环境保护与监管体系。围绕解决关系人民群众切身利益的大气、水、土壤污染及生态破坏等突出环境问题，建立健全生态环境保护的监测预警、督察执法、司法保障等体制机制，构建城乡一体、气水土统筹的环境监督管理制度体系。

(3)构建促进绿色产业发展的制度体系。坚持市场主导、政府引导，着力完善符合生态文明要求的产业政策和制度体系，构建具有江西特色的绿色产业体系，培育发展新动能。

(4)构建环境治理和生态保护市场体系。充分发挥市场配置资源的决定性作用，加快培育生态环保市场主体，完善市场交易制度，建立体现生态环境价值的制度体系，努力构建政府、企业、社会共同参与新格局。

(5)构建绿色共治共享制度体系。积极探索生态价值转化为经济效益的新模式，大力实施生态扶贫，使生态文明建设成为老区脱贫致富共奔小康的有效途径，进一步完善全民参与生态文明建设的体制机制，推动形成生态文明主流价值观。

(6)构建全过程的生态文明绩效考核和责任追究制度体系。进一步提升生态文明绩效考核和责任追究制度体系的科学性、完整性和可操作性，完善各考核评价体系的标准衔接、结果运用、责任落实机制，引导各级党政机关和领导干部树立绿色政绩观。

3.实践进展与具体措施

为实现生态文明试验区建设目标，《中共江西省委、江西省人民政府关于深入落实〈国家生态文明试验区(江西)实施方案〉的意见》(2017)要求有步骤、分阶段推进国家生态文明试验区建设，制定“一年开好局、两年有变化、四年见成效”的国家生态文明建设步骤。

“一年开好局”，即到2017年年底，贯彻《国家生态文明试验区（江西）实施方案》（2017）全面启动，各项任务分解落实到位，推进机制健全完善，领导和组织协调机构建立，配套政策和相关专项落实方案制定出台，全省上下形成落实《国家生态文明试验区（江西）实施方案》（2017）的共识和合力，国家生态文明试验区建设扎实起步开局。

“两年有变化”，即到2018年年底，江西省国家生态文明试验区建设取得较大进展，在流域生态保护补偿、河湖保护与生态修复、绿色产业发展、生态扶贫、自然资源资产产权等重点领域形成一批可复制、可推广的改革成果。

“四年见成效”，到2020年年底，《国家生态文明试验区（江西）实施方案》（2017）确定的任务全面完成，初步形成具有江西特色、系统完整的生态文明制度体系，推进生态文明领域治理体系和治理能力现代化走在全国前列，打造美丽中国“江西样板”取得重大进展。

建设国家生态文明试验区是一项系统工程，为确保《国家生态文明试验区（江西）实施方案》（2017）重点任务落地见效，江西省统筹结合行政力量、市场机制和法治保障，制订了包括提升治理能力、巩固生态优势、发展绿色产业、发挥市场作用、深化制度创新、促进绿色惠民、完善政策配套、提供法治保障在内的八项具体措施。

（1）提升治理能力。按照以人为本、防治结合、标本兼治、综合施策的原则，建立以保障人体健康为核心、以改善环境质量为目标、以防控环境风险为基础的环境管理体系，加快解决大气、水、土壤污染等突出环境问题。实施“净空”行动。突出污染源头治理，抓住燃煤电厂超低排放改造、机动车尾气治理、工地扬尘治理、秸秆资源化利用等关键环节，形成重点区域联防联控的治理格局，逐步消减大气污染物排放总量。实施“净水”行动。深入实施“河长制”，逐步推进流域综合管理体制改革，构建流域水环境保护协作机制，加大对“五河一湖”及东江源头、国家级自然保护区、重要湿地等重点生态功能区的生态保护与修复力度,加强对小流域水土流失的治理,全面消除Ⅴ类及劣Ⅴ类水体,确保水环境质量稳步提高。实施“净土”行动。加强对工业废弃物、危险废弃物的处置,加大对重金属污染重点区域的治理和修复力度,加快建设绿色矿山,控制并减少农业面源污染,推进生活垃圾强制分类,逐步改善城乡人居环境。加强生态环境大数据平台建设,逐步完善监测体系和预警机制,及时评估和掌握生态环境状况。

(2)巩固生态优势。树立底线思维,设定并严守资源消耗上限、环境质量底线、生态保护红线,将各类开发活动限制在资源环境承载能力内。建立统一的自然资源确权登记系统,探索建立归属清晰、权责明确、监管有效的自然资源资产管理体制。细化落实主体功能区空间布局,加快推进全省多规合一,加强自然生态空间用途管制,严守耕地保护红线。实施水土流失综合防治、森林质量提升、湿地保护、流域生态补偿等绿色生态工程,推动山水林田湖草生态系统的整体保护、系统修复和综合治理,加强生物多样性保护优先区域监管。持续开展生态创建活动,积极创建生态文明示范县(市、区)、生态文明示范基地、生态工业园区、绿色社区,推出一批生态示范创建典型,厚植全省绿色生态优势。

(3)发展绿色产业。按照减量化、再利用、资源化的原则,加快建立循环型工业、农业、服务业体系,提高全社会资源产出率。深化农业供给侧结构性改革,推进六大现代农业工程建设,打造生态原产地品牌,提升农产品附加值。以科技创新为引领,加快发展战略性新兴产业,推动航空、新型光电、新材料、新能源汽车、智能装备等绿色制造业快速成长。推进传统产业绿色化、智能化改造,提高资源综合循环利用水平。发挥生态旅游资源优势,大力发展全域旅游,做大做优做强生态旅游产业。发挥中医药资源优势,加快发展以中医药为重点的大健康产业。发展工业设计、现代物流、现代金融、文化创意等现代服务业,发展大数据及云计算、物联网、电子商务等智慧经济,提高绿色低碳技术和节能环保产业发展水平。充分利用民间工艺,大力发展绿色创意产品，打造一批创意文化产业基地。加大绿色技术研发投入，支持生态文明领域工程技术类研究中心、实验室和实验基地建设，开展重点技术攻关，建立健全中介服务机构，加快成熟适用技术的示范推广。淘汰落后产能，逐步提高淘汰标准。

（4）发挥市场作用。妥善处理好政府与市场关系，加快推进“放管服”改革，营造良好市场环境。扎实推进绿色金融改革创新试验区建设，构建绿色金融体系，丰富绿色金融产品和服务，助推绿色产业发展。创新生态文明建设投融资机制，在扩大政府投入的同时，积极引入社会资本，加快培育环境治理和生态保护市场主体。推行政府购买服务、环境污染第三方治理、合同能源管理和合同节水管理等新模式，加快推进污水垃圾处理设施运营管理单位向独立核算、自主经营的企业转变。深入推进市场化改革，完善自然资源资产价格形成机制，统筹推进排污权、碳排放权、水权、用能权等市场交易机制建设，促进各类环境资源有序流动、高效配置。进一步理顺垃圾处置、污水处理等价格机制，更好保障环境基础设施建设运营。探索多种形式的生态补偿机制，引导生态受益地区与保护地区之间、流域上游与下游之间，通过资金补助、产业转移、人才培训、共建园区等方式实施补偿。

（5）深化制度创新。鼓励先行先试，努力在山水林田湖草系统保护治理、生态环境保护监管、绿色产业发展、绿色共治共享、生态文明绩效考核与责任追究等方面，创造一批可复制、可推广的改革成果。加强生态文明制度建设的顶层设计，解决生态文明领域职能交叉、权责不明等突出问题，推动建立统一监管、统筹协调的管理体制。坚持“废、改、立、释”相结合，优化整合具有替代性的制度，梳理打通具有互补性的制度，协调统一具有冲突性的制度，切实增强生态文明制度的针对性、操作性和系统性，努力形成制度衔接配套、部门职责清晰、工作协调互动的良好格局。

（6）促进绿色惠民。加大对源头地区、贫困地区生态补偿，引导贫困地区发展林下经济、绿色农产品精深加工、生态旅游等，着力解决农村环境整治、农业面源污染等突出问题，推进生态文明建设与脱贫攻坚共同进步。大力推进绿色城镇化，保护自然景观，发展绿色建筑，提高绿化面积，扩大创建园林城市的覆盖面。促进有条件的城市近郊风景名胜区逐步免费向公众开放，建设一批开放型绿色生态教育基地。加强“整洁美丽、和谐宜居”新农村建设，抓好村庄整治、环境美化、乡风文明等建设，让人民群众共享生态福祉。挖掘优秀传统生态文化思想和资源，创作一批文艺作品，创建一批教育基地，满足人民群众的生态文化需求。将生态文化培育作为文明城市、文明村镇和文明单位（社区）创建的重要内容，广泛动员全民参与生态文明建设，营造全社会共建共享生态文明的浓厚氛围。

（7）完善政策配套。进一步完善环境和经济问题综合决策机制。完善以政府为主体的公共政策，建立与经济发展水平相适应、相协调的生态文明建设公共财政投入增长机制。整合现有投资渠道，逐步扩大省级投资用于生态文明建设的比例。完善以企业为主体的市场政策，落实企业生态环保责任，制定符合市场要求的绿色产业准入、绿色产业激励、绿色金融服务、自然资源资产价格形成等政策。完善以公众为主体的社会政策，强化社会各方面在生态文明建设中的责任义务，扩大环境信息公开，保障人民群众依法有序行使环境监督权，形成生态文明建设人人参与、人人共享的良好局面。

（8）提供法治保障。做好生态文明建设地方立法工作。启动环保机构监测监察执法垂直管理改革，建立健全省级环境保护督察制度，健全跨区域环境联合执法协助机制。加大环境执法力度，对各类环境违法违规行为实行“零容忍”，对违反环保法律法规的，依法严惩重罚；对造成生态环境损害的，以损害程度等因素依法确定赔偿额度；对造成严重后果的，依法依规追究刑事责任。健全环境资源行政执法与司法的衔接机制，推动生态环境和资源保护领域的公益诉讼。支持资源环境监管机构独立开展行政执法。加强环境保护基层执法队伍、环境应急处置救援队伍建设。加大生态文明建设的法治宣传力度。

二、“贵州样本”

贵州省是长江上游重要生态屏障，既面临全国普遍存在的结构性生态环境问题，又面临水土流失和石漠化突出、生态环保基础设施滞后等特殊问题；既面临加快发展、决战决胜脱贫攻坚的紧迫任务，又面临资源环境约束趋紧、城镇发展和农业生态空间布局亟待优化的严峻挑战，现有生态文明制度体系还不能适应转方式调结构优供给、推动绿色发展的需要。在贵州建设国家生态文明试验区，有利于发挥贵州的生态环境优势和生态文明体制机制创新成果优势，探索一批可复制、可推广的生态文明重大制度成果；有利于推进供给侧结构性改革，培育发展绿色经济，形成体现生态环境价值、增加生态产品绿色产品供给的制度体系；有利于解决关系人民群众切身利益的突出资源环境问题，让人民群众共建绿色家园、共享绿色福祉，对于守住发展和生态两条底线，走生态优先、绿色发展之路，实现绿水青山和金山银山有机统一具有重大意义。中共中央办公厅、国务院办公厅印发《国家生态文明试验区（贵州）实施方案》（2017）明确提出构建产权清晰、多元参与、激励约束并重、系统完整的生态文明制度体系，加快形成绿色生态廊道和绿色产业体系，实现百姓富与生态美有机统一。

1.战略定位与主要目标

贵州国家生态文明试验区以建设“多彩贵州公园省”为总体目标，以完善绿色制度、筑牢绿色屏障、发展绿色经济、建造绿色家园、培育绿色文化为基本路径，以促进大生态与大扶贫、大数据、大旅游、大开放融合发展为重要支撑。贵州国家生态试验区建设战略定位主要体现在绿色发展、脱贫攻坚、法治建设、国际交流等方面，具体包括：

（1）长江珠江上游绿色屏障建设示范区。完善空间规划体系和自然生态空间用途管制制度，建立健全自然资源资产产权制度，全面推行河长制，划定并严守生态保护红线、水资源开发利用控制红线、用水效率控制红线和水功能区限制纳污红线，完善流域生态保护补偿机制，创新跨区域生态保护与环境治理联动机制，加快构建有利于守住生态底线的制度体系。

（2）西部地区绿色发展示范区。建立矿产资源绿色化开发机制，健全绿色发展市场机制和绿色金融制度，开展生态文明大数据共享和应用，完善生态旅游融合发展机制，加快构建培育激发绿色发展新动能的制度体系。

（3）生态脱贫攻坚示范区。完善生态保护区域财力支持机制、森林生态保护补偿机制和面向建档立卡贫困人口购买护林服务机制，深化资源变资产、资金变股金、农民变股东“三变”改革，推进生态产业化、产业生态化发展，加快构建大生态与大扶贫深度融合、百姓富与生态美有机统一的制度体系。

（4）生态文明法治建设示范区。加强涉及生态环境的地方性法规和政府规章的立改废释，推动省域环境资源保护司法机构全覆盖，完善行政执法与刑事司法协调联动机制，加快构建与生态文明建设相适应的地方生态环境法规体系和环境资源司法保护体系。

（5）生态文明国际交流合作示范区。深化生态文明贵阳国际论坛机制，充分发挥其引领生态文明建设和应对气候变化、服务国家外交大局、助推地方绿色发展、普及生态文明理念的重要作用，加快构建以生态文明为主题的国际交流合作机制。

基于试验区战略定位，贵州国家生态文明试验区的建设目标同样表现在制度创新和绿色发展两个方面。制度创新目标以 2018 年和 2020 年为时间节点，到 2018 年，贵州省生态文明体制改革取得重要进展，在部分重点领域形成一批可复制、可推广的生态文明制度成果。到 2020 年，全面建立产权清晰、多元参与、激励约束并重、系统完整的生态文明制度体系，建成以绿色为底色、生产生活生态空间和谐为基本内涵、全域为覆盖范围、以人为本为根本目的的“多彩贵州公园省”。通过试验区建设，在国土空间开发保护、自然资源资产产权体系、自然资源资产管理体制、生态环境治理和监督、生态文明法治建设、生态文明绩效评价考核和责任追究等领域形成一批可在全国复制推广的重大制度成果，在生态脱贫攻坚、生态文明大数据、生态旅游、生态文明国际交流合作等领域创造出一批典型经验，在推进生态文明领域治理体系和治理能力现代化方面走在全国前列，为全国生态文明建设提供有效制度供给。绿色发展则以 2020 年为时间节点，集中体现在生产、生活、生态三个方面，即：

(1)生产空间集约高效。推动生产空间开发从外延扩张转向优化结构，从严控制新增建设用地总量，提高国土单位面积投资强度和产出效率。国土空间开发强度控制在 4.2%以内，建设用地总规模控制在 74.4 万公顷以内。推动产业全面向园区聚集。

(2)生活空间宜居适度。引导人口向城镇集中，优化城镇布局，划定城市开发边界。城市空间面积占贵州省国土总面积控制在 1.2%以内，城镇绿色建筑占新建建筑的比例达 50%，县城以上城镇污水处理率、生活垃圾无害化处理率分别达 93%以上和 90%以上。推动农村居民点适度集中、集约布局，农村居民点面积占贵州省国土总面积控制在 1.9%以内，70%以上行政村达到绿色村庄标准，90%以上行政村的生活垃圾得到有效治理。

(3)生态空间山清水秀。逐步扩大绿色自然生态空间，增强生态产品供给能力。贵州省森林覆盖率达到 60%，森林面积扩大到 10.56 万平方千米，草原综合植被盖度达到 88%，水土流失治理率达 23%以上，河流、湖泊、湿地面积逐步增加，八大水系(乌江、沅水、都柳江、牛栏江-横江、南盘江、北盘江、红水河、赤水河)水质优良率保持在 92%以上，出境断面水质优良比例保持在 90%以上，重要江河湖泊水功能区水质达标率达 86%，地级市全部达到环境空气质量二级标准，县级以上城市空气质量优良天数比例保持在 95%以上，生物多样性保护工程取得重要进展。

2.创新试验与重点任务

《国家生态文明试验区(贵州)实施方案》(2017)以创新试验和示范试验为重点，从绿色屏障建设、绿色发展、生态脱贫、生态文明大数据、生态旅游发展、生态文明法治建设、生态文明对外交流合作、绿色绩效评价考核等 8 个方面确定贵州国家生态文明试验区的重点任务(见表 4.3)。

表 4.3　贵州国家生态文明试验区建设重点任务

试验内容	重点任务
开展绿色屏障建设制度创新试验	健全空间规划体系和用途管制制度；开展自然资源统一确权登记；建立健全自然资源管理体制；健全山林保护制度；完善大气环境保护制度；健全水资源环境保护制度；完善土壤环境保护制度
开展促进绿色发展制度创新试验	健全矿产资源绿色化开发机制；建立绿色发展引导机制；完善促进绿色发展市场机制；建立健全绿色金融制度
开展生态脱贫制度创新试验	健全异地搬迁脱贫攻坚机制；完善生态建设脱贫攻坚机制；完善资产收益脱贫攻坚机制；完善农村环境基础设施建设机制
开展生态文明大数据建设制度创新试验	建立生态文明大数据综合平台；建立生态文明大数据资源共享机制；创新生态文明大数据应用模式
开展生态旅游发展制度创新试验	建立生态旅游开发保护统筹机制；建立生态旅游融合发展机制
开展生态文明法治建设创新试验	加强生态环境保护地方性立法；实现生态环境保护司法机构全覆盖；完善生态环境保护行政执法体制；建立生态环境损害赔偿制度
开展生态文明对外交流合作示范试验	健全生态文明贵阳国际论坛机制；建立生态国际合作机制；建立生态文明建设高端智库
开展绿色绩效评价考核创新试验	建立绿色评价考核制度；开展自然资产负债表编制；开展领导干部自然资源资产离任审计；完善环境保护督察制度；完善生态文明建设责任追究制

资料来源：整理自《国家生态文明试验区（贵州）实施方案》（2017 年 9 月）。

3.实践进展与具体措施

2016 年贵州省被列为首批国家级生态文明试验区，成功形成生态文明建设范本，诠释绿色发展时代意义，是长江经济带生态文明试验示范试点的先行者。

（1）中共中央办公厅、国务院办公厅印发《国家生态文明试验区（贵州）实施方案》。2017 年 9 月 23 日，中共中央办公厅、国务院办公厅印发《国家生态文明试验区（贵州）实施方案》，是贵州省国家生态文明试验区建设的顶层设计、规划蓝图和行动指南，明确提出全力打造五个示范区，系统安排34项制度性改革任务，这是中央继2016年将贵州省列为国家生态文明试验区之后又一重大举措。

（2）中央环保督查组反馈交办的3 478件群众环境投诉案件全面办结。2017年4月26日至5月26日，中央第七环境保护督察组对贵州省开展环境保护督察。贵州省委、省政府狠抓中央环保督察问题整改，制定并公开《贵州省贯彻落实中央第七环境保护督察组督察贵州反馈意见整改方案》，做到照单全收、立行立改、从严问责。中央环保督察反馈的3 478件群众举报投诉件全部办结，责令整改企业1 538家、约谈1 208人、问责375人。

（3）全面推行五级干部上山植树造林和五级河长制。2017年3月，贵州省全面启动推行省市县乡村五级河长制，构建五级党政领导主抓、主干、主责的河长体系，实现各类水域河长制全覆盖。2017年贵州省争取退耕还林指标及中央专项资金居全国第1位，完成退耕还林477.4万亩①，治理水土流失面积2 808平方千米，治理石漠化面积1 116平方千米，森林覆盖率达55.3%。

（4）强力推进十大污染源治理和十大行业治污减排“双十”工程。2017年3月，《贵州省环境保护十大污染源治理工程实施方案》《贵州省十大行业治污减排全面达标排放专项行动方案》及任务清单印发实施，实行省领导责任包干。2017年，县城以上城市空气质量优良天数比例平均为97%，河流出境断面水质优良率达100%，集中式饮用水源地水质达标率保持100%，县级以上城市污水处理率、生活垃圾无害化处理率分别达到90.8%和90.6%。

（5）成功举办2017生态文明试验区贵阳国际研讨会、首个“贵州生态日”等系列活动。2017年6月17日，在贵阳成功举办以“走向生态文明新时代：共享绿色红利”为主题的生态文明试验区贵阳国际研讨会。2017年6月18

---

① 1亩≈666.67平方米

日,开展了以“保护母亲河 · 河长大巡河”为主题的首个“贵州生态日”系列活动。

(6)贵州公众生态环境满意度居全国第 2 位。2017 年 12 月 26 日,国家统计局、国家发展改革委、环境保护部、中央组织部联合发布《2016 年生态文明建设年度评价结果公报》,结果显示,贵州的公众生态环境满意程度排名全国第 2 位。

(7)启动实施十大生态扶贫工程。制定《贵州省生态扶贫实施方案(2017—2020 年)》,启动实施退耕还林、森林生态效益补偿、生态护林员等十大生态扶贫工程,力争到 2020 年,通过生态扶贫助推贵州省 30 万以上贫困户、100 万以上建档立卡贫困人口实现增收。

(8)率先启动磷石膏“以用定产”。制定《关于加快磷石膏资源综合利用的意见》,率先启动对省内磷石膏生产企业实施“以用定产”工作。2018 年,将全面实施磷石膏“以用定产”,实现磷石膏产销平衡,新增堆存量为零。2019 年起,将实现磷石膏销大于产,逐年消纳磷石膏堆存量。

(9)获批建设首批生态产品价值实现机制试点省。2017 年 10 月,中共中央、国务院印发《关于完善主体功能区战略和制度的若干意见》,明确将贵州省列为国家生态产品价值实现机制首批试点省。2017 年,贵州省绿色经济占地区生产总值比重达到 37%。此外,新增赤水等 16 个县(市)纳入国家重点生态功能区。

(10)贵州省环境资源保护司法机构实现全覆盖。贵州省 9 个中级人民法院全部设立专门化的环境资源审判庭,实现市(州)全覆盖,并在各中级人民法院辖区内选择 1~3 个基层法院增设专门化的环境资源审判庭,贵州省环境资源审判庭达到 29 个。同时,在全国率先实现省市两级全部设立生态环境保护检察机构,基层检察院按照“重点区域专门设立、一般区域普遍设立”的原则设立,2017 年已建立覆盖贵州省的生态环境保护检察机构。

第二节　国家生态经济区建设

生态经济区建设是可持续发展战略的重要组成部分，是在卫生城市、园林城市、生态农业示范区、生态工业园区、生态省等的基础上形成的更高一级、更复杂的复合生态系统。2009 年国务院批复鄱阳湖生态经济区建设、2014 年国务院批复洞庭湖生态经济区建设，是长江经济带“生态优先、绿色发展”的战略背景下，促进国民经济和社会健康、持续、稳定、协调发展的重要举措。长江经济带生态经济区建设的基本目的，是在恢复与保持良好的生态环境与合理利用全区域自然资源的前提下，协调好经济发展进程中生态和经济的时空关系；以信息化带动工业化，以高新技术促进传统产业升级，努力提高区域经济总体竞争力，分类、分步实施各项经济与生态工程建设，并通过生态环境建设和产业结构调整，建立特有的生态产业与合理的经济结构，逐步实现经济、社会和生态效益的统一，促进经济、社会、环境与资源的全面可持续发展。

一、鄱阳湖生态经济区

2009 年 12 月 12 日国务院正式批复《鄱阳湖生态经济区规划》，将建设鄱阳湖生态经济区上升为国家战略。位于江西省北部的鄱阳湖是我国最大的淡水湖泊，是我国重要的生态功能保护区，是长江的重要调蓄湖泊，年均入江水量占 15.6%的长江径流量，承担着调洪蓄水、调节气候、降解污染等多种生态功能。鄱阳湖水量、水质的持续稳定，直接关系到鄱阳湖周边乃至长江中下游地区的用水安全，关系到长江经济带绿色发展的推进。

1.发展战略与主要目标

鄱阳湖生态经济区包括南昌、景德镇、鹰潭 3 个市，以及九江、新余、抚州、宜春、上饶、吉安市的部分县(市、区),共38个县(市、区),辖区面积为5.12万平方千米。鄱阳湖生态经济区是长江三角洲、珠江三角洲、海峡西岸经济区等重要经济板块的直接腹地,是中部地区正在加速形成的增长极之一,具有发展生态经济、促进生态与经济协调发展的良好条件。

鄱阳湖生态经济区的战略定位是全国大湖流域综合开发示范区、长江中下游水生态安全保障区、加快中部崛起重要带动区、国际生态经济合作重要平台。加快建设鄱阳湖生态经济区,有利于探索生态与经济协调发展的新路,有利于探索大湖流域综合开发的新模式,有利于构建国家促进中部地区崛起战略实施的新支点,有利于树立我国坚持走可持续发展道路的新形象。

《深入推进鄱阳湖生态经济区建设方案》(赣办发〔2013〕24号)将鄱阳湖生态经济区划分为湖体核心保护区、滨湖控制开发带和高效集约发展区。湖体核心保护区包括鄱阳湖水体和湿地,以1998年7月30日鄱阳湖最高水位线(吴淞高程湖口水位22.48米)为界线,面积5 181平方千米,功能是强化生态功能,禁止开发建设;滨湖控制开发带为沿湖岸线邻水区域,以最高水位线为界线,向陆地延伸3千米,面积3 746平方千米,功能是构建生态屏障,严格控制开发,适当发展生态旅游业、文化产业、物流商贸业、新能源产业和船舶制造业等;高效集约发展区为区域其他地区,面积4.22万平方千米,功能是集聚经济人口,高效集约开发,应加快发展生态农业、新型工业和现代服务业,构建生态产业体系。

鄱阳湖生态经济区建设规划期为2009年至2015年,远期展望到2020年。按照国务院《鄱阳湖生态经济区规划》(2009)总体部署和建设全国生态文明与经济社会发展协调统一、人与自然和谐相处生态经济示范区的总体目标,江西省进一步细化鄱阳湖生态经济区建设的实施步骤和实施目标(见表4.4)。

表 4.4　鄱阳湖生态经济区建设实施步骤和目标

文件名称	实施步骤和目标
《国务院关于鄱阳湖生态经济区规划的批复》（国函〔2009〕145 号）	2009—2015 年：创新体制机制，夯实发展基础，壮大生态经济实力，初步形成生态与经济协调发展新模式 2016—2020 年：构建保障有力的生态安全体系，形成先进高效的生态产业集群，建设生态宜居的新型城市群，为到本世纪中叶基本实现现代化打下良好基础
《江西省人民政府关于印发鄱阳湖生态经济区规划实施方案的通知》（赣府发〔2010〕28 号）	一年开好局：确保 2010 年实施《鄱阳湖生态经济区规划》（2009）开好局、起好步，取得初步成效。全省上下形成贯彻实施《鄱阳湖生态经济区规划》（2009）、推动科学发展、进位赶超、绿色崛起的共识与合力。《鄱阳湖生态经济区规划》（2009）确定的目标任务、进度要求和责任分解落实到位，规划实施的体制机制建立健全，建设鄱阳湖生态经济区领导和组织协调机构建立，专项规划和配套政策制定出台，先行工程全面启动。2010 年，鄱阳湖生态经济区生产总值达到 5 000 亿元，人均地区生产总值达到 22 000 元；全省生产总值超过 8 000 亿元，全省人均地区生产总值达到 18 000 元 五年见成效：《鄱阳湖生态经济区规划》（2009）第一阶段目标顺利完成，先行先试取得重大进展，有利于科学发展的体制机制基本建立；生态建设取得显著成效，区域生态环境质量继续位居全国前列；生态产业体系初步形成，率先在欠发达地区构建生态产业体系；生态文明社会初步构建，生态文明建设处于全国领先水平；初步实现科学发展、进位赶超、绿色崛起的阶段性目标。到 2015 年，鄱阳湖生态经济区生产总值突破10 000亿元，人均地区生产总值达到 45 000 元，达到全国平均水平；全省生产总值超过 15 000 亿元，全省人均地区生产总值突破 35 000 元 十年大跨越：《鄱阳湖生态经济区规划》（2009）第二阶段发展目标全面完成，形成保障有力的生态安全体系、先进高效的生态产业集群、生态宜居的新型城市群，为到本世纪中叶基本实现现代化打下良好基础
《深入推进鄱阳湖生态经济区建设方案》（赣办发〔2013〕24 号）	到 2015 年：生态环境质量继续位居全国前列，鄱阳湖水质基本稳定在Ⅲ类以上，鄱阳湖天然湿地面积稳定在 3 100 平方千米，空气质量达到国家优良标准；率先在全国构建生态产业体系，以生态农业、新型工业和现代服务业为支撑的生态产业逐步居于主导地位，人均生产总值突破 45 000 元，达到全国平均水平 到 2020 年：形成保障有力的生态安全体系、先进高效的生态产业集群、生态宜居的新型城市群，鄱阳湖生态经济区人均生产总值突破 80 000 元，率先在全省全面建成小康社会

资料来源：根据《国务院关于鄱阳湖生态经济区规划的批复》（国函〔2009〕145 号）等材料整理。

国务院指出,《鄱阳湖生态经济区规划》(2009)作为应对国际金融危机、贯彻区域发展总体战略、保护鄱阳湖"一湖清水"的重大举措,促进发展方式根本性转变,推动这一地区科学发展。《鄱阳湖生态经济区规划》(2009)的实施要以促进生态和经济协调发展为主线,以体制创新和科技进步为动力,转变发展方式,创新发展途径,加快发展步伐,努力把鄱阳湖地区建设成为全国生态文明与经济社会发展协调统一、人与自然和谐相处的生态经济示范区。

2.建设体系与核心任务

围绕鄱阳湖生态经济区的战略定位和规划目标,江西省先后制定了九大工作体系和"884"工作计划。2010 年 8 月 27 日,江西省人民政府发布《江西省人民政府关于印发鄱阳湖生态经济区规划实施方案的通知》(赣府发〔2010〕28 号),指出要加强领导统筹、明确部门责任、发挥市(县、区)主体作用、强化协调配合,围绕《鄱阳湖生态经济区规划》(2009)目标任务,从出台和落实相关配套政策措施、编制实施专项规划、推进项目建设入手,建设生态环保、产业、基础设施、城镇化、社会事业、政策保障、金融服务、技术支撑、人才保障九大体系(见表 4.5)。

表 4.5　鄱阳湖生态经济区规划实施方案九大体系

体系内容	建设目标	核心任务
生态环保体系	以湖体保护、滨湖控制、生态廊道建设为重点,统筹湖区及流域上下游、干支流的生态建设和环境保护	(1)建设绿色屏障 (2)扩大环境容量 (3)保护生物多样性
产业体系	建设以新型工业、生态农业和现代服务业为支撑的环境友好型产业体系,促进产业技术高级化、产业规模集群化、产业经济生态化	(1)发展十大新型工业产业 (2)做优做强工业园区 (3)推进节能减排 (4)发展高效生态农业 (5)培育现代服务业

续表

体系内容	建设目标	核心任务
基础设施体系	坚持统筹布局、适度超前、安全环保、集约用地原则，加快推进区域基础设施一体化发展	(1)交通：公路、铁路、机场、水运 (2)水利 (3)能源 (4)信息网络
城镇化体系	尊崇城镇自然风貌、突出历史文化传承，提升城镇功能品位，打造布局合理、资源节约、环境友好、产业高效、宜居宜业的新型城镇体系，推动城乡一体化发展	(1)建设"一湖两带"城市群 (2)壮大县域经济实力 (3)开展小城镇建设 (4)建设生态家园
社会事业体系	统筹发展城乡社会事业，增强社会保障能力，推进农村扶贫开发，千方百计促进就业，提高公共服务均等化水平	(1)加快社会事业发展 (2)提高社会保障水平 (3)推进农村扶贫开发 (4)建立应急保障体系
政策保障体系	加快拟订先行先试实施方案，实施鄱阳湖生态经济区专项规划，把政策转化为项目，把规划落实到项目，争取更多资金支持	(1)启动先行先试政策试点 (2)推进重点领域改革 (3)争取重大政策支持 (4)争取国家资金支持 (5)实施鄱阳湖生态经济区专项规划
金融服务体系	以拓宽融资渠道和扩大融资规模为重点，提升金融对鄱阳湖生态经济区建设的服务保障能力	(1)做大做强地方性商业银行 (2)推动企业上市 (3)加快鄱阳湖产业投资基金发展 (4)设立创业风险投资基金 (5)发行企业债券 (6)完善中小企业担保体系 (7)完善城市建设融资平台 (8)设立非上市公司股权交易权 (9)积极推进农村新型金融机构试点工作 (10)建立金融风险分散机制

续表

体系内容	建设目标	核心任务
技术支撑体系	以科技创新“六个一”工程为抓手，完善自主创新的体制机制和政策环境，加大技术成果的引进力度，增强技术自主创新能力	(1)培育科技创新研发平台 (2)推进创新型企业建设 (3)组建和完善优势科技创新团队 (4)制定行业标准 (5)促进科技成果引进转化体系建设 (6)加强知识产权保护
人才保障体系	立足工业园区、立足支持产业，充分发挥现有教育资源和龙头企业的作用，加快培养新型实用性和技术研发人才	(1)鄱阳湖研究工程 (2)高等教育提升工程 (3)产业人才培养工程 (4)引才育才工程

资料来源：整理自《江西省人民政府关于印发鄱阳湖生态经济区规划实施方案的通知》（赣府发〔2010〕28 号）。

2013 年 11 月 7 日，中共江西省委办公厅、江西省人民政府办公厅印发《深入推进鄱阳湖生态经济区建设方案》（赣办发〔2013〕24 号），围绕生态环境保护和生态产业发展两个核心任务，加快发展升级，全力实施“884”计划，即大力推进 8 大工程，巩固提升生态优势；培育壮大 8 大板块，发展环境友好型产业；加快建设 4 大平台，引领带动区域升级（见表 4.6）。

表 4.6　鄱阳湖生态经济区建设“884”计划

计划内容	核心任务
大力推进 8 大工程，巩固提升生态优势	(1)鄱阳湖湿地和生物多样性保护工程 (2)鄱阳湖水利枢纽工程 (3)环鄱阳湖绿化带工程 (4)污染防治工程 (5)蓝天行动示范工程 (6)循环经济和节能减排示范工程 (7)重大基础设施工程 (8)生态文化工程

续表

计划内容	核心任务
培育壮大8大板块,发展环境友好型产业	(1)南昌打造带动全省的核心发展极 (2)九江推进沿江开放开发 (3)景德镇打造世界瓷都 (4)新余建成国家新能源科技示范城 (5)鹰潭打造世界铜都 (6)抚州建设赣闽开放合作创新区 (7)丰樟高创建全省产业转型升级示范区 (8)鄱余万建设全省高效生态农业基地
加快建设4大平台,引领带动区域升级	(1)推进昌九一体化 (2)建设南昌先导区 (3)建设共青先导区 (4)推进昌抚一体化

资料来源:整理自《中共江西省委办公厅、江西省人民政府办公厅关于印发〈深入推进鄱阳湖生态经济区建设方案〉的通知》(赣办发〔2013〕24号)。

3.实践进展与具体措施

为了保护和改善鄱阳湖生态经济区环境,发挥鄱阳湖调洪蓄水、调节水资源、降解污染、保护生物多样性等多种生态功能,促进环境保护与经济社会协调发展,江西省在环境保护、税收调控、清洁生产、先导示范区建设等方面进行了探索和创新。

(1)鄱阳湖生态经济区环境保护做好管理、保护、法律责任等工作。2012年3月29日,《鄱阳湖生态经济区环境保护条例》(江西省人民代表大会常务委员会第96号)强调鄱阳湖生态经济区环境保护应坚持统筹规划、生态优先、科学发展的原则,以水资源、水环境、湿地资源和生物多样性保护为目标,以鄱阳湖体、沿湖岸线和长江江西段岸线资源保护与生态廊道建设为重点,加强宏观管理和综合协调,统筹湖区及其流域上下游、干支流的生态建设和环境保护,提高环境容量和生态功能,增强可持续发展能力。在鄱阳湖生态经济区内,鼓励发展循环经济和低碳经济,促进清洁生产,推进生态工业园建设,建设资源节约型、环境友好型社会。鼓励环境科学技术研究和先进适用的环境保护技术的推广应用。

鄱阳湖生态经济区环境保护管理工作由江西省人民政府领导,成立由环境保护、发展改革、财政、工业和信息化、农业、林业、水利、国土资源、住房和城乡建设、交通运输、科技、旅游、统计等主管部门组成的鄱阳湖生态经济区环境保护综合协调机构。而鄱阳湖生态经济区环境保护工作则根据湖体核心保护区、滨湖控制开发带、高效集约发展区不同战略定位和发展目标,制订相应保护措施。

(2)充分发挥地税和国税政策在鄱阳湖生态经济区建设中的调控作用。为充分发挥地税职能,服务鄱阳湖生态经济区建设,2010 年 3 月 30 日江西省地方税务局印发《江西省地方税务局服务鄱阳湖生态经济区建设优惠政策和服务措施 60 条》(赣地税务〔2010〕44 号),通过个税、企业税引导绿色产业发展,提高鄱阳湖生态经济区地税服务水平,加快生态经济区建设。同时积极争取环境保护税试点,实行排污费改环境保护税试点,充分发挥地税系统在鄱阳湖生态经济区环境保护、生态文明建设过程中的调控和引导作用。

结合江西国税工作实际,为促进鄱阳湖生态经济区科学发展、绿色发展,2010 年 4 月 1 日《江西省国家税务局关于促进鄱阳湖生态经济区建设的若干税收意见》(赣国税发〔2010〕56 号)明确提出要创新税收理念、落实税收政策、优化税收服务,主动融入鄱阳湖生态经济区建设、积极促进鄱阳湖生态经济区建设、创造务实高效税收发展环境(见表 4.7)。

(3)加快推行鄱阳湖生态经济区工业领域清洁生产和工业企业污染物治理工作。工业是经济发展的重要内容,同时也是资源能源消耗和污染排放的主要来源。为实现经济与生态协调发展、保护和修复鄱阳湖生态经济区生态环境,必须贯彻综合防治策略,在推进环境污染末端治理的同时,加大清洁生产推行力度,从生产的全过程提高能源资源利用效率,减少或避免污染物的产生,促进工业向低消耗、高产出,低污染、高效益的可持续发展模式转变,为生态经济区环境质量的根本好转做出贡献。《工业和信息化部关于加快推行鄱阳湖生态经济区工业领域清洁生产的指导意见》(工信部节〔2012〕11号)明确提出鄱阳湖生态经济区工业领域清洁生产的重点任务在于:分类指导,加快推行清洁生产;加快清洁生产技术的应用和推广;培育一批清洁生产示范企业和清洁化工园区;完善支撑服务体系;加强人才队伍建设。在完善鄱阳湖生态经济区工业清洁生产正常体系过程中,需加强组织协调,形成清洁生产的合力;加强政策支持和引导,完善配套政策,加大资金支持力度,发挥相关政策激励作用,实施绿色信贷;完善产业政策,严格项目准入,工业主管部门要严格执行国家和地方产业政策,并将清洁生产水平作为在鄱阳湖生态经济区内项目准入、产业承接的重要指标。

表 4.7 鄱阳湖生态经济区建设国税支持措施

支持内容	具体措施
创新税收理念,主动融入鄱阳湖生态经济区建设	(1)树立税收经济理念 (2)树立税收生态理念 (3)树立税收环境理念 (4)树立税收创新理念
落实税收政策,积极促进鄱阳湖生态经济区建设	(1)推进基础设施项目建设 (2)发展高效生态农业 (3)鼓励发展循环经济 (4)促进低碳经济发展 (5)改造提升传统优势产业 (6)大力发展高新技术产业 (7)扶持中小企业发展 (8)加快经济结构完整 (9)推动外向型经济发展 (10)促进全民创业就业
优化税收服务,努力创造务实高效税收发展环境	(1)营造文明执法氛围 (2)提高涉税审批效能 (3)优化税收业务流程 (4)推进多元化办税服务 (5)完善重大产业项目服务机制 (6)创优办税服务环境

资料来源:整理自《江西省国家税务局关于促进鄱阳湖生态经济区建设的若干税收意见》(赣国税发〔2010〕56号)。

为了推进鄱阳湖生态经济区工业企业污染物治理,强化源头控制,狠抓重点行业、重点企业废水、废气和固体废弃物治理,江西省发改委、环保厅于2012年10月17日发布《鄱阳湖生态经济区工业企业污染物治理工作方案》(赣府厅发〔2012〕79号),提出要加快淘汰落后产能,加大工业企业污染治理力度,到2015年,鄱阳湖生态经济区工业企业污染防治设施正常稳定运行,污染物达标排放,实现主要污染物总量减排目标,有效改善环境质量。将坚决治理重点污染源和严把项目环保审批关作为主要任务,要求加大资金投入、督查力度,建立奖惩机制,依法下达淘汰关停和污染治理任务,如期完成工业废水、废气治理工程建设。

(4)加快鄱阳湖生态经济区先导示范区建设。先导示范区建设是集中展示鄱阳湖生态经济区建设成效的客观需要、是探索生态与经济协调发展的必要途径,能够进一步发挥鄱阳湖生态经济区建设的龙头引领作用。2012年7月23日印发的《江西省人民政府办公厅关于建设鄱阳湖生态经济区先导示范区的指导意见》(赣府厅发〔2012〕56号)提出鄱阳湖生态经济区先导示范区建设需突出先行先试、特色优势和绿色发展。建设鄱阳湖生态经济区先导示范区的重点任务包括:加强生态建设和环境保护,提升生态优势;加快发展环境友好型产业,壮大经济实力;积极探索体制机制创新,激发发展活力;加强区域合作,凝聚建设合力。应综合运用财税政策、投资和产业政策、金融政策、土地政策,加大鄱阳湖生态经济区先导示范区的政策支持和引导。

共青城市是全国唯一以"共青团"命名的城市、全国最年轻的县级市之一、首批国家级生态示范区和国家生态文明教育基地、全国青年创业基地。建设鄱阳湖生态经济区共青先导区,有利于探索生态与经济协调发展的新模式,有利于创造鄱阳湖生态经济区建设的新经验,有利于打造昌九一体化发展的新平台。2013年11月7日江西省鄱阳湖办发布《鄱阳湖生态经济区共青先导区建设总体方案》(赣鄱办字〔2013〕20号),将共青先导区范围确定为共青城市全境和德安县宝塔工业园及永修县恒丰企业集团、星火工业园,总面积240平方千米。要在共青先导区构建工业集聚板块、居住商务板块、现代服务业板块、现代农业板块,将共青先导区建设成绿色发展的示范区、新型城镇化的先行区、体制机制创新的试验区、昌九一体化的重要支点。鄱阳湖生态经济区共青先导区通过推行蓝天计划、碧水计划、绿地计划、低碳计划、智能计划、田园计划、强基计划、民生计划,打造宜居生态城市(见表4.8)。

表4.8　鄱阳湖生态经济区共青先导区建设措施

建设目标	建设方案
加强生态环保,建设秀美城乡	(1)打造宜居生态城市 (2)创建绿色生态园区 (3)保护湖泊生态环境
加快转型升级,构建绿色产业	(1)壮大新兴产业 (2)提升传统产业 (3)培育现代服务业 (4)发展生态农业
开展先行先试,推进改革创新	(1)优化发展环境 (2)节约集约用地 (3)完善投融资机制 (4)强化科技引领 (5)加强人才培养 (6)创新行政管理

资料来源:整理自《鄱阳湖生态经济区共青先导区建设总体方案》(赣鄱办字〔2013〕20号)。

二、洞庭湖生态经济区

2014年4月14日,国务院发布《国务院关于洞庭湖生态经济区规划的批复》(国函〔2014〕46号),将洞庭湖生态经济区建设上升为国家战略;2014年5月2日,国家发展改革委印发《国家发展改革委关于印发洞庭湖生态经济区规划的通知》(发改地区〔2014〕840号),具体指导洞庭湖生态经济区建设。推动洞庭湖生态经济区建设,是深入实施促进中部地区崛起战略的重大举措,对探索大湖流域以生态文明建设引领经济社会全面发展新路径,促进长江中游城市群一体化发展和长江全流域开发开放具有重要意义。

1.发展战略与主要目标

洞庭湖生态经济区建设必须坚持生态优先、民生为本、协调发展、改革创新的基本原则。努力把洞庭湖区打造成全国大湖流域生态文明建设试验区、保障粮食安全的现代农业基地、“两型”引领的“四化”同步发展先行区、水陆联运的现代物流集散区、全国血吸虫病综合防治示范区,为促进中部地区崛起发挥典型示范作用。

《洞庭湖生态经济区规划》按照两年打基础(2014—2015)、五年新跨越(2016—2020)的步骤,着力推进生态系统、产业体系、民生保障和基础设施建设,稳步提升生态经济区发展水平,力争到2020年区域生态文明建设取得重大进展,综合实力跃上新台阶(见表4.9)。具体而言,洞庭湖生态经济区建设的目标主要体现在生态功能、基础设施、绿色产业、民生福祉4个方面。

(1)生态功能基本修复。到2020年,洞庭湖区生态水域面积和调蓄容积稳定并有所恢复。水资源得到有效保护,水环境质量达到国家Ⅲ类水质标准。率先划定湿地生态红线,生物多样性保护取得显著成效,森林覆盖率不断提高。节能减排、资源综合利用取得新进展,突出环境问题得到遏制和改善,工业污染和农业面源污染防治取得明显成效。

(2)基础设施明显改善。防洪减灾综合体系和水资源利用保障体系更加完善,环湖路网基本建成,铁路、公路、水路、民航四位一体的现代交通网络和能源保障体系初步建立,城镇基础设施承载能力明显提升,城乡人居环境显著改善。

(3)绿色产业优势明显。农业集约化程度显著提高,粮食综合生产能力明显增强,农业基础地位更加巩固。以食品加工、装备制造、石化等为主的滨江临湖产业集群竞争优势进一步显现,仓储、物流等生产性服务业快速发展,旅游业成为支柱产业。节能低碳技术广泛应用,循环经济加快发展,产业园区集聚度和专业化水平明显提高。

表 4.9 洞庭湖生态经济区建设主要目标

类别	指标	单位	2012 年	2015 年	2020 年
生态	(1)湖区枯水期生态水域面积	平方千米	1 000	1 500	约 2 000
	(2)水功能区水质达标率	%	60	80	90
	(3)森林覆盖率	%	35.8	36	36 以上
	(4)县城以上城镇生活垃圾无害化处理率	%	82	90	95 以上
	(5)城镇污水集中处理率	%	65	80	95
	(6)万元地区生产总值用水量	吨	120	85	75
	(7)化学需氧量排放总量	万吨	56.5	52.7	49.7
	(8)氨氮排放量	万吨	6.8	6.3	5.8
经济	(9)城镇化率	%	45.6	49	56
	(10)粮食总产量	万吨	1 300	1 350	1 400
	(11)高标准农田面积	万亩	670	900	1 500
	(12)农作物耕种收综合机械化水平	%	57	70	80
	(13)“三品一标”农产品认证比例	%	30	50	65
	(14)旅游业总收入	亿元	539.7	740	1 800
民生	(15)城镇居民人均可支配收入	元	20 438	25 800	36 000
	(16)农村居民人均纯收入	元	8 446	11 000	15 800
	(17)农村自来水普及率	%	65	>75	>85
	(18)湖区居民血吸虫病感染率	%	<2	<1	<0.1

注:①整理自《国家发展改革委关于印发洞庭湖生态经济区规划的通知》(发改地区〔2014〕840 号)。

②“三品一标”,即无公害农产品、绿色食品、有机食品、农产品地理标志。

③城乡居民收入绝对数按 2012 年价格计算,增长速度按可比价格计算,与国内生产总值增长预期目标基本同步。

(4)民生福祉大幅提升。血吸虫病防治、城乡饮水安全等突出民生问题优先得到解决。基本公共服务体系更加完善,均等化水平和可及度进一步提高。就业更加充分,城乡居民收入与经济增长同步,人民生活幸福指数明显提升,社会更加和谐稳定。

2.功能分区与核心任务

根据资源禀赋、环境容量、生态状况、人口密度、开发程度与潜力,可将洞庭湖生态经济区划分为湖体保护区、控制开发区、生态涵养带、集约开发区(见表4.10)。

表4.10　洞庭湖生态经济区功能分区和功能定位

功能分区	空间范围	功能定位
湖体保护区	区内河湖水系、湿地自然保护区等各类天然湿地及具有特殊生态保护价值的地区,面积约7 800平方千米	承担维护生态系统安全、保护生物多样性等功能,严格禁止不符合主体功能定位的开发建设
控制开发区	最高水位线以外的各类宜农土地,坡度在15°~25°的丘陵山地以及生态脆弱区等,面积约3.12万平方千米	承担发展生态农业和湖乡文化旅游等功能
生态涵养带	包括自然保护区、江河水系源头地区、水源涵养林、重点公益林、风景名胜区、森林公园、景观山体以及坡度25°以上的高丘山地,面积约1.6万平方千米	洞庭湖区绿色生态屏障和水资源涵养保护区
集约开发区	区内城镇密集区以及具有开发条件的低丘缓坡,面积约5 500平方千米	新型工业化和新型城镇化的集聚区

资料来源:整理自《国家发展改革委关于印发洞庭湖生态经济区规划的通知》(发改地区〔2014〕840号)。

基于洞庭湖生态经济区建设战略定位和目标,洞庭湖生态经济区建设的核心任务主要包括水域生态修复、宜居家园建设、民生事业改善、基础设施支撑等方面(见表4.11)。

表 4.11　洞庭湖生态经济区建设的核心任务

核心任务	建设目标	具体措施
水域生态修复	维持湖泊生态水域	(1)稳定长江干流河势 (2)增加长江入湖径流 (3)实施河流疏浚活化 (4)增强调洪补枯能力
	健全防洪减灾体系	(1)加强堤防建设 (2)优化蓄滞洪区 (3)完善排涝抗旱体系
	加强生态修复保护	(1)加强水体和湿地保护 (2)构筑绿色生态屏障
产业转型发展	加快推进农业现代化	(1)建设高标准农田 (2)大力发展生态农业 (3)构建新型农业经营体系
	加快推进新型工业化	(1)发展壮大主导产业 (2)优化提升传统产业 (3)打造产业集聚平台
	大力发展现代物流业	(1)完善现代物流体系 (2)提升物流服务水平
	积极发展文化旅游业	(1)繁荣湘楚文化 (2)发展水乡旅游
宜居家园建设	建设湖乡特色城镇	(1)提升区域中心城市功能 (2)加快绿色低碳城镇建设
	建设绿色生态乡村	(1)建设美丽乡村 (2)统筹城乡发展
	改善城乡人居环境	(1)加强城乡生活污染治理 (2)推进农业面源污染治理 (3)强化工业点源污染防治 (4)建设节水型社会

续表

核心任务	建设目标	具体措施
民生事业改善	加强血吸虫病防治	贯彻落实以传染源为主的综合防治措施
	保障城乡饮水安全	保障城乡饮水安全
	加快社会事业发展	(1)实施科技兴区 (2)优先发展教育 (3)壮大公共文化事业 (4)完善公共卫生服务 (5)健全就业和社会保障体系
基础设施支撑	完善综合交通网络	(1)完善公路运输网 (2)畅通铁路运输网 (3)加快航空港建设
	强化能源保障	(1)推进电源电网建设 (2)建设油气管网 (3)规划布局能源储备基地
	建设"数字洞庭"	(1)提升城乡信息化水平 (2)加快数字洞庭地理空间框架建设
实施保障	创新体制机制	(1)创新资源节约集约利用机制 (2)创新生态环境保护机制 (3)创新强农惠农富农长效机制 (4)创新城乡融合发展机制 (5)创新投融资机制
	深化合作交流	(1)深化区域合作 (2)扩大对外开放
	强化组织实施	(1)加强湘鄂两省政府组织领导 (2)国务院、国家发展改革委加强工作指导和综合协调

资料来源:整理自《国家发展改革委关于印发洞庭湖生态经济区规划的通知》(发改地区〔2014〕840 号)。

3.实践进展与具体措施

洞庭湖生态经济区建设过程中,2014 年 10 月 17 日湖南省发布《中共湖南省委湖南省人民政府关于加快推进洞庭湖生态经济区建设的实施意见》,进一步细化洞庭湖生态经济区建设的主要任务和行动计划(见表 4.12)。与此同时,湖南省综合运用土地政策、财政政策、投资政策、金融政策、产业政策、环境政策推进洞庭湖生态经济区建设。

表 4.12　洞庭湖生态经济区实践进展与具体措施

主要任务	重点内容	行动计划
推进生态文明建设	加快恢复生态水域 加快生态保护修复 推进环境污染综合治理	(1)洞庭湖岳阳综合枢纽 (2)四口水系统综合整治 (3)河湖连通 (4)百湖湿地修复 (5)农田土壤环境污染治理 (6)生物多样性保护 (7)生态廊道建设 (8)城乡环境同治 (9)划定洞庭湖生态经济区生态红线
推进重大基础设施建设	加快构建综合交通运输网络 完善防洪减灾综合体系 强化绿色能源保障 加快建设“数字洞庭”	(1)环湖公路网建设 (2)综合水运体系建设 (3)铁路建设 (4)能源保障体系建设 (5)“数字洞庭”建设 (6)防洪减灾体系建设
推进现代产业体系建设	加快农业现代化 推进新型工业化 大力发展现代服务业	(1)高标准基本农田建设 (2)现代农业基地建设 (3)优势产业发展 (4)两型园区建设 (5)现代物流业发展 (6)文化旅游业提升

续表

主要任务	重点内容	行动计划
推进城乡一体化发展	构建湖乡特色城镇体系	(1)城镇体系建设 (2)特色城镇建设 (3)农村中心社区建设 (4)沿河沿湖风光带建设
	提升城镇综合承载能力	
	建设宜居宜业的生态家园	
推进社会民生事业发展	加强血吸虫病综合防控	(1)血吸虫综合防治 (2)城乡饮水安全 (3)卫生体系建设 (4)教育体系建设 (5)文化遗址保护和博物馆建设
	加快解决饮水安全问题	
	提升城乡基本公共服务水平	
推进体制机制创新	建立健全体制机制	(1)推进扩权强县 (2)争取试点示范 (3)鼓励先行先试

资料来源:整理自《中共湖南省委湖南省人民政府关于加快推进洞庭湖生态经济区建设的实施意见》(2014 年 10 月 17 日)、《洞庭湖生态经济区建设行动计划》(2014 年 5 月 2 日)。

(1)土地政策。对洞庭湖生态经济区在城乡建设用地增减挂钩指标安排上给予倾斜。对符合土地利用总体规划、投资额在 5 亿元人民币以上的圈外独立选址项目,可由省安排新增建设用地计划。建立统一的城乡建设用地市场,盘活农村集体建设用地,支持农村社区集中规划建设。支持老城区、老工业区和独立工矿区改造,允许原划拨工业用地租赁经营;原土地使用权人在不改变工业用地性质的前提下,可按规定对原划拨工业用地补办出让手续。鼓励和引导各类开发区建设向未利用低丘缓坡发展,对荒坡、荒地实施成块连片开发,共享园区基础设施,促进集约节约用地。对通过土地集约利用评价的省级以上产业园区项目实行打捆报批,对园区建设多层标准厂房实行阶差式补贴。做好被征地农民社会保障工作,确保被征地农民社会保障费按时足额到位,被征地农民生活水平不降低,长远生计有保障。

(2)财政政策。适当增加省预算内重大项目前期经费,切块支持洞庭湖生态经济区建设重大项目开发储备、前期论证及申报等工作。加大对生态经济区转移支付力度,增强基层政府实施公共管理、提供基本公共服务和落实各项民生政策的能力。试点探索建立国家级农产品主产区补偿机制。省本级各类专项资金要向洞庭湖生态经济区适当倾斜。

(3)投资政策。财政性资金投入和政府主导的项目建设要依据生态经济区规划开展,各部门要将生态经济区规划确定的重点项目纳入实施计划。对生态经济区内国家支持的重大水利工程、生态环境、信息基础设施等项目建设,适当提高省级补助或贴息比例,降低市级和县级政府投资比例。鼓励引导社会投入生态经济区建设。对世界500强、国内100强企业在生态经济区投资设厂或设立研发中心、采购中心、结算中心等功能性服务机构,实行"一企一策、一事一议"。对投资额在5亿元人民币以上或产出在100亿元人民币以上的项目,给予一次性奖励,奖励资金从重大项目前期费切块资金中解决。

(4)金融政策。鼓励各类金融机构加大信贷支持力度,提高贷款投放的规模,探索应收账款、知识产权、林权、矿权、农村土地承包经营权、保单质押贷款、股权质押融资等多种抵押融资担保形式。支持申请利用外国政府优惠贷款,支持符合条件的企业设立财务公司。允许民间资本发起设立中小型民间金融机构,发展小微金融、支农金融等普惠金融。建立健全中小企业融资担保和信贷体系,鼓励民间资本依法进入融资性担保行业,积极为中小企业开展融资担保、再担保服务,对为中小企业提供担保的融资性担保机构,按担保总额给予适当的风险补偿。对中小企业贷款给予贴息支持。扩大企业直接融资规模,对通过发行股票、企业债券、短期融资券、中期票据、集合票据、信托等方式成功融资的企业,按融资额度给予适当补助。鼓励创新债券发行的品种、渠道和方式,开展债贷组合、债贷投组合等试点。鼓励企业在主板、中小板、创业板、新三板等各类交易所市场上市,对企业上市的前期辅导工作费用给予适当支持。支持设立股权投资基金、天使基金、种子基金,大力发展创业投资,发挥保险的保障和融资功能,扩大农业保险覆盖范围。对符合条件的农业保险给予适当补助。大力引入保险、社保资金支持生态经济区基础设施建设，支持发展农产品等大宗优势商品电子交易市场、期货市场，鼓励通过公私合作（PPP）、社会资本特许经营等多种方式，拓宽城乡建设融资渠道。

（5）产业政策。加大农业产业化支持力度，对新认定的国家级农业产业化龙头企业、国家地理标志特色农产品给予一次性奖励，奖励资金从重大项目前期费切块资金中解决。设立鼓励企业做大做强的台阶奖。省本级相关支持产业发展的专项资金向生态经济区特色产业、两型园区、新型工业化产业示范基地建设倾斜。对不符合生态经济区功能定位的现有产业，鼓励跨区域转移或依法关停并转。支持开展多式联运，降低物流成本，物流企业用地、用电、用水、用气与工业类同价。全面实行“属地报关、口岸验放”和“属地报检、属地验放、口岸通行”的通关模式，实行 24 小时预约通关制度，建立关企、检企合作机制。支持有条件的地区申请设立海关特殊监管区域，推进电子口岸建设，加强与沿海沿边口岸通关协作，建立沿长江大通关模式，推动区域通关一体化。

（6）环境政策。探索建立生态补偿机制，力争将洞庭湖纳入国家湿地生态补偿机制试验区，建立湖区污染减排、生态创建、环境污染综合整治的奖励机制，省财政对湖区重点生态功能区县市以及国家级自然保护区、国家级森林公园、国家级风景名胜区等禁止开发区的生态保护给予财力补偿。开展资源使（取）用权和节能量交易试点，支持探索生产生活生态分质用水等用水管理制度，鼓励社会资本投入建设第三方生活饮用水和食品检验检测机构。实施重大节能技术改造和建筑、交通、公共机构等重点领域节能降耗专项，推广应用新型节能产品。建立生态经济区绿色政绩考评体系，对限制开发区域和生态脆弱区域取消地区生产总值考核。鼓励采取项目贷款财政贴息、延长经营权期限等措施，降低生态类项目投资准入门槛和经营成本。探索建立生态系统保护修复和污染防治区域联动机制，支持推行环境污染第三方治理。实施农药减量增效工程，支持绿肥肥田，鼓励农业废弃物无害化处理和资源化利用。支持城乡污染物、废弃物收集、清运、中转和集中处理设施建设。

第三节　国家公园体制试点

建立国家公园体制是在2013年11月党的十八届三中全会首次提出，是我国生态文明制度建设的重要内容。2015年9月，中共中央、国务院印发的《生态文明体制改革总体方案》(中发〔2015〕25号)明确要求“加强对重要生态系统的保护和利用，改革各部门分头设置自然保护区、风景名胜区、文化自然遗产、森林公园、地质公园等的体制”，“保护自然生态系统和自然文化遗产原真性、完整性”。2017年9月，中共中央、国务院印发《建立国家公园体制总体方案》，指导我国国家公园体制建设。2017年10月，党的十九大明确提出建立以国家公园为主体的自然保护地体系。

一、国家公园体制试点顶层设计

2017年9月，中共中央、国务院印发《建立国家公园体制总体方案》要求国家公园体制试点建设应坚定不移实施主体功能区战略和制度，严守生态保护红线，以加强自然生态系统原真性、完整性保护为基础，以实现国家所有、全民共享、世代传承为目标，理顺管理体制，创新运营机制，健全法治保障，强化监督管理，构建统一规范高效的中国特色国家公园体制，建立分类科学、保护有力的自然保护地体系。

《建立国家公园体制总体方案》从国家公园理念、国家公园定位、国家公园空间布局、自然保护地体系4个方面科学界定国家公园内涵。

(1)树立正确的国家公园理念。坚持生态保护第一。建立国家公园的目的是保护自然生态系统的原真性、完整性，始终突出自然生态系统的严格保护、整体保护、系统保护，把最应该保护的地方保护起来。国家公园坚持世代传承，给子孙后代留下珍贵的自然遗产。坚持国家代表性。国家公园既具有极其重要的自然生态系统，又拥有独特的自然景观和丰富的科学内涵，国民认同度高。国家公园以国家利益为主导，坚持国家所有，具有国家象征，代表国家形象，彰显中华文明。坚持全民公益性。国家公园坚持全民共享，着眼于提升生态系统服务功能，开展自然环境教育，为公众提供亲近自然、体验自然、了解自然以及作为国民福利的游憩机会。鼓励公众参与，调动全民积极性，激发自然保护意识，增强民族自豪感。

（2）明确国家公园定位。国家公园是我国自然保护地最重要的类型之一，属于全国主体功能区规划中的禁止开发区域，纳入全国生态保护红线区域管控范围，实行最严格的保护。国家公园的首要功能是重要自然生态系统的原真性、完整性保护，同时兼具科研、教育、游憩等综合功能。

（3）确定国家公园空间布局。制定国家公园设立标准，根据自然生态系统代表性、面积适宜性和管理可行性，明确国家公园准入条件，确保自然生态系统和自然遗产具有国家代表性、典型性，确保面积可以维持生态系统结构、过程、功能的完整性，确保全民所有的自然资源资产占主体地位，管理上具有可行性。研究提出国家公园空间布局，明确国家公园建设数量、规模。统筹考虑自然生态系统的完整性和周边经济社会发展的需要，合理划定单个国家公园范围。国家公园建立后，在相关区域内一律不再保留或设立其他自然保护地类型。

（4）优化完善自然保护地体系。改革分头设置自然保护区、风景名胜区、文化自然遗产、地质公园、森林公园等体制，对我国现行自然保护地保护管理效能进行评估，逐步改革按照资源类型分类设置自然保护地体系，研究科学的分类标准，理清各类自然保护地关系，构建以国家公园为代表的自然保护地体系。进一步研究自然保护区、风景名胜区等自然保护地功能定位。

国家公园主要目标：建成统一规范高效的中国特色国家公园体制，交叉重叠、多头管理的碎片化问题得到有效解决，国家重要自然生态系统原真性、完整性得到有效保护，形成自然生态系统保护的新体制新模式，促进生态环境治理体系和治理能力现代化，保障国家生态安全，实现人与自然和谐共生。从国家公园体制试点建设时间节点来看，到 2020 年，建立国家公园体制试点基本完成，整合设立一批国家公园，分级统一的管理体制基本建立，国家公园总体布局初步形成。到 2030 年，国家公园体制更加健全，分级统一的管理体制更加完善，保护管理效能明显提高。

国家公园体制试点建设重点任务：基于战略定位和发展目标，国家公园体制试点建设应从建立统一事权、分级管理体制，建立资金保障制度，完善自然生态系统保护制度，构建社区协调发展制度等方面发力。

表 4.13　国家公园体制试点建设重点任务

重点任务	具体措施
建立统一事权、分级管理体制	建立统一管理机构
	分级行使所有权
	构建协同管理机制
	建立健全监管机制
建立资金保障制度	建立财政投入为主的多元化资金保障机制
	构建高效的资金使用管理机制
完善自然生态系统保护制度	健全严格保护管理制度
	实施差别化保护管理方式
	完善责任追究制度
构建社区协调发展制度	建立社区共管机制
	健全生态保护补偿制度
	完善社会参与机制

资料来源：整理自《建立国家公园体制总体方案》(2017 年 9 月)。

针对我国自然保护地管理存在的突出问题，要在统一事权分级管理、强化自然生态系统保护、促进社区协调发展、完善法律制度等 4 个方面取得实质性突破，大胆创新，补齐制度短板。

(1)以自然资源资产产权制度为基础,建立统一事权、分级管理体系。《建立国家公园体制总体方案》提出,要整合相关自然保护地管理职能,由一个部门统一行使国家公园自然保护地管理职责。部分国家公园由中央政府直接行使所有权,其他的由省级政府代理行使,条件成熟时,逐步过渡到国家公园内全民所有的自然资源资产所有权由中央政府直接行使。合理划分中央和地方事权,便于国家公园所在地方政府行使辖区(包括国家公园)经济社会发展综合协调、公共服务、社会管理和市场监管等职责。合理划分中央和地方事权,构建主体明确、责任清晰、相互配合的国家公园中央和地方协同管理机制。立足国家公园的公益属性,确定中央与地方事权划分和支出责任,建立财政投入为主的多元化资金保障机制。

(2)以系统保护理论为指导,强化自然生态系统保护管理。统筹制定各类资源的保护管理目标,着力维持生态服务功能,提高生态产品供给能力。严格规划建设管控,除不损害生态系统的原住民生活生产设施改造和自然观光、科研、教育、旅游外,禁止其他开发建设活动,不符合保护和规划要求的各类设施、工矿企业等逐步搬离,建立已设矿业权逐步退出机制。编制国家公园总体规划及专项规划,合理划定功能分区,实行差别化保护管理。建立国家公园管理机构自然生态系统保护成效考核评估制度,对领导干部实行自然资源资产离任审计和生态环境损害责任追究制。

(3)以社区协调发展制度为依托,推动实现人与自然和谐共生。明确国家公园区域内居民的生产生活边界,相关配套设施建设要符合国家公园总体规划和管理要求,周边社区建设要与国家公园整体保护目标相协调。建立健全国家公园生态保护补偿政策,加强生态保护补偿效益评估,完善生态保护成效与资金分配挂钩的激励约束机制。引导当地居民、专家学者、企业、社会组织等积极参与国家公园建设管理各环节和各领域。

(4)以国家公园立法为基础,保障国家公园体制改革顺利推进。在明确国家公园与其他类型自然保护地关系的基础上,研究制定有关国家公园的法律法规,明确国家公园功能定位、保护目标、管理原则,确定国家公园管理主体,合理划定中央与地方职责,研究出台国家公园特许经营等配套法规,做好现行法律法规的衔接修订工作。制定国家公园总体规划、功能分区、基础设施建设、社区协调、生态保护补偿、访客管理等相关标准规范和自然资源调查评估、巡护管理和生物多样性监测等技术规程。

二、长江经济带国家公园体制试点建设

截至 2018 年我国共有 10 处国家公园体制试点(见表 4.14),其中 5 个国家公园体制试点位于长江经济带,分别为大熊猫国家公园体制试点、湖北神农架国家公园体制试点、浙江钱江源国家公园体制试点、湖南南山国家公园体制试点、云南普达措国家公园体制试点。

表 4.14　我国国家公园体制试点范围

国家公园体制试点	范围与定位
三江源国家公园体制试点	三江源国家公园体制试点是我国第一个得到批复的国家公园体制试点,面积 12.31 万平方千米,也是试点中面积最大的一个
大熊猫国家公园体制试点	为保护“国宝”大熊猫的栖息地而设立。总面积达 2.7 万平方千米,涉及四川、甘肃、陕西 3 省。国家公园体制试点加强大熊猫栖息地廊道建设,连通相互隔离的栖息地,实现隔离种群之间的基因交流
东北虎豹国家公园体制试点	东北虎豹国家公园体制试点选址于吉林、黑龙江两省交界的广大区域
湖北神农架国家公园体制试点	神农架国家公园体制试点位于湖北省西北部,拥有被称为“地球之肺”的亚热带森林生态系统、被称为“地球之肾”的泥炭藓湿地生态系统,是世界生物活化石聚集地和古老、珍稀、特有物种避难所,被誉为北纬 31°的绿色奇迹。有珙桐、红豆杉等国家重点保护的野生植物 26 种,金丝猴、金雕等重点保护野生动物 75 种。试点区位于神农架林区,面积为 1 170 平方千米

续表

国家公园体制试点	范围与定位
浙江钱江源国家公园体制试点	钱江源国家公园体制试点位于浙江省开化县，是钱塘江的发源地，拥有大片原始森林，是中国特有的世界珍稀濒危物种、国家一级重点保护野生动物白颈长尾雉、黑麂的主要栖息地。试点区包括古田山国家级自然保护区、钱江源国家级森林公园、钱江源省级风景名胜区等范围
湖南南山国家公园体制试点	位于湖南省邵阳市城步苗族自治县，试点区整合了原南山国家级风景名胜区、金童山国家级自然保护区、两江峡谷国家森林公园、白云湖国家湿地公园 4 个国家级保护地，还新增了非保护地但资源价值较高的地区
福建武夷山国家公园体制试点	武夷山国家公园试点位于福建省北部，试点范围包括武夷山国家级自然保护区、武夷山国家级风景名胜区和九曲溪上游保护地带等
北京长城国家公园体制试点	北京长城国家公园体制试点区总面积是 10 个试点中最小的，也是少有的展现了八达岭长城世界文化遗产这种人文景观的国家公园。试点区位于北京市延庆区内，整合了延庆世界地质公园的一部分、八达岭-十三陵国家级风景名胜区的一部分、八达岭国家森林公园和部分八达岭长城世界文化遗产。试点区追求人文与自然资源协调发展
云南普达措国家公园体制试点	位于云南省迪庆藏族自治州香格里拉市的普达措国家公园试点，拥有丰富的生态资源，拥有湖泊湿地、森林草甸、河谷溪流、珍稀动植物等，原始生态环境保存完好
祁连山国家公园体制试点	试点包括甘肃和青海两省约 5 万平方千米的范围。祁连山局部生态破坏问题十分突出，多个保护地、碎片化管理问题比较严重。试点要解决这些突出问题，推动形成人与自然和谐共生新格局

资料来源：整理自中国林业网相关资料。

1.香格里拉的明珠：云南普达措国家公园体制试点

香格里拉普达措国家公园体制试点区位于云南省迪庆藏族自治州香格里拉市，滇西北“三江并流”世界自然遗产中心地带，由碧塔海自然保护区和“三江并流”世界自然遗产哈巴片区属都湖景区两部分构成，以属都湖和弥里塘亚高山牧场、碧塔海为主要组成部分。香格里拉普达措国家公园体制试点区分为严格保护区、生态保育区、游憩展示区和传统利用区，各区分界线尽可能采用山脊、河流、沟谷等自然界线。试点区以2.3%面积的开发利用，实现了对区域97.7%范围的有效保护，使区内的生态环境保护得到进一步加强。国家公园的科研、宣教、社区发展功能也得到了明显发挥。

随着国家公园体制试点区的建设，当地社区藏族居民正在逐渐改变传统的依靠消耗生物资源生存的生活方式，并通过参与保护区管理，形成了自觉的保护意识。迪庆州将实现"公园与社区的共同发展"作为可持续发展的目标之一，通过发放退出经济活动补偿、教育补助等方式，原来居住在保护区内的藏族同胞可从国家公园的建设与保护中受益。香格里拉普达措国家公园试点区的运行在发挥国家公园保护、科研、教育、游憩和社区发展五大功能方面显示了独特作用，在国家公园体制建立方面的先行先试，实现了生态、经济和社会效益的协同提升。

2.大熊猫的美丽"新家园"：大熊猫国家公园体制试点

2017年1月31日，大熊猫国家公园体制试点工作伴随《大熊猫国家公园体制试点方案》的颁布印发进入实质性操作阶段。大熊猫国家公园体制试点的启动，对稳定大熊猫繁衍生息、促进生物多样性保护、探索生态文明建设新模式和实现人与自然和谐共生等方面具有重要意义。四川省大熊猫国家公园体制试点工作推进领导小组印发《大熊猫国家公园体制试点实施方案（2017—2020年）》（2017），空间范围涉及成都市、德阳市、绵阳市、广元市、雅安市、眉山市、阿坝州等地区，公园内的林地面积24 348.55平方千米，草地面积737.89平方千米，耕地面积433.70平方千米，其他土地1 555.13平方千米，涉及42个自然保护区、1个自然保护小区、2个世界自然遗产地、13个森林公园、13个风景名胜区、4个水利风景区、5个地质公园以及3个省属林业局、55个林场、17个森工企业。从创新生态保护管理体制、科学划定大熊猫国家公园及功能区边界、加强以大熊猫为核心的生物多样性保护、构建生态保护运行机制、实现社区可持续发展、开展生态体验和科普宣教等多方面提出具体目标和措施，确定了 6 大类 23 个方面的重点任务，并进一步细化列出 56 项具体工作内容及时间进度和责任单位。2017 年争取大熊猫国家公园体制试点工作取得初步成效，2020 年前结合试点进展情况，正式设立大熊猫国家公园的目标。

四川省已全面停止公园范围内新设采矿权、商业性探矿权、新建水电站等建设项目审批，暂停公园核心保护区及生态修复区内征占用林地、林木采伐等行政许可审批，明确禁止在公园核心保护区和生态修复区开展生产经营活动和修筑设施。从 2017 年 9 月起，四川省启动国家公园自然资源统一确权登记工作，为下一步科学评估自然资源资产价值、实现自然资源资产有偿使用奠定了坚实基础。

3.从“木头经济”走向“生态经济”：湖北神农架国家公园体制试点

2016 年 5 月 14 日，国家发展改革委批复《神农架国家公园体制试点区试点实施方案》（发改社会〔2016〕1042 号函），标志着神农架的保护与管理进入了国家公园时代。神农架国家公园试点区域具有较好的代表性、典型性和可操作性，在这里进行国家公园的试点有利于增强保护地的联通性、协调性、完整性，对加强生物多样性保护具有十分重要的意义。神农架国家公园体制试点区将探索在我国中部地区也是全国唯一的林区政府所在地通过建立国家公园体制，不断提高保护管理效能，更好地保护自然生态系统的原真性和完整性，为子孙后代留下一些遗产。

神农架国家公园体制试点区整合神农架国家级自然保护区、神农架国家地质公园、神农架大九湖国家湿地公园、神农架国家森林公园四个“国字头”保护地，面积 1 170 平方千米。按山系水系、资源情况、社区发展分布和保护程度需求，将试点区划分为四类功能分区，即严格保护区、生态保育区、游憩展示区和传统利用区，制定不同的保护和发展策略，实施差异化管理。试点区整合纳入试点范围的保护管理机构、人员、职能等，探索形成统一、规范、高效的管理体制。神农架国家公园管理局由省政府垂直管理，委托神农架林区党委政府管理。同时,根据保护工作、管理政策的需要实行分区管理和网格化管理,将试点区划分为大九湖、神农顶、木鱼和老君山四个管理处。

4.打造多样性生态保护圈:湖南南山国家公园体制试点

湖南南山国家公园体制试点区位于湖南省西南部的邵阳市城步苗族自治县南部山区,毗邻广西壮族自治区北部。试点区整合城步县境内的原南山国家级风景名胜区、金童山国家级自然保护区、两江峡谷国家森林公园、白云湖国家湿地公园共 4 个国家级保护地以及部分具有保护价值的区域,总面积 635.94 平方千米。

南山国家公园体制试点从规划编制、自然资源确权登记、机构体制创新、开发强度边界划分及管理创新、生态保护与补偿机制创新、旅游管理机制创新、项目建设、维护社会稳定等多个方面全方位推进试点区生态文明建设。始终坚持"生态保护优先、合理开发利用"的原则,确保生态保护工作扎实推进。一是与广西资源、龙胜和湖南新宁、武冈、绥宁、通道等周边市(县)衔接联系,初步建立了生态环境保护管理联席会议制度。二是紧急叫停已经核准的南山三期和十万古田两个风电项目,关停朝阳坪电站以及停止规划建设冷水溪电站等水电开发项目,对放牧区域进一步限定,在试点期内将控制奶牛数量在 4 000 头以下,保持草原生态环境的延续性和南方草原景观的特殊性。三是针对国家公园试点区的违建情况,成立了控违拆违工作领导小组,对违法、违章建筑进行全面审核、停建,进入执法程序。同时对试点区范围内的各村、组、社区的非法占有地、乱砍滥伐进行立案查处,确保各项违法违规情况得到有效遏制。

5.听见森林的心跳:浙江钱江源国家公园体制试点

2016 年 6 月,国家发展改革委正式批复《钱江源国家公园体制试点区试点实施方案》,浙江省开化县钱江源成为全国第四个获得正式批复的国家公园体制试点地区,也标志着钱江源国家公园体制试点工作进入实质性操作阶段。钱江源国家公园体制试点区位于浙江省开化县,其中包括古田山国家级自然保护区、钱江源国家森林公园、钱江源省级风景名胜区以及上述自然保护地之间的连接地带。总面积252平方千米,涉及浙江省开化县苏庄、长虹、何田、齐溪共4个乡镇,包括19个行政村、72个自然村。

根据国家发展改革委关于钱江源国家公园体制试点实施方案复函的要求,充分发挥浙江省体制机制创新优势,探索在我国东部人口密集、集体林地比重较大的地区,通过国家公园体制建设实现重要自然生态系统保育修复、生态保护和可持续发展互促共赢的新模式。推动钱江源国家公园体制试点建设,浙江省通过推动机构整合、解决保护地碎片化,分区分类保护、严把"保护大门",探路租赁补偿、降低集体林地占比等措施,提高"绿水青山就是金山银山"转化能力。为更好地保护生态,浙江省已着手加强与安徽省、江西省的沟通协商,研究整合毗邻的安徽休宁县岭南省级保护区和江西省婺源国家级森林鸟类自然保护区部分区域的可行性,共同推动钱江源生态系统的完整性保护,探索跨行政区管理的有效途径。

第四节　流域生态补偿试点

建立生态补偿机制是贯彻落实新发展理念的重要举措。生态补偿机制是以保护生态环境、促进人与自然和谐为目的,根据生态系统服务价值、生态保护成本、发展机会成本,综合运用行政和市场手段,调整生态环境保护和建设相关各方之间利益关系的环境经济政策。建立和完善生态补偿机制,有利于推动环境保护工作实现从以行政手段为主向综合运用法律、经济、技术和行政手段转变,有利于推进资源的可持续利用,加快环境友好型社会建设,实现不同地区、不同利益群体的和谐发展。

党中央、国务院对建立生态补偿机制提出明确要求,并将其作为加强环境保护的重要内容。《国务院关于落实科学发展观加强环境保护的决定》(国发〔2005〕39号)要求"要完善生态补偿政策,尽快建立生态补偿机制。中央和地方财政转移支付应考虑生态补偿因素,国家和地方可分别开展生态补偿试点"。

《国务院 2007 年工作要点》(国发〔2007〕8 号)将“加快建立生态环境补偿机制”列为抓好节能减排工作的重要任务。国家《节能减排综合性工作方案》(国发〔2007〕15 号)也明确要求改进和完善资源开发生态补偿机制,开展跨流域生态补偿试点工作。《国家环境保护总局关于开展生态补偿试点工作的指导意见》(环发〔2007〕130 号)进一步明确生态补偿试点工作的目标在于“探索建立生态补偿标准体系,以及生态补偿的资金来源、补偿渠道、补偿方式和保障体系,为全面建立生态补偿机制提供方法和经验”。2018 年国务院《2018 年政府工作报告》强调“改革完善生态环境管理制度,加强自然生态空间用途管制,推行生态环境损害赔偿制度,完善生态补偿机制,以更加有效的制度保护生态环境”。

一、国家流域生态补偿机制建设的顶层设计

开展试点工作是全面建立生态补偿机制的重要实践基础,为探索建立生态补偿机制,我国较早已开展生态补偿试点工作。2007 年 8 月 24 日,国家环境保护总局发布《国家环境保护总局关于开展生态补偿试点工作的指导意见》(环发〔2007〕130 号)进一步明确推动建立流域水环境保护生态补偿机制的任务和目标。即:

(1)建立流域生态补偿标准体系。各地应当确保出境水质达到考核目标,根据出入境水质状况确定横向赔偿和补偿标准。重点流域跨省界断面水质标准,依据国家《“十一五”水污染物总量削减目标责任书》确定;其他流域跨界断面水质标准,参照有关区域发展规划和重点流域跨界断面水质标准,并结合区域生态用水需求评估确定。补偿标准应当依照实际水质与目标水质标准的差距,根据环境治理成本并结合当地经济社会发展状况确定。积极维护饮水安全,研究各类饮用水源区建设项目和水电开发项目对区域生态环境和当地群众生产生活用水质量的影响,开展饮用水源区生态补偿标准研究。

(2)促进合作,推动建立流域生态保护共建共享机制。搭建有助于建立流

域生态补偿机制的政府管理平台,促进流域上下游地区协作,采取资金、技术援助和经贸合作等措施,支持上游地区开展生态保护和污染防治工作,引导上游地区积极发展循环经济和生态经济,限制发展高耗能、重污染的产业。引导下游地区企业吸收上游地区富余劳动力。支持流域上下游地区政府达成基于水量分配和水质控制的环境合作协议。试点地区要积极探索当地居民土地入股等补偿方式,支持生态保护成本的直接负担者分享水电开发收益等流域生态保护带来的经济效益。

(3)推动建立专项资金。加强与有关各方协调,多渠道筹集资金,建立促进跨行政区的流域水环境保护的专项资金,重点用于流域上游地区的环境污染治理与生态保护恢复补偿,并兼顾上游突发环境事件对下游造成污染的赔偿。建立专项资金的申请、使用、效益评估与考核制度,促进全流域共同参与流域水环境保护。

二、长江经济带流域生态补偿机制建设的部署

长江经济带生态地位突出,建立长江生态补偿机制是长江经济带“不搞大开发,共抓大保护”的重要举措。《长江经济带发展规划纲要》(2016)对长江生态补偿机制提出要求,要依托重点生态功能区开展生态补偿示范区建设,推进武陵山区、大别山区等生态补偿试点,实行分类分级的补偿政策。按照“谁受益谁补偿”的原则,长江经济带上中下游开发地区、受益地区与生态保护地区进行横向生态补偿探索,推进新安江、赤水河、汉江流域生态补偿试点工作。

按照党中央、国务院关于长江经济带生态环境保护的决策部署,为推动长江流域生态保护和治理,建立健全长江经济带生态补偿与保护长效机制,2018年2月13日,财政部印发《关于建立健全长江经济带生态补偿与保护长效机制的指导意见》(财预〔2018〕19号)从中央财政政策支持和地方财政两个方面详细指导长江经济带生态补偿与保护工作的落实(见表4.15)。建立健全长江经济带生态补偿与保护长效机制的目标任务在于通过统筹一般性转移支付和相

关专项转移支付资金，建立激励引导机制，明显加大对长江经济带生态补偿和保护的财政资金投入力度。到 2020 年，长江流域保护和治理多元化投入机制更加完善，上下联动协同治理的工作格局更加健全，中央对地方、流域上下游间生态补偿效益更加凸显，为长江经济带生态文明建设和区域协调发展提供重要的财力支撑和制度保障。

表 4.15　建立健全长江经济带生态补偿与保护长效机制政策措施

政策类别	具体措施
中央财政加大政策支持	增加均衡性转移支付分配的生态权重
	加大重点生态功能区转移支付对长江经济带的直接补偿
	实施长江经济带保护修复奖励政策
	加大专项资金对长江经济带的支持力度
地方财政抓好工作落实	统筹加大生态保护补偿投入力度
	因地制宜突出资金安排重点
	健全绩效管理激励约束机制
	建立流域上下游间生态补偿机制
	完善财力与生态保护责任相适应的省以下财政体制
	充分引导市场发挥作用

资料来源：整理自《关于建立健全长江经济带生态补偿与保护长效机制的指导意见》（财预〔2018〕19 号）。

三、长江经济带流域生态补偿典型案例

按照“谁受益谁补偿”的原则，在中央财政支持重点流域生态补偿试点的同时，长江经济带沿线 11 省份积极进行长江经济带上中下游开发地区、受益地区与生态保护地区流域横向水生态补偿实践探索，推进新安江、赤水河、汉江流域生态补偿试点工作，形成了多种补偿模式。浙江省在全省八大水系开展流域生态补偿试点，对水系源头所在市、县进行生态环保财力转移支付，成为全国第 1

个实施省内全流域生态补偿的省份。江西省安排专项资金，对“五河一湖”（赣江、抚河、信江、饶河、修河和鄱阳湖）及东江源头保护区进行生态补偿，补偿资金的20%按保护区面积分配，80%按出境水质分配，出境水质劣于Ⅱ类标准时取消该补偿资金。江苏省的太湖流域、湖北省的汉江流域分别开展了流域生态补偿，断面水质超标时由上游给予下游补偿，断面水质指标值优于控制指标时由下游给予上游补偿。

1.首个跨省流域生态补偿机制试点：新安江流域生态补偿

新安江是安徽三大水系之一，根据党中央、国务院的指示，在财政部、环保部的直接推动下，2012年安徽、浙江两省开始正式实施全国首个跨省流域——新安江流域生态补偿机制试点[①]。经过连续两轮试点，在多方共同努力下，新安江流域总体水质为优并稳定向好，跨省界街口断面水质达到地表水环境质量标准Ⅱ类，连年达到补偿条件，千岛湖湖体水质实现与上游来水同步改善，营养状态指数逐步下降。安徽、浙江着眼大局，积极探索，认真践行“绿水青山就是金山银山”的理念，持续推进新安江流域环境和生态综合治理，生态文明建设和绿色发展成效显著。

（1）以新安江流域生态补偿机制试点为契机，安徽、浙江坚持机制创新，持续推进综合治理，不断探索完善流域治理长效机制。黄山市积极在创新投入方式上做文章，与国开行、国开证券、中非信银等共同发起全国首个跨省流域生态补偿绿色发展基金，按照1∶5比例放大；浙江省建立了生态环保财力转移支付制度，按“因素法”分配。联防联控机制是新安江流域保护的重要方面。安徽、浙江两省上下游通过建立跨省污染防治区域联动机制，统筹推进全流域联防联控，逐渐形成了水环境保护合力。着重推进系统治理，开启全域、源头和毛细血管式的治理模式。

（2）在两轮试点中，安徽、浙江两省高层加强沟通配合，两省财政和环保部

① 方向阳，李颖，刘慧娴，等.问江哪得清如许——首个跨省流域新安江生态补偿机制试点成效显著[J].中国财政，2018(2)：10-14.

门通力协作，试点工作扎实推进并取得阶段性成效。结合生态补偿机制试点，黄山市和淳安县倒逼产业转型，构筑绿色产业体系，力争实现绿色生态与绿色发展的和谐统一。黄山市结合流域企业的关停并转，积极发展绿色食品、绿色软包装、汽车电子、新材料等与环境相适应的主导产业，尤其发挥黄山水资源丰富、水质优良的优势，培育和引进了康师傅瓶装水、六股尖山泉水、无极雪矿泉水等一批项目，力争成为全国重要的天然饮用水生产基地。淳安县坚持"无污染、小空间、高科技、资源型、大产出"导向，吸引了一批康美、文创、总部、民宿、高端制造等新兴业态项目落户淳安。

(3)建立横向生态补偿机制，是生态文明建设和财政制度的一项重要创新。横向生态补偿体现了权责利对等的基本理念，上游地区提供更好的生态产品，并能够实现价值补偿，从而真正激发流域地区绿色发展的内生动力；横向生态补偿机制提供了客观评价依据，可以有效动员各方力量统筹运用结构优化、污染治理、生态保护等手段，形成工作合力和联动效应；横向生态补偿既将资金支持集中于环境保护与绿色发展，解决一般性转移支付精准性不够的问题，又给地方在统筹资金使用等方面充分的自主权，解决了项目资金安排的缺陷。作为一项崭新的改革，生态补偿机制建设工作应该说仍处于起步阶段，缺乏有效的合作平台，联防共治、共建共享的长效机制尚未真正建立，不同地区在环保意识、监测能力和经济水平上差异较大。各地区在进行横向生态保护补偿协商时往往难以在补偿标准、补偿方式、资金管理、效果评估等方面达成共识。在建立和完善生态补偿机制过程中，困难和问题不可避免，比如制度顶层设计有待加强，科学的生态系统价值核算体系尚未建立，补偿方式过于单一，绿水青山向金山银山转变的有效路径尚待探索完善等。

2.流域水污染防治生态补偿机制：赤水河流域生态补偿

赤水河生态补偿的目标是保持赤水河流域水质稳定、不恶化。为加强赤水河流域生态环境保护，贵州、四川、云南3省共同出资2亿元设立赤水河流域水环境横向补偿资金，依据考核断面水质达标等情况，获取相应的生态补偿资金。

云南、贵州、四川出资比例为 1∶5∶4,补偿资金分配比例为 3∶4∶3。

贵州省按照“保护者受益、利用者补偿、污染者受罚”的原则,在毕节市和遵义市之间实施赤水河流域水污染防治生态补偿。赤水河流域生态补偿实施双向补偿,即上游毕节市出境断面水质优于Ⅱ类水质标准,下游受益的遵义市应缴纳生态补偿资金;上游毕节市出境断面水质劣于Ⅱ类水质标准,毕节市则应缴纳生态补偿资金。赤水河流域内有关县(市、区)出境考核断面水质劣于规定的水质类别,也应缴纳生态补偿资金。生态补偿资金统一缴入省级财政,由省财政厅会同省环境保护厅按照定向使用原则,通过因素法进行分配。

3.河道生态补偿试点:滇池流域河道生态补偿机制

2017 年 4 月 14 日,昆明市委、市政府联合印发《滇池流域河道生态补偿办法(试行)》,在滇池流域 34 条河道开展河道生态补偿工作,首推河道生态补偿机制[①]。同时,昆明各责任部门分别出台《滇池流域河道生态补偿金核算细则(试行)》《滇池流域河道生态补偿水质监测办法(试行)》《滇池流域试点河道生态补偿考核监测断面及水质考核标准(试行)》《滇池流域河道生态补偿水量监测办法(试行)》《滇池流域河道生态补偿金结算事宜管理实施细则(试行)》等配套文件,确保河道生态补偿工作顺利推进。

按照滇池流域河道生态补偿办法[②],水质未达到考核目标或未完成年度污水治理任务的,将由上游被考核单位缴纳生态补偿金,分配给下游被考核单位用于滇池流域河道水环境保护治理;考核断面出现非自然断流的,将按照每个断面每月 30 万元缴纳生态补偿金;未完成年度污水治理任务,比如污水治理设施建设、运营管理、河道综合治理等工作的,也需按年度未完成投资额的 20%交纳生态补偿金。

为确保滇池流域河道生态补偿金对河道水生态保护、治理、恢复的有效循环促进,明确了上游地区缴纳的生态补偿金要用于下游地区流域河道水环境保

① 《滇池流域河道生态补偿办法(试行)》(昆办通〔2017〕28 号)

② 沈立.环保费改税:“谁污染谁治理”?[J].环境,2014(3):64-66.

护治理;明确了入湖/库口断面水质未达到考核目标和污水治理年度任务未完成地区缴纳的生态补偿金要用于流域河道水环境保护治理;明确了市级统筹的生态补偿金要用于对考核断面水质类别优于考核目标地区的补偿,并用于河道水环境保护治理。

为确保地方人民政府河道水环境管理责任落实,按照环境保护“党政同责”的要求,昆明市对被生态补偿责任县(区)的党政主要领导和分管领导,根据辖区所有考核断面中年均水质不达标断面比例,同比例扣减个人年度目标管理绩效考核兑现奖励,实现补偿考核与领导责任挂钩的创新。

参考文献

[1] 郭苑.绿色金融支持江西生态文明试验区建设的现状与策略[J].金融与经济,2017(12):80-83.

[2] 游上,史策.全国首个生态文明试验区的创新经验[J].中国行政管理,2018(1):148-150.

[3] 卓梅英,陈忠,邵李津.社会发展视野下福建生态文明试验区的先行价值[J].林业经济,2017(8):84-88.

[4] 车育婧,蒋梅鑫,钟业喜.基于土地利用变化的鄱阳湖生态经济区生态系统服务价值时空变化研究[J].江西师范大学学报(自然科学版),2018(1):45-51.

[5] 王慧芳,鲍丙飞,张利国.鄱阳湖生态经济区粮食全要素生产率时空演变及空间探索性分析[J].企业经济,2017(12):134-140.

[6] 宾幕容,文孔亮,周发明.湖区农户畜禽养殖废弃物资源化利用意愿和行为分析——以洞庭湖生态经济区为例[J].经济地理,2017(9):185-191.

[7] 吕添贵,李洪义,何方义,等.基于生态适宜度模型的城乡土地利用分区与优化布局——以鄱阳湖生态经济区为例[J].水土保持研究,2017(3):258-263.

[8] 肖小勇,谷正气.洞庭湖生态经济区分享经济发展研究[J].求索,2017(3):118-124.

[9] 廖桂萱,袁菊红,胡绵好,等.基于DEA模型的产业结构调整与氨氮排放效率关系的实证研究——以鄱阳湖生态经济区为例[J].江西师范大学学报(自然科学版),2017(2):168-174,211.

[10] 张利国,鲍丙飞,潘丹.鄱阳湖生态经济区粮食生产技术效率时空演变及环境协调性探究[J].经济地理,2016(11):116-123.

[11] 张英男,龙花楼,屠爽爽,等.鄱阳湖生态经济区土地利用转型热点区域识别及其动力机制研究[J].生态环境学报,2016(11):1828-1835.

[12] 徐博,钟骁勇.自然保护地产权主体制度安排的思考——以云南省普达措国家公园和苍山洱海自然保护区为例[J].中国土地,2018(3):28-30.

[13] 胡欢,章锦河,刘泽华,等.国家公园游客旅游生态补偿支付意愿及影响因素研究——以黄山风景区为例[J].长江流域资源与环境,2017(12):2012-2022.

[14] 徐宁蔚,李玉臻.民族地区国家公园利益主体诉求差异及影响因素研究——以普达措国家公园为例[J].西北民族大学学报(哲学社会科学版),2017(6):154-161.

[15] 吴静.国家公园体制改革的国际镜鉴与现实操作[J].改革,2017(11):70-78.

[16] 唐晓岚,任宇杰,马坤.基于自然资源生态优势的长江国家公园大廊道的构想[J].环境保护,2017(17):38-44.

[17] 刘传,董静,邱守明.普达措国家公园旅游生命周期评判[J].西南林业大学学报(自然科学),2017(3):178-182.

[18] 刘静佳.基于功能体系的国家公园多维价值研究——以普达措国家公园为例[J].学术探索,2017(1):57-62.

[19] 李华林.水生态文明城市建设诸多模式渐入佳境[J].河北水利,2017(4):

30-31.

[20] 孙昳昊.强化水环境审计推进苏州市水生态文明城市建设[J].产业与科技论坛,2016(6):192-193.

[21] 宋凌林.贵定县水生态文明城市建设要点探讨[J].黑龙江水利科技,2015(1):212-214.

[22] 朱烈夫,殷浩栋,张志涛,等.生态补偿有利于精准扶贫吗?——以三峡生态屏障建设区为例[J].西北农林科技大学学报(社会科学版),2018(2):42-48.

[23] 秦小丽,刘益平,王经政,等.江苏循环农业生态补偿效益评价[J].统计与决策,2018(3):69-72.

[24] 樊鹏飞,梁流涛,许明军,等.基于虚拟耕地流动视角的省际耕地生态补偿研究[J].中国人口·资源与环境,2018(1):91-101.

[25] 王德凡.基于区域生态补偿机制的横向转移支付制度理论与对策研究[J].华东经济管理,2018(1):62-68.

[26] 胡欢,章锦河,刘泽华,等.国家公园游客旅游生态补偿支付意愿及影响因素研究——以黄山风景区为例[J].长江流域资源与环境,2017(12):2012-2022.

[27] 李宁,王磊,张建清.基于博弈理论的流域生态补偿利益相关方决策行为研究[J].统计与决策,2017(23):54-59.

第五章

5 长江经济带综合立体交通走廊建设

内容提要 通过长江经济带航道开发、港口布局、过江通道建设等方面考察长江经济带综合交通体系建设情况,研究发现长江经济带高等级航道指数还处于较低水平;港口布局合理,是全国内河航运的主力;上游地区拥有过江通道较多。对长江经济带沿线11省份铁路、公路、航空网络建设进行比较研究的结果显示,上游地区铁路货物运输占比较大,下游地区铁路旅客运输占比较大;湖北、湖南、四川较其他省份公路建设更完备;上游、中游地区航空网络建设不足。

长江经济带综合立体交通走廊是由长江黄金水道干支流、长江经济带陆路交通系统、航空运输系统以及管道系统构成的综合性、立体化交通体系,是深入推动长江经济带发展的先手棋和战略支撑点。2014 年 9 月 25 日发布的《长江经济带综合立体交通走廊规划(2014—2020 年)》指出,要依托长江黄金水道,统筹铁路、公路、航空、管道建设,加强各种运输方式的衔接和综合交通枢纽建设,加快多式联运发展,建成安全便捷、绿色低碳的综合立体交通走廊。2016 年 3 月 17 日颁布的《中华人民共和国国民经济和社会发展第十三个五年规划纲要》明确提出,长江经济带发展必须坚持"生态优先、绿色发展"的战略定位,建设沿江绿色生态走廊,构建高质量综合立体交通走廊。2016 年 9 月正式印发的《长江经济带发展规划纲要》强调,要将保护和修复长江生态环境摆在长江经济带建设的首要位置,将加快交通基础设施互联互通作为推动长江经济带发展的先手棋,到 2020 年基本建成衔接高效、安全便捷、绿色低碳的综合立体交通走廊。

长江经济带综合立体交通走廊必须用系统论的方法,把握各交通要素之间协同发展的关系,以网络化、标准化、智能化、绿色化为标准,提升黄金水道功能,促进港口合理布局,完善综合交通网络,增强对长江经济带发展的战略支撑力。

第一节　长江经济带黄金水道发展

一、航道开发

长江经济带航运总里程为 8.9 万千米，其中高等级航道从 1978 年的 0.23 万千米增加到 2016 年的 0.86 万千米。根据《长江经济带综合立体交通走廊规划(2014—2020 年)》，至 2020 年，长江经济带高等级航道将达到 1.2 万千米。

推动黄金水道发展，关键是提升长江黄金水道集约运输的能力。高等级航道指数是航运高效、集约发展的重要指数，计算公式为：高等级航道指数=[(一级航道里程+二级航道里程+三级航道里程)/内河航道里程]×100%。研究时段为 2007—2016 年，数据来源于《中国交通年鉴》(2008—2017)、长江经济带沿线 11 省份的统计年鉴(2008—2017)。

根据测算结果(见图 5.1)，从时间趋势看，长江经济带高等级航道指数整体呈上升趋势，2007—2016 年年均提升 3.17%，增加高等级航道 2 702 千米，至 2016 年年末，长江经济带高等级航道达 8 182 千米，长江经济带内河航道运力得到较大提升。从空间分布特征看，长江经济带上游地区高等级航道指数一直维持在较低水平；中游地区高等级航道指数自 2009 年以来得到较大提升，2013 年后加速提升，10 年间共提升 3.3%；下游地区高等级航道指数处于缓慢提升趋势，与长江经济带整体趋势几乎重合。结合各省指标分析，2007—2016 年长江经济带沿线 11 省份中，江苏和湖北高等级航道建设成果最为显著，上海、贵州和云南建设不足。整体上，长江经济带高等级航道指数还处于较低水平，上游地区高等级航道建设还有待加强。

二、港口布局

长江经济带沿线 11 省份仅江苏、安徽、江西、湖北、重庆拥有内河规模以上

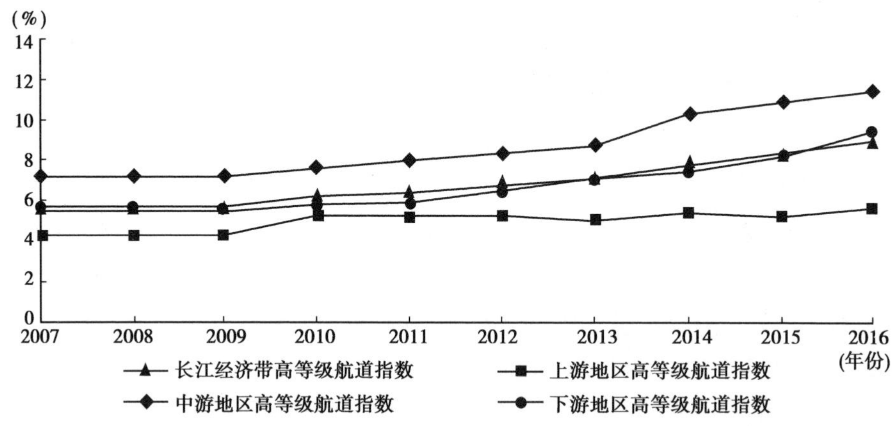

图 5.1　2007—2016 年长江经济带沿线 11 省份高等级航道指数

资料来源:根据测算结果整理。

港口码头(见表 5.1)。2016 年,长江经济带拥有内河规模以上港口码头共3 223 个,占全国 24.9%。其中万吨级以上共 423 个,全部位于长江经济带。旅客吞吐量和货物吞吐量分别占全国 75.3%、67.9%,是全国内河航运的主力。

分上中下游地区看,上中下游地区码头泊位分别占长江经济带总数的 25.2%、39.9%、34.9%,中下游地区码头泊位数较多。上中下游地区万吨级以上泊位数分别占长江经济带总数的 0%、4%、96%,下游地区万吨级以上泊位数占绝大多数。上中下游地区内河规模以上港口码头旅客吞吐量分别占长江经济带总数的 93.6%、6.4%、0%,货物吞吐量分别占长江经济带总数的 6.8%、31.7%、61.5%。可见,上游地区码头客运占绝对主体地位,且以出港为主,中游地区码头货运占主体地位,进港占比低于出港约 14 个百分点,下游地区码头货运占主体地位,进港占比高于出港约 13 个百分点(见表 5.1)。

表 5.1　2016 年长江经济带沿线 11 省份内河规模以上港口码头泊位和吞吐量

地区	码头泊位个数(个)		旅客吞吐量(万人)		货物吞吐量(亿吨)		
	合计	万吨级以上	合计	离港	合计	出港	进港
江苏	1 124	406	—	—	15.81	6.23	9.55
安徽	628	17	—	—	4.15	2.36	1.80

续表

地区	码头泊位个数(个)		旅客吞吐量(万人)		货物吞吐量(亿吨)		
	合计	万吨级以上	合计	离港	合计	出港	进港
江西	161	—	24	11	1.13	0.67	0.47
湖北	497	—	27	12	2.86	1.53	1.33
重庆	813	—	745	361	1.74	0.73	1.00
长江经济带	3 223	423	796	384	25.68	11.52	14.15
全国	12 923	423	1 057	512	37.79	15.94	21.86
上游地区占比	25.2%	—	93.6%	94.0%	6.8%	6.4%	7.1%
中游地区占比	39.9%	4.0%	6.4%	6.0%	31.7%	39.5%	25.4%
下游地区占比	34.9%	96.0%	—	—	61.5%	54.1%	67.5%

资料来源:根据《中国交通年鉴 2017》的相关统计数据整理。

三、过江通道建设

长江经济带涉及长江干流的省份共 9 个(长江干流不经过贵州省和浙江省),城市共 37 座,其中 32 座城市拥有过江通道(含桥梁和隧道)。根据统计,截至 2018 年 8 月 1 日,长江经济带拥有过江通道共 151 处,其中过江桥梁 137 座(含在建 13 座),过江隧道 14 条(含在建 3 条)。上中下游地区城市分别拥有过江桥梁 83 座、40 座、14 座(含在建),拥有过江隧道 1 条、7 条、6 条(含在建)(见表 5.2)。

分上中下游地区看,长江经济带上游地区城市拥有过江通道较多,是中游地区的 1.8 倍,是下游地区城市的 4.4 倍。从空间特征来看,上游地区城市过江通道均为桥梁,中游地区和下游地区城市以桥梁为主,仅武汉、南京拥过江隧道(见附表5.1),这与上游地区多山地、中下游地区多平原的地理差异相关。

分省份看,湖北、重庆、四川拥有过江通道远多于其他省份,分别有 37 处、36 处、32 处(含在建),3 省份拥有过江通道总数占长江经济带比重 69.5%,这与 3 省份占长江干流长度比例最大的自然地理条件有关。

表 5.2　长江干流沿线城市桥梁/隧道

地区	过江桥梁(座)	在建桥梁(座)	过江隧道(条)	在建隧道(条)	合计(处)
上游地区城市	79	4	0	1	84
中游地区城市	31	9	6	1	47
下游地区城市	14	0	5	1	20
长江干流城市	124	13	11	3	151

注:资料更新至 2018 年 8 月 1 日。

资料来源:整理自百度地图。

第二节　长江经济带综合立体交通体系建设

一、铁路运输建设

2016 年,长江经济带铁路营运里程为 3.66 万千米,占全国的 29.49%,是 1978 年 2.7 倍。铁路网络密度相当于全国平均水平的 1.4 倍。客运量、旅客周转量、货运量、货运周转量分别占全国的 41.71%、43.53%、15.41%、23.79%(见表 5.3)。长江经济带是我国重要的旅客运输通道和周转中心,其旅客运输占全国比重与经济总量占全国比重相当,且显著高于货物运输占比。根据《长江经济带综合立体交通走廊规划(2014—2020 年)》,至 2020 年,长江经济带铁路营运里程将达到 4 万千米,其中高速铁路将达到 0.9 万千米,形成覆盖长江经济带几乎全部城市的铁路网络。

分上中下游地区看,上游地区铁路营业里程占长江经济带 37.32%,客运量、旅客周转量、货运量、货运周转量分别占 21.8%、14.62%、38.28%、35.86%,货物运输占比显著高于旅客运输占比。中游地区铁路营业里程占长江经济带

46.80%，客运量、旅客周转量、货运量、货运周转量分别占 38.62%、52.52%、42.35%、53.80%，旅客运输与货物运输均显著高于其他地区，是长江经济带铁路最繁忙的区域。下游地区铁路营业里程占长江经济带 15.89%，客运量、旅客周转量、货运量、货运周转量分别占 39.58%、32.86%、19.37%、10.34%，旅客运输占比显著高于货物运输占比。总体上看，长江经济带上游地区铁路货物运输占比较大，下游地区铁路旅客运输占比较大，中游地区铁路旅客运输和货物运输占比相对持平（见表 5.3）。

分省份看，安徽、江西、湖北、湖南、四川全国铁路交通要道，铁路营业里程占比较高。江苏、浙江、湖北 3 省份作为人口流动大省，客运量最多。上海、湖北、湖南作为全国铁路交通枢纽，旅客周转量最大。重庆、四川作为我国西南重要交通枢纽，年旅客周转量共计仅 469 亿人 · 千米，不及长江经济带中下游地区任一省份，枢纽功能未充分发挥。安徽、四川铁路货运量相对其他省份较多。安徽、湖北、湖南、四川铁路货运总周转量相对其他省份较多，是铁路货运的主力省份（见表 5.3）。

表 5.3　2016 年长江经济带沿线 11 省份铁路运输建设情况

地区	铁路营业里程（千米）	铁路客运量（万人）	铁路旅客周转量（亿人 · 千米）	铁路货运量（万吨）	铁路货运总周转量（亿吨 · 千米）
上海	465.1	10 609	686.1	482	10.0
江苏	2 767.4	17 814	600.2	5 590	352.3
浙江	2 576.9	18 035	513.1	3 913	223.1
安徽	4 242.6	10 370	617.6	9 265	810.0
江西	4 010.5	9 249	654.5	4 357	539.3
湖北	4 138.3	14 197	722.2	4 088	846.8
湖南	4 719.7	11 518	881.4	4 114	849.5
重庆	2 101.1	4 911	147.0	1 928	165.8
四川	4 622.7	11 456	322.0	6 794	800.4

续表

地区	铁路营业里程（千米）	铁路客运量（万人）	铁路旅客周转量(亿人·千米)	铁路货运量（万吨）	铁路货运总周转量(亿吨·千米)
贵州	3 269.5	5 169	217.4	5 635	633.9
云南	3 651.5	4 056	113.9	5 372	430.1
长江经济带	36 565.3	117 384	5 475.4	51 538	5 661.2
全国	123 991.9	281 405	12 579.3	333 185	23 792.3
上游地区占比	37.32%	21.80%	14.62%	38.28%	35.86%
中游地区占比	46.80%	38.62%	52.52%	42.35%	53.80%
下游地区占比	15.89%	39.58%	32.86%	19.37%	10.34%

资料来源：根据《中国交通年鉴 2017》的相关统计数据整理。

二、公路网络建设

2016 年，长江经济带公路通车里程为 204.43 万千米，占全国的 43.53%，是 1978 年的 5.4 倍。国家高速公路里程从无到有，至 2016 年达到 3.82 万千米。从公路结构来看，长江经济带县道占全国比重最高，在占全国 21.23%的国土空间上建设了 50.31%的县道，是全国平均密度的 2.34 倍；专用公路占比最低，为 20.02%，基本与全国平均水平持平（见表 5.4）。整体上看，长江经济带公路密度远高于全国平均水平，公路网络发达。根据《长江经济带综合立体交通走廊规划（2014—2020 年）》，至 2020 年，长江经济带公路通车里程要达到 200 万千米，其中国家高速公路将达到 4.2 万千米。当前，公路通车里程建设任务已超额完成，今后以优化结构为主，国家高速公路建设进度适当。

分上中下游地区看,2016 年长江经济带上中下游地区公路总里程分别占 43.86%、41.97%、14.17%,上游和中游地区公路占比较高。从上中下游地区公路结构看,除高速公路外,上游地区各类公路占比均高于其他地区,其中专用公里占比高达 66.13%,下游地区各类公路占比均低于上游和中游地区。

分省份看,湖北、湖南、四川、云南 4 省份公路总里程相对其他省份较长,其中,湖北、湖南、四川、云南 4 省份国道里程相对其他省份较长;江西、湖北、湖南、四川 4 省份国家高速公路相对其他省份较长;湖北、湖南、贵州、云南 4 省份省道相对其他省份较长;湖南、四川、贵州、云南 4 省份县道相对其他省份较长;江苏、湖北、湖南、四川、云南 5 省份乡道相对其他省份较长;四川、云南专用公路相对其他省份较长;安徽、湖北、四川、云南 4 省份村道相对其他省份较长。

表 5.4　2016 年长江经济带沿线 11 省份公路线路年末里程(按行政等级分)

单位:千米

地区	总计	国道	国家高速公路	省道	县道	乡道	专用公路	村道
上海	13 292	715	477	1 023	2 934	7 101	—	1 519
江苏	157 304	8 285	3 440	7 105	23 522	52 748	166	65 478
浙江	119 053	7 262	3 060	4 563	28 775	19 569	620	58 264
安徽	197 588	10 900	3 574	4 461	23 604	36 541	1 002	121 080
江西	161 909	11 827	4 143	12 615	21 728	41 851	567	73 321
湖北	260 178	14 078	4 792	19 269	10 506	61 334	743	154 248
湖南	238 274	13 509	4 714	23 757	41 470	54 422	1 534	103 582
重庆	142 921	7 888	2 481	10 008	7 043	14 483	558	102 941
四川	324 137	22 059	4 634	4 695	37 959	52 219	5 084	202 121
贵州	191 627	11 620	3 179	19 980	34 456	45 827	—	79 744
云南	238 053	18 848	3 663	23 731	50 825	106 417	3 403	34 829

续表

地区	总计	国道	国家高速公路	省道	县道	乡道	专用公路	村道
长江经济带	2 044 336	126 991	38 157	131 207	282 822	492 512	13 677	997 127
全国	4 696 263	354 849	99 159	313 324	562 103	1 147 192	68 325	2 250 469
上游地区占比	43.86%	47.57%	36.58%	44.52%	46.07%	44.45%	66.13%	42.08%
中游地区占比	41.97%	39.62%	45.14%	45.81%	34.41%	39.42%	28.12%	45.35%
下游地区占比	14.17%	12.81%	18.28%	9.67%	19.53%	16.13%	5.75%	12.56%

资料来源:根据《中国交通年鉴 2017》的相关统计数据整理。

三、航空网络建设

2016 年,长江经济带拥有民航机场共 31 个,占全国比重达 40.8%,比 1978 年增加了 11 个,航空网络密度相当于全国的 2 倍。2016 年,长江经济带民航机场旅客吞吐量达 4 亿人次,货邮吞吐量达 698 万吨,起降架次达 342 万次,占全国比重分别达 40.3%、46.2%、37.0%(见表 5.5)。根据《长江经济带综合立体交通走廊规划(2014—2020 年)》,至 2020 年,长江经济带民航机场将达到 100 个,届时几乎将覆盖长江经济带全部地级城市,形成全覆盖、高密度航空网络。从实现建设目标进度来看,长江经济带应加快航空网络建设进度。

分上中下游地区看,长江经济带下游地区民航机场数量、旅客吞吐量、货邮吞吐量、起降架次均高于其他地区,其中货邮吞吐量占比达 72.5%,占长江经济带航空货运的绝对主体。中游地区民航各项指标占比均为最低,其中货邮吞吐量仅占 6.1%,这不仅与中游地区货物结构有关,也与中游地区陆运相对发达、对航空运输产生一定的挤压效应有关。上游地区因旅游胜地较多,机场多分布于旅游城市,旅客吞吐量和起降架次相对占比较高。

分省份看,江苏、浙江、云南民航机场数量相对其他省份较多,上海、浙江、四川、云南旅客吞吐量相对其他省份较多,上海、江苏、浙江、四川货邮吞吐量相对其他省份较多,上海、四川、云南起降架次均相对其他省份较多。总体上看,上海虽然只有两个民航机场,但航空业最为繁忙。安徽、江西、湖北、贵州民航机场承担的客货运输量较少。

表 5.5　2016 年长江经济带沿线 11 省份民航机场客货吞吐量

地区	机场数量(个)	旅客吞吐量(人次)	货邮吞吐量(吨)	起降架次(次)
上海	2	106 462 549	3 869 187	741 883
江苏	7	35 544 210	510 744	361 001
浙江	4	48 803 678	678 666	393 929
安徽	1	7 391 998	58 097	63 750
江西	2	8 946 875	57 914	81 678
湖北	2	22 307 271	179 102	217 173
湖南	2	22 998 387	131 291	184 849
重庆	1	35 888 819	361 091	276 807
四川	3	49 334 182	618 194	519 583
贵州	2	16 240 657	96 875	140 857
云南	5	56 068 804	414 039	439 994
长江经济带	31	409 987 430	6 975 200	3 421 504
全国	76	1 016 357 068	15 104 057	9 238 291
上游地区占比	35.5%	38.4%	21.4%	40.3%
中游地区占比	22.6%	15.0%	6.1%	16.0%
下游地区占比	41.9%	46.5%	72.5%	43.7%

资料来源:根据《中国交通年鉴 2017》的相关统计数据整理。

第三节　长江经济带综合立体交通体系建设存在的突出问题和持续推进方略

长江经济带综合立体交通走廊建设成效显著,长江干线航道整治有序实施,长江黄金水道功能日益凸显。长江经济带交通基础设施逐步完善,路网规模持续扩大,结构布局不断改善,技术水平明显提升,运输能力大幅增强,初步形成以长江黄金水道为依托,水路、铁路、公路、民航、管道等多种运输方式协同发展的综合交通网络。但对照推动长江经济带发展总体要求,综合立体交通体系建设仍然存在较大差距。

一、长江经济带综合立体交通体系建设存在的突出问题

1.航运潜能尚未充分发挥

长江航运潜能尚未充分发挥,高等级航道比重不高,中上游航道梗阻问题突出,高效集疏运体系尚未形成。长江经济带从 2009 年开始显现出航道改良的成效,但距离《长江经济带综合立体交通走廊规划(2014—2020 年)》设定的 2020 年长江经济带高等级航道 1.2 万千米的目标还有相当大的差距。长江经济带高等级航道建设的增量主要为长江上中游段,从建设现状看,上游地区航道改良成效甚微是当前长江经济带高等级航道建设严重不足的主要原因,高等级航道增量较低。三峡又是船舶驶往上游的必经之路,这将进一步降低长江上游通航和运输效率。

2.跨区域通道、国际通道连通不足

东西向铁路、公路运输能力不足,南北向通道能力紧张,向西开放的国际通道能力薄弱;跨区域通道、国际通道连通不足,中西部地区、贫困地区和城市群交通发展短板亟待补齐。长江经济带呈东西向延伸,受长江经济带上中下游地

质结构、经济发展水平差异影响，东西向铁路建设、公路建设完善程度、修建等级均存在差异，导致东西向运输能力有待进一步提高；受长江阻隔，长江干线过江能力仍显不足，南北通道能力紧张；长江经济带上中下游经济发展水平存在差异，下游地区开放时间早，国际交流频繁，国际通道能力较强，上游地区对外开放较晚，向西开放具有区位优势，但向西开放的国际通道建设有待进一步加强。

3.网络结构尚不完善

网络结构不完善，覆盖广度不够，通达深度不足，技术等级偏低。长江经济带沿线 11 省份经济发展水平存在巨大差异、地质条件千差万别，长江经济带立体交通网络结构完善难度大，实现长江经济带交通网络全覆盖难度较大，西部山区、贫困地区交通通达度相对较低，现有交通网络技术等级偏低，长江经济带仍面临公路交通进村入户、交通网络全覆盖、交通基础设施技术等级提升等问题。

4.运输方式衔接不畅

运输方式衔接不畅，铁水、公水、空铁等尚未实现有效衔接，综合交通枢纽建设亟待加强。运输结构不合理，多式联运、旅客联程运输发展相对缓慢，各种运输方式的比较优势和组合效能发挥不够。长江经济带现有交通运输方式多各自为政，铁水、公水、空铁等不同交通运输方式尚未实现有效衔接，综合交通枢纽建设亟待加强，尤其是区域型综合交通枢纽建设、小型综合交通枢纽建设明显不足，多式联运、旅客联程运输等组合式交通运输效率有待进一步提高。

5.公共交通基础设施建设不足

长江经济带公共交通系统基础设施建设不足，城际铁路建设滞后，城际交通网络功能不完善，不适应城镇化格局和城市群空间布局。一是硬件设施还不够完备，公共交通工具及附属服务设施配置还不足以满足人们的出行需求，多种交通运输方式的衔接机制不够健全，导致公共交通对人们的吸引不足。在公路建设日趋饱和的背景下,各地区城市轨道交通建设进度较慢,难以分担传统公共交通运输的存量和增量压力。从存量影响来看,城市轨道交通建设过程往往会给传统公共交通带来负面影响,建设周期越长,负面影响越大,非但不能分担存量压力,反而会加大存量压力。从增量影响来看,城市轨道交通只有建成一定规模,形成一定体系,才能吸引非公众公共交通出行转向公共交通出行,发挥分流和分担增量的作用。二是对绿色出行的宣传不足,人们对低碳出行的意识比较淡薄,还没有达成低碳交通、环保出行的共识,导致人们将公共交通作为出行首选的意愿不够强烈。

6.资源利用效率相对较低

体制机制仍不健全,法规标准滞后,特别是规划建设统筹不够,土地、岸线等资源综合利用率仍然较低。长江经济带沿线 11 省份综合立体交通体系建设长期各自为政,交通运输基础设施建设体制机制有待进一步健全,交通建设法规标准相对滞后,政出多门现象出现频繁,交通规划统筹力度相对不足,在交通建设土地、长江岸线整治、码头建设等方面仍存在不足。建立健全最严格的综合立体交通体系建设和管理制度,加强长江全流域综合立体交通体系监管和综合治理,协调好江河湖泊,上中下游,干流支流,航道、港口、过江通道,铁路、公路、航空等各方关系,建立长江经济带统一法规标准,整合各类资源,提高长江经济带综合立体交通体系运行效率,仍是长江经济带综合立体交通体系建设面临的突出问题。

7.交通运输环境压力较大

交通运输节约集约利用资源能力仍需提升,土地、能源、岸线等资源日益紧缺,生态环境压力持续增大,长江经济带综合立体交通走廊能源绿色化不达标,交通运输实现绿色低碳发展任重道远。长江经济带交通工具主要的能源来源还是传统的原煤和油气资源,这种传统型运输工具对能源的消耗大、能源利用效率低,传统能源使用中的环境破坏依然严重。从陆路交通系统来看,下游经济发达地区交通绿色化建设成效显著高于相对欠发达的上游和中游地区,但下游地区的噪声污染大于上游和中游地区，反映出长江经济带综合立体交通走廊在绿色能源和环境保护方面距离目标还有很大的差距。从航运交通系统来看，船舶污染未得到有效控制，船舶污水和垃圾管理不严，江湖关系紧张，部分地区生态问题突出。

二、加快长江经济带综合立体交通体系建设的路径与方略

推进长江经济带综合立体交通体系建设，需围绕加快打造长江黄金水道、扩大交通网络规模，优化交通运输结构，强化各种运输方式的衔接，提升综合运输能力的总体思路，坚持"合理布局、优化结构、适度超前、平安绿色"的基本原则，不断完善长江经济带综合立体交通走廊基础设施建设、推动交通运输绿色化发展、保护长江黄金水道生态环境、大力发展多式联运、推进安全应急保障体系建设，从而加快建成网络化、一体化、智能化的现代综合立体交通网。长江经济带沿线 11 省份要结合各自交通区位优势和发展基础条件，深入贯彻落实《长江经济带综合立体交通走廊规划（2014—2020 年）》，明确发展短板和目标定位，为打造横贯东西、沟通南北、通江达海、便捷高效的综合立体交通走廊汇聚地区合力，为将长江经济带建成开放发展新高地和中国经济新支撑提供有力保障。

1.完善长江经济带立体交通基础设施建设

加快高等级航道、城市轨道交通等立体交通基础设施建设，将提升客货运输和周转功能作为建设长江经济带综合立体交通走廊的基本目标，必须以完备的交通基础设施为保障，伴随客货运功能提升而同步发展。按当前目标完成情况来看，未来长江经济带应加大高等级航道、城市轨道交通建设力度，年均增速应分别提高到 12.85% 和 21.48%。铁路建设应适度放缓，年均增速仅要求 2.88%。公路建设已超额完成目标任务，未来应根据各地需求实际，以调整优化为主。民用运输机场建设进度适当，未来应继续保持同等建设速度。

加强货运和货物周转能力。为达到规划要求的运输能力，应重点加强货运和货物周转能力，要求到 2020 年，年均增速分别达到 9.61% 和 10.27%。在长江

经济带公路建设已趋于饱和的前提下,应通过提升铁路运输条件来促进客运能力提升,通过提升铁路和水运条件来促进货运能力提升。特别要加快长江高等级航道建设和长江船型标准化、低碳化、高效化步伐。加大相关资金投入力度,拓宽融资渠道,加快推广“三峡船型”,提高三峡船闸通航能力和过闸效率;根据跨江桥梁、航道深度和运输需求等客观条件,优先发展以集装箱为重点的江海直达船型,提高船舶运输效率和效益;合理选择干支直达船型和水网地区标准化船型,提升长江干支流航运能力,促进长江经济带货运量和货物周转量大幅提升。

2.推动交通运输低碳节能发展

依托新型平台宣传绿色交通理念。加大绿色交通宣传力度,倡导低碳出行,联合共享单车和共享汽车平台宣传步行和自行车等慢行方式,积极探索合乘、拼车等共享交通发展,使慢行和共享等低碳出行概念深入人心。

推动交通装备绿色工程。在交通运输装备配置方面,优化公共交通运输体系,科学划设慢行专用道和公交专用道,按照“安全、共享、高效”发展要求完善城市公共交通服务系统;鼓励淘汰老旧高能耗车船,加大更换补贴力度,提高运输工具和港站等节能环保技术水平;加快推广天然气等清洁运输装备、装卸设施及纯电动、混合动力汽车应用,加快新能源汽车充电基础设施建设,推进新能源运输工具规模化应用。此外,制定发布交通运输业重点节能低碳技术和产品推广目录,严格大城市机动车尾气排放限值标准,严格船舶硫氧化物、氮氧化物、颗粒物排放标准,健全监督考核机制。

3.保护长江黄金水道生态环境

加快长江船舶运输绿色化步伐。加快推进长江船舶能耗清洁化,排放绿色化,提高船舶的环境兼容性。加快淘汰能耗高、污染重、技术落后的老旧船舶。积极推广应用节能环保型船舶,积极推广 LNG(液态天然气)等清洁燃料。完善危险化学品船舶技术规则和运输管理,强化水上危险品运输安全环保监管、船舶溢油风险防范和船舶污水排放控制,降低船舶环境事件突发风险。新建内河运输船舶安装油污水处理(或储纳)和生活污水、垃圾收集设施、岸上接收处理设施。严格执行并逐步提高船舶排放标准,禁止生活污水排放不达标的客船(含载货汽车滚装船)以及单壳油船、单壳化学品船进入三峡库区。

优化港口布局结构,大力建设绿色港口,从港口规划、布局到建设、运营,全面严格落实环保措施。实施全过程环境监管,实现港口“节约、清洁、安全和可持续”的发展,实现港口经济效益、社会效益和生态效益有机统一。严控港口生产环节的能源消耗和污染排放,使港口行业的单位产值能耗维持在国家控制标准之内;积极发展环保型装卸工艺,加大港口企业清洁生产审计工作力度;完善港口环保基础设施布局,实现污染达标排放,建立废弃物循环利用体系,大力推进港口循环经济发展。同时,还要通过完善港口和港口企业环境保护和节能减排方面的标准、法规、实施条例等,实现绿色港口建设标准统一、法规齐全、执法监督管理体系规范有效。

4.大力发展多式联运

统筹长江经济带沿线大城市、特大城市和超大城市交通网络,加强水、铁、公、空、管等运输方式有效衔接,建设全国性和区域性的交通枢纽。第一,完善铁路运输网络,加强铁路与长江干支线的有效衔接,重点建设沿江三大城市群间的高铁线路和城市群内的城际铁路线路,进一步加强中上游干线铁路建设。第二,优化公路运输方式,加快建设高等级广覆盖公路网,有效延伸黄金水道辐射范围,消除不同行政区间的“断头路”。第三,提升长江干支线通航能力,推进长江干线系统整治,破解下游“掐脖子”、中游“梗阻”和下游“瓶颈”,上中下游系统开展航道整治浚深工程。围绕形成与长江干线有机衔接的支线网络,加强支线航道改造、有序推进航道整治、提高航道等级。第四,加强航空运输网络建设,逐渐形成国际航空枢纽、国内航空枢纽和干线机场的航空运输体系,打造长江上中下游机场群。第五,加快建立健全多式联运交通制度,加紧制订标准规范,在手续、协调、运费等方面给予支持,推动行业间和地区间运输资源有效配置和集约利用。

5.推进安全应急保障体系建设

一方面,构建安全生产隐患排查治理和风险分级管控体系。加强重大风险源动态全过程控制,健全交通安全事故调查协调机制。完善集监测、监控和管理于一体的铁路网络智能安全监管平台和信息传输系统。完善长江干线船舶交通管理系统、船舶自动识别系统和视频监控系统。另一方面,建设各部门联动的突发事件应急救援体系。一是加强交通运输部门与公安、安全监管、气象、海洋、国土资源、水利等部门的信息共享和协调联动,完善突发事件应急救援指挥系统;二是完善全国交通运输运行监测与应急指挥系统,加快建设省级和中心城市运行监测与应急指挥系统;三是加快建设铁路、公路和民航应急救援体系。建设船舶污染监视监测系统和内河水运污染事故应急响应机制,配备污染应急处理设备,提高快速反应和处置能力。

参考文献

[1] 王智慧,蒋馥,蓝军.面向环境的城市交通规划方法理论[J].系统工程理论方法应用,2000(2):120-124.

[2] 蒋育红,何小洲,过秀成.城市绿色交通规划评价指标体系[J].合肥工业大学学报(自然科学版),2008(9):1399-1402.

[3] 刘冬飞."绿色交通":一种可持续发展的交通理念[J].现代城市研究,2003(1):60-63.

[4] 王静霞.新时期城市交通规划的作用与思路转变[J].城市交通,2006(1):17-22.

[5] 秦晓春,李宗禹,沈毅,等.美国、德国与中国的综合交通网规划中绿色交通规划研究[J].中外公路,2012(2):272-276.

[6] 陆化普,张永波,赵文杰.绿色交通系统评价指标与规划设计要点研究[J].建设科技,2012(14):23-26.

附　长江干流沿线城市桥梁/隧道名录

附表 5.1　长江干流沿线城市桥梁/隧道名录

省(直辖市)	城市	桥梁/隧道名称	备注
上海市	—	上海长江大桥	
		上海长江隧道	
		崇启长江公路大桥	
江苏省	苏州/南通	苏通大桥	
		通锡高速	
	南通市	如皋长江大桥	
		长青沙大桥	
	江阴市/泰州市	江阴大桥	
	泰州市/镇江市	泰州大桥	
	镇江市	镇江长江大桥	
	镇江市/扬州市	润扬大桥	
	南京市	南京长江第四大桥	
		南汉大桥	
		南京长江大桥	
		南京扬子江隧道	
		南京地铁 10 号线过江隧道	
		南京地铁 3 号线过江隧道	
		南京和燕路过江隧道	在建
		南京长江隧道	
		南京长江第三大桥	
安徽省	马鞍山市	马鞍山长江大桥	
	芜湖市	芜湖长江大桥	
		芜湖长江二桥	
	铜陵市	铜陵长江公铁大桥	
		铜陵长江大桥	
	安庆市	德上高速	在建
		安庆长江大桥	
		望东长江大桥	
江西省	九江市	九江长江大桥	
		九江长江二桥	

续表

省(直辖市)	城市	桥梁/隧道名称	备注
湖北省	黄冈市/黄石市	麻阳高速	在建
		蕲嘉高速	
		黄石长江公路大桥	
		鄂东长江大桥	
		鄂黄长江大桥	
	黄冈市/鄂州市	黄冈长江大桥	
	武汉市	阳逻大桥	
		四环线东	在建
		天星洲大桥	
		二七长江大桥	
		长江二桥	
		长江隧道	
		武汉地铁 2 号线过江隧道	
		武汉地铁 4 号线过江隧道	
		武汉地铁 8 号线过江隧道	
		武汉地铁 7 号线过江隧道	
		武汉三阳路长江隧道	
		武汉后湖长江隧道	在建
		长江大桥	
		鹦鹉洲长江大桥	
		杨泗港长江大桥	在建
		白沙洲大桥	
		武汉中交沌口大桥	
		军山长江大桥	
	仙桃市/咸宁市	嘉鱼长江大桥	在建
	荆州市/岳阳市	荆岳大桥	
	荆州市	枣石高速	在建
		荆州长江公铁大桥	在建
		荆州长江大桥	

续表

省(直辖市)	城市	桥梁/隧道名称	备注
湖北省	宜昌市	枝城长江大桥	
		呼北高速	在建
		宜昌长江公路大桥	
		宜昌铁路长江大桥	
		夷陵长江大桥	
		至喜长江大桥	
		香溪长江大桥	在建
	恩施土家族苗族自治州	巴东长江大桥	
重庆市	—	巫山长江大桥	
		夔门长江大桥	
		云阳长江大桥	
		驸马长江大桥	
		万州长江二桥	在建
		万州长江大桥	
		忠县长江大桥	
		忠州长江大桥	
		长江二桥	
		丰都长江大桥	
		石板沟长江大桥	
		涪陵长江大桥	
		李渡长江大桥	
		青草背长江大桥	
		长寿长江大桥	
		长寿长江二桥	在建
		南坪坝大桥	
		鱼嘴两江大桥	
		广阳岛大桥	在建
		寸滩长江大桥	
		大佛寺长江大桥	
		朝天门长江大桥	
		东水门大桥	
		重庆长江大桥	

续表

省(直辖市)	城市	桥梁/隧道名称	备注
重庆市	—	菜园坝长江大桥	
		鹅公岩大桥	
		李家沱大桥	
		马桑溪长江大桥	
		鱼洞长江大桥	
		地维长江大桥	
		外环江津长江大桥	
		鼎山长江大桥	
		几江长江大桥	
		江津长江公路大桥	
		永川长江大桥	
		重庆兜子背过江隧道	在建
四川省	泸州市	合江长江一桥	
		合江长江二桥	
		黄舣长江大桥	
		泰安长江大桥	
		国窖大桥	
		长江四桥	
		泸州长江二桥	
	宜宾市	江安长江大桥	
		南溪长江大桥	
		长江大桥	
		金沙江戎州大桥	
		南门大桥	
		中坝大桥	
		金沙江公铁两用桥	
		天池金沙江特大桥	
		马鸣溪金沙江大桥	
		金沙江大桥	

续表

省(直辖市)	城市	桥梁/隧道名称	备注
四川省	攀枝花市	会理鱼鲊大桥	
		金沙江大桥	
		青龙山金沙江特大桥	
		倮果大桥	
		炳草岗大桥	
		新渡口大桥	
		荷花池大桥	
		新庄大桥	
		大水井金沙江特大桥	
		法拉大桥	
		陶家渡大桥	
		庄上金沙江特大桥	
	甘孜藏族自治州	曲宗桥	
		沪聂线	
		岗托桥	在建
云南省	昭通市	南岸金沙江大桥	
		西宁河大桥	
		金沙江特大桥	
		溪洛渡金沙江大桥	
		通阳大桥	
		葫芦口金沙江大桥	
	昆明市	金东大桥	
		皎平渡大桥	

续表

省(直辖市)	城市	桥梁/隧道名称	备注
云南省	丽江市	金安大桥	
		平安大桥	
		树底大桥	
		革囊渡大桥	
		金江大桥	
	迪庆藏族自治州	拖顶桥	
		金沙江索道桥	
		金沙江大桥	

注:资料更新至 2018 年 8 月 1 日。

资料来源:整理自百度地图。

第六章

6

长江经济带农业发展

内容提要 长江经济带在我国农业战略格局中占据重要地位。长江经济带农业生产条件良好,农业资源丰富,依托优势特色农产品,涌现出一大批现代农业示范区、国家农业科技园区、国家农村产业融合发展示范园,农业现代化取得明显进展。2011—2017 年长江经济带农业生产状况良好,为我国农业发展做出了巨大贡献,长江经济带粮食产量占全国比重基本保持在 37.5%左右,肉类产量占全国比重基本保持在 43.5%左右,水产品总产量基本保持在 39.5%左右。结合方向性距离函数、SBM 模型和 GML 指数测算 1997—2015 年长江经济带农业绿色全要素生产率变化指数,结果表明长江经济带农业绿色全要素生产率持续改善,长江经济带上中下游地区及大部分沿线省份都表现良好,但也呈现出较大的地区差异。

农业是国民经济的基础部门,改革开放以来我国农业现代化取得重要成就。长江流域一直以来是我国重要农产品主产区,随着长江经济带发展战略上升为国家战略,推动长江经济带农业发展对我国发展全局具有更为重要的战略意义。长江经济带农业发展成效显著,农业综合生产能力迈上新台阶,同时长江经济带农业发展所面临的挑战也愈发严峻。新形势下推动长江经济带农业发展,要以优势农产品和特色农产品为发展重点,以国家现代农业示范区、国家农业科技园区、国家农村产业融合发展示范园建设为重点发展载体,积极推进农村一二三产业融合发展,大力加强农村突出环境问题综合治理,充分发挥上中下游地区比较优势,实现长江经济带农业高质量发展。

第一节 长江经济带在全国农业发展大格局中的地位

一、国家农产品主产区

《全国主体功能区规划》明确提出要从确保国家粮食安全和食物安全的大

局出发，充分发挥各地区比较优势，重点建设以“七区二十三带”为主体的农产品主产区。七区是指东北平原主产区、黄淮海平原主产区、长江流域主产区、汾渭平原主产区、河套灌区主产区、华南主产区和甘肃新疆主产区共七个农产品主产区；二十三带是指七区中以水稻、小麦等农产品生产为主的二十三个产业带。长江流域主产区重点建设以双季稻为主的优质水稻产业带，以优质弱筋和中筋小麦为主的优质专用小麦产业带，优质棉花产业带，“双低”优质油菜产业带，以生猪、家禽为主的畜产品产业带，以淡水鱼类、河蟹为主的水产品产业带。从全国农业战略格局来看，长江经济带包含全部长江流域主产区和部分黄淮海平原主产区、华南主产区，覆盖农业主产区面积大，可见长江经济带农业发展在我国农业战略格局中占据重要地位。

二、优势和特色农产品布局

《全国优势农产品区域布局规划（2008—2015）》按照总体布局、重点建设原则，确定了全国16个优势农产品品种。我国优势农产品在长江经济带的布局情况如表6.1所示，根据优势农产品区域布局所涉及的长江经济带沿线省份数量，将数量过半的优势农产品称为长江经济带优势农产品。长江经济带优势农产品包括水稻、小麦、玉米、马铃薯、油菜、柑橘、肉羊、生猪和出口水产品9种优势农产品（见表6.1）。

表6.1　长江经济带沿线11省份优势农产品

优势农产品品种	涉及的长江经济带沿线11省份
水稻	上海市、浙江省、四川省、重庆市、云南省、贵州省、湖南省、湖北省、安徽省、江西省、江苏省
小麦	江苏省、安徽省、湖北省、四川省、重庆市、云南省、贵州省
玉米	江苏省、安徽省、重庆市、四川省、云南省、贵州省、湖北省、湖南省
大豆	江苏省、安徽省

续表

优势农产品品种	涉及的长江经济带沿线 11 省份
马铃薯	云南省、贵州省、四川省、重庆市、湖北省、湖南省、江西省
棉花	江苏省、安徽省、湖北省、湖南省、江西省
油菜	四川省、贵州省、云南省、重庆市、湖北省、湖南省、江西省、安徽省、江苏省、浙江省
甘蔗	云南省
苹果	无
柑橘	湖北省、四川省、重庆市、江西省、湖南省、云南省、浙江省
天然橡胶	云南省
肉牛	安徽省、四川省、重庆市、云南省、贵州省
肉羊	湖北省、江苏省、安徽省、四川省、云南省、贵州省、重庆市、湖南省
奶牛	上海市
生猪	江苏省、浙江省、安徽省、江西省、湖北省、湖南省、四川省、重庆市、云南省、贵州省
出口水产品	江苏省、安徽省、江西省、湖北省、湖南省、重庆市、四川省

资料来源:整理自《全国优势农产品区域布局规划(2008—2015)》。

为建设一批特色农产品标准化生产示范区,建设一批特色农产品原产地保护基地,开发驯化一批特色农产品名优品种,培育一批知名的特色农产品优势产区,逐步形成一批在国内外公认、拥有自主知识产权的知名品牌,《特色农产品区域布局规划(2013—2020 年)》根据资源依托、市场导向、产业开发、规模适度、科技支撑、生态文明六大原则,确定全国 144 个特色农产品。其中,分布在长江经济带沿线 11 省份的特色农产品品种如表 6.2 所示。长江经济带特色农产品种类丰富,沿线 11 省份的特色蔬菜、特色果品、特色粮油、特色饮料、特色花卉、特色纤维、地道中药材、特色草食畜、特色猪禽蜂、特色水产 10 类特色农产品知名度较高,具有较强的市场竞争力。

表 6.2　长江经济带沿线 11 省份特色农产品

省份	特色农产品
上海	葡萄、特色桃、太湖猪、优质地方鸡
江苏	莲藕、莼菜、山药、葡萄、特色梨、特色桃、樱桃、枇杷、猕猴桃、绿豆、红小豆、蚕豆、豌豆、芝麻、蚕茧、太湖猪、特色水鸡、特色蜂产品、海参、珍珠、鳜鱼、长吻鮠、青虾、黄颡鱼、黄鳝、乌鳢、鲶鱼、龟鳖、海蜇
浙江	莲藕、莼菜、芋头、竹笋、荸荠、黑木耳、葡萄、特色桃、杨梅、特色柚、特色核桃、香榧、薏苡、木本油料、盆栽花卉、蚕茧、白术、山茱萸、金华猪、太湖猪、优质地方鸡、特色水鸡、特色蜂产品、珍珠、鳜鱼、青虾、锯缘青蟹、黄颡鱼、乌鳢、龟鳖
安徽	竹笋、葡萄、特色梨、特色桃、石榴、枇杷、特色核桃、板栗、绿豆、蚕豆、荞麦、啤酒大麦、芝麻、红茶、蚕茧、天麻、优质地方鸡、特色水鸡、特色蜂产品、珍珠、鳜鱼、长吻鮠、青虾、黄颡鱼、黄鳝、乌鳢、鲶鱼
江西	藠头、竹笋、猕猴桃、芝麻、红茶、苎麻、金华猪、优质地方鸡、特色水鸡、特色蜂产品、珍珠、鳜鱼、长吻鮠、青虾、黄颡鱼、黄鳝、乌鳢、鲶鱼、龟鳖
湖北	莲藕、魔芋、莼菜、藠头、竹笋、荸荠、山药、黑木耳、葡萄、特色梨、特色桃、特色柚、特色核桃、板栗、柿子、绿豆、红小豆、豌豆、高粱、芝麻、木本油料、绿茶、园林花卉、蚕茧、苎麻、天麻、杜仲、丹参、桔梗、优质地方鸡、特色水鸡、特色蜂产品、珍珠、鳜鱼、鳟鲟鱼、长吻鮠、青虾、黄颡鱼、黄鳝、乌鳢、鲶鱼、龟鳖
湖南	魔芋、藠头、黄花菜、辣椒、枇杷、特色柚、猕猴桃、木本油料、绿茶、天麻、杜仲、湘西黄牛、九嶷山兔、优质地方鸡、特色水禽、特色蜂产品、珍珠、鳜鱼、黄颡鱼、黄鳝、乌鳢、龟鳖
重庆	魔芋、莼菜、辣椒、猕猴桃、芸豆、绿豆、蚕豆、豌豆、荞麦、高粱、绿茶、蚕茧、苎麻、杜仲、优质地方鸡、特色水禽、特色蜂产品、长吻鮠、黄颡鱼
四川	魔芋、莼菜、黑木耳、银耳、辣椒、花椒、葡萄、特色桃、石榴、枇杷、猕猴桃、荔枝、杧果、芸豆、绿豆、红小豆、蚕豆、豌豆、荞麦、燕麦、青稞、高粱、绿茶、蚕茧、苎麻、川贝母、天麻、杜仲、黄芪、丹参、川芎、金银花、牦牛、藏系绵羊、奶山羊、乌金猪、藏猪、优质地方鸡、特色水禽、特色蜂产品、鳟鲟鱼、长吻鮠、黄鳝、鲶鱼

续表

省份	特色农产品
贵州	魔芋、竹笋、黄花菜、山药、银耳、辣椒、花椒、特色桃、猕猴桃、芸豆、绿豆、红小豆、蚕豆、豌豆、荞麦、燕麦、高粱、薏苡、木本油料、绿茶、天麻、杜仲、白术、乌金猪、香猪、优质地方鸡、特色水禽、鳟鲟鱼
云南	魔芋、藠头、芋头、竹笋、荸荠、山药、辣椒、花椒、大料、葡萄、特色梨、特色桃、石榴、杨梅、特色枣、特色核桃、板栗、龙眼、荔枝、香蕉、菠萝、杧果、番木瓜、芸豆、红小豆、蚕豆、豌豆、荞麦、燕麦、青稞、薏苡、啤酒大麦、红茶、普洱茶、绿茶、咖啡、种球花卉、蚕茧、三七、天麻、当归、牦牛、奶水牛、藏系绵羊、乌金猪、藏猪、滇南小耳猪、优质地方鸡、特色水禽、特色蜂产品、鳟鲟鱼

资料来源:整理自《特色农产品区域布局规划(2013—2020年)》。

长江经济带拥有宝贵的农业资源,上中下游地区应因地制宜推进农业优势产业带、特色产业带建设。长江经济带上游地区应重点发展以草食畜牧业为代表的特色生态农业,中游地区应重点强化粮食、油菜籽、水产品等重要农产品供给保障能力,下游地区应因地制宜发展高效精品农业和都市农业。

三、国家农业园区建设

现代农业示范区是探索中国特色农业现代化道路的重要载体,是建设现代农业的有效抓手。截至2017年我国已启动三批国家现代农业示范区建设,共认定308个地区为国家现代农业示范区①。其中长江经济带包含118个(见表6.3)。2010年共有50个地区被确定为第一批国家现代农业示范区,其中长江经济带包含19个。2012年共有101个地区被确定为第二批国家现代农业示范区,其中长江经济带包含40个。2015年共有157个地区被确定为第三批国家现代农业示范区,其中长江经济带包含59个。

① 第三批认定后,合并前二批示范区已认定的重合县市,国家现代农业示范区总数为283个。

表 6.3　长江经济带沿线 11 省份国家现代农业示范区

省份	国家现代农业示范区
上海	浦东新区国家现代农业示范区(2010)、崇明县国家现代农业示范区(2012)、上海市国家现代农业示范区(2015)
江苏	昆山市国家现代农业示范区(2010)、铜山县国家现代农业示范区(2010)、无锡市国家现代农业示范区(2012)、太仓市国家现代农业示范区(2012)、东台市国家现代农业示范区(2012)、海安县国家现代农业示范区(2012)、沛县国家农业示范区(2012)、泰州市国家现代农业示范区(2012)、苏州市相城区国家现代农业示范区(2012)、建湖县国家现代农业示范区(2012)、常州市国家现代农业示范区(2015)、句容市国家现代农业示范区(2015)、连云港市赣榆区国家现代农业示范区(2015)、南京市国家现代农业示范区(2015)、洪泽县国家现代农业示范区(2015)、扬州市江都区国家现代农业示范区(2015)、苏州市吴江区国家现代农业示范区(2015)、南通市国家现代农业示范区(2015)
浙江	平湖市国家农业示范区(2010)、诸暨市国家农业示范区(2010)、湖州市国家现代农业示范区(2012)、杭州市萧山区国家现代农业示范区(2012)、金华市婺城区国家现代农业示范区(2012)、温岭市国家现代农业示范区(2012)、三门县国家现代农业示范区(2012)、宁波市慈溪市国家现代农业示范(2012)、宁波市国家现代农业示范区(2015)、乐清市国家现代农业示范区(2015)、嘉兴市秀洲区国家现代农业示范区(2015)、衢州市衢江区国家现代农业示范区(2015)、遂昌县国家现代农业示范区(2015)
安徽	埇桥区国家现代农业示范区(2010)、南陵县国家现代农业示范区(2010)、铜陵市国家现代农业示范区(2012)、颍上县国家现代农业示范区(2012)、涡阳县国家现代农业示范区(2012)、庐江县国家现代农业示范区(2012)、六安市金安区国家现代农业示范区(2015)、当涂县国家现代农业示范区(2015)、全椒县国家现代农业示范区(2015)、黄山市黄山区国家现代农业示范区(2015)、太和县国家现代农业示范区(2015)、郎溪县国家现代农业示范区(2015)、桐城市国家现代农业示范区(2015)
江西	南昌县国家现代农业示范区(2010)、吉安县国家现代农业示范区(2010)、万载县国家现代农业示范区(2012)、赣县国家现代农业示范区(2012)、分宜县国家现代农业示范区(2012)、抚州市临川区国家现代农业示范区(2012)、贵溪市国家现代农业示范区(2015)、万年县国家现代农业示范区(2015)、信丰县国家现代农业示范区(2015)、芦溪县国家现代农业示范区(2015)、乐平市国家现代农业示范区(2015)

续表

省份	国家现代农业示范区
湖北	黄陂区国家现代农业示范区（2010）、监利县国家现代农业示范区（2010）、荆门市国家现代农业示范区（2012）、枣阳市国家现代农业示范区（2012）、宜昌市夷陵区国家现代农业示范区（2012）、仙桃市国家现代农业示范区（2015）、孝感市孝南区国家现代农业示范区（2015）、天门市国家现代农业示范区（2015）、潜江市国家现代农业示范区（2015）、随县国家现代农业示范区（2015）、武汉市国家现代农业示范区（2015）、襄阳市国家现代农业示范区（2015）、鄂州市梁子湖区国家现代农业示范区（2015）
湖南	长沙县国家现代农业示范区（2010）、屈原管理区国家现代农业示范区（2010）、永州市冷水滩区国家现代农业示范区（2012）、华容县国家现代农业示范区（2012）、益阳市大通湖管理区国家现代农业示范区（2012）、常德市西湖西洞庭管理区国家现代农业示范区（2012）、株洲县国家现代农业示范区（2015）、衡南县国家现代农业示范区（2015）、洞口县国家现代农业示范区（2015）、临武县国家现代农业示范区（2015）、涟源市国家现代农业示范区（2015）、靖州县国家现代农业示范区（2015）、湘潭市国家现代农业示范区（2015）、益阳市国家现代农业示范区（2015）、桃源县国家现代农业示范区（2015）
重庆	潼南县国家现代农业示范区（2010）、南川区国家现代农业示范区（2012）、荣昌县国家现代农业示范区（2012）、忠县国家现代农业示范区（2015）、江津区国家现代农业示范区（2015）
四川	成都市国家现代农业示范区（2010）、广安区国家现代农业示范区（2010）、南充市国家现代农业示范区（2010）、攀枝花市国家现代农业示范区（2012）、眉山市东坡区国家现代农业示范区（2012）、泸州市江阳区国家现代农业示范区（2012）、苍溪县国家现代农业示范区（2012）、江油市国家现代农业示范区（2015）、蓬溪县国家现代农业示范区（2015）、大竹县国家现代农业示范区（2015）、安岳县国家现代农业示范区（2015）、红原县国家现代农业示范区（2015）、犍为县国家现代农业示范区（2015）、泸州市国家现代农业示范区（2015）
贵州	湄潭县国家现代农业示范区（2010）、清镇市国家现代农业示范区（2012）、松桃县国家现代农业示范区（2012）、兴义市国家现代农业示范区（2015）、龙里县国家现代农业示范区（2015）、金沙县国家现代农业示范区（2015）
云南	宣威市国家现代农业示范区（2010）、嵩明县国家现代农业示范区（2012）、砚山县国家现代农业示范区（2012）、红河州国家现代农业示范区（2015）、石林县国家现代农业示范区（2015）、保山市隆阳区国家现代农业示范区（2015）、新平县国家现代农业示范区（2015）

注：表中“荣昌县”现在为“荣昌区”。

资料来源：整理自《农业部关于认定第一批国家现代农业示范区的通知》《农业部关于认定第二批国家现代农业示范区的通知》《农业部关于认定第三批国家现代农业示范区的通知》。

国家农业科技园区是推进农业高新技术产业发展和农业科技创新创业的重要载体,截至2017年,我国已启动七批国家农业科技园区建设,共认定177个国家农业科技园区,其中长江经济带包含77个(见表6.4)。2001年(第一批)共确定21个国家农业科技园区,其中长江经济带包含7个。2006年(第二批)共确定15个第二批国家农业科技园区,其中长江经济带包含5个。2011年(第三批)共确定27个国家农业科技园区,其中长江经济带包含8个。2012年(第四批)共确定8个国家农业科技园区,其中长江经济带包含1个。2013年(第五批)共确定45个国家农业科技园区,其中长江经济带包含18个。2015年(第六批)共确定42个国家农业科技园区,其中长江经济带包含26个。2016年(第七批)共确定19个国家农业科技园区,其中长江经济带包含12个。

表6.4　长江经济带沿线11省份国家农业科技园区

省份	国家农业科技园区
上海	浦东农业科技园区(2001)
江苏	常熟农业科技园区(2001)、南京白马国家农业科技园区(2011)、淮安国家农业科技园区(2013)、盐城国家农业科技园区(2013)、徐州国家农业科技园区(2015)、泰州国家农业科技园区(2015)、南通国家农业科技园区(2015)、无锡国家农业科技园区(2015)、连云港国家农业科技园区(2015)
浙江	嘉兴农业科技园区(2001)、宁波慈溪国家农业科技园区(2006)、杭州萧山国家农业科技园区(2011)、湖州国家农业科技园区(2013)、金华国家农业科技园区(2013)、象山国家农业科技园区(2015)
安徽	宿州国家农业科技园区(2006)、芜湖国家农业科技园区(2011)、蚌埠国家农业科技园区(2013)、铜陵国家农业科技园区(2013)、安庆国家农业科技园区(2013)、合肥国家农业科技园区(2013)、淮北国家农业科技园区(2015)、阜阳国家农业科技园区(2015)、马鞍山国家农业科技园区(2015)、池州国家农业科技园区(2015)、滁州国家农业科技园区(2015)
江西	南昌国家农业科技园区(2006)、新余国家农业科技园区(2011)、丰城国家农业科技园区(2015)、赣州国家农业科技园区(2015)、萍乡国家农业科技园区(2015)

续表

省份	国家农业科技园区
湖北	武汉国家农业科技园区(2001)、仙桃国家农业科技园区(2011)、潜江国家农业科技园区(2013)、荆州国家农业科技园区(2013)、十堰国家农业科技园区(2015)、荆门国家农业科技园区(2015)
湖南	望城农业科技园区(2001)、永州国家农业科技园区(2011)、岳阳国家农业科技园区(2013)、湘潭国家农业科技园区(2013)、衡阳国家农业科技园区(2013)、湘西国家农业科技园区(2015)
重庆	渝北国家农业科技园区(2001)、忠县国家农业科技园区(2011)、璧山国家农业科技园区(2013)、潼南国家农业科技园区(2015)、丰都国家农业科技园区(2015)、江津国家农业科技园区(2016)、涪陵国家农业科技园区(2016)、长寿国家农业科技园区(2016)、永川国家农业科技园区(2016)
四川	乐山国家农业科技园区(2001)、雅安国家农业科技园区(2011)、宜宾国家农业科技园区(2013)、内江国家农业科技园区(2015)、南充国家农业科技园区(2015)、巴中国家农业科技园区(2016)、遂宁国家农业科技园区(2016)、绵阳国家农业科技园区(2016)
贵州	贵阳国家农业科技园区(2006)、黔西南国家农业科技园区(2013)、毕节国家农业科技园区(2013)、安顺国家农业科技园区(2015)、黔东南国家农业科技园区(2015)、铜仁国家农业科技园区(2016)、赤水国家农业科技园区(2016)、六盘水国家农业科技园区(2016)
云南	红河国家农业科技园区(2006)、昆明石林国家农业科技园区(2012)、楚雄国家农业科技园区(2013)、嵩明国家农业科技园区(2015)、滇中国家农业科技园区(2015)、玉溪国家农业科技园区(2015)、宣威现代农业种业园(2016)、马龙现代农业科技园区(2016)

资料来源:根据“国家农业科技园区建设”相关资料整理。

作为推进农业供给侧结构性改革的重要抓手,农村产业融合发展是新形势下改善农业供给、拓展农业功能、拓宽农民增收渠道的重要举措。为带动农村一二三产业融合发展,我国于 2017 年启动首批国家农村产业融合发展示范园建设,共认定 148 个国家农村产业融合发展示范园,其中长江经济带包含 56 个(见表 6.5)。

表 6.5　长江经济带沿线 11 省份国家农村产业融合发展示范园

省份	国家农村产业融合发展示范园
上海	崇明区农村产业融合发展示范园、金山区廊下镇农村产业融合发展示范园
江苏	镇江市句容市农村产业融合发展示范园、南京市六合区农村产业融合发展示范园、宿迁市泗阳县农村产业融合发展示范园、徐州市铜山区农村产业融合发展示范园、南通市如东县农村产业融合发展示范园、扬州市宝应县农村产业融合发展示范园、淮安市淮安区农村产业融合发展示范园
浙江	湖州市德清县东衡农村产业融合发展示范园、湖州市安吉县“田园鲁家”农村产业融合发展示范园、杭州市余杭区大径山农村产业融合发展示范园、金华市武义县农村产业融合发展示范园、台州市仙居县仙台农村产业融合发展示范园、宁波“城市田园 · 欢乐乡村”农村产业融合发展示范园
安徽	阜阳市颍州区三塔集镇农村产业融合发展示范园、滁州市全椒县大墅镇农村产业融合发展示范园、芜湖市芜湖县六郎镇农村产业融合发展示范园、淮北市相山区凤凰山农村产业融合发展示范园、宣城市宣州区洪林镇农村产业融合发展示范园、合肥市庐江县农村产业融合发展示范园
江西	吉安市农村产业融合发展示范园、抚州市东乡区农村产业融合发展示范园、宜春市万载县农村产业融合发展示范园、景德镇市乐平市农村产业融合发展示范园
湖北	潜江市农村产业融合发展示范园、荆门市彭墩农村产业融合发展示范园、襄阳市宜城市刘猴镇农村产业融合发展示范园、宜昌市宜都市农村产业融合发展示范园、咸宁市嘉鱼县官桥镇农村产业融合发展示范园、恩施市白杨坪镇农村产业融合发展示范园
湖南	娄底市涟源市农村产业融合发展示范园、常德市西洞庭管理区农村产业融合发展示范园、邵阳市大祥区农村产业融合发展示范园、宁乡市农村产业融合发展示范园、益阳市桃江县农村产业融合发展示范园
重庆	潼南区农村产业融合发展示范园、永川区农村产业融合发展示范园、万州区农村产业融合发展示范园、涪陵区农村产业融合发展示范园、梁平区农村产业融合发展示范园、荣昌区农村产业融合发展示范园
四川	宜宾市翠屏区农村产业融合发展示范园、南充市西充县农村产业融合发展示范园、泸州市纳溪区农村产业融合发展示范园、成都市新津县农村产业融合发展示范园、眉山市仁寿县农村产业融合发展示范园、广元市苍溪县农村产业融合发展示范园、资阳市乐至县农村产业融合发展示范园
贵州	威宁县农村产业融合发展示范园、黔西南州兴仁县农村产业融合发展示范园、黔南州长顺县农村产业融合发展示范园、黔东南州麻江县农村产业融合发展示范园
云南	临沧市临翔区农村产业融合发展示范园、弥勒市太平湖农村产业融合发展示范园、腾冲市农村产业融合发展示范园

资料来源:整理自《关于印发首批国家农村产业融合发展示范园创建名单的通知》。

第二节　长江经济带农业总体发展概况

一、农业产量

2011—2017 年长江经济带粮食产量总体呈上升趋势，其中 2016 年产量下降，但 2017 年有所回升。2017 年长江经济带粮食产量为 23 357.94 万吨，较 2011 年增加 1 661.46 万吨（见图 6.1）。长江经济带粮食产量占全国比重呈波动下降趋势，但基本保持在 37%～38%。其中 2013 年占全国比重跌至谷底，这是由于 2013 年长江经济带洪涝灾害成灾面积最大。长江经济带粮食产量占全国比重与洪涝灾害强度高度相关，可见农业生产受自然条件影响大，长江经济带农田水利基础设施须加快完善。

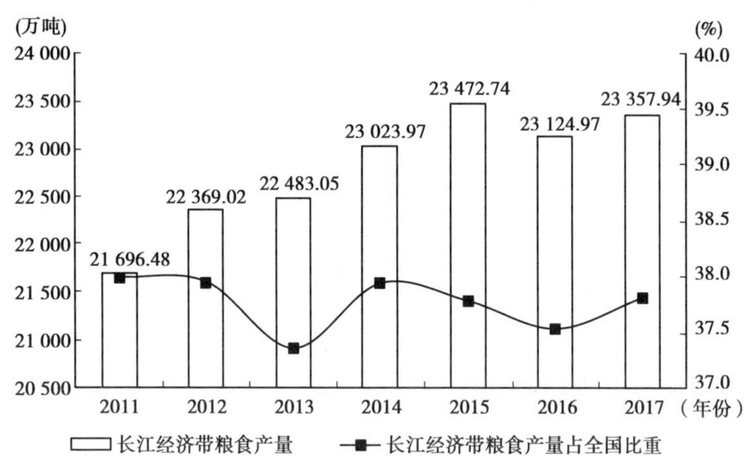

图 6.1　长江经济带粮食产量及占全国比重

资料来源：根据《中国统计年鉴》（2012—2017）提供的相关统计数据整理。

从长江经济带沿线 11 省份粮食产量来看，除上海市、浙江省粮食产量有所减少外，2011—2017 年长江经济带其他沿线 11 省份粮食产量均有所增加，江苏省、安徽省、江西省、湖北省、湖南省、四川省 6 个农业大省在保证长江经济带以及全国粮食安全上做出巨大贡献(见表6.6)。长江经济带沿线11省份粮食产量在2017年大部分都有所增加,粮食安全形势较好。

表6.6　长江经济带沿线11省份粮食产量

单位:万吨

省份＼年份	2011	2012	2013	2014	2015	2016	2017
上海	122.0	122.4	114.2	112.5	112.1	99.2	89.2
江苏	3 307.8	3 372.5	3 423.0	3 490.6	3 561.3	3 466.0	3 539.8
浙江	781.6	769.8	734.0	757.4	752.2	752.2	768.6
安徽	3 135.5	3 289.1	3 279.6	3 415.8	3 538.1	3 417.4	3 476.0
江西	2 052.8	2 084.8	2 116.1	2 143.5	2 148.7	2 138.1	2 127.1
湖北	2 388.5	2 441.8	2 501.3	2 584.2	2 703.3	2 554.1	2 599.7
湖南	2 939.4	3 006.5	2 925.7	3 001.3	3 002.9	2 953.2	2 984.0
重庆	1 126.9	1 138.5	1 148.1	1 144.5	1 154.9	1 166.0	1 167.2
四川	3 291.6	3 315.0	3 387.1	3 374.9	3 442.8	3 483.5	3 498.4
贵州	876.9	1 079.5	1 030.0	1 138.5	1 180.0	1 192.4	1 178.5
云南	1 673.6	1 749.1	1 824.0	1 860.7	1 876.4	1 902.9	1 929.5

资料来源:根据《中国统计年鉴》(2012—2017)和长江经济带沿线11省份2017年国民经济与社会发展统计公报提供的相关统计数据整理。

从主要经济作物产量来看,2011—2016年长江经济带油料、蔬菜、水果和茶叶产量基本呈持续上升趋势,油料、蔬菜、水果产量分别增加119.66万吨、5 838.84万吨、1 427.58万吨,糖料产量呈先上升后下降趋势,产量减少136.19万吨,而棉花产量呈持续下降趋势,产量减少91.26万吨。从主要经济作物产量占全国比重来看,长江经济带茶叶产量占比七成左右,油料、蔬菜产量占比为三至五成,棉花、糖料、水果产量占比在三成以下,2011—2016年长江经济带除蔬菜产量占全国比重呈上升趋势外,其他经济作物产量占全国比重总体呈下降趋势(见图6.2)。

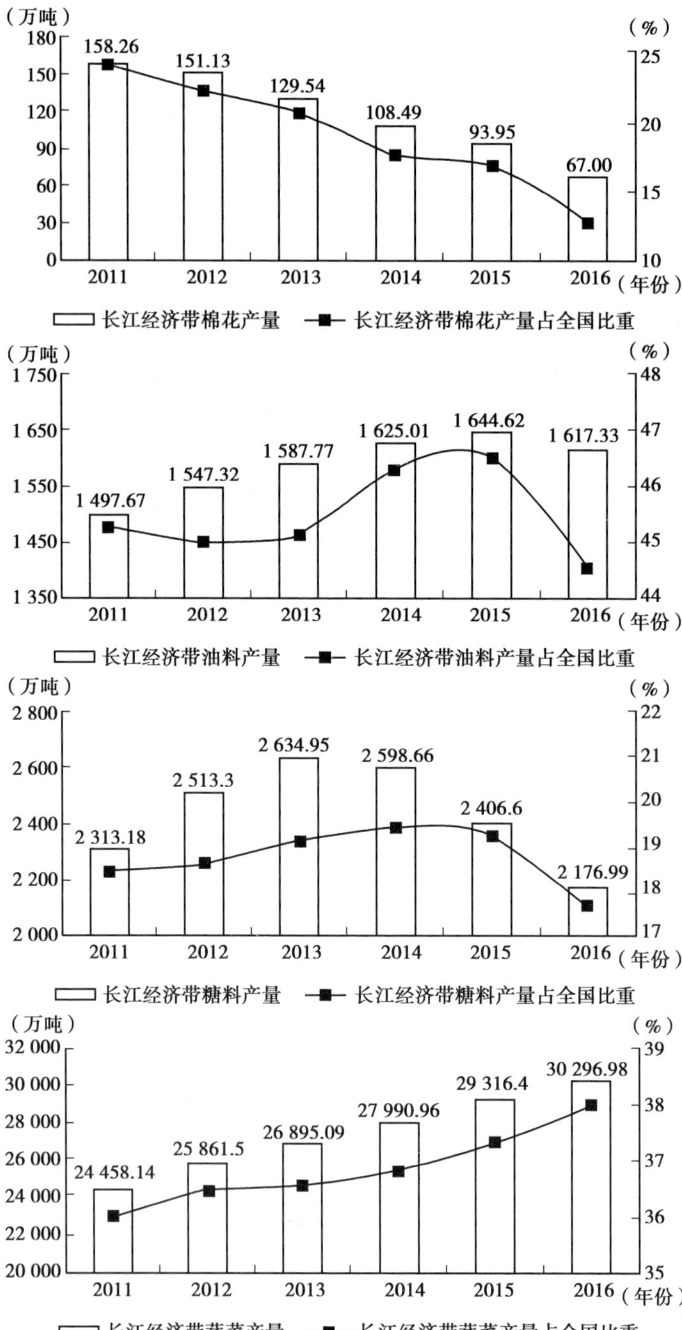
（万吨）
（%）
180
150
120
90
60
30
0
25
20
15
10
158.26
151.13
129.54
108.49
93.95
67.00
2011
2012
2013
2014
2015
2016
（年份）
长江经济带棉花产量
长江经济带棉花产量占全国比重
（万吨）
（%）
1 750
1 650
1 550
1 450
1 350
48
47
46
45
44
1 497.67
1 547.32
1 587.77
1 625.01
1 644.62
1 617.33
2011
2012
2013
2014
2015
2016
（年份）
长江经济带油料产量
长江经济带油料产量占全国比重
（万吨）
（%）
2 800
2 600
2 400
2 200
2 000
22
21
20
19
18
17
2 313.18
2 513.3
2 634.95
2 598.66
2 406.6
2 176.99
2011
2012
2013
2014
2015
2016
（年份）
长江经济带糖料产量
长江经济带糖料产量占全国比重
（万吨）
（%）
32 000
30 000
28 000
26 000
24 000
22 000
20 000
39
38
37
36
35
24 458.14
25 861.5
26 895.09
27 990.96
29 316.4
30 296.98
2011
2012
2013
2014
2015
2016
（年份）
长江经济带蔬菜产量
长江经济带蔬菜产量占全国比重

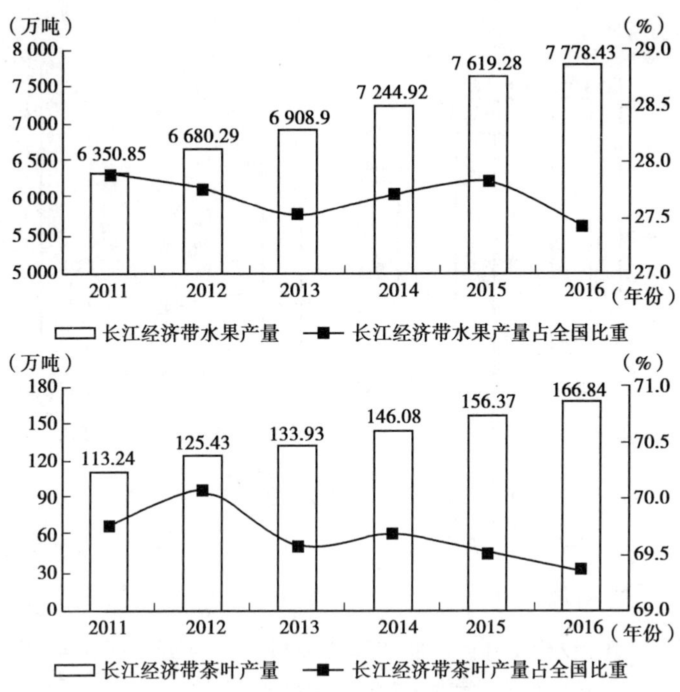

图 6.2　长江经济带主要经济作物产量及占全国比重

资料来源：根据《中国统计年鉴》（2012—2017）提供的相关统计数据整理。

二、林业产量

2011—2016 年长江经济带木材产量呈下降趋势，2016 年略有增加。2016 年长江经济带木材产量为 2 220 万吨，较 2011 年减少 795 万吨。长江经济带木材产量占全国比重呈持续下降趋势，2016 年占比低于三成（见图 6.3），这是由于我国加大生态保护政策力度，各地区林木采伐指标降低，长江经济带木材产量占比持续走低，表明长江经济带沿线 11 省份愈发重视生态环境保护，符合国家关于长江经济带“共抓大保护、不搞大开发”的战略导向。

三、畜牧业产量

2011—2016 年长江经济带肉类产量呈先上升后下降趋势，其中 2011—2014

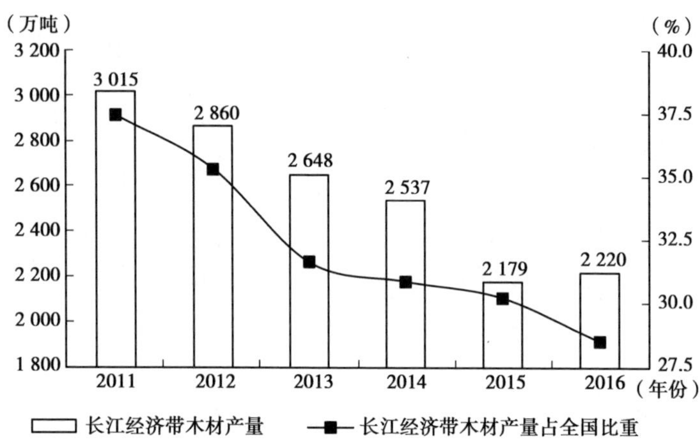

图 6.3　长江经济带木材产量及占全国比重

资料来源：根据《中国统计年鉴》(2012—2017)提供的相关统计数据整理。

年肉类产量持续增加，2015—2016 年持续减少。2016 年长江经济带肉类产量为 3 670.53 万吨，较 2011 年增加 197.11 万吨。长江经济带肉类产量占全国比重基本都保持在 43%～44%，总体呈波动下降趋势，2014 年略有回升，随后快速下降（见图 6.4）。我国肉类产量下降主要体现在猪肉产量的下降，而其他禽肉产量呈上升趋势，这是由于随着人们生活水平提高，居民消费习惯发生改变，猪肉在日常肉类消费中占比正在下降。

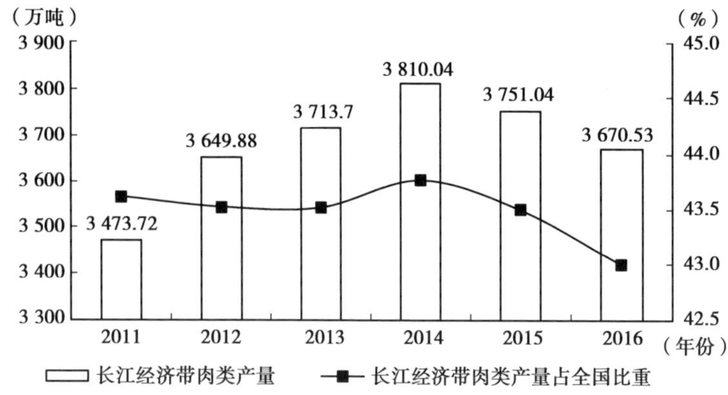

图 6.4　长江经济带肉类产量及占全国比重

资料来源：根据《中国统计年鉴》(2012—2017)提供的相关统计数据整理。

2011—2016 年长江经济带禽蛋产量呈持续上升趋势,2016 年长江经济带禽蛋产量为 936.8 万吨,较 2011 年增加 76.22 万吨。禽蛋是我国重要的菜篮子产品之一,2011—2016 年我国禽蛋产量持续上升,长江经济带禽蛋产量增长态势较好。长江经济带禽蛋产量占全国比重呈先上升后下降趋势, 2011—2014 年长江经济带禽蛋产量占比平稳上升,2015—2016 年快速下跌,但都保持在三成以上,这表明长江经济带是我国重要的禽蛋产区(见图 6.5)。

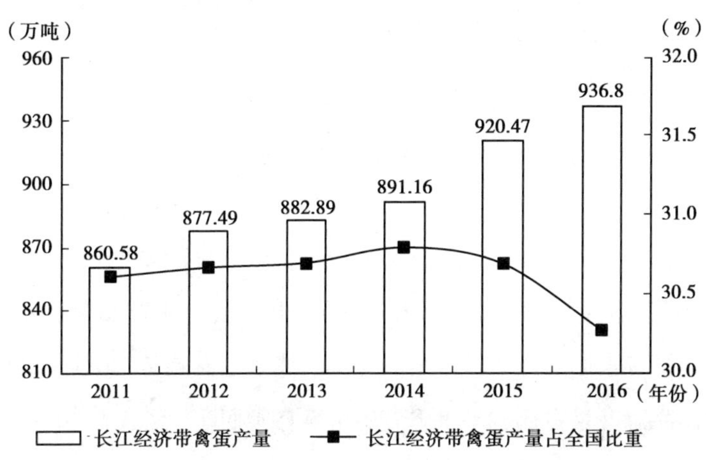

图 6.5 长江经济带禽蛋产量及占全国比重

资料来源:根据《中国统计年鉴》(2012—2017)提供的相关统计数据整理。

2011—2016 年长江经济带牛奶产量波动较大,但都保持在 300 万吨左右。2014 年以来牛奶产量持续下降,2016 年长江经济带牛奶产量为 304.97 万吨,较 2011 年增加 3.74 万吨。长江经济带牛奶产量占全国比重波动也较大,但都保持在 8%~8.5%。由于 2016 年国内两大牛奶主产区黑龙江、内蒙古牛奶产量大幅下跌,长江经济带牛奶产量占全国比重有所上升(见图 6.6)。

四、渔业产量

2011—2016 年长江经济带水产品总产量呈持续上升趋势,2016 年长江经济带水产品总产量为 2 702.36 万吨,较 2011 年增加 524.04 万吨。2011—2016

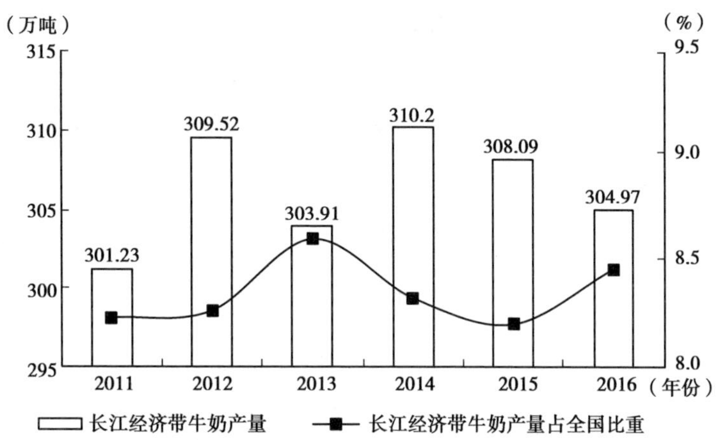

图 6.6　长江经济带牛奶产量及占全国比重

资料来源:根据《中国统计年鉴》(2012—2017)提供的相关统计数据整理。

年我国水产品总产量持续上升,长江经济带水产品总产量增长态势较好,2016年仅上海市、江苏省水产品总产量有所下降,其他省份水产品总产量均有所上升。长江经济带水产品总产量占全国比重总体呈上升趋势,2011—2015 年长江经济带水产品总产量占比波动上升,2016 年有所回落,但基本都保持在 39%~39.5%,这表明长江经济带是我国重要的水产品产区(见图 6.7)。

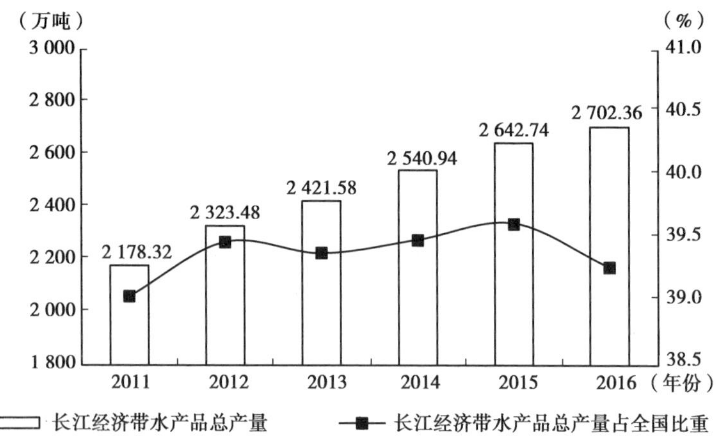

图 6.7　长江经济带水产品产量及占全国比重

资料来源:根据《中国统计年鉴》(2012—2017)提供的相关统计数据整理。

第三节　长江经济带农业绿色全要素生产率

一、研究方法与数据来源

由于广义农业投入产出指标难以统一,因此此处研究对象为狭义农业(即种植业)。测度农业绿色全要素生产率指数包含投入、期望产出和非期望产出指标。农业投入指标包括:①土地投入,用农作物播种面积表示;②劳动力投入,将农业总产值占农林牧渔业总产值的比重乘以第一产业就业人数,求得种植业劳动力投入;③机械投入,将农业总产值占农林牧渔业总产值的比重乘以农业机械总动力,求得种植业机械总动力;④灌溉投入,用有效灌溉面积表示;⑤柴油投入,用农用柴油使用量表示;⑥化肥投入,用农用化肥施用折纯量表示;⑦农药投入,用农药使用量表示;⑧农膜投入,用农用塑料薄膜使用量表示。期望产出用农业总产值表示,为降低价格变动带来的影响,根据粮食类消费价格指数(1997 年为基期)对农业总产值进行调整。非期望产出用农业碳排放量表示,根据李波等(2011)的研究,农业碳排放总量的测算公式如下:

$$C = \sum_{i=1}^{6} C_i = \sum_{i=1}^{6} CS_i \times \varepsilon_i \tag{6.1}$$

式中:C 为农业碳排放总量;C_i 为第 i 种碳源的碳排放量;CS_i 和 ε_i 分别为第 i 类碳排放源的量及其排放系数,碳排放源量的指标为有效灌溉面积、农作物总播种面积、农用柴油使用量、农用化肥施用折纯量、农药使用量和农药塑料薄膜使用量。1997—2016 年全国和长江经济带农业碳排放总量都总体呈稳步上升趋势,2016 年全国和长江经济带农业碳排放总量均有所下降,但长江经济带农业碳排放量增长速度低于全国,且长江经济带农业碳排放总量占全国比重总体呈持续下降趋势(见图 6.8)。

为在全国视野下考察长江经济带沿线 11 省份农业绿色全要素生产率,根

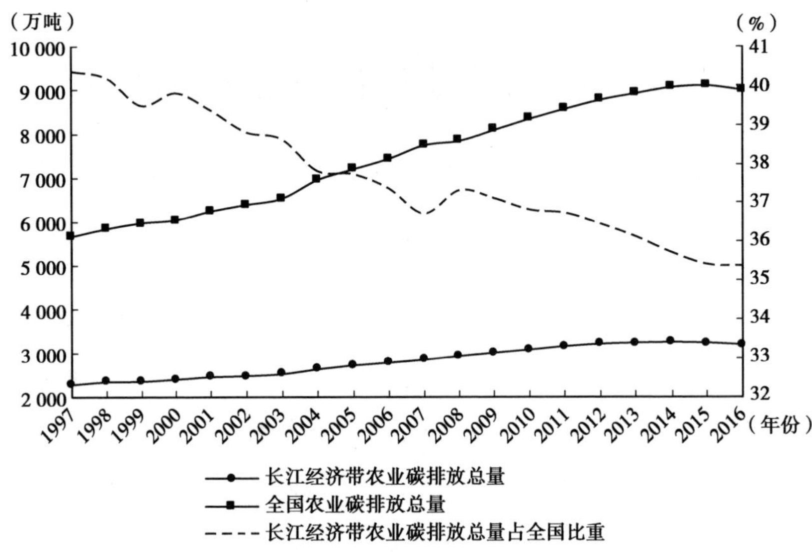

图 6.8　全国和长江经济带农业碳排放总量

资料来源:根据测算结果整理。

据投入产出指标数据,参考李谷成(2014)的方法,结合 SBM 模型和 GML 指数测度全国 31 个省份农业绿色全要素生产率指数①,并以各年度 31 个省份农业绿色全要素生产率指数几何平均值为当年全国农业绿色全要素生产率指数,以各年长江经济带沿线 11 省份农业绿色全要素生产率指数几何平均值为当年长江经济带农业绿色全要素生产率指数。考虑到重庆市 1997 年设为直辖市,将样本期选取为 1997—2015 年。相关数据来源于《新中国六十年统计资料汇编》《新中国农业 60 年统计资料》、历年《中国统计年鉴》《中国农村统计年鉴》和 31 个省份统计年鉴。

二、测度结果与分析

1.全国视野下长江经济带农业绿色全要素生产率

总体而言,1997—2015 年全国、长江经济带农业绿色全要素生产率均有所

① 由于统计年鉴中无港澳台地区的统计数据,故仅考察 31 个省份的情况。以下出现类似情况的原因相同。

改善,但长江经济带年均农业绿色全要素生产率指数低于全国水平。1997—2015年全国年均农业绿色全要素生产率指数为1.03,农业绿色全要素生产率年均增长率为2.96%;长江经济带年均农业绿色全要素生产率指数为1.024,农业绿色全要素生产率年均增长率为2.4%。

从农业绿色全要素生产率指数的变化情况来看(见图6.9),1997—2015年长江经济带农业绿色全要素生产率指数在大部分年份都低于全国农业绿色全要素生产率指数,且波动较大。其中,1998年、2003年、2004年、2005年、2006年、2009年、2011年长江经济带农业绿色全要素生产率指数小于1,农业绿色全要素生产率出现恶化,其他年份农业绿色全要素生产率均有所改善,2012年以来长江经济带农业绿色全要素生产率持续改善。

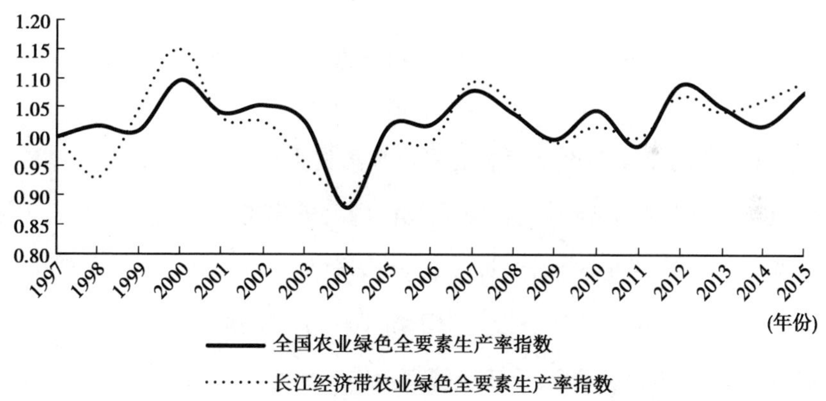

图6.9　全国和长江经济带农业绿色全要素生产率指数

资料来源:根据测算结果整理。

从农业绿色全要素生产率累积变化指数的变化情况来看(见图6.10),长江经济带农业绿色全要素生产率变化指数基本都小于全国水平。根据农业绿色全要素生产率的变化情况,大致可分为三个阶段:①1997—2003年,长江经济带、全国农业绿色全要素生产率累积变化指数波动上升,长江经济带农业绿色全要素生产率累积变化指数与全国水平的差距逐渐缩小;②2004年全国和长江经济带农业绿色全要素生产率均遭重创,2004—2011年全国和长江经济带农业绿色全要素生产率逐渐恢复,但长江经济带农业绿色全要素生产率累积变化指数与全国水平的差距也快速扩大;③2012—2015 年,长江经济带、全国农业绿色全要素生产率累积变化指数快速上升,长江经济带农业绿色全要素生产率累积变化指数与全国水平的差距呈缩小趋势。

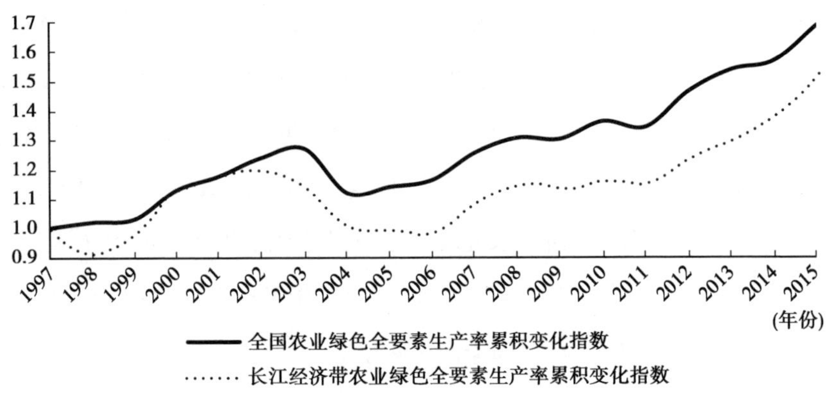

图 6.10　全国和长江经济带农业绿色全要素生产率累积变化指数

资料来源:根据测算结果整理。

2.长江经济带上中下游地区农业绿色全要素生产率

长江经济带包括上游地区重庆市、四川省、贵州省、云南省 4 省份,中游地区安徽省、江西省、湖北省、湖南省 4 省份,下游地区上海市、江苏省、浙江省三省份。1997—2015 年长江经济带上中下游地区年均农业绿色全要素生产率指数分别为 1.013、1.024、1.037;长江经济带上中下游地区农业绿色全要素生产率均有所改善,年均增长率分别为 1.3%、2.4%、3.7%,下游地区高于全国水平,中上游地区均低于全国水平(见表 6.7)。

表 6.7　长江经济带上中下游地区年均农业绿色全要素生产率指数

地区 \ 年份	1997—2003	2004—2011	2012—2015	1997—2015
下游地区	1.035	1.019	1.080	1.037
中游地区	1.034	1.010	1.037	1.024
上游地区	1.001	0.980	1.101	1.013

注:均值为几何平均值,下同。

资料来源:根据测算结果整理。

长江经济带上中下游地区农业绿色全要素生产率存在显著差异。分阶段来看，1997—2003 年长江经济带上中下游地区农业绿色全要素生产率均有所改善，中下游地区年均增长率较高；2004—2011 年长江经济带上中下游地区农业绿色全要素生产率年均增长率均较低，下游地区年均增长率相对较高，上游地区农业绿色全要素生产率甚至出现恶化；2012—2015 年长江经济带上中下游地区农业绿色全要素生产率年均增长率均高于之前水平，上游地区年均增长率甚至高达 10.1%。由此可见，长江经济带下游地区凭借其经济技术优势，农业绿色全要素生产率基本处于领先地位。

3.长江经济带沿线 11 省份农业绿色全要素生产率

从 1997—2015 年长江经济带沿线 11 省份年均农业绿色全要素生产率指数来看，除安徽省、贵州省外，其他省份年均农业绿色全要素生产率指数均大于 1；贵州省农业绿色全要素生产率变化较小，安徽省农业绿色全要素生产率出现恶化，其他省份农业绿色全要素生产率均有所改善；湖南省、浙江省、江苏省农业绿色全要素生产率年均增长率最高，分别为 6.9%、5.8% 和 4.8%，高于全国 2.96%的水平，而其他省份均低于全国水平(见表 6.8)。

表 6.8　长江经济带沿线 11 省份年均农业绿色全要素生产率指数

年份 省份	1997—2003	2004—2011	2012—2015	1997—2015
上海	1.067	1.000	0.934	1.006
江苏	1.009	1.046	1.116	1.048
浙江	1.029	1.011	1.210	1.058
安徽	0.962	0.999	1.023	0.992
江西	1.006	0.979	1.088	1.012
湖北	1.036	1.017	1.026	1.025
湖南	1.141	1.046	1.014	1.069
重庆	1.011	0.992	1.053	1.011

续表

省份＼年份	1997—2003	2004—2011	2012—2015	1997—2015
四川	1.013	1.033	1.023	1.024
贵州	0.961	0.915	1.269	1.000
云南	1.023	0.985	1.075	1.017
均值	1.022	1.002	1.072	1.024

资料来源:根据测算结果整理。

分阶段来看,长江经济带沿线 11 省份在 1997—2003 年、2004—2011 年、2012—2015 年三个阶段农业绿色全要素生产率大部分都有所改善。但 1997—2003 年安徽省、贵州省农业绿色全要素生产率出现恶化,2004—2011 年安徽省、江西省、重庆市、贵州省、云南省农业绿色全要素生产率出现恶化,2012—2015 年上海市农业绿色全要素生产率出现恶化。2012—2015 年长江经济带大部分沿线 11 省份农业绿色全要素生产率基本都呈快速增长趋势,浙江省、贵州省农业绿色全要素生产率年均增长率均超过 20%,表明长江经济带农业生产要素得到有效利用,在保证农业经济增长的同时,也兼顾农业生态环境保护。

参考文献

[1] 国家统计局国民经济综合统计司.新中国六十年统计资料汇编[M].北京:中国统计出版社,2010.

[2] 中华人民共和国农业部.新中国农业 60 年统计资料[M].北京:中国农业出版社,2009.

[3] 吴传清.长江经济带产业蓝皮书:长江经济带产业发展报告(2017)[M].北京:社会科学文献出版社,2017.

[4] 王振.长江经济带蓝皮书:长江经济带发展报告(2011—2015)[M].北京:社

会科学文献出版社,2016.

[5] 王振.长江经济带蓝皮书:长江经济带发展报告(2016—2017)[M].北京:社会科学文献出版社,2017.

[6] 中华人民共和国农业部.2017中国农业发展报告[M].北京:中国农业出版社,2017.

[7] 李波,张俊飚,李海鹏.中国农业碳排放时空特征及影响因素分解[J].中国人口·资源与环境,2011(8):80-86.

[8] 李谷成.中国农业的绿色生产率革命:1978—2008年[J].经济学(季刊),2014(2):537-558.

第七章

7

长江经济带工业发展

内容提要　从工业整体发展及高技术制造业、装备制造业、化学工业、高耗能行业等主要细分行业发展等视角考察长江经济带工业发展总体概况，长江经济带工业发展竞争力高于全国平均水平，存在明显的空间集聚效应。促进工业绿色发展、创新发展、协调发展是推进长江经济带工业经济高质量发展的重要路径。采用超效率SBM模型系统评估2011—2016年长江经济带工业绿色发展绩效、创新发展绩效、绿色创新协同发展绩效，结果显示长江经济带工业绿色发展绩效和创新发展绩效稳步上升；上游地区、中游地区、下游地区绿色发展和创新发展绩效呈梯度递增态势；长江经济带工业绿色发展存在显著的空间集聚效应，但长江经济带创新发展绩效的流动性较差，创新发展的空间集聚效应较弱。建设世界级制造业集群是推进长江经济带工业经济高质量发展的重要战略目标和任务，应坚持智能化、高端化、绿色化、集聚化发展方向，促进长江经济带电子信息产业集群、高端装备制造业集群、汽车产业集群、家电产业集群、纺织服装产业集群等世界级制造业集群发展。

长江经济带是我国工业发展的重要基地，集聚了如钢铁、高端装备制造、汽车、纺织服装、船舶等诸多国家级乃至世界级工业细分行业集群，长江经济带工业发展在我国工业发展格局中占据主导地位，党和国家高度重视长江经济带工业发展进程。2016年3月，国家发展改革委等九部委联合出台《长江经济带创新驱动产业转型升级方案》，提出要加快打造工业新优势，发展壮大战略性新兴产业，推动传统产业改造升级。2016年9月，中央正式印发《长江经济带发展规划纲要》，明确提出打造电子信息、高端装备、汽车、家电、纺织服装五大世界级制造业集群。2017年6月，工信部等五部委联合出台《关于加强长江经济带工业绿色发展的指导意见》，要求加强绿色技术创新，加快传统制造业绿色化改造升级，引领长江经济带工业绿色发展。2018年4月，习近平总书记在武汉主持召开深入推进长江经济带发展座谈会，要求进一步破解沿江工业和港口岸线无序发展问题。长江经济带工业发展，特别是绿色、创新、协同发展，对推动我国经济高质量发展起到重要支撑作用。

第一节　长江经济带工业发展总体水平评估

一、工业发展概况

1.工业发展规模

(1)规上工业企业[①]主营业务收入。长江经济带工业企业营业收入业绩良好,企业规模持续扩大。2011—2016年长江经济带规上工业企业主营业务收入保持平稳较快增长态势,由2011年的346 951亿元稳步增长至2016年的505 815亿元,年均增长7.83个百分点,占全国规上工业企业主营业务收入比重不断提升,至2016年已达43.64%,为全国规上工业企业增收的主力军(见图7.1)。另一方面,可以看出长江经济带规上工业企业主营业务收入增长速度有减缓趋向,而占全国规上工业企业主营业务收入比重却稳步上升,反映出工业增长对长江经济带经济增长的贡献率正逐渐下降,但就全国整体而言,长江经济带仍为推动我国工业发展的稳定器。

长江经济带上中下游地区工业营收业绩呈显著的梯度递增格局,下游地区工业营收业绩份额最大,超出中上游地区工业营收业绩份额之和,但中上游地区工业营收业绩份额呈稳步上升态势。2011—2016年上游地区规上工业企业主营业务收入保持平稳较快增长态势,由2011年的53 914亿元稳步增长至2016年的86 318亿元,年均增长9.87个百分点,接近两位数增速,占长江经济带规上工业企业主营业务收入比重持续上升至17.07%;中游地区规上工业企业主营业务收入呈迅猛增长态势,由2011年的96 349亿元持续上升至2016年

① 规上工业企业是规模以上工业企业的简称。

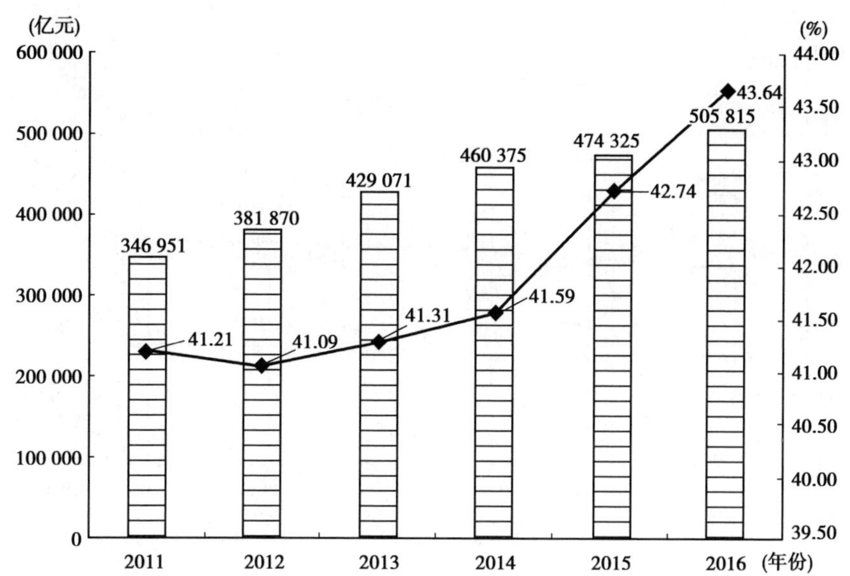

图 7.1　长江经济带规上工业企业主营业务收入及占全国比重

资料来源：根据《中国工业经济统计年鉴 2012》《中国工业统计年鉴》(2013—2017)相关数据整理。

的 163 137 亿元，年均增速高达 11.11 个百分点，稳居三大地区规上工业企业主营业务收入增长之首，占长江经济带规上工业企业主营业务收入比重快速提升至 32.25%；下游地区规上工业企业主营业务收入保持平稳增长态势，由 2011 年的 196 688 亿元稳步增长至 2016 年的 256 360 亿元，年均增长速度为 5.44 个百分点，年均增长速度相对较慢，占长江经济带规上工业企业主营业务收入比重持续下降至 50.68%，下游地区工业发展的规模优势正逐步向中上游地区特别是中游地区转移(见图 7.2)。

2011—2016 年长江经济带沿线 11 省份工业企业业绩普遍上升，但增长差异较大，传统制造业强省工业企业业绩增长较其他省份更为迅猛(见表 7.1)。上海、浙江、四川、云南 4 省份规上工业企业主营业务收入增长相对较慢，年均增长幅度分别为 0.01%、3.41%、6.80%、5.89%，上海市几乎保持不变，这 4 省份对传统

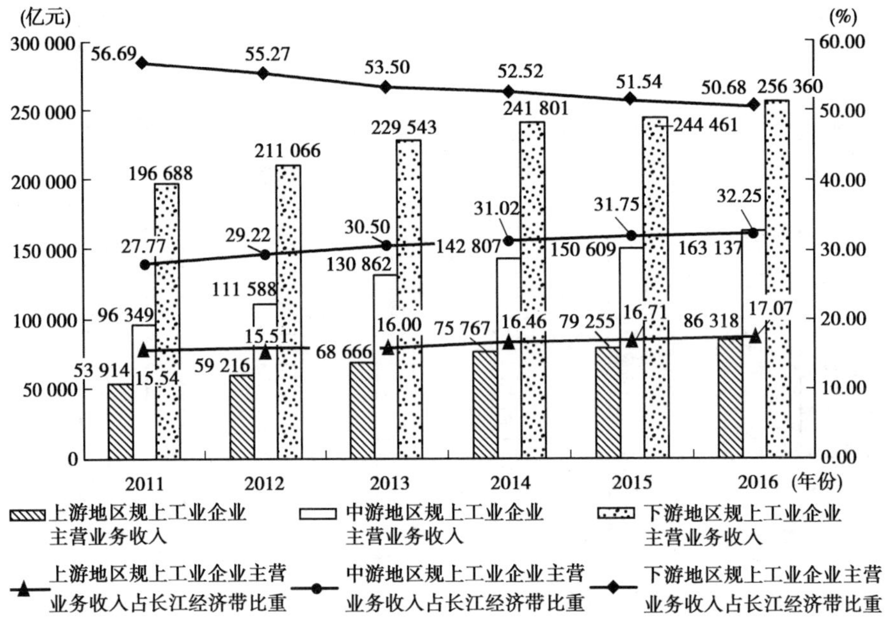

图 7.2　长江经济带上中下游地区规上工业企业主营业务收入及占长江经济带比重

资料来源:根据《中国工业经济统计年鉴 2012》《中国工业统计年鉴》(2013—2017)相关数据整理。

表 7.1　2011—2016 年长江经济带沿线 11 省份规上工业企业主营业务收入及占长江经济带比重

单位:亿元(收入),%(比重)

年份/省份	2011		2012		2013		2014		2015		2016	
	收入	比重	收入	比重	收入	比重	收入	比重	收入	比重	收入	比重
上海	34 300	9.89	34 096	8.93	34 632	8.07	35 474	7.71	34 172	7.20	34 315	6.78
江苏	107 030	30.85	119 287	31.24	133 606	31.14	141 956	30.83	147 074	31.01	156 591	30.96
浙江	55 358	15.96	57 683	15.11	61 306	14.29	64 372	13.98	63 214	13.33	65 454	12.94
安徽	24 960	7.19	28 905	7.57	33 789	7.87	36 838	8.00	39 064	8.24	42 190	8.34
江西	18 580	5.36	22 533	5.90	27 035	6.30	31 078	6.75	32 955	6.95	35 961	7.11
湖北	27 082	7.81	32 326	8.47	38 183	8.90	41 401	8.99	43 179	9.10	45 851	9.06
湖南	25 726	7.41	27 823	7.29	31 855	7.42	33 489	7.27	35 410	7.47	39 135	7.74

续表

省份＼年份	2011		2012		2013		2014		2015		2016	
	收入	比重	收入	比重	收入	比重	收入	比重	收入	比重	收入	比重
重庆	11 382	3.28	12 880	3.37	15 582	3.63	18 689	4.06	20 902	4.41	23 467	4.64
四川	29 888	8.61	31 427	8.23	35 686	8.32	38 064	8.27	38 646	8.15	41 529	8.21
贵州	5 022	1.45	5 967	1.56	7 358	1.71	8 656	1.88	9 877	2.08	11 172	2.21
云南	7 622	2.20	8 942	2.34	10 040	2.34	10 358	2.25	9 830	2.07	10 149	2.01

资料来源:根据《中国工业经济统计年鉴 2012》《中国工业统计年鉴》(2013—2017)相关数据整理。

工业的依赖性较小,上海市偏向现代金融服务业,浙江省偏向商贸服务业,四川省偏向科技服务业,云南省偏向旅游服务业,产业结构偏向服务化、绿色化、智能化,工业企业业绩相对增长缓慢,占长江经济带比重持续降低;江苏、湖南、贵州3省份规上工业企业主营业务收入增长相对较快,年均增长速度分别为7.91%、8.75%、17.34%,贵州省增速高居11省份之首,3省份正大力发展高端装备制造业,且贵州省工业基础相对较为薄弱,3省份占长江经济带比重上升平稳;安徽、江西、湖北、重庆4省份规上工业企业主营业务收入增长迅猛,年均增长速度分为11.07%、14.12%、11.10%、15.57%,高达两位数增速,4省份大力引进承接下游地区工业企业转移,发展壮大本地工业企业,工业业绩增长迅猛。

(2)规上工业企业资产总计。长江经济带工业资产雄厚,工业根基扎实。2011—2016年长江经济带规上工业企业资产呈加快增长态势(见图7.3),由2011年的277 835亿元稳步增长至2016年的438 203亿元,年均增长率高达9.54个百分点,长江经济带工业发展积累较快,有利于后期产业转型升级。另一方面,长江经济带规上工业企业资产占全国比重稳定在40%左右,略有下降,反映长江经济带规上工业企业资产增速与全国增速大体相当,整体看全国工业企业发展较为均衡。长江经济带以占全国约五分之一的国土空间集聚了占全国约五分之二的规上工业企业资产,整体看来长江经济带是我国推进工业化、城镇化的重点区域，工业发展是长江经济带产业发展的重中之重。

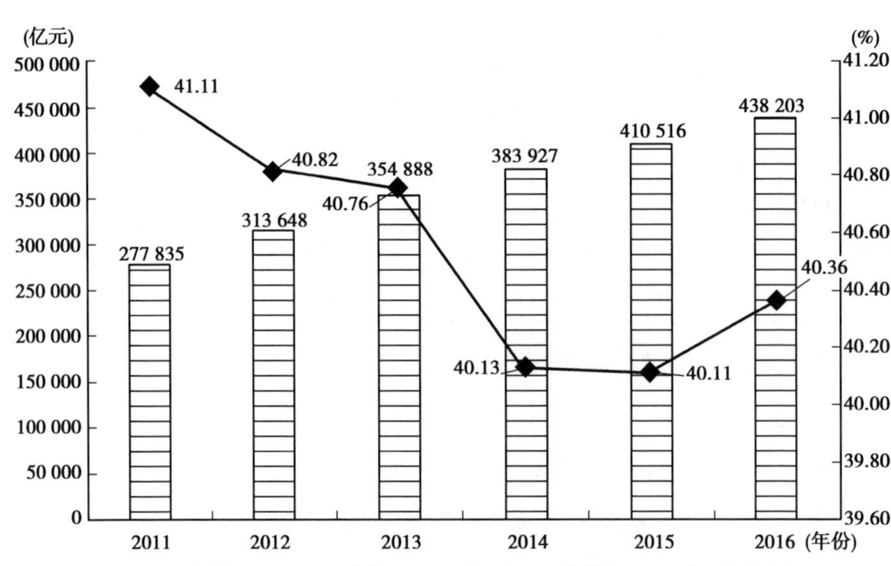

图 7.3　长江经济带规上工业企业资产及占全国比重

资料来源：根据《中国工业经济统计年鉴 2012》《中国工业统计年鉴》(2013—2017)相关数据整理。

长江经济带上中下游地区工业资产呈梯度递增格局，下游地区集聚长江经济带主要工业资产，但有向中上游地区转移趋势。2011—2016 年长江经济带上游地区规上工业企业资产由 46 235 亿元高速增长至 89 968 亿元，年均增长速度高达 14.24 个百分点，占长江经济带规上工业企业资产的比重逐年增长至 21.92%；中游地区规上工业企业资产由 58 501 亿元快速增长至 109 552 亿元，年均增长速度达 13.37%，占长江经济带规上工业企业资产的比重逐年上升至 26.69%；下游地区规上工业企业资产由 140 973 亿元稳步增长至 210 995 亿元，年均增长速度为8.40%，显著低于中上游地区的两位数增速，占长江经济带规上工业企业资产的比重逐年下降至 51.40%(见图 7.4)。长江经济带工业资产仍主要集中在下游地区，但随着下游地区产业结构转型升级，技术含量较低的传统工业资产正加快向中上游地区转移。

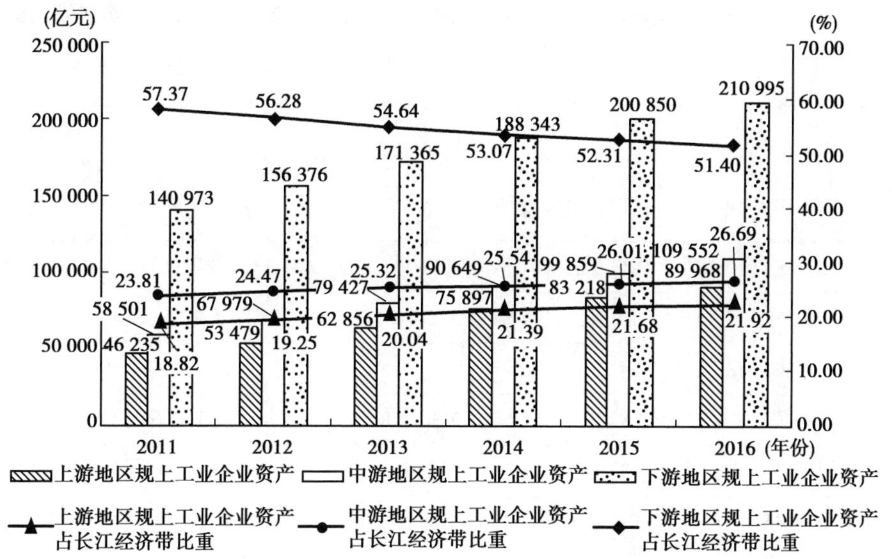

图 7.4　长江经济带上中下游地区规上工业企业资产及占长江经济带比重

资料来源：根据《中国工业经济统计年鉴 2012》《中国工业统计年鉴》(2013—2017)相关数据整理。

2011—2016 年长江经济带沿线 11 省份工业资产差异巨大，均保持较快增长态势，增长速度与资产总量整体呈负相关关系（见表 7.2）。上海、江苏、浙江 3 省份工业基础雄厚，已基本完成工业化，规上工业企业资产增长速度相对较慢，年均增速分别为 6.23%、8.48%、6.52%，仅这 3 省份占长江经济带规上工业企业资产比重呈下降态势，至 2016 分别下降至 9.09%、26.14%、15.85%。江西、重庆、贵州 3 省份规上工业企业资产增长极为迅猛，年均增速分别高达 16.39%、16.75%、15.42%，3 省份经济社会发展程度整体较低，工业资产的快速增长可能对当地生态系统产生较大压力。安徽、湖北、湖南、四川、云南 5 省份规上工业企业资产保持快速增长态势，年均增长速度分别为 11.88%、10.39%、10.52%、9.72%、11.99%，除云南省外，其余 4 省份资源环境承载能力较强，能够承载工业资产的大规模增长，可成为承接下游地区工业资产转移的主要地区。

表 7.2　2011—2016 年长江经济带沿线 11 省份规上工业企业资产及占长江经济带比重

单位:亿元(资产),%(比重)

省份＼年份	2011		2012		2013		2014		2015		2016	
	资产	比重	资产	比重	资产	比重	资产	比重	资产	比重	资产	比重
上海	29 454	10.60	31 161	9.93	33 596	9.47	35 512	9.25	37 307	9.09	39 838	9.09
江苏	76 258	27.45	84 550	26.96	94 311	26.57	101 260	26.37	107 062	26.08	114 536	26.14
浙江	50 664	18.24	55 654	17.74	60 436	17.03	64 078	16.69	66 627	16.23	69 469	15.85
安徽	19 149	6.89	22 798	7.27	25 906	7.30	28 832	7.51	31 360	7.64	33 563	7.66
江西	10 211	3.68	11 968	3.82	14 058	3.96	16 061	4.18	19 218	4.68	21 812	4.98
湖北	23 146	8.33	26 878	8.57	30 634	8.63	32 941	8.58	35 399	8.62	37 942	8.66
湖南	15 473	5.57	17 784	5.67	20 051	5.65	22 026	5.74	23 576	5.74	25 518	5.82
重庆	9 321	3.35	11 113	3.54	13 462	3.79	15 652	4.08	17 846	4.35	20 215	4.61
四川	26 114	9.40	30 363	9.68	36 240	10.21	38 360	9.99	40 401	9.84	41 515	9.47
贵州	6 991	2.52	8 302	2.65	10 340	2.91	11 747	3.06	13 540	3.30	14 320	3.27
云南	11 054	3.98	13 077	4.17	15 855	4.47	17 458	4.55	18 181	4.43	19 474	4.44

资料来源:根据《中国工业经济统计年鉴 2012》《中国工业统计年鉴》(2013—2017)相关数据整理。

(3)规上工业企业数。长江经济带工业企业活力蓬勃,是推动全国工业发展的生力军。2011—2016 年长江经济带规上工业企业数保持平稳增长态势,由 2011 年的 152 016 个稳步增长至 2016 年的 187 748 个,年均增长 4.31 个百分点,占全国比重逐年提升,至 2016 年已高达 49.59%(见图 7.5)。长江经济带以占全国约五分之一的国土空间聚集了占全国约二分之一的规上工业企业,反映出长江经济带工业发展环境较为适宜,工业政策环境宽松,工业生产、运输、销售条件便利,有利于工业企业发展壮大、国家级和世界级工业集群培育。

长江经济带上中下游地区工业企业数量呈梯度递增格局,但规上工业企业逐渐向中上游地区转移,中上游地区规上工业企业集聚趋势显著。2011—2016

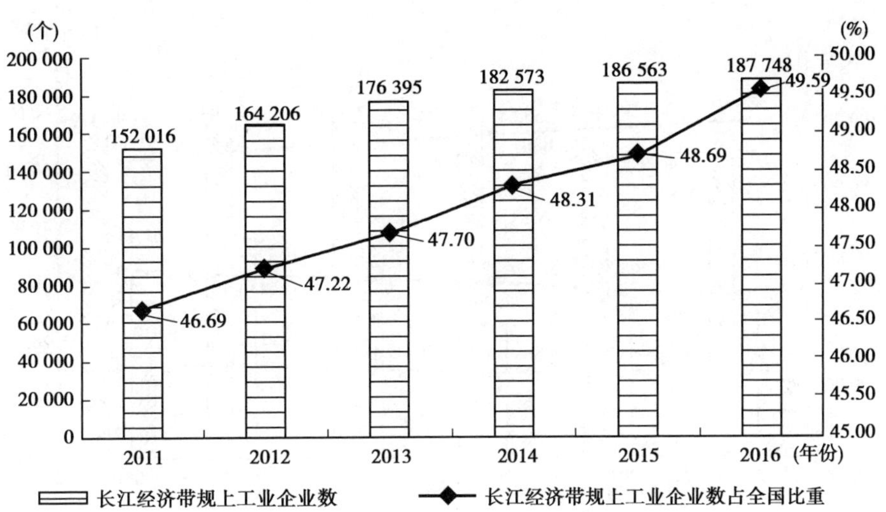

图 7.5　长江经济带规上工业企业数及占全国比重

资料来源:根据《中国工业经济统计年鉴 2012》《中国工业统计年鉴》(2013—2017)相关数据整理。

年长江经济带上游地区规上工业企业数量由 21 965 个稳步增长至 29 918 个,年均增长 6.38 个百分点,占长江经济带规上工业企业数量的比重平缓上升至 2016 年的 15.94%,上游地区受制于自然生态环境条件与经济社会发展基础,规上工业企业集聚水平最低。中游地区规上工业企业数量由 42 023 个快速增长至 61 451 个,年均增长 7.90 个百分点,增速高居三大地区之首,中游地区具有较强的传统工业发展基础,环境规制强度较低,且邻近下游地区,规上工业企业快速向中游地区集聚。下游地区规上工业企业数量由 88 028 个平缓增长至 96 379个,年均增长率仅为 1.83 个百分点,占长江经济带规上工业企业数量的比重逐年下降,至 2016 年已跌至 51.33%(见图 7.6)。尽管下游地区规上工业企业数量超出中上游地区之和,但囿于下游地区产业结构正趋向绿色化、智能化、高端化、服务化、集聚化,大力发展现代服务业,钢铁、纺织、造纸等传统工业丧失劳动力成本比较优势,且面临较强的环境规制,逐步向中上游地区转移。

长江经济带沿线 11 省份规上工业企业数量差异巨大,经济较发达省份企

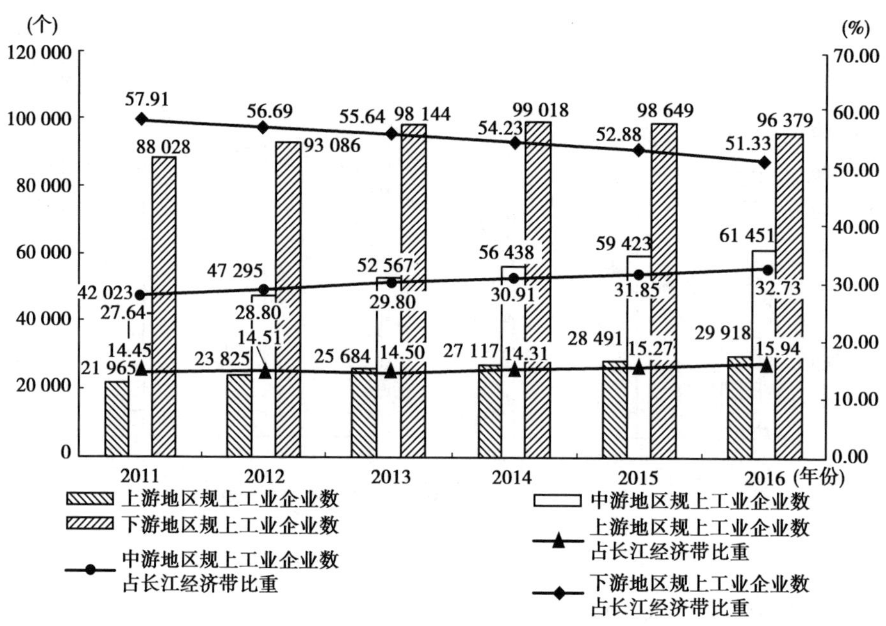

图 7.6　长江经济带上中下游地区规上工业企业数及占长江经济带比重

资料来源:根据《中国工业经济统计年鉴 2012》《中国工业统计年鉴》(2013—2017)相关数据整理。

业数量较多,但增长速度相对较为缓慢,甚至出现负增长态势。2011—2016 年上海市规上工业企业数呈负向增长态势,由 9 962 个快速下降至 8 351 个,年均下降 3.47 个百分点,占长江经济带规上工业企业比重逐年下降至 4.45%。上海市致力于打造国际金融中心和研发创新中心,除保留部分高端装备制造业,大量低技术含量工业企业陆续内迁,腾出土地、资金和人才发展现代服务业。江苏、浙江、湖南、四川等经济相对发达省份规上工业数量呈缓慢增长态势,年均增长速度分别为 2.01%、2.95%、2.89%、2.72%,这些省份工业企业数量增速放缓原因与上海市类似,均为产业结构转型升级的结果。这些省份在保障制造业优势的前提下,大力发展现代服务业,推动产业结构低碳化、绿色化、服务化、高端化。安徽、江西、湖北、重庆、贵州、云南 6 省份规上工业企业数量呈迅猛增长态势,年均增长速度分别高达 9.80%、11.02%、8.91%、7.26%、17.08%、8.63%。这些省份正处于工业化中期,传统制造业较为发达,土地、劳动力成本优势明显,大力引进承接下游地区省份工业企业,加快中上游地区经济快速增长(见表7.3)。

表7.3　2011—2016年长江经济带沿线11省份规上工业企业数及占长江经济带比重

单位:个(企业),%(比重)

省份＼年份	2011		2012		2013		2014		2015		2016	
	企业	比重	企业	比重	企业	比重	企业	比重	企业	比重	企业	比重
上海	9 962	6.55	9 879	6.02	9 796	5.55	9 469	5.19	8 994	4.82	8 351	4.45
江苏	43 368	28.53	46 078	28.06	48 787	27.66	48 708	26.68	48 488	25.99	47 900	25.51
浙江	34 698	22.83	37 130	22.61	39 561	22.43	40 841	22.37	41 167	22.07	40 128	21.37
安徽	12 432	8.18	14 313	8.72	16 193	9.18	17 762	9.73	19 077	10.23	19 838	10.57
江西	6 481	4.26	7 304	4.45	8 126	4.61	8 996	4.93	9 941	5.33	10 931	5.82
湖北	10 633	6.99	12 642	7.70	14 650	8.31	15 957	8.74	16 413	8.80	16 296	8.68
湖南	12 477	8.21	13 038	7.94	13 598	7.71	13 723	7.52	13 992	7.50	14 386	7.66
重庆	4 778	3.14	5 169	3.15	5 559	3.15	6 158	3.37	6 608	3.54	6 782	3.61
四川	12 085	7.95	12 542	7.64	12 998	7.37	13 267	7.27	13 525	7.25	13 819	7.36
贵州	2 329	1.53	2 953	1.80	3 576	2.03	3 895	2.13	4 482	2.40	5 123	2.73
云南	2 773	1.82	3 162	1.93	3 551	2.01	3 797	2.08	3 876	2.08	4 194	2.23

资料来源:根据《中国工业经济统计年鉴2012》《中国工业统计年鉴》(2013—2017)相关数据整理。

(4)规上工业企业利润总额。长江经济带工业效益稳步提升,工业发展优势明显。2011—2016年长江经济带规上工业企业利润保持平稳增长态势,由2011年的23 181亿元增长至2016年的32 556亿元,年均增长7.03个百分点,略低于主营业务收入增速,长江经济带工业成本增长较快,一定程度挤压了长江经济带工业利润空间。另一方面,长江经济带规上工业企业利润总额占长江经济带比重稳步提升,由2011年的37.76%持续上升至2016年的45.27%(见图7.7),增幅远高于主营业务收入,较全国整体工业生产成本而言,长江经济带工业生产成本相对较低,工业生产效益相对较好,为提升全国工业发展质量的生力军。

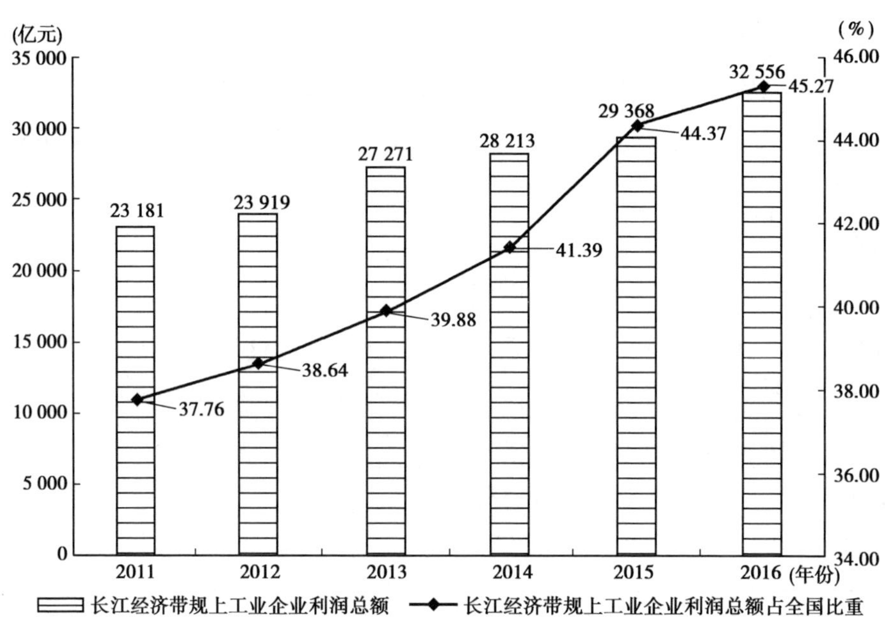

图 7.7　长江经济带规上工业企业利润总额及占全国比重

资料来源:根据《中国工业经济统计年鉴 2012》《中国工业统计年鉴》(2013—2017)相关数据整理。

长江经济带上中下游地区工业利润呈稳定的梯度递增格局,下游地区与中上游地区工业效益差距逐步扩大。2011—2016 年长江经济带上游地区规上工业企业利润增长较为平缓,由 2011 年的 3 954 亿元增长至 2016 年的 5 170 亿元,年均增长 5.51 个百分点,占长江经济带规上工业企业利润总额比重逐步下降至 15.88%,上游地区工业效率增长偏慢;中游地区规上工业企业利润保持平稳较快增长态势,由 2011 年的 6 578 亿元持续增长至 2016 年的 9 428 亿元,年均增长 7.46 个百分点,占长江经济带规上工业企业利润总额比重整体较为平稳,在 30%左右小幅波动;下游地区规上工业企业利润呈快速增长态势,由 2011 年的 12 649 亿元稳步增长至 2016 年的 17 958 亿元,年均增长 7.26 个百分点,占长江经济带规上工业企业利润总额比重保持上升态势,至 2016 年已达 55.16%(见图 7.8),超过中上游地区之和。值得注意的是,中上游地区规上工业企业主营业务收入、资产总计、企业数量占长江经济带比重均保持较快上升态势,长江经济带工业产能正向中上游地区转移,但中上游地区工业企业效益并未因承接下游地区产业转移而得到显著提升,反而出现了相对倒退,这种现象不得不令人深思。中上游地区极有可能承接了下游地区高耗能、高污染、高排放、低效益工业企业,而下游地区却因淘汰低端产能为高技术产业腾出空间,产业转型升级稳步推进,工业企业效益稳步提升。

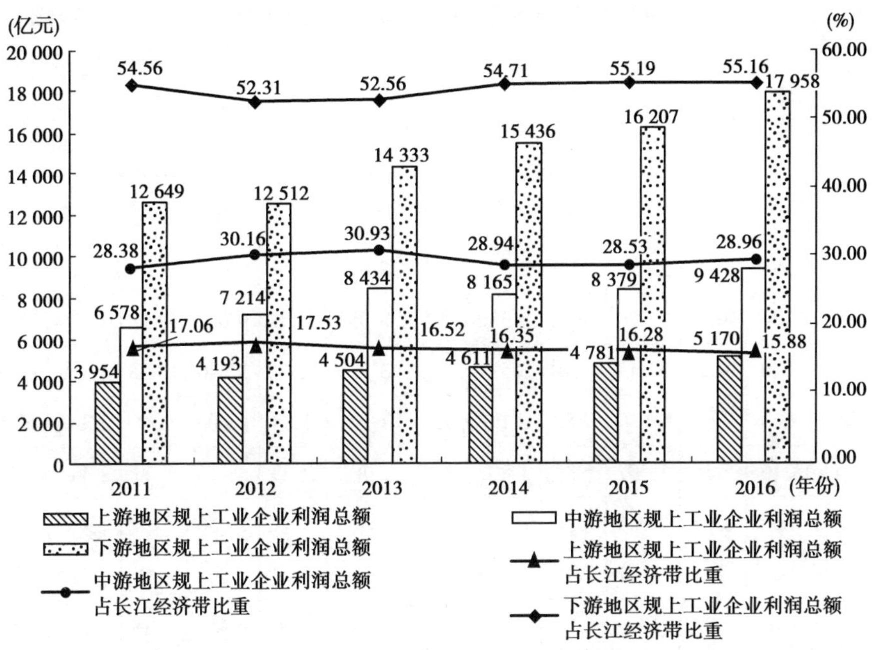

图 7.8　长江经济带上中下游地区规上工业企业利润总额及占长江经济带比重

资料来源:根据《中国工业经济统计年鉴 2012》《中国工业统计年鉴》(2013—2017)相关数据整理。

长江经济带沿线 11 省份工业效益差异显著,传统制造业较强的省份工业效益优势逐步凸显,与其他省份工业效益差距逐步拉大。2011—2016 年湖南、四川、云南 3 省份规上工业企业利润增长相对较慢甚至出现负增长,年均增长速度分别为 2.05%、1.26%、-12.14%,云南省规上工业企业利润呈快速下降态势,占长江经济带规上工业企业利润总额比重持续下降,工业效益较低;上海、浙江、安徽、湖北 4 省份规上工业企业利润保持平稳增长态势,年均增长速度分别为5.27%、6.12%、6.16%、7.77%，除湖北省外，其余省份规上工业企业利润占长江经济带比重均有轻微下降，工业效益整体保持平稳；江苏、江西、重庆、贵州4省份规上工业企业利润呈迅猛增长态势，年均增长速度分别为8.37%、14.98%、20.08%、13.17%，占长江经济带规上工业企业利润的比重持续上升，为提升长江经济带工业发展质量的核心地区（见表7.4）。

表7.4 2011—2016年长江经济带沿线11省份规上工业企业利润及占长江经济带比重

单位：亿元（利润），%（比重）

年份 省份	2011		2012		2013		2014		2015		2016	
	利润	比重	利润	比重	利润	比重	利润	比重	利润	比重	利润	比重
上海	2 254	9.72	2 149	8.99	2 392	8.77	2 650	9.39	2 681	9.13	2 914	8.95
江苏	7 074	30.52	7 250	30.31	8 380	30.73	9 057	32.10	9 687	32.98	10 574	32.48
浙江	3 320	14.32	3 113	13.01	3 561	13.06	3 729	13.22	3 840	13.08	4 469	13.73
安徽	1 663	7.17	1 870	7.82	2 109	7.73	1 944	6.89	2 000	6.81	2 242	6.89
江西	1 216	5.25	1 507	6.30	1 802	6.61	2 130	7.55	2 115	7.20	2 444	7.51
湖北	1 866	8.05	2 046	8.56	2 475	9.08	2 403	8.52	2 456	8.36	2 713	8.33
湖南	1 833	7.91	1 791	7.49	2 048	7.51	1 688	5.98	1 809	6.16	2 029	6.23
重庆	660	2.85	645	2.70	908	3.33	1 230	4.36	1 412	4.81	1 648	5.06
四川	2 198	9.48	2 334	9.76	2 329	8.54	2 237	7.93	2 171	7.39	2 340	7.19
贵州	456	1.97	627	2.62	637	2.33	629	2.23	733	2.50	847	2.60
云南	640	2.76	587	2.45	631	2.31	516	1.83	466	1.59	335	1.03

资料来源：根据《中国工业经济统计年鉴2012》《中国工业统计年鉴》（2013—2017）相关数据整理。

（5）规上工业企业平均用工人数。长江经济带工业劳动力整体较多，但后续供给动力不充分。2011—2016年长江经济带规上工业企业平均用工人数呈抛物线变动趋势，由2011年的3 818万人稳步增长至2014年的4 179万人，而后逐步下降至2016年的4 024万人，整体呈缓慢增长态势，年均增长1.05个百分点。另一方面，尽管长江经济带规上工业企业平均用工人数后期呈下降态势，但占全国比重仍保持上升趋势，由 2011 年的 41.65%平缓上升至 2016 年的 42.47%（见图 7.9），长江经济带工业劳动力供给在全国仍具有比较优势，为我国实现工业强国和制造强国目标提供稳定的劳动力保障。

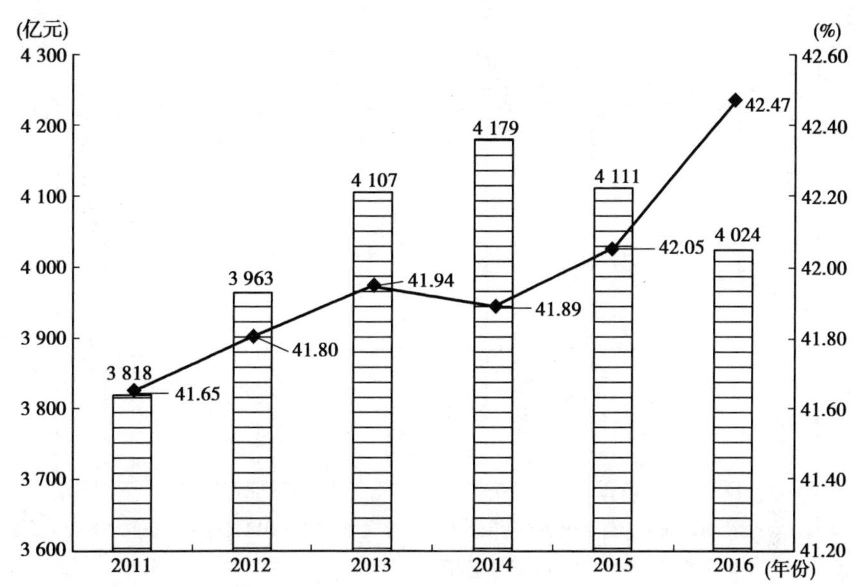

图 7.9　长江经济带规上工业企业平均用工人数及占全国比重

资料来源：根据《中国工业经济统计年鉴 2012》《中国工业统计年鉴》（2013—2017）相关数据整理。

长江经济带上中下游地区工业劳动力供给呈梯度递增格局，但上下游地区工业劳动力有流失迹象，而中游地区工业劳动力供给充分。2011—2016 年长江经济带上游地区规上工业企业平均用工人数呈抛物线型缓慢增长态势，由 2011 年的 701 万人平缓增长至 2014 年的 761 万人，而后减少至 2016 年的 727 万人，整体年均增长 0.71 个百分点；中游地区规上工业企业平均用工人数呈抛物线型较快增长态势，由 2011 年的 1 036 万人快速增长至 2014 年的 1 300 万人，而后缓慢减少至 2016 年的 1 280 万人，占长江经济带比重持续上升至 31.80%，中游地区工业就业容纳能力较强；下游地区规上工业企业平均用工人数呈抛物线型下降态势，由 2011 年的 2 081 万人平缓上升至 2013 年的 2 130 万人，而后持续下降至 2016 年的 2 017 万人，整体年均下降 0.61 个百分点，占长江经济带比重持续下降（见图 7.10）。可以看出，长江经济带上中下游地区工业劳动力均有减少趋势，随着技术进步和经济发展，工业的就业承载能力逐步退化。

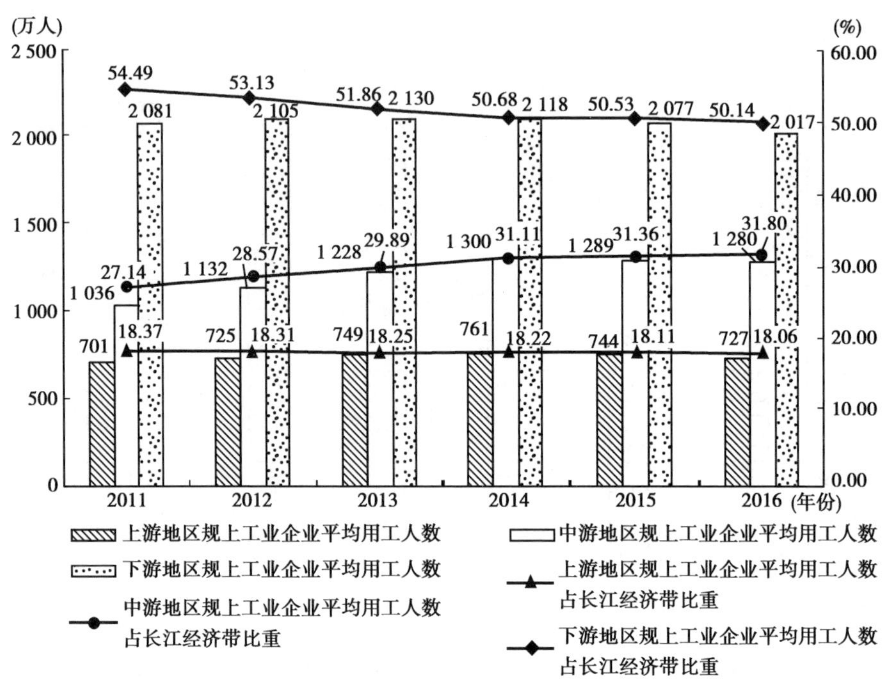

图 7.10　长江经济带上中下游地区规上工业企业平均用工人数及占长江经济带比重

资料来源：根据《中国工业经济统计年鉴 2012》《中国工业统计年鉴》（2013—2017）相关数据整理。

长江经济带沿线 11 省份工业劳动力供给差异显著，服务业较为发达省份的工业劳动力供给显著弱于传统制造业大省、强省。2011—2016 年上海、浙江、四川、云南 4 省份规上工业企业平均用工人数整体呈减少态势，年均下降幅度分别为 4.38%、0.82%、2.53%、0.10%，产业结构偏向服务化，劳动力逐渐流向服务业，占长江经济带规上工业企业平均用工人数比重逐渐减少；江苏、湖南、贵州 3 省份规上工业企业平均用工人数整体呈缓慢增长态势，年均增长幅度分别为 0.36%、3.03%、4.13%，工业劳动力保持相对稳定；安徽、江西、湖北、重庆 4 省份规上工业企业平均用工人数整体呈较快上升态势，年均增长幅度分别为 4.59%、5.81%、4.22%、5.99%（见表 7.5），表明这 4 省份对工业依赖较大，工业的就业容纳能力较强，占长江经济带规上工业企业平均用工人数比重持续上升，4 省份构成保障长江经济带工业生产力的稳定器。

表 7.5　2011—2016 年长江经济带沿线 11 省份规上工业企业平均用工人数及占长江经济带比重

单位：万人（用工），%（比重）

年份 / 省份	2011		2012		2013		2014		2015		2016	
	用工	比重	用工	比重	用工	比重	用工	比重	用工	比重	用工	比重
上海	269	7.05	265	6.68	260	6.32	247	5.91	234	5.69	215	5.35
江苏	1 092	28.60	1 121	28.30	1 151	28.02	1 148	27.47	1 138	27.69	1 112	27.63
浙江	719	18.84	719	18.15	719	17.52	723	17.29	705	17.16	690	17.15
安徽	264	6.92	289	7.30	315	7.66	335	8.03	340	8.27	330	8.21
江西	203	5.32	220	5.54	236	5.75	250	5.99	263	6.41	269	6.69
湖北	280	7.32	313	7.90	346	8.43	379	9.07	356	8.65	344	8.55
湖南	290	7.59	310	7.82	330	8.04	335	8.02	330	8.04	336	8.36
重庆	146	3.82	158	3.98	169	4.13	183	4.39	192	4.67	195	4.84
四川	380	9.96	383	9.66	385	9.38	376	8.99	355	8.64	338	8.40
贵州	84	2.21	88	2.22	92	2.23	102	2.45	102	2.49	103	2.57
云南	91	2.37	97	2.45	103	2.52	100	2.39	95	2.30	90	2.24

资料来源：根据《中国工业经济统计年鉴 2012》《中国工业统计年鉴》（2013—2017）相关数据整理。

2.工业竞争力演变和聚类分析

工业竞争力评价方法主要包括层次分析法、专家打分法等主观赋权法和环比法、模糊区间法、模糊分析法、二项系数法、主成分分析法等客观赋权法。为减少评价过程中的人为扰动，避免个别指标间的高度相关性，本书采用主成分分析法，以降维的方式来确定区域工业竞争力评价指标的权重。具体方法如下：

令各省份工业数据组成的矩阵为：

$$X=\begin{pmatrix} x_{11} & x_{12} & \cdots & x_{1m} \\ x_{21} & x_{22} & \cdots & x_{2m} \\ \vdots & \vdots & & \vdots \\ x_{n1} & x_{n2} & \cdots & x_{nm} \end{pmatrix}=(X_1,X_2,\cdots,X_m)$$

为保证数据可比性，首先以式(7.1)对原始数据进行无量纲化处理：

$$x'_{ij}=\frac{x_{ij}-\min(x_j)}{\max(x_j)-\min(x_j)} \tag{7.1}$$

式中，x_{ij}为原始数据，表示第 i 个地区第 j 个指标对应的数值，而$\max(x_j)$和$\min(x_j)$分别表示所有地区中第j个指标的最大值和最小值。

计算数据的协方差矩阵 $\sum=(s_{ij})_{p\times p}$，其中

$$s_{ij}=\frac{1}{n-1}\sum_{k=1}^{n}(x_{ki}-\bar{x}_i)(x_{kj}-\bar{x}_j) \tag{7.2}$$

计算协方差矩阵的特征值 λ_i 及相应的正交化单位特征向量 a_i。协方差矩阵的前 m 个较大的特征值 $\lambda_1>\lambda_2>\cdots>\lambda_m>0$ 即为前 m 个主成分对应的方差，而 a_i 则为主成分 F_i 关于原始指标的系数。同时，主成分的方差(信息)贡献率 $\partial_i=\lambda_i/\sum_{i=1}^{m}\lambda_i$ 可反映主成分 F_i 所包含的信息量大小。

基于系统性、独立性、完备性和可操作性原则，本书将要素指标、效率指标、显性指标、技术指标、环境指标五个一级指标纳入评价指标体系(见表 7.6、表 7.7)。其中，要素指标衡量地区产业对劳动力资源、资本要素的获取能力；效率指标主要衡量地区产业的规模效应、集聚效应、产出效率和管理效率等方面；显性指标衡量地区产业的市场表现、成长性；技术指标衡量地区产业技术现状、产业结构和技术创新潜力；环境指标则衡量地区工业发展对环境的影响程度。

表 7.6　一级指标度量维度说明

一级指标	指标解释
要素指标	测度地区工业对生产要素（劳动力、资本等）的获取能力
效率指标	测度地区工业生产效率（规模效应、集聚水平、管理效率等）
显性指标	测度地区工业产出结果（市场表现、成长性）
技术指标	测度地区工业技术发展水平（技术现状、产业结构高级化程度、技术创新潜力）
环境指标	测度地区工业环境友好程度

表 7.7　工业竞争力评价指标体系

一级指标	二级指标	三级指标	单位
要素指标	资产指标	资产总计	亿元
		流动资产合计	亿元
	负债指标	负债合计	亿元
		流动负债合计	亿元
	股份指标	所有者权益	亿元
		实收资本	亿元
		国家资本	亿元
		集体资本	亿元
		法人资本	亿元
		个人资本	亿元
	劳动力指标	平均用工人数	万人
显性指标	产出指标	工业销售产值（当年价格）	亿元
		出口交货值	亿元
		存货	亿元
		产成品	亿元
	收入指标	主营业务收入	亿元
		亏损企业亏损额	亿元

续表

一级指标	二级指标	三级指标	单位
效率指标	生产销售效率	主营业务成本	亿元
		销售费用	亿元
	管理效率指标	应收账款	亿元
		应付账款	亿元
		管理费用	亿元
	财务效率指标	财务费用	亿元
		利息收入	亿元
		利息支出	亿元
		投资收益	亿元
技术指标	固定资产指标	固定资产合计	亿元
		固定资产原价	亿元
		累积折旧	亿元
	外资指标	中国港澳台资本	亿元
		外商资本	亿元
	成果指标	营业利润	亿元
		利润总额	亿元
环境指标	排放指标	工业废水	万吨
		工业废气	亿标立方米
		工业固体废弃物	吨
		工业烟粉尘	万吨
	环境保护投资	环境污染治理总额	亿元
		环境保护投资占 GDP 比重	%

使用《中国工业经济统计年鉴》《中国工业统计年鉴》《中国环境年鉴》以及各省份统计年鉴相关数据，2011—2016 年长江经济带工业整体竞争力居于全国前列，但省份差异较为显著（见表 7.8）。江苏、浙江、湖北 3 省份工业竞争力居全国前列，工业体量大、质量好，是工业转型升级的先行者；上海、安徽、江西、湖

南、重庆、四川6省份工业竞争力处于全国中上游水平；贵州、云南2省份工业竞争力则处于全国中下游水平。11省份工业竞争力有升有降，但下降却并不意味着经济低迷。如上海市优先发展先进制造业、现代服务业，通过大规模产业转移去除过剩产能，优化产业结构，导致上海市工业竞争力持续下降，且下降显著，得分由0.321 4下降到-0.114 6，排名由第8位下降到第13位；云南省则重点发展旅游服务，工业竞争力略有下降，得分由-0.656 9下降为-0.676 1，排名由第24位下降为第25位。

表7.8　全国各省份工业竞争力演变

省份＼年份		2011	2012	2013	2014	2015	2016
北京	得分	-0.355 1	-0.445 9	-0.458 4	-0.460 2	-0.462 3	-0.477 7
	排名	16	19	20	20	21	21
天津	得分	-0.228 8	-0.216 5	-0.203 8	-0.201 4	-0.213 2	-0.212 5
	排名	14	14	14	14	15	15
河北	得分	0.346 3	0.441 8	0.420 4	0.362 0	0.311 4	0.255 2
	排名	7	7	7	7	7	6
山西	得分	-0.418 1	-0.405 7	-0.420 6	-0.477 8	-0.544 2	-0.600 5
	排名	19	18	18	21	22	22
内蒙古	得分	-0.372 9	-0.333 9	-0.373 0	-0.374 5	-0.427 3	-0.440 7
	排名	17	16	17	17	19	20
辽宁	得分	0.553 8	0.520 0	0.613 3	0.552 6	0.367 9	-0.070 0
	排名	5	6	6	6	6	12
吉林	得分	-0.380 6	-0.363 6	-0.320 6	-0.328 1	-0.333 5	-0.340 9
	排名	18	17	16	16	16	16
黑龙江	得分	-0.531 6	-0.560 2	-0.563 7	-0.570 7	-0.600 6	-0.627 7
	排名	21	23	23	23	23	23
上海	得分	0.321 4	0.194 4	0.072 9	-0.027 5	-0.075 4	-0.114 6
	排名	8	8	9	13	13	13
江苏	得分	2.849 7	2.875 5	2.946 7	2.926 8	2.880 7	2.912 6
	排名	1	1	1	1	1	1

续表

省份 \ 年份		2011	2012	2013	2014	2015	2016
浙江	得分	1.165 6	1.027 6	0.932 2	0.832 5	0.807 0	0.746 9
	排名	4	4	4	4	5	5
安徽	得分	−0.158 0	−0.052 1	−0.025 2	0.000 9	0.034 6	0.083 0
	排名	13	13	12	11	11	10
福建	得分	−0.028 1	0.002 0	−0.009 5	0.003 5	0.058 2	0.119 9
	排名	10	11	11	10	10	8
江西	得分	−0.346 1	−0.323 2	−0.283 3	−0.242 8	−0.176 9	−0.130 2
	排名	15	15	15	15	14	14
山东	得分	2.511 6	2.575 2	2.762 3	2.802 7	2.838 1	2.830 3
	排名	3	2	2	2	2	2
河南	得分	0.516 1	0.703 3	0.706 4	0.759 2	0.867 7	0.983 7
	排名	6	5	5	5	4	4
湖北	得分	−0.040 2	0.022 5	0.103 1	0.153 1	0.184 3	0.221 5
	排名	11	10	8	8	8	7
湖南	得分	−0.139 2	−0.024 6	−0.038 3	−0.021 3	−0.022 8	0.016 1
	排名	12	12	13	12	12	11
广东	得分	2.552 8	2.380 4	2.123 9	2.168 5	2.205 0	2.226 2
	排名	2	3	3	3	3	3
广西	得分	−0.536 5	−0.522 1	−0.474 8	−0.452 8	−0.424 2	−0.370 0
	排名	22	21	21	19	18	17
海南	得分	−0.859 8	−0.907 5	−0.908 5	−0.912 8	−0.906 2	−0.880 2
	排名	30	30	30	30	30	30
重庆	得分	−0.544 0	−0.547 8	−0.545 3	−0.510 3	−0.456 6	−0.382 2
	排名	23	22	22	22	20	18
四川	得分	0.022 7	0.111 1	0.029 0	0.048 7	0.058 9	0.093 8
	排名	9	9	10	9	9	9
贵州	得分	−0.749 5	−0.774 9	−0.764 3	−0.739 7	−0.711 7	−0.672 1
	排名	27	27	27	26	26	24

续表

省份 \ 年份		2011	2012	2013	2014	2015	2016
云南	得分	−0.656 9	−0.692 6	−0.678 2	−0.675 8	−0.685 4	−0.676 1
	排名	24	24	24	24	24	25
陕西	得分	−0.465 9	−0.466 5	−0.430 0	−0.431 9	−0.415 6	−0.400 4
	排名	20	20	19	18	17	19
甘肃	得分	−0.721 4	−0.751 5	−0.751 6	−0.745 3	−0.743 4	−0.747 1
	排名	26	26	26	27	27	27
青海	得分	−0.855 6	−0.899 4	−0.900 3	−0.896 3	−0.890 5	−0.866 5
	排名	29	29	29	29	29	29
宁夏	得分	−0.838 6	−0.878 1	−0.870 3	−0.863 5	−0.860 4	−0.834 1
	排名	28	28	28	28	28	28
新疆	得分	−0.699 2	−0.726 1	−0.725 5	−0.716 4	−0.708 8	−0.721 0
	排名	25	25	25	25	25	26

注:港澳台地区、西藏自治区相关数据缺失严重,不计入考量范畴。下同。

数据来源:根据测算结果整理。

2011—2016 年,全国各省份工业竞争力变动较小,排名相对稳定。使用高斯混合模型进行聚类分析可知,江苏、浙江、上海、湖北、四川、安徽、江西、湖南等省份稳定居于全国中上游水平,而重庆、贵州、云南等省份暂时处于全国靠后水平(见表 7.9)。长江经济带沿线 11 省份应结合自身资源禀赋,合理确定优势产业和发展方向,实现突破性进展。

表 7.9　全国各省份工业竞争力聚类分析

类别	省份
工业竞争力中上游地区	江苏、山东、浙江、河南、广东、上海、湖北、四川、河北、辽宁、天津、安徽、福建、江西、湖南
工业竞争力中下游地区	北京、山西、内蒙古、吉林、黑龙江、广西、海南、重庆、贵州、云南、陕西、甘肃、青海、宁夏、新疆

资料来源:根据测算结果整理。

二、高技术制造业发展水平

根据《高技术产业(制造业)分类(2017)》的规定,高技术产业(制造业)是指国民经济行业中 R&D 投入强度(即 R&D 经费支出占主营业务收入的比重)相对较高的制造业行业,包括医药制造,航空、航天器及设备制造,电子及通信设备制造,计算机及办公设备制造,医疗仪器设备及仪器仪表制造,信息化学品制造 6 大类。2014 年之前,高技术制造业分类还没有统计信息化学品制造行业的相关数据,因此仅分析 2014 年之后信息化学品制造行业的发展情况。

1.长江经济带高技术制造业发展概况

(1)长江经济带高技术制造业在全国的地位。选取主营业务收入指标刻画长江经济带高技术制造业发展规模。2011—2016 年,长江经济带高技术制造业发展速度较快,高技术制造业主营业务收入年均增长 12.06%,2016 年,长江经济带高技术制造业主营业务收入已经达到 71 337.87 亿元。从地区分布上看,长江经济带高技术制造业增速呈现中、上、下游依次递减的梯度发展态势。其中,长江中游地区高技术制造业年均增速普遍超过 20%,上游地区的重庆年均增速甚至高达 34.51%,贵州地区也达到 27.00%,下游地区的江苏和浙江年均增速近 10%,然而上海的高技术制造业主营业务收入甚至出现了下降(见表 7.10)。总体上,长江经济带高技术制造业主营业务收入占全国比重稳定在 46%左右(见图 7.11)。

表 7.10　2011—2016 年长江经济带沿线 11 省份高技术制造业主营业务收入

单位:亿元

年份 区域	2011	2012	2013	2014	2015	2016	年均增速(%)
上海	7 063.60	7 051.60	6 823.43	7 056.89	7 213.01	7 010.18	−0.15
江苏	19 396.00	22 863.60	24 854.00	26 113.90	28 530.17	30 707.90	9.62
浙江	3 607.30	3 976.90	4 360.13	4 792.42	5 288.07	5 885.16	10.28

续表

年份 区域	2011	2012	2013	2014	2015	2016	年均增速（%）
安徽	1 055.10	1 460.00	1 831.38	2 533.04	3 064.15	3 587.57	27.73
江西	1 432.00	1 856.70	2 289.59	2 611.88	3 318.12	3 913.60	22.27
湖北	1 552.10	2 027.30	2 445.27	2 948.05	3 655.11	4 211.88	22.10
湖南	1 473.40	1 880.70	2 564.89	2 834.39	3 280.24	3 661.29	19.97
重庆	1 111.80	1 883.40	2 624.23	3 433.66	4 028.81	4 896.03	34.51
四川	3 186.50	3 962.10	5 160.45	5 486.61	5 171.71	5 994.38	13.47
贵州	305.00	342.90	372.04	566.33	806.91	1 007.76	27.00
云南	188.70	239.40	291.12	312.07	349.96	462.10	19.62
平均	3 670.14	4 322.24	4 874.23	5 335.39	5 882.39	6 485.26	12.06
全国	87 527.20	102 284.00	116 048.90	127 367.67	139 968.65	153 796.33	11.93

数据来源：整理自《中国高技术产业统计年鉴》（2012—2017）。

2011—2016 年，长江经济带高技术制造业主营业务收入逐年快速上升，主营业务收入占全国比重呈“N 形”变化趋势（见图 7.11），总体稳步提升。2014 年之后主营业务收入占全国比重又重新上升，这可能与长江经济带高技术制造业分类的变化有关，表明 2014 年之后长江经济带高技术制造业占比逐步上升与信息化学品行业纳入分类有直接联系。

从地区层面上看，除长江下游的江苏（较高）和上游的贵州地区（较低），长江经济带沿线 11 省份高技术制造业主营业务收入占全国比重较为均衡（见表 7.11）。从时序变化上看，长江下游地区高技术制造业比重逐步下降，长江中游地区高技术制造业比重逐步上升，长江上游地区高技术制造业比重相对稳定，表明长江经济带高技术制造业发展重心正逐步从长江下游地区向中游地区转移。

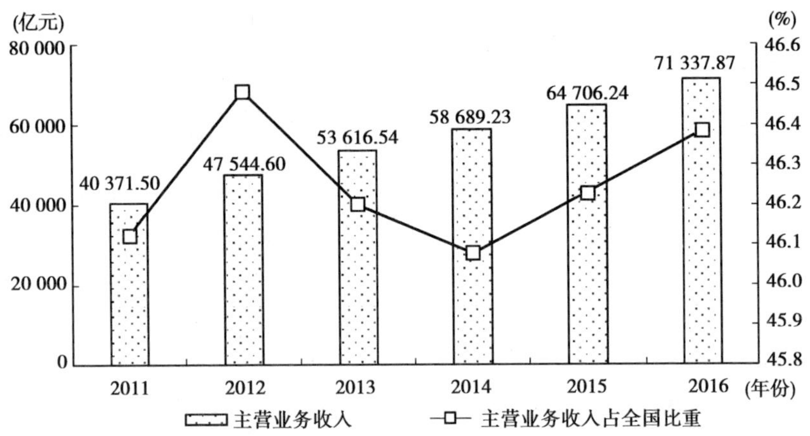

图 7.11　长江经济带高技术制造业主营业务收入及占全国比重

数据来源:整理自《中国高技术产业统计年鉴》(2012—2017)。

表 7.11　2011—2016 年长江经济带 11 省份高技术制造业主营业务收入占全国比重

单位:%

省份＼年份	2011	2012	2013	2014	2015	2016
上海	8.07	6.89	5.88	5.54	5.15	4.56
江苏	22.16	22.35	21.42	20.50	20.38	19.97
浙江	4.12	3.89	3.76	3.76	3.78	3.83
安徽	1.21	1.43	1.58	1.99	2.19	2.33
江西	1.64	1.82	1.97	2.05	2.37	2.54
湖北	1.77	1.98	2.11	2.31	2.61	2.74
湖南	1.68	1.84	2.21	2.23	2.34	2.38
重庆	1.27	1.84	2.26	2.70	2.88	3.18
四川	3.64	3.87	4.45	4.31	3.69	3.90
贵州	0.35	0.34	0.32	0.44	0.58	0.66
云南	0.22	0.23	0.25	0.25	0.25	0.30

数据来源:整理自《中国高技术产业统计年鉴》(2012—2017)。

(2)长江经济带高技术制造业细分行业发展概况。长江经济带高技术制造业细分行业主营业务收入占全国比重差异较大。2016 年,医药制造业占比 45.25%,较 2011 年上升 1.1 个百分点;航空、航天器及设备制造业占比 34.5%,较 2011 年下降 9.5 个百分点;电子及通信设备制造业占比 42.4%,较 2011 年下降 0.1 个百分点;计算机及办公设备制造业占比 55.5%,较 2011 年上升 6.2 个百分点;医疗仪器设备及仪器仪表制造业占比 62.4%,较 2011 年下降 0.4 个百分点(见图 7.12)。

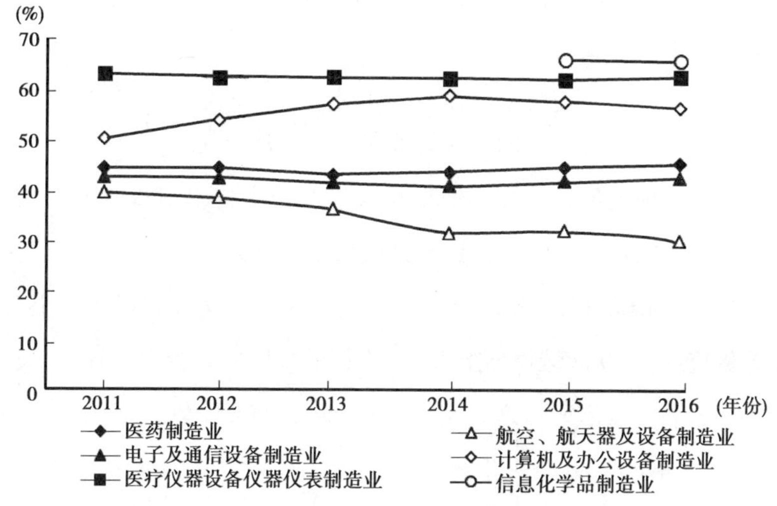

图 7.12　长江经济带高技术制造业细分行业占全国比重

数据来源:整理自《中国高技术产业统计年鉴》(2012—2017)。

总体上,长江经济带医药制造业、计算机及办公设备制造业占全国比重逐步上升;航空、航天器及设备制造业、电子及通信设备制造业、医疗仪器设备及仪器仪表制造业占全国比重呈下降趋势。其中,计算机及办公设备制造业占比上升最快,航空、航天器及设备制造业占比下降最快。

2.长江经济带高技术制造业集聚水平与空间分布特征

采用区位商指标对长江经济带高技术制造业的集聚水平进行度量,并分析区域差异,从而为研判长江经济带高技术制造业的空间分布特征提供依据。区

位商(LQ)是度量地区产业集聚程度的指标,主要受地区某行业的资源丰裕度、专业人员数量等因素的影响。具体公式为:

$$LQ = \frac{\text{地区某产业总产值} / \text{该地区 GDP}}{\text{全国相应行业总产值} / \text{全国 GDP}} \tag{7.3}$$

根据公式可知,以某产业产值占地区 GDP 比重与该产业占全国 GDP 比重的比值来衡量该产业在某地区规模的集中程度,用主营业务收入代替总产值衡量产业规模。在此基础上,采用某产业的地区劳动生产率与全国劳动生产率的比值衡量发展效率的集中程度,反映产业集聚的质量,是对产业规模集聚的补充。具体公式为:

$$LQ = \frac{\text{地区某产业总产值} / \text{该产业从业人员}}{\text{全国相应行业总产值} / \text{从业人员}} \tag{7.4}$$

联合采用两种区位商指标来衡量长江经济带高技术制造业的集聚水平和集聚质量,前者是数量型区位商,后者是质量型区位商。

从数量型区位商上看,长江经济带高技术制造业集聚规模逐年上升,但整体仍缺乏集聚优势,从区域层面上看,产业集聚规模差异较大。其中,长江下游地区的高技术制造业集聚程度较高,具有明显的集聚优势,中游地区除江西在 2016 年区位商超过 1,其余省份各年份均缺乏集聚优势,上游地区重庆的高技术制造业集聚优势明显,远高于四川、贵州和云南 3 省(见表 7.12)。

表 7.12　2011—2016 年长江经济带沿线 11 省份高技术制造业数量型区位商

年份 省份	2011	2012	2013	2014	2015	2016
上海	2.057	1.846	1.604	1.514	1.413	1.204
江苏	2.208	2.234	2.133	2.029	2.003	1.920
浙江	0.624	0.606	0.592	0.603	0.607	0.603
安徽	0.385	0.448	0.489	0.614	0.685	0.711
江西	0.684	0.758	0.815	0.840	0.977	1.024
湖北	0.442	0.481	0.506	0.544	0.609	0.624

续表

年份 省份	2011	2012	2013	2014	2015	2016
湖南	0.419	0.448	0.534	0.530	0.559	0.561
重庆	0.621	0.872	1.053	1.217	1.262	1.335
四川	0.847	0.877	1.003	0.972	0.847	0.881
贵州	0.299	0.264	0.236	0.309	0.378	0.414
云南	0.119	0.123	0.126	0.123	0.126	0.151
平均	0.791	0.814	0.827	0.845	0.861	0.857

数据来源:《中国高技术产业统计年鉴》(2012—2017)。

从质量型区位商上看,长江经济带高技术制造业稳步上升,虽然在集聚规模上缺乏优势,但集聚质量上的优势逐步凸显。相比数量型区位商,质量型区位商区域差异较小。2016 年,长江经济带多数省份高技术制造业集聚的质量具有专业化优势,虽然规模上仍有待提升,但是具有巨大的发展潜力(见表 7.13)。

表 7.13　2011—2016 年长江经济带沿线 11 省份高技术制造业质量型区位商

年份 省份	2011	2012	2013	2014	2015	2016
上海	1.577	1.466	1.248	1.264	1.222	1.216
江苏	1.089	1.141	1.125	1.110	1.116	1.144
浙江	0.806	0.766	0.725	0.741	0.740	0.725
安徽	0.923	0.967	0.995	1.045	1.110	1.084
江西	0.782	0.862	0.920	0.873	0.875	0.852
湖北	0.918	0.936	0.928	0.958	1.011	1.042
湖南	0.902	0.926	0.942	0.968	1.011	1.022
重庆	1.259	1.302	1.334	1.450	1.422	1.434
四川	0.979	0.954	1.147	1.139	0.972	1.092

续表

省份＼年份	2011	2012	2013	2014	2015	2016
贵州	0.631	0.862	0.881	0.812	0.856	0.798
云南	0.974	0.935	0.920	0.825	0.777	0.841
平均	0.986	1.010	1.015	1.017	1.010	1.023

数据来源：整理自《中国高技术产业统计年鉴》(2012—2017)。

根据长江经济带沿线11省份高技术制造业聚类分析结果可知，2011—2016年，长江上游地区高技术制造业发展势头较好，上海市高技术制造业集聚规模和集聚质量处于第一梯队；江苏省高技术制造业集聚规模处于第一梯队，集聚质量处于第二梯队；浙江省高技术制造业集聚规模处于第二梯队，集聚质量处于第三梯队。长江中上游地区除重庆市外，其余地区高技术制造业集聚规模和集聚质量普遍处于第二梯队和第三梯队。其中，重庆市高技术制造业集聚质量处于第一梯队，集聚规模在2014年从第二梯队进入第一梯队（见表7.14）。

表7.14　2011—2016年长江经济带沿线11省份高技术制造业区位商聚类结果

年份	第一梯队(1.2以上)		第二梯队(0.6~1.2)		第三梯队(0.6以下)	
	数量型	质量型	数量型	质量型	数量型	质量型
2011	上海、江苏	上海、重庆	浙江、江西、重庆、四川	江苏	安徽、湖北、湖南、贵州、云南	浙江、安徽、江西、湖北、湖南、贵州、云南、四川
2012	上海、江苏	上海、重庆	浙江、江西、重庆、四川	江苏	安徽、湖北、湖南、贵州、云南	浙江、安徽、江西、湖北、湖南、贵州、云南、四川

续表

年份	第一梯队(1.2 以上)		第二梯队(0.6~1.2)		第三梯队(0.6 以下)	
	数量型	质量型	数量型	质量型	数量型	质量型
2013	上海、江苏	上海、重庆	浙江、江西、重庆、四川	江苏、四川	安徽、湖北、湖南、贵州、云南	浙江、安徽、江西、湖北、湖南、贵州、云南
2014	上海、江苏、重庆	上海、重庆	浙江、江西、四川、安徽	江苏、安徽、四川	湖北、湖南、贵州、云南	浙江、江西、湖北、湖南、贵州、云南
2015	上海、江苏、重庆	上海、重庆	浙江、江西、四川、安徽、湖北	江苏、安徽、湖北、湖南	湖南、贵州、云南	浙江、江西、贵州、云南、四川
2016	上海、江苏、重庆	上海、重庆	浙江、江西、四川、安徽、湖北	江苏、安徽、湖北、湖南	湖南、贵州、云南	浙江、江西、贵州、云南、四川

注:根据分析结果整理而成。

三、装备制造业发展水平

1.长江经济带装备制造业发展概况

(1)长江经济带装备制造业在全国的整体地位。2013—2016 年长江经济带沿线 11 省份装备制造业主要指标规模占全国比重接近 50%,2016 年除了利润总额指标外,其余指标占比明显增加。

2016 年,长江经济带沿线 11 省份装备制造业销售产值为 200 484.4 亿元,较 2015 年上升 9.02%,占全国装备制造业销售产值 408 140.99 亿元的 49.12%;资产合计为 169 688.82 亿元,较 2015 年上升 10.32%,占全国比重为 48.46%;利润总额为 13 666.32 亿元,较 2015 年上升 6.24%,占全国比重为 50.76%;出口交货值为 54 016.8 亿元,较 2015 年上升 50.63%,占全国比重为 47.51%;主营业务收入为 200 462.79 亿元,较 2015 年下降 48.19%,占全国比重为 49.01%;平均用工人数为 1 624.77 万人,较 2014 下降 1.26%,占全国比重为 47.26%(见图 7.13)。

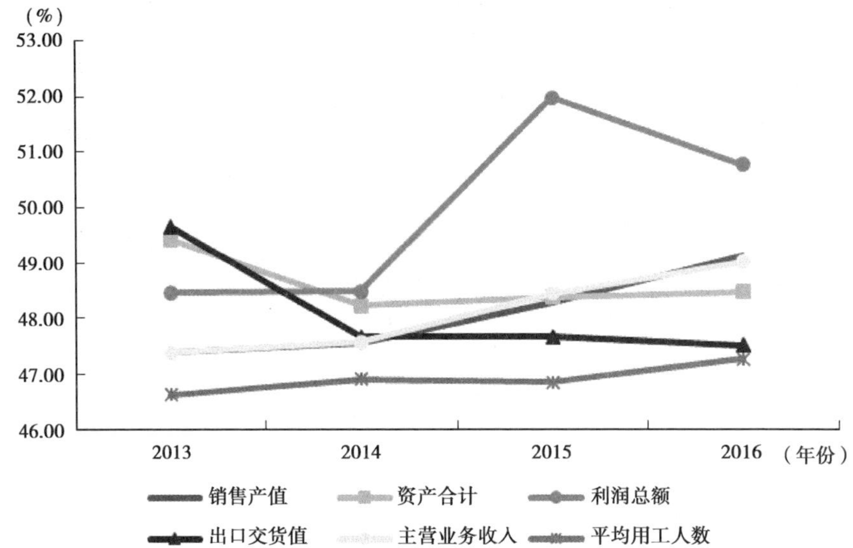

图 7.13　2013—2016 年长江经济带装备制造业企业主要指标占全国比重

资料来源:根据《中国工业统计年鉴》(2014—2017)提供的相关统计数据整理。

在 2016 年全国装备制造业销售产值排名前 15 名的省份中,长江经济带占有 8 席。江苏省除出口交货值、平均用工人数排名全国第 3 以外,其他各项规模指标均居全国第 2 位,与浙江省(第 5 位)、上海市(第 7 位)、安徽省(第 8 位)4 省份装备制造业销售产值较 2015 年均有进步(见表 7.15)。

表 7.15　2016 年长江经济带沿线 11 省份装备制造业主要指标及全国排名

单位:亿元

省份	销售产值		资产合计		利润总额		出口交货值		主营业务收入		平均用工人数(万人)	
	总量	排名	总量	排名	总量	排名	总量	排名	总量	排名	总量	排名
上海	18 446.43	7	21 813.28	6	1 708.71	6	9 530.96	4	20 550.86	7	131.82	7
江苏	73 261.56	2	54 507.01	2	5 000.3	2	25 332.49	3	72 913.16	2	558.3	3
浙江	24 509.47	5	27 056.06	5	1 796.72	5	5 112.1	6	23 875.18	5	302.94	4

续表

省份	销售产值		资产合计		利润总额		出口交货值		主营业务收入		平均用工人数(万人)	
	总量	排名	总量	排名	总量	排名	总量	排名	总量	排名	总量	排名
安徽	16 394.4	8	12 079.11	11	894.07	10	1 829.61	12	15 606.76	8	114.14	9
江西	8 638.59	17	5 677.5	20	614	18	774.24	19	8 872.53	18	77.66	15
湖北	15 944.6	9	14 785.79	8	1 003.05	9	1 470.03	13	15 106.14	9	117.78	8
湖南	13 286.84	12	9 678.41	15	688.27	17	1 221.34	16	13 284.07	12	92.48	14
重庆	14 090.58	10	10 451.22	13	1 052.37	8	4 940.27	7	14 153.67	10	103.06	10
四川	13 391.43	11	11 092.51	12	803.16	12	3 516.39	10	13 468.36	11	101.61	11
贵州	1 660.6	22	1 598.47	24	61.12	23	135.68	23	1 782.75	22	16.65	23
云南	859.9	26	949.46	28	44.55	24	153.69	22	849.31	26	8.33	25
合计	200 484.4	—	169 688.82	—	13 666.32	—	54 016.8	—	200 462.79	—	1 624.77	—

资料来源:整理自《中国工业统计年鉴 2016》。

在销售产值方面,2013—2016 年长江经济带沿线 11 省份装备制造业销售产值基本呈现稳步上升趋势。江苏省装备制造业销售产值增长强劲,名列全国首位;浙江省装备制造业销售产值也较强,但增速较缓;上海市装备制造业销售产值上升趋势不明显,甚至出现下降态势。中游地区安徽、江西、湖北、湖南四省装备制造业实力均衡,增速较快。上游地区重庆、四川、贵州、云南 4 省份装备制造业销售产值低于长江中下游地区,但增长势头良好(见图 7.14)。

2016 年,长江经济带沿线 11 省份中装备制造业销售产值增速高于全国平均水平(9.02%)的省份有 7 个。即云南省(29.79%)、贵州省(24.49%)、江西省(19.25%)、重庆市(16.19%)、湖南省(14.72%)、安徽省(14.23%)、湖北省(12.01%),均位于长江中上游地区。浙江省(8.35%)、四川省(7.84%)、江苏省(6.03%)、上海市(1.17%)装备制造业销售产值增速均低于全国平均水平(见图 7.15)。

在资产总额方面,长江经济带沿线 11 省份装备制造业总资产雄厚,2016 年占全国比重为 48.46%,较 2013 年的 49.42%略微下降,但仍保持较高水平,沿线

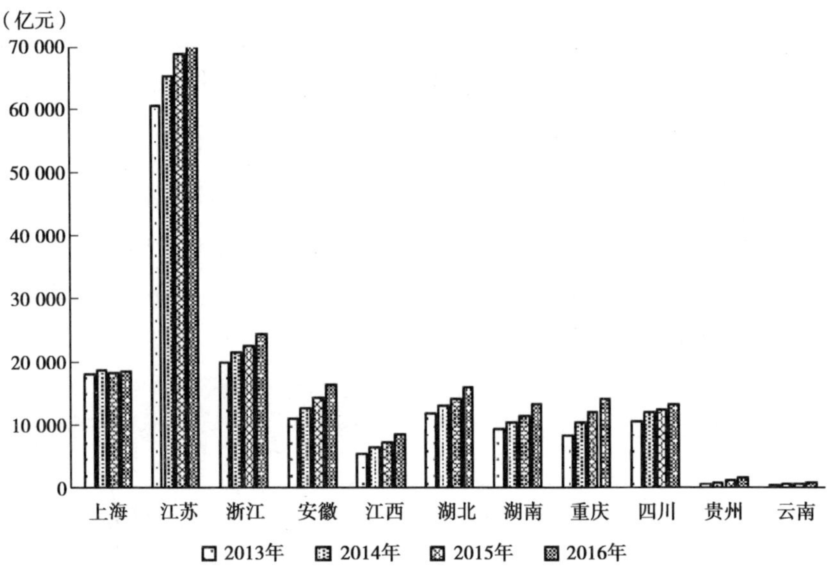

图 7.14　2013—2016 年长江经济带沿线 11 省份装备制造业销售产值

资料来源:根据《中国工业统计年鉴》(2014—2017)提供的相关统计数据整理。

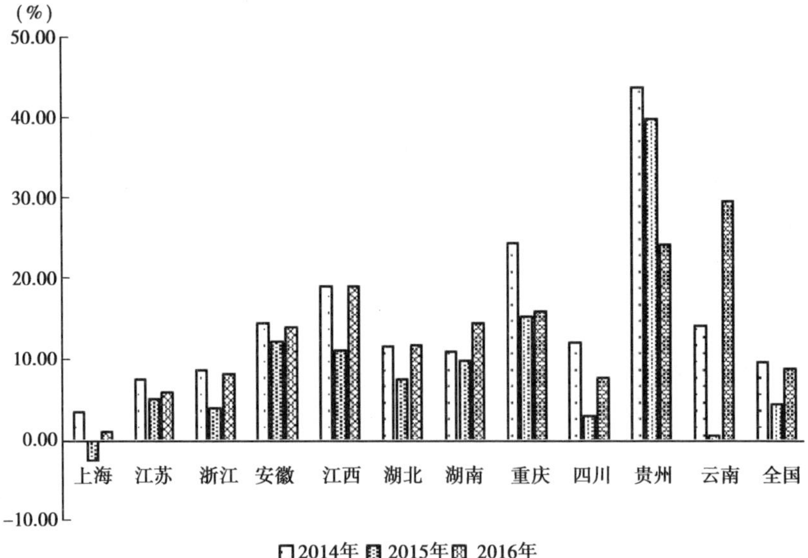

图 7.15　2014—2016 年长江经济带沿线 11 省份装备制造业销售产值增速

资料来源:根据《中国工业统计年鉴》(2015—2017)提供的相关统计数据整理。

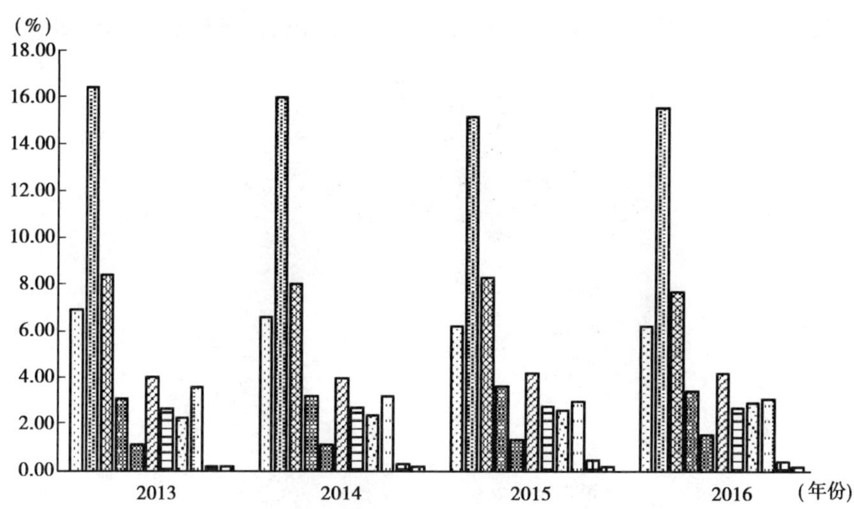

图 7.16　2013—2016 年长江经济带沿线 11 省份装备制造业资产合计占全国比重

资料来源:根据《中国工业统计年鉴》(2014—2017)提供的相关统计数据整理。

各省份资产所占比重基本保持稳定(见图 7.16)。从 2016 年长江经济带沿线 11 省份装备制造业内部资产结构来看,下游地区 3 省份资产合计份额大,江苏省资产合计所占比重最大(32%),浙江省(16%)、上海市(13%)资产合计占比较大;中游地区湖北省(9%)、安徽省(7%)、湖南省(6%)、江西省(3%)资产合计占比也较大;上游地区重庆市(6%)、四川省(6%)、贵州省(1%)、云南省(1%)资产合计占比较小(见图 7.17)。

在出口交货值方面,从 2013—2016 年装备制造业规模以上企业出口交货值占装备制造业销售产值比例来看,长江经济带整体在经历 2015 年下降趋势后,2016 年大幅回升,大部分省份趋于稳定。除浙江、江苏两下游地区省份出口交货值比例小幅下降以外,其余省份出口交货值比例均大幅回升。四川省出口交货值比例由 2013 年的 24.53%下降至 2015 年的 8.69%,又激增至 2016 年 26.26%;云南省的出口交货值比例由 2013 年的 3.04%上升至 2015 年的 6.38%,2016 年出口交货值比例达 17.87%,由于本身占比较小,较 2015 年增幅达 180%。2016 年长江经济带沿线 11 省份装备制造业规模以上企业出口交货值为 54 016.8 亿元,较 2015 年的 35 861 亿元大幅上升 50.62%,增速超过全国的 51.11%;出口交货值占全国比重为47.50%，较2015年的47.65%略有下降(见图7.18、图7.19)。

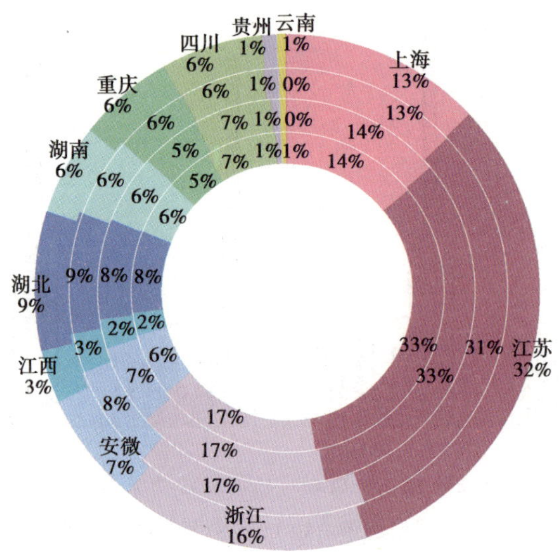

图7.17　2013—2016年长江经济带沿线11省份装备制造业总资产合计内部比例

注：圈层图由内向外依次代表2013年、2014年、2015年、2016年。

资料来源：根据《中国工业统计年鉴》(2014—2017)提供的相关统计数据整理。

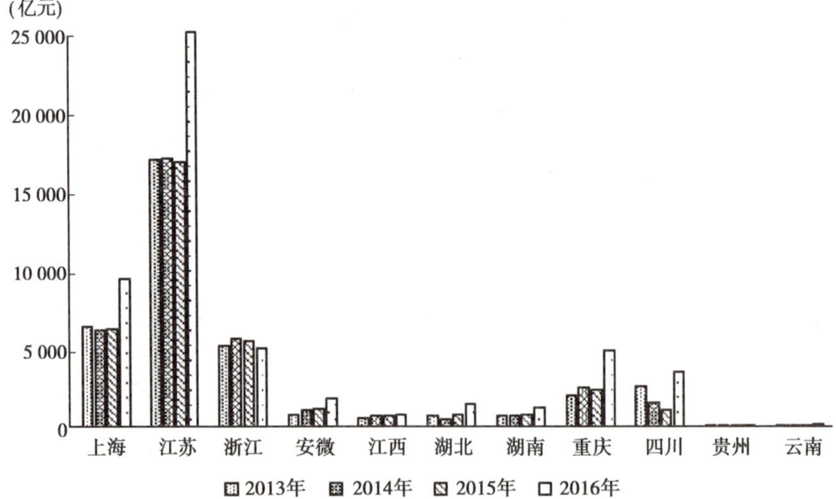

图7.18　2013—2016年长江经济带沿线11省份装备制造业规模以上企业出口交货值

资料来源：根据《中国工业统计年鉴》(2014—2017)提供的相关统计数据整理。

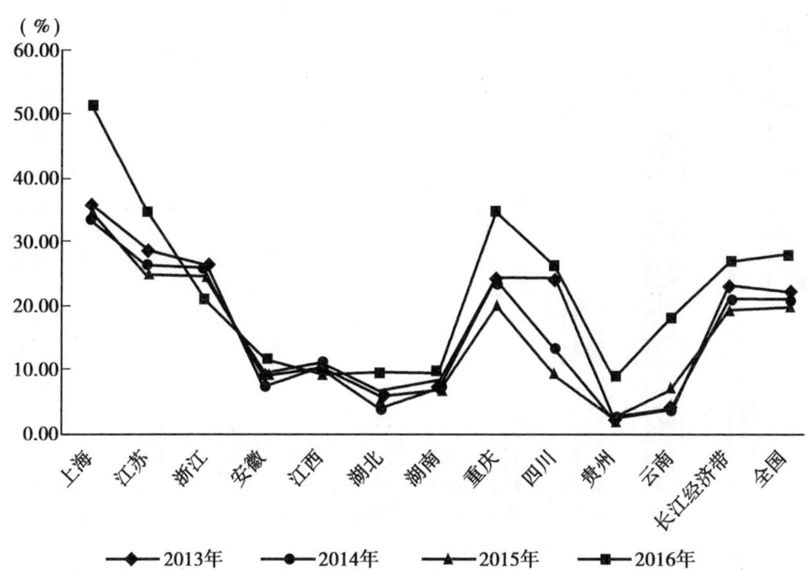

图 7.19　2013—2016 年长江经济带沿线 11 省份装备制造业规模以上企业出口交货值占销售产值比重

资料来源:根据《中国工业统计年鉴》(2014—2017)提供的相关统计数据整理。

在从业人数方面,从长江经济带沿线 11 省份装备制造业规模以上企业平均用工人数来看,2013—2016 年中上游地区省份装备制造业平均用工人数保持上升趋势;下游地区江浙沪 2015 年装备制造业平均用工人数较 2013 年有所下降(见图 7.20)。尽管 11 省份装备制造业平均用工人数有升有降,但装备制造业人均销售产值均保持显著增长趋势。其中,云南省增长速度最快,2016 年人均销售产值较 2015 年增长 30.10%;其次为安徽省(13.53%)、湖北省(13.27%)、湖南省(13.18%)、四川省(12.19%)、重庆市(11.21%)、江西省(11.13%)、上海市(9.94%)、江苏省(9.65%),增长幅度大于全国平均水平(9.49%);人均销售产值增长较少的是浙江省(7.96%)、贵州省(7.88%)。从 2016 年人均销售产值来看,湖南省(143.67 万元)位列长江经济带首位,高于全国平均水平(118.70 万元);安徽省(143.63 万元)、上海市(139.93 万元)、重庆市(136.72 万元)、湖北省(135.38 万元)、四川省(131.22 万元)、江苏省(131.22 万元)领先于全国平均水平;其余省份均落后于全国平均水平(见图 7.21)。

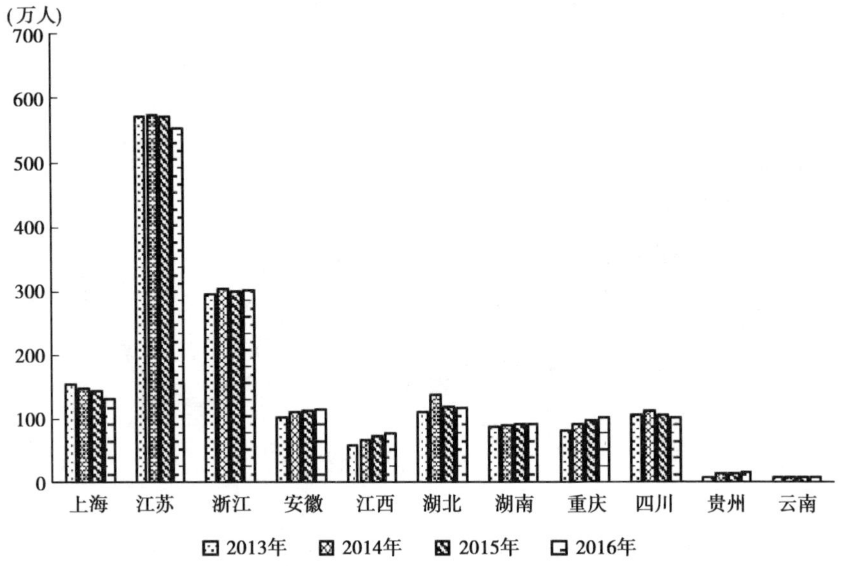

图 7.20　2013—2016 年长江经济带沿线 11 省份装备制造业规模以上企业平均用工人数

资料来源:根据《中国工业统计年鉴》(2014—2017)提供的相关统计数据整理。

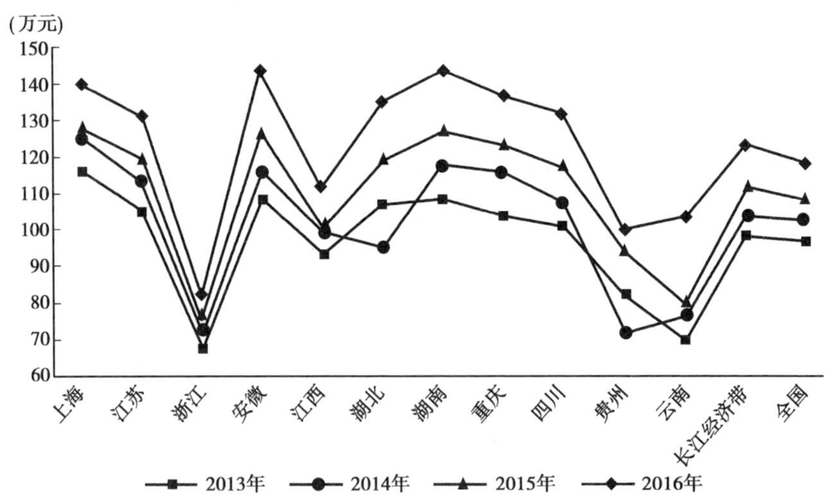

图 7.21　2013—2016 年长江经济带沿线 11 省份装备制造业规模以上企业人均销售产值

资料来源:根据《中国工业统计年鉴》(2014—2017)提供的相关统计数据整理。

在利润水平及销售利润率方面,2016 年长江经济带沿线 11 省份规模以上装备制造业企业利润总额为 13 666.32 亿元,较 2015 年的 12 863.99 亿元上升了6.24%。销售利润率方面,2016年长江经济带为6.82%,较2015年的3.32%回升了105.07%,但尚未达到2014年6.69%的水平,装备制造业的盈利能力明显增强。就2016年长江经济带沿线11省份销售利润率来看,上海市(8.31%)位列第1;浙江省(6.86%)、重庆市(7.53%)、江西省(7.73%)、江苏省(6.92%)分列第2至第5位;除了上述5省份规模以上装备制造业企业利润率高于全国平均水平(7.44%)外,其余省份均低于全国平均水平,湖南省(6.82%)、贵州省(6.58%)位列最后两位,低于全国平均水平近1个百分点。下游地区的上海市利润率排名靠前;中游地区的湖南省利润率增幅明显,湖北省则逐年下降;上游地区省份利润率普遍偏低,重庆市、四川省利润率较高但波动也较大(见表7.16和图7.22)。

表7.16　2013—2016年长江经济带沿线11省份规模以上装备制造业企业销售利润率

单位:%

年份 地区	2013	2014	2015	2016
上海	7.5	8.56	3.61	8.31
江苏	6.53	6.71	3.33	6.86
浙江	6.48	6.55	2.68	7.53
安徽	6.97	6.00	2.97	5.73
江西	6.98	7.15	3.97	6.92
湖北	7.35	6.21	2.99	6.64
湖南	6.7	5.03	5.74	5.18
重庆	6.11	6.71	3.72	7.44
四川	6.83	6.3	2.42	5.96
贵州	2.36	3.93	1.41	3.43
云南	5.41	5.13	1.72	5.25
长江经济带	6.74	6.69	3.32	6.82
全国	6.59	6.57	3.1	6.58

资料来源:根据《中国工业统计年鉴》(2014—2017)提供的相关统计数据整理。

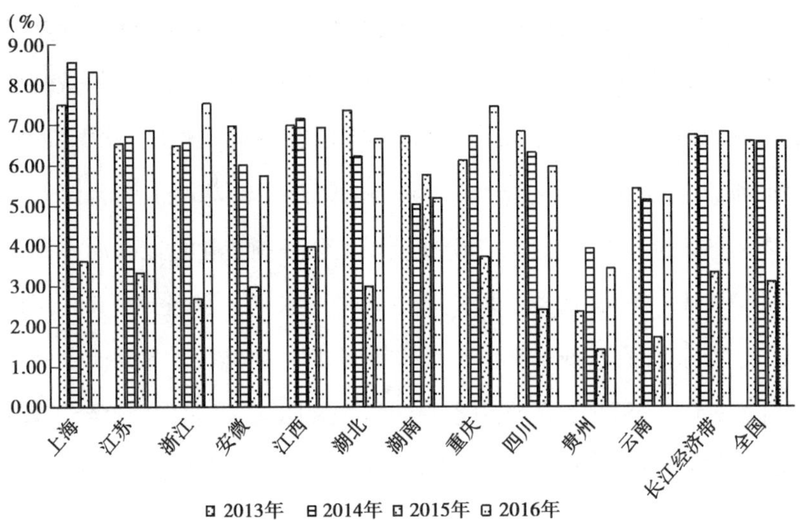

图 7.22　2013—2016 年长江经济带沿线 11 省份规模以上装备制造业企业销售利润率

资料来源:根据《中国工业统计年鉴》(2014—2017)提供的相关统计数据整理。

(2)长江经济带重点装备制造业行业分析。长江经济带沿线 11 省份工业化进程不一,上海市进入后工业化阶段,江苏省、浙江省等处于工业化后期,其余省份大都处于工业化中期。已进入后工业化阶段的上海市,装备制造业销售产值增速较慢,平均用工人数下降,但销售利润率、出口交货值比例及人均销售产值较高。处于工业化后期阶段的江苏省、浙江省,装备制造业销售产值增速放缓,从业人数下降,但装备制造业销售产值与销售利润率仍与上海有差距,甚至低于中上游地区省份。处于工业化中期阶段的湖北省、湖南省,装备制造业基础较好,各项指标基数较大且仍保持快速增长。其余处于工业化中期的省份,大多表现为销售产值、从业人数增长较快,但其他指标相对落后。

从装备制造业八大细分行业来看,长江经济带沿线 11 省份装备制造业内部结构差异较大。上海市、重庆市装备制造业结构较为相似,汽车制造业占比最大,其次为计算机、通信和其他电子设备制造业。江苏省、四川省装备制造业结构较为相似,计算机、通信和其他电子设备制造业占比最大,电气机械与器材制造业和汽车制造业也占较大比重。湖南省专用设备制造业、湖北省汽车制造业占据较为重要的地位。江西省、安徽省电气机械与器材制造业产能较强。浙江省装备制造业各细分行业占比较为平均，通用设备制造业占据较大份额。云南省汽车制造业、专用设备制造业、金属制品业三足鼎立。贵州省汽车制造业，计算机、通信和其他电子设备制造业发展较快（见图 7.23）。

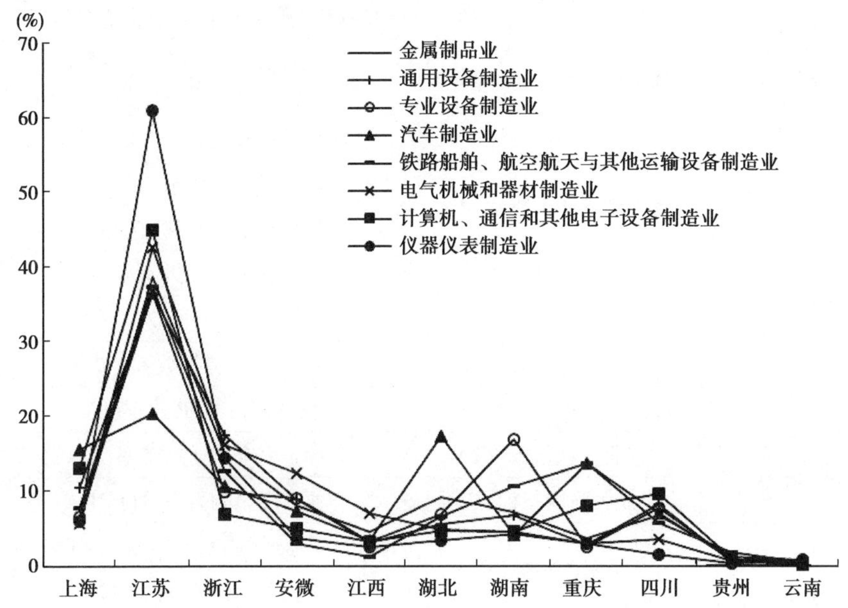

图 7.23　2016 年长江经济带沿线 11 省份装备制造业细分行业销售产值比重

资料来源：根据《中国工业统计年鉴 2017》提供的相关统计数据整理。

（3）长江经济带装备制造业发展水平评价。结合长江经济带沿线 11 省份装备制造业发展特点，考虑到先进装备制造业特征以及数据可得性，从技术创新、经济贡献、综合竞争力以及环境友好程度四个维度构建装备制造业发展水平评价指标体系（见表 7.17）。相关数据来源于《中国工业统计年鉴 2017》《中国科技统计年鉴 2017》《中国高技术产业统计年鉴 2017》《中国环境统计年鉴 2017》以及各省份统计年鉴（2016、2017）。

表 7.17　装备制造业发展水平评价指标体系

一级指标	二级指标	三级指标
技术先进性指标(A)	行业关键技术指标(A1)	行业技术装备率(A11)(+)
		行业固定资产新度指数(A12)(+)
		行业主要生产设备达国际先进水平比重(A13)(+)
	技术创新投入指标(A2)	R&D 经费占工业增加值比重(A21)(+)
		科技活动人员中科学家和工程师比重(A22)(+)
		从业人员中科技人员比重(A23)(+)
	技术创新产出指标(A3)	新产品产值比重(A31)(+)
		人均拥有发明专利数(A32)(+)
国际竞争力指标(B)	生产率指标(B1)	劳动生产率/工资率(B11)(+)
	利润指标(B2)	销售利润率(B21)(+)
	进出口指标(B3)	显示性竞争优势指数 CA(B31)(+)
经济贡献与产业关联指标(C)	经济增长贡献指标(C1)	工业增加值占 GDP 比重(C11)(+)
	就业贡献指标(C2)	投入产出完全就业贡献率(C21)(+)
	产业关联度指标(C3)	产业部门影响力系数(C31)(+)
环境保护与资源节约指标(D)	环境保护指标(D1)	每万元工业产值“三废”排放量(D11)(-)
		“三废”综合利用率(D12)(+)
	资源节约指标(D2)	每万元工业产值能源消耗量(D21)(-)
		每万元工业产值用水量(D22)(-)

技术先进性指标：

行业技术装备率(A11) = 年末行业自有机械设备净值 / 从业人员数比值

行业固定资产新度指数(A12) = 期末设备固定资产净值 / 期末设备固定资产原值 = (期末设备固定资产原值 - 逐年提取累积折旧) / 期末设备固定资产原值

显示性竞争优势指数：

$$CA(B31) = RCA - (M_{ia}/M_{it})/(M_{wa}/M_{wt}) \quad (7.5)$$

RCA 表示 a 产品的显示性比较优势指数，$RCA=(X_{ia}/X_{it})/(W_{ia}/W_{it})$，$X_{ia}$ 表示国家 i 在产品 a 的出口额，X_{it} 表示国家 i 商品出口总额，W_{it} 表示世界产品 a 的出口总额，W_{it} 表示世界商品出口总额；M_{ia} 表示国家 i 在产品 a 的进口额，M_{it} 表示产品 a 在世界市场中的总进口额，M_{wa} 表示 i 国在 t 时期的总进口额，M_{wt} 表示世界市场在 t 时期的总进口额。若 CA 值大于 0，则表明该产品具有国际竞争优势；若 CA 值小于 0，则表示该产品具有竞争劣势；若 CA 值等于 0，则表明该产品既无竞争优势又无竞争劣势。

经济贡献与产业关联指标：

$$\text{投入产出完全就业贡献率}(C21)=(1-H)^{-1}\cdot DL \tag{7.6}$$

其中，$DL_j=W_j/X_j$，$DL=(DL_1,DL_2,\cdots,DL_n)^{\mathrm{T}}$

$$H=\begin{pmatrix} h_{11} & h_{12} & \cdots & h_{1n} \\ h_{21} & h_{22} & \cdots & h_{2n} \\ \vdots & \vdots & & \vdots \\ h_{n1} & h_{n2} & \cdots & h_{nn} \end{pmatrix}$$

DL_j 是第 j 部门的直接就业贡献率，W_j 是第 j 部门付给劳动者的总报酬，X_j 是第 j 部门的总投入，h_{ij} 表示 i 部门产出中被 j 部门用作中间产品的数量占 i 部门产出的比率，$h_{ij}=X_{ij}/X_i(i,j-1,2,\cdots,n)$。

$$\text{产业部门影响力系数}(C31)=\frac{\sum_{i=1}^{n} c_{ij}f_j}{\frac{1}{n}\cdot\sum_{j=1}^{n}\sum_{i=1}^{n} c_{ij}f_j},j=1,2,\cdots,n \tag{7.7}$$

借鉴考虑产出规模的加权影响力系数（杨灿，2005），其中，c_{ij} 是第 j 部门对第 i 部门的完全需求系数，f_j 为 j 的部门最终产出。

环境保护与资源节约指标：环境保护指标基于数据的可得性，以每万元工业产值“三废”排放量和“三废”综合利用率来衡量。

采用因子分析法进行评估。表 7.18 显示 2016 年长江经济带沿线 11 省份装备制造业发展水平排序。比较长江经济带沿线 11 省份各因子得分:“创新因子 $f1$”排名较前的为浙江、上海、江苏 3 省份;“环境因子 $f2$”排名较前的为湖南省、上海市;上海市、湖北省“竞争力因子 $f3$”在长江经济带沿线 11 省份中居前列;上海市、湖北省“技术因子 $f4$”体现的技术贡献较强;四川、云南、安徽 3 省份“资源因子 $f5$”体现的资源贡献较大;“经济贡献因子 $f6$”排名较前的正是总排名最前的上海、浙江、江苏 3 省份。

表 7.18 2016 年长江经济带沿线 11 省份装备制造业发展水平评价得分及排序

省份	$f1$	R	$f2$	R	$f3$	R	$f4$	R	$f5$	R	$f6$	R	Total	R
上海	0.342	2	0.321	2	0.788	1	0.982	1	0.11	11	0.543	1	0.514	1
江苏	0.301	4	0.295	3	0.652	3	0.500	6	0.215	7	0.309	3	0.379	3
浙江	0.423	1	0.288	4	0.642	4	0.648	3	0.206	8	0.311	2	0.420	2
安徽	0.192	7	−0.312	10	−0.002	10	−0.128	10	0.273	3	−0.188	10	−0.028	8
江西	0.032	3	0.118	5	0.002	9	−0.382	11	0.192	9	−0.266	4	−0.051	11
湖北	0.028	5	−0.821	11	0.682	2	0.722	2	0.181	10	−0.271	11	0.087	7
湖南	0.221	6	0.882	1	−0.672	11	0.199	9	0.272	4	0.100	8	0.167	6
重庆	0.188	8	−0.213	9	0.244	6	0.645	4	0.235	6	0.204	6	0.217	5
四川	0.176	9	0.016	6	0.341	5	0.552	5	0.301	1	0.193	7	0.263	4
贵州	0.066	10	−0.098	8	0.033	8	0.3	7	0.266	5	0.064	9	0.105	9
云南	0.004	11	0.005	7	0.165	7	0.121	8	0.289	2	0.022	5	0.101	10

注:R 表示排名。

资料来源:根据测算结果整理。

采用表 7.18 中的“创新因子 $f1$”“环境因子 $f2$”“竞争力因子 $f3$”“技术因子 $f4$”“资源因子 $f5$”“经济贡献因子 $f6$”数据,对长江经济带沿线 11 省份装备制造业发展水平的聚类分析,6 个因子基本不存在相关性,满足聚类分析变量的选择准则(见图 7.24)。

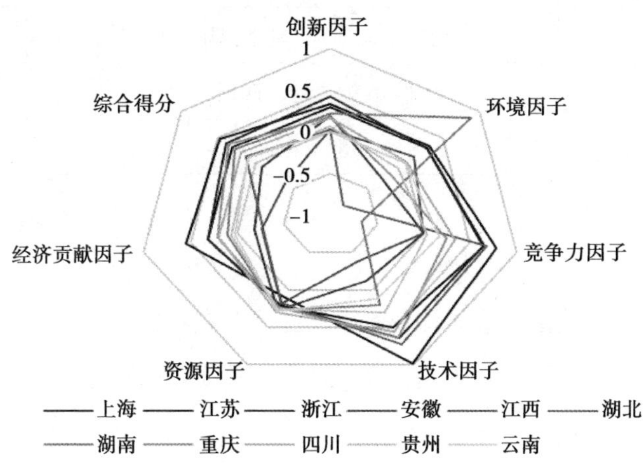

图 7.24　2016 年长江经济带沿线 11 省份装备制造业综合得分与各因子贡献

资料来源:根据测算结果整理。

选择层次聚类法进行聚类分析,即从视每一个观测案例为独立的"组"开始,最接近的两组被合并,重复过程直至一个设定的停止点。然后采用加权平均联结法(Weighted-average linkage)聚类分析,使用两个组之间观测案例的平均相异性,产生的属性居于最短联结法与最长联结法之间。聚类过程从相异性(或相似性)定义入手,相异性反映两个观测案例在设定的一套变量中的差异或距离,在两个相同的观测案例上的相异性为 0,而两个最大的观测案例具有的相异性为 1。就装备制造业发展水平而言,长江经济带沿线 11 省份差别不大,因此提供一个三类型聚类方案。

第一类为上海市、江苏省、浙江省、湖北省、湖南省 5 省份,装备制造业发展水平较相似,且属较为先进水平;第二类包括江西省、安徽省、重庆市、四川省 4 省份,装备制造业发展水平相似;第三类为贵州省与云南省,装备制造业发展水平相对滞后(见表 7.19)。

表 7.19　2016 年长江经济带沿线 11 省份装备制造业发展水平聚类分析结果

类别	省份	类规模
1	上海、江苏、浙江、湖北、湖南	2
2	江西、安徽、重庆、四川	3
3	贵州、云南	8

注:根据测算结果整理。

2.长江经济带装备制造业集聚水平与空间分布特征

(1)装备制造业集聚水平。采用空间基尼系数对长江经济带装备制造业集聚水平进行测度。公式如下:

$$G = \frac{1}{2n^2 u} \sum_{i}^{n} \sum_{j}^{n} | x_i - x_j | \tag{7.8}$$

式中,G 代表空间基尼系数,x_i 和 x_j 代表行业 i、j 在该地区工业生产总值中所占的份额,n 是一个地区行业的数量,u 是各行业所占份额的均值。G 的取值范围为[0,1],G 越大,说明该产业在该区域的产业集聚程度越高;G 越小,说明该产业在该区域的产业集聚程度越低,产业的空间布局越均衡。尽管各产业中企业规模或区域地理面积为随机分布,但本书不考虑产业间与区域间出现的分异与误差。

从 2011—2016 年长江经济带沿线 11 省份装备制造业空间基尼系数变化态势看,11 省份装备制造业空间集聚程度变化不一。上海市、安徽省、重庆市、湖北省装备制造业空间集聚程度较高,且波动较小;浙江省、四川省装备制造业空间集聚程度较低,但呈逐年上升趋势。其他省份维持在平均水平附近。2016 年长江经济带沿线 11 省份装备制造业的空间基尼系数为 0.389 2,稍低于全国 0.429 3的平均水平(见表 7.20、图 7.25)。

表 7.20　2011—2016 年长江经济带沿线 11 省份装备制造业空间基尼系数

地区＼年份	2011	2012	2013	2014	2015	2016
上海	0.415 0	0.432 2	0.429 4	0.427 8	0.414 3	0.453 3
江苏	0.317 8	0.330 6	0.324 1	0.315 0	0.353 3	0.345 5
浙江	0.298 7	0.314 4	0.322 9	0.317 5	0.335 4	0.395 3
安徽	0.415 3	0.427 6	0.414 3	0.394 3	0.354 7	0.349 2
江西	0.389 9	0.391 7	0.397 6	0.428 5	0.432 4	0.493 4
湖北	0.472 8	0.426 2	0.427 1	0.410 5	0.400 6	0.429 3
湖南	0.326 6	0.326 6	0.291 3	0.265 9	0.245 9	0.209 3
重庆	0.556 5	0.459 5	0.478 9	0.487 9	0.496 6	0.503 2
四川	0.298 5	0.361 0	0.397 3	0.405 0	0.423 0	0.430 2
贵州	0.365 9	0.289 6	0.265 7	0.222 3	0.254 5	0.263 0
云南	0.365 5	0.327 9	0.346 5	0.328 9	0.312 2	0.330 2
长江经济带	0.383 8	0.371 5	0.372 2	0.363 9	0.374 3	0.389 2
全国	0.431 8	0.432 0	0.429 4	0.400 2	0.397 7	0.429 3

资料来源：根据测算结果整理。

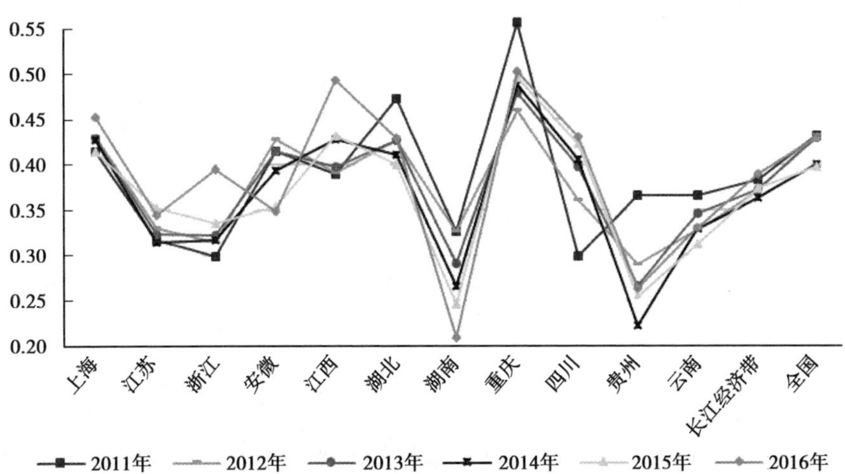

图 7.25　2011—2016 年长江经济带沿线 11 省份装备制造业空间基尼系数变化态势

资料来源：根据测算结果整理。

从长江经济带沿线 11 省份装备制造业八大细分行业的空间基尼系数来看,空间集聚程度较高的为电气机械和器材制造业,计算机、通信和其他电子设备制造业与仪器仪表制造业,但集聚程度均呈现下降态势;专用设备制造业、汽车制造业空间集聚程度较低,但呈现上升趋势;金属制品业,铁路、船舶、航空航天和其他运输设备制造业,通用设备制造业等装备制造业空间集聚水平接近装备制造业平均值,同样呈现下降趋势(见表 7.21、图 7.26)。

表 7.21　2011—2016 年长江经济带沿线 11 省份装备制造业八大细分行业空间基尼系数

空间基尼系数	2011 年	2012 年	2013 年	2014 年	2015 年	2016 年
金属制品业	0.647 5	0.631 8	0.628 3	0.622 9	0.627 5	0.643 4
通用设备制造业	0.637 8	0.644 1	0.644 0	0.637 5	0.629 5	0.639 2
专用设备制造业	0.586 6	0.601 9	0.597 2	0.600 3	0.595 2	0.598 2
汽车制造业	0.546 7	0.549 9	0.548 5	0.544 8	0.549 6	0.534 2
铁路、船舶、航空航天和其他运输设备制造业	0.677 6	0.603 9	0.587 3	0.585 9	0.579 0	0.573 8
电气机械和器材制造业	0.775 4	0.672 3	0.665 5	0.660 6	0.669 8	0.667 3
计算机、通信和其他电子设备制造业	0.737 4	0.753 9	0.739 2	0.725 8	0.725 8	0.729 4
仪器仪表制造业	0.722 9	0.724 3	0.727 7	0.732 7	0.730 0	0.735 6
装备制造业	0.666 5	0.647 8	0.642 2	0.638 8	0.638 3	0.639 2

资料来源:根据测算结果整理。

(2)装备制造业集聚的空间分布特征。为进一步考察长江经济带沿线 11 省份装备制造业空间分布特征,首先采用全局 Moran's I 指数测评长江经济带沿线 11 省份的空间自相关水平,考察装备制造业经济现象的空间关联在进行

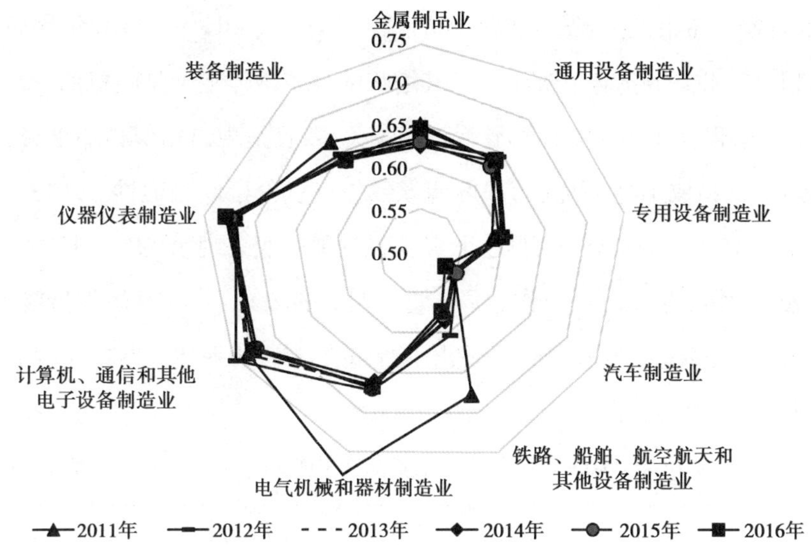

图 7.26　2011—2016 年长江经济带沿线 11 省份装备制造业八大细分行业空间基尼系数

资料来源:根据测算结果整理。

空间分析时,均选用邻接矩阵作为空间权重矩阵。Moran's I 指数通过属性值高低区分集聚程度。其计算公式如下:

$$\text{Moran's I} = \frac{\sum_{i=1}^{n}\sum_{j=1}^{n} W_{ij}(X_i - \overline{X})(X_j - \overline{X})}{S^2 \sum_{i=1}^{n}\sum_{j=1}^{n} W_{ij}} \tag{7.9}$$

式中,$S^2 = \frac{1}{n}\sum_{i=1}^{n}(X_i - \overline{X})^2$;$\overline{X} = \frac{1}{n}\sum_{i=1}^{n} X_i$;$n$ 为空间单元数量;X_i、X_j 分别表示某属性特性 X 在空间单元 i 和 j 上的观测值。Moran's I 值可以直接判断研究区的集聚经济水平,取值范围[-1,1]。当 Moran's I>0 时表示空间正相关,研究区内经济活动集聚水平显著;当 Moran's I<0 时表示空间负相关,意味着相邻区域具有明显相异的发展水平;当 Moran's I=0 时表示空间不相关,研究区内各单元经济活动随机分布。

长江经济带沿线 11 省份装备制造业在 2011 年、2013 年、2016 年均通过了显著性检验，装备制造业发展水平及其增长的分布整体上不是随机的。2011—2012 年集聚程度在空间上有着显著正相关关系，且呈现出相似相邻集聚态势，知识溢出、交易成本、资本流动都可能导致邻近省份区间相似性。2013—2016 年 Moran's I 指数为负数，说明这个阶段装备制造业表现出"高—低"或"低—高"类型的集聚，呈现分工合作布局。进一步分析发现，长江经济带沿线 11 省份装备制造业Moran's I指数值呈现出不断递减趋势，表明装备制造业相似相邻状态得到不断改善（见表 7.22）。

表 7.22　2011—2016 年长江经济带沿线 11 省份装备制造业的全局 Moran's I 指数及其检验

指标	2011	2012	2013	2014	2015	2016
Moran's I	0.033 3	0.014 8	−0.029 3	−0.030 1	−0.032 1	−0.034 2
P 值	0.077*	0.109	0.001*	0.064*	0.103	0.012*

注：* 代表 10%的显著性水平。

资料来源：根据测算结果整理。

表 7.23 显示，处于第一象限的上海、江西、湖北、四川 4 省份装备制造业较易形成集聚，且互相之间有空间依赖性；处于第三象限的安徽、重庆、贵州 3 省份无产业正向溢出；处于第二、四象限的湖南、云南、江苏、浙江等省对周围省份产生负向与正向的溢出效应。

表 7.23　2016 年长江经济带沿线 11 省份装备制造业发展水平的象限分布

象限分布	省份
HH 第一象限	上海、江西、湖北、四川
LH 第二象限	湖南、云南
LL 第三象限	安徽、重庆、贵州
HL 第四象限	江苏、浙江

资料来源：根据测算结果整理。

四、化学工业发展水平

2018年4月，习近平总书记视察宜昌化工企业搬迁、改造情况，并在深入推动长江经济带发展座谈会上强调新形势下推动长江经济带发展，应坚持新发展理念，坚持共抓大保护、不搞大开发。化学工业是长江经济带产业发展的重要组成部分，同时对长江流域生态环境产生重要影响。根据国家统计局发布的《国民经济行业分类(GB/T 4754—2017)》，化学工业主要包括石油和天然气开采业，石油加工、炼焦和核燃料加工业，化学原料及化学制品制造业，化学纤维制造业，橡胶和塑料制品业等。

1.长江经济带化学工业发展概况

2003年以来，长江经济带化学工业工业销售产值不断增长，2013年以来增速放缓；长江经济带化学工业工业销售产值占全国比重在上升过程中存在波动。2013到2016年长江经济带化学工业工业销售产值分别为62 543.83亿元、67 222.45亿元、67 294.95亿元、70 431.98亿元，占全国比重分别为38.64%、39.06%、40.94%、41.85%，长江经济带化学工业在全国化学工业发展过程中地位突出。动态来看，2008年、2009年化学工业工业销售产值经历波动后高速增长，2013年后长江经济带化学工业工业销售产值增速趋缓；长江经济带化学工业工业销售产值占全国比重呈波动上升趋势，在全国占较高比重，2014年以来增长速度出现减缓趋势(见图7.27)。

从产业结构来看，长江经济带化学工业以化学原料和化学制品制造业为主。2016年长江经济带石油和天然气开采业，石油加工、炼焦和核燃料加工业，化学原料和化学制品制造业，化学纤维制造业，橡胶和塑料制品业工业销售产值占长江经济带化学工业工业销售产值比重依次为3%、11%、60%、8%、18%，石油和天然气开采业工业销售产值占长江经济带沿线11省份化学工业工业销售产值比重相对较小(见图7.28)。与全国化学工业2016年产业结构相比，长江经济带石油加工、炼焦和核燃料加工业，石油和天然气开采业，橡胶和塑料制

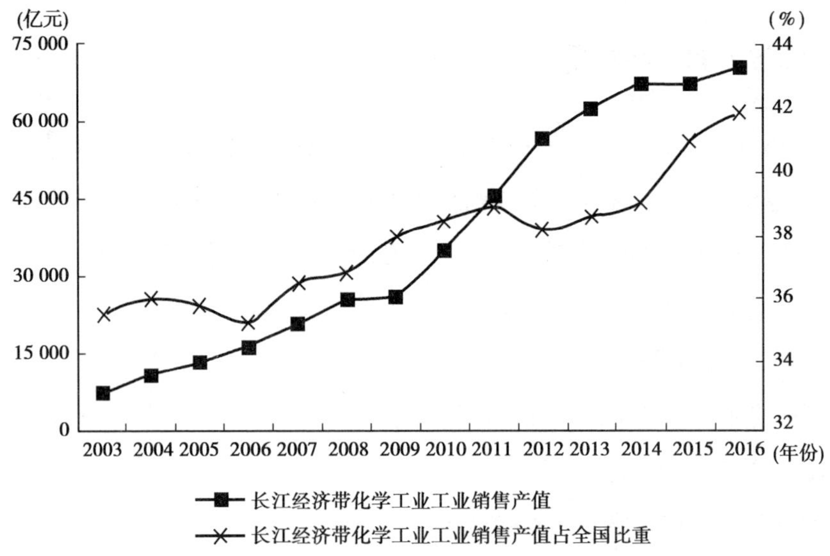

图 7.27 长江经济带沿线 11 省份化学工业工业销售总值及占全国比重情况

资料来源:根据 EPS 数据库提供的相关统计数据整理。

品业工业销售产值占比低于全国水平(20%、40%、19%),化学原料和化学制品制造业、化学纤维制造业工业销售产值占长江经济带化学工业工业销售产值高于全国水平(52%、5%)。

长江经济带沿线 11 省份化学工业工业销售产值地区差异明显。江苏省、浙江省、湖北省、四川省 4 省份化学工业工业销售产值较高,2016 年在全国排名中均处于前 10 位,重庆市、贵州省、云南省 3 省份化学工业工业销售产值相对较低,2016 年全国排名均处于 20 位以后。2010—2016 年长江经济带沿线 11 省份化学工业工业销售产值均有所提高,年均增长率均大于 10%,但 11 省份地区差异明显。上海市(2.69%)、浙江省(11.17%)、云南省(6.31%)3 省份化学工业销售产值年均增长率相对较小且低于全国水平(12.3%);江苏省(15.82%)、安徽省(28.79%)、江西省(20.27%)、湖北省(24.44%)、湖南省(15.99%)、重庆市(16.20%)、四川省(13.13%)、贵州省(32.26%)8 省份化学工业工业销售产值年均增长速度高于全国水平(见表 7.24)。

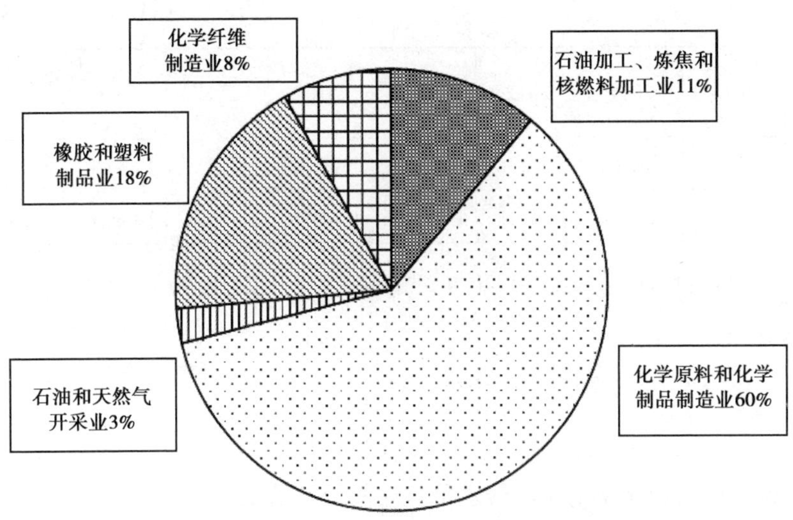

图 7.28　2016 年长江经济带沿线 11 省份化学工业工业销售产值结构情况

资料来源：根据 EPS 数据库提供的相关统计数据整理。

表 7.24　2016 年长江经济带沿线 11 省份化学工业工业销售产值结构情况

单位：亿元

年份 地区	2010	2011	2012	2013	2014	2015	2016	增长率（%）	排名
全国	90 443.27	115 286.1	148 169.8	161 874.4	172 108.3	164 367.3	168 285.7	12.30	—
上海	3 701.38	4 210.61	4 936.03	5 319.82	5 017.06	4 540.14	4 399.24	2.69	14
江苏	12 218.32	15 787.36	19 727.21	22 176.32	23 578.35	24 323.29	25 745.33	15.82	4
浙江	6 594.28	8 751.96	11 535.5	12 244.34	12 785.25	11 666.43	11 749.88	11.17	6
安徽	1 499.09	1 992.42	3 003.44	3 540.55	4 073.79	4 178.71	4 519.82	28.79	13
江西	1 616.62	2 048.38	2 627.48	2 939.39	3 378.21	3 522.75	3 910.77	20.27	18
湖北	2 365.81	3 167.31	4 323.15	5 197.75	5 983.43	6 122.87	6 412.5	24.44	8
湖南	2 047.9	2 824.63	3 683.93	4 083.97	4 167.37	4 260.99	4 339.68	15.99	15
重庆	777.66	973.41	1 073.31	1 193.25	1 342.1	1 502.89	1 659.43	16.20	24
四川	2 826.9	3 641.61	3 768.68	3 811.82	4 747.9	4 929.64	5 424.67	13.13	10

续表

年份 地区	2010	2011	2012	2013	2014	2015	2016	增长率（%）	排名
贵州	362.49	489.83	752.38	837.57	977.72	1 121.37	1 181.01	32.26	27
云南	755.83	979.71	1 155.16	1 199.05	1 171.27	1 125.87	1 089.65	6.31	28

注:“增长率”为年均增长率,“排名”为 2016 年长江经济带沿线 11 省份化学工业工业销售产值在全国的排名。

资料来源:根据 EPS 数据库提供的相关统计数据整理。

2.长江经济带化学工业集聚水平与空间分布特征

采用区位商测算长江经济带沿线 11 省份化学工业集聚水平。假设一个经济体系中包括 n 个区域、m 个产业类型;X_{ij}表示 j 地区 i 产业的产值或就业人数,区位商 LQ 的计算公式为:

$$LQ_{ij} = \frac{\dfrac{X_{ij}}{\sum_{i=1}^{m} X_{ij}}}{\dfrac{\sum_{j=1}^{n} X_{ij}}{\sum_{i=1}^{m}\sum_{j=1}^{n} X_{ij}}} \tag{7.10}$$

工业总产值、工业增加值、从业人口、销售收入、产品产量等指标是学术界衡量产业集聚水平的主要指标。基于统计数据可得性和化学工业特征,本书选取工业销售产值指标作为测算化学工业集聚水平的指标。工业销售产值相关数据采自 EPS 数据库。

长江经济带沿线 11 省份化学工业产业集聚趋势明显。从产业集聚水平绝对值来看,长江经济带沿线 11 省份化学工业区位商均大于 1,在全国化学工业发展中长江经济带具有比较优势,区位商测算结果与化学工业发展概况相对应。从上中下游地区来看,长江经济带中游地区(含湘、鄂、赣、皖 4 省份)化学工业集聚水平平均值上升到最高，领先于上游地区和下游地区；长江经济带上游地区（含云、贵、川、渝 4 省份）、长江经济带下游地区（含苏、浙、沪 3 省份）化学工业集聚水平平均值先上升后下降，2014 年以来，长江经济带上游地区化学工业集聚水平平均值处于第 2 位，长江经济带下游地区化学工业集聚水平平均值最低。比较长江经济带沿线 11 省份化学工业集聚水平，江西省化学工业集聚水平快速上升，在长江经济带沿线 11 省份化学工业集聚水平中相对较高；贵州省化学工业集聚水平波动下降，但集聚水平仍然较高，化学工业对贵州省经济发展的贡献出现下降趋势；苏、浙、沪、皖、湘、鄂、渝、川、滇 9 省份化学工业区位商整体呈波动上升趋势，2013 年以来各省份化学工业集聚水平增长速度放缓，并出现下降趋势。长江经济带化学工业整体发展趋势放缓，中游地区在长江经济带化学工业发展过程中发挥重要作用（见表 7.25）。

表 7.25　长江经济带沿线 11 省份化学工业集聚水平测算结果

省份 年份	上海	江苏	浙江	安徽	江西	湖北	湖南	重庆	四川	贵州	云南	mean
2003	3.57	2.15	2.05	2.35	3.04	3.09	2.65	4.40	1.99	6.72	3.16	3.20
2004	4.13	2.56	2.87	3.12	3.58	3.19	2.84	4.99	2.44	8.66	3.70	3.82
2005	4.21	2.46	2.99	2.99	3.80	3.56	3.02	3.76	2.72	9.51	4.55	3.96
2006	4.50	2.65	3.19	3.25	4.11	3.73	3.08	4.00	2.87	7.95	4.79	4.01
2007	4.67	2.93	3.44	3.61	4.71	3.76	3.30	4.19	3.32	8.78	5.54	4.39
2008	5.04	2.94	3.58	3.80	5.60	3.99	3.36	4.87	3.91	7.97	6.70	4.71
2009	4.19	2.74	3.29	3.73	5.96	3.64	3.09	4.80	3.80	7.08	5.51	4.35
2010	5.19	2.94	3.54	4.05	7.47	3.83	3.29	5.11	3.95	7.07	5.98	4.77
2011	5.59	3.20	4.10	4.16	7.32	4.02	3.57	4.75	4.03	7.37	6.06	4.93
2012	6.55	3.65	5.19	5.48	8.47	4.72	4.06	4.46	3.57	8.66	5.87	5.51
2013	6.65	3.70	5.11	5.70	8.43	5.03	4.01	4.35	3.26	7.62	5.10	5.36
2014	5.82	3.58	5.10	6.04	8.81	5.14	3.67	4.25	3.75	7.33	4.59	5.28
2015	4.96	3.41	4.37	5.95	8.68	4.83	3.51	4.19	3.76	7.01	4.18	4.99
2016	4.12	3.20	3.91	5.64	8.50	4.47	3.24	3.92	3.72	6.33	3.70	4.61

注："mean"表示平均值。

资料来源：根据 EPS 数据库提供的相关统计数据整理。

3.长江经济带化学工业细分行业分析

长江经济带沿线11省份石油和天然气开采业发展中，浙江省、安徽省、江西省、湖南省、云南省5省份暂无石油和天然气开采业工业销售产值数据。苏、沪、鄂、渝、川、贵6省份石油和天然气开采业地区差异明显，苏、沪、浙3省份石油和天然气开采业区位商相对较小，对经济发展的贡献相对较低；重庆市、四川省2省份石油和天然气开采业区位商处于中等水平，但仍然小于1，石油和天然气开采业发展比较优势相对较小；贵州省石油和天然气开采业区位商大于1，比较优势相对较大。受限于自然资源禀赋，长江经济带中上游地区石油和天然气资源相对丰富，石油和天然气开采业区位商相对较高，但石油和天然气开采业工业销售产值区位商呈下降趋势。

长江经济带石油加工、炼焦和核燃料加工业发展地区差异明显。2003年以来，长江经济带沿线11省份石油加工、炼焦和核燃料加工业发展呈明显地区差异，重庆市、贵州省石油加工、炼焦和核燃料加工业区位商相对较高，2013年以来，集聚水平下降趋势明显；苏、浙、沪、皖、赣、鄂、湘、川、滇9省份石油加工、炼焦和核燃料加工业区位商变化趋势相对平缓。从绝对值来看，苏、沪、浙、皖、鄂、湘、渝、贵、川、滇10省份石油加工、炼焦和核燃料加工业工业销售产值区位商小于1，石油加工、炼焦和核燃料加工业在地区经济发展中的贡献相对较小，比较优势相对不足；江西省石油加工、炼焦和核燃料加工业工业销售产值区位商大于1，具有一定比较优势。

长江经济带沿线11省份化学原料和化学制品制造业集聚趋势明显。江西省、贵州省化学原料和化学制品制造业工业销售产值区位商相对较高，苏、沪、浙、皖、湘、鄂、渝、川、滇9省份化学原料和化学制品制造业工业销售产值区位商较赣、贵2省份低，但仍大于1。动态来看，贵州省、云南省化学原料和化学制品制造业工业销售产值区位商下降趋势明显，江西省化学原料和化学制品制造业区位商呈上升趋势，但上升速度趋缓；苏、浙、沪、皖、湘、鄂、渝、川8省份化学原料和化学制品制造业区位商动态变化趋势尚不明显，在经济发展中的比较优势地位相对稳定,仍有较高比较优势。

长江经济带沿线 11 省份化学纤维制造业比较优势尚不明显。2012—2014 年贵州省化学纤维制造业数据缺乏,2015 年、2016 年贵州省化学纤维制造业区位商分别为 0.001 和 0.008,比较优势较低,化学纤维制造业对地区经济发展的贡献较低。苏、沪、浙、皖、赣、鄂、湘、渝、川、滇 10 省份化学纤维制造业区位商均小于 1,比较优势不明显。长江经济带沿线 11 省份比较而言,2016 年浙江省、江苏省化学纤维制造业区位商相对较高,在长江经济带内优势明显;江西省、安徽省、四川省化学纤维制造业区位商处于中等水平,上海市、湖北省、湖南省、重庆市、贵州省、云南省 6 省份化学纤维制造业区位商相对较低。动态来看,江苏省、浙江省化学纤维制造业区位商呈下降趋势,江苏省下降速度趋于平稳;沪、皖、赣、鄂、湘、渝、贵、川、滇 9 省份化学纤维制造业区位商动态变化趋势尚不明显,且比较优势相对较低。

长江经济带沿线 11 省份橡胶和塑料制品业区位商地区差异明显。长江经济带中游地区橡胶和塑料制品业区位商大于 1,比较优势明显;上游地区省份橡胶和塑料制品业区位商接近于 1,比较优势尚不明显;长江经济带下游地区橡胶和塑料制品业区位商较小,比较优势较低。长江经济带沿线 11 省份中,安徽省、江西省、重庆市、贵州省 4 省份橡胶和塑料制品业区位商相对较高,苏、沪、浙、皖、赣、鄂、湘、川、滇 9 省份橡胶和塑料制品业区位商相对较低。动态来看,安徽省、江西省、湖北省、贵州省橡胶和塑料制品业区位商呈上升趋势,但上升速度趋于平缓;上海市、浙江省、重庆市橡胶和塑料制品业区位商呈下降趋势,比较优势有所下降;江苏省、湖南省、四川省、云南省 4 省份橡胶和塑料制品业区位商相对稳定,动态变化趋势尚不明显。长江经济带沿线省份化学工业细分行业集聚水平平均值见表 7.26。

表 7.26　长江经济带沿线 11 省份化学工业细分行业集聚水平平均值

行业类型＼年份	2011	2012	2013	2014	2015	2016
化学工业	4.93	5.51	5.36	5.28	4.99	4.61
石油和天然气开采业	1.33	3.36	2.80	2.52	1.57	1.08
石油加工、炼焦和核燃料加工业	1.97	0.94	0.89	0.85	0.69	0.57
化学原料和化学制品制造业	2.42	3.35	3.25	3.17	3.04	2.83
化学纤维制造业	0.21	0.21	0.19	0.19	0.18	0.17
橡胶和塑料制品业	0.23	0.98	1.01	1.03	1.02	1.00

资料来源:根据 EPS 数据库提供的相关统计数据整理。

五、高耗能产业发展水平

在国家统计局历年发布的国家国民经济和社会发展统计公报中,六类制造业行业(石油加工炼焦和核燃料加工业,化学原料和化学制品制造业,非金属矿物制品业,黑色金属冶炼和压延加工业,有色金属冶炼和压延加工业,电力热力的生产和供应业)统称“高耗能行业”(亦称“高耗能产业”)。高耗能产业在历年长江经济带工业销售产值中占较大比重,2011—2016 年分别为 32.86%、32.24%、31.65%、30.51%、28.87%、27.84%[①]。国家颁布实施的《国务院关于依托黄金水道推动长江经济带发展的指导意见》(2014)、《长江经济带创新驱动产业转型升级方案》(2016)、《长江经济带发展规划纲要》(2016)、《关于加强长江经济带工业绿色发展的指导意见》(2017)等政策、规划文本,均强调推进长江经济带传统制造业绿色转型发展,高耗能产业绿色转型发展是长江经济带传统产业绿色转型发展的难点。

① 吴传清.长江经济带产业蓝皮书:长江经济带产业发展报告(2017)[M].北京:社会科学文献出版社,2017.

1.长江经济带高耗能产业发展概况

2014 年以来长江经济带沿线 11 省份高耗能产业工业销售总产值增速放缓,开始出现下降趋势。2016 年长江经济带沿线 11 省份高耗能产业工业销售总产值达到139 934.65亿元,达到 2011—2016 年高耗能产业工业销售总产值最高峰。2011 年以来长江经济带高耗能产业工业销售总产值占全国高耗能产业工业销售总产值比重处于 39%~41%,存在小幅波动,2011 年以来经历下降后出现增长趋势。2014 年长江经济带高耗能产业工业销售总产值占全国比重为 39.11%,达到 2011—2016 年最低值,2016 年长江经济带高耗能产业工业销售总产值占全国高耗能产业工业销售总产值比重为 40.11%,为 2011 年来最高值,出现比重增长趋势(见图 7.29)。

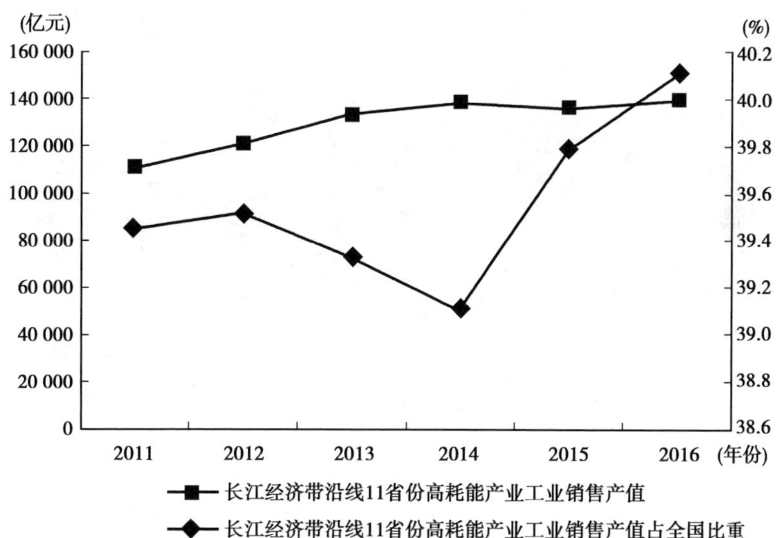

图 7.29　长江经济带沿线 11 省份高耗能产业总产值及占全国比重情况

资料来源:根据《中国工业经济统计年鉴(2012)》《中国工业统计年鉴》(2013—2017)提供的相关统计数据整理。

从产业结构来看,长江经济沿线 11 省份高耗能产业以化学原料和化学制品制造业为主。[①] 2016年长江经济带石油加工炼焦和核燃料加工业，化学原料和化学制品制造业，非金属矿物制品业，黑色金属冶炼和压延加工业，有色金属冶炼和压延加工业，电力热力的生产和供应业工业销售产值占长江经济带高耗能产业工业销售总值比重依次为5.70%、30.68%、18.29%、16.07%、14.85%、14.41%（见图7.30）。与我国高耗能产业整体结构相比，石油加工炼焦和核燃料加工业、黑色金属冶炼和压延加工业、电力热力的生产和供应业工业销售产值占比低于全国水平（9.77%、17.29%、15.98%），而化学原料和化学制品制造业、非金属矿物制品业、有色金属冶炼和压延加工业工业销售产值占比高于全国水平（24.87%、18.07%、14.01%）。

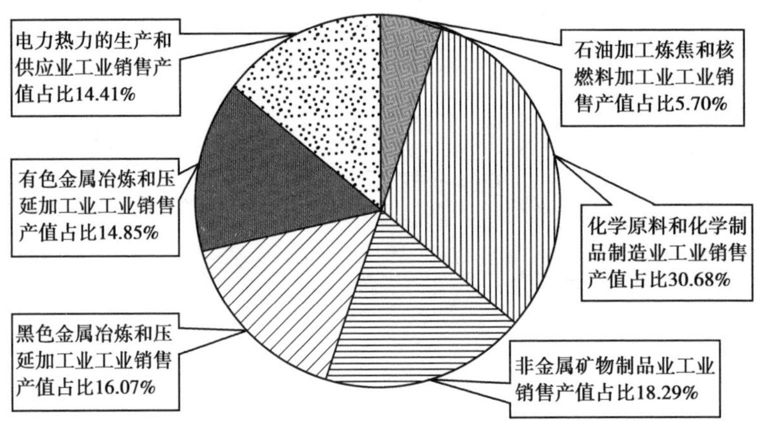

图7.30　2016年长江经济带沿线11省份高耗能产业工业销售总值结构情况

资料来源：根据《中国工业统计年鉴》（2017）提供的相关统计数据整理。

长江经济带沿线11省份高耗能产业工业销售总值的地区差异较大，江苏省、浙江省、江西省、湖北省、湖南省、四川省高耗能产业工业销售总值较高，2016年在全国的排名均处于前10位，而重庆市、贵州省、云南省高耗能产业工业销售总值较低，2016年在全国的排名均处于20位以后。2011—2016年上海市高耗能产业工业销售总值下降，年均增长率为-4.46%，其他省份高耗能产业

① 吴传清.长江经济带产业蓝皮书：长江经济带产业发展报告（2017）[M].北京：社会科学文献出版社，2017.

工业销售总值均有所增加，贵州省高耗能产业工业销售总值年均增长率达到16.01%（见表7.27）。

表7.27　长江经济带沿线11省份高耗能产业工业销售总值及排名情况

单位：亿元

年份 省份	2016	2015	2014	2013	2012	2011	年均增长率（%）	排名
上海	6 634.42	6 859.65	7 644.08	8 072.14	8 215.82	8 538.34	-4.46	18
江苏	42 371.77	41 045.56	41 005.75	39 524.37	35 402.99	31 391.61	7.00	1
浙江	17 357.65	17 308.23	18 864.74	18 146.25	17 630.66	16 012.23	1.68	6
安徽	10 947.01	10 824.48	10 996.63	10 457.72	9 141.77	8 490.33	5.79	12
江西	12 068.29	12 224.45	12 183.88	10 916.87	9 550.04	8 780.54	7.49	9
湖北	12 738.02	12 425.77	12 709.04	12 163.96	11 141.34	9 815.24	5.96	7
湖南	12 405.11	11 911.53	11 829.6	11 529.01	10 215.94	8 909.13	7.85	8
重庆	4 378.51	4 240.75	4 001.59	3 559.59	3 120.59	3 050.73	8.70	25
四川	11 752.89	11 029.3	10 318.69	10 190.52	9 067.53	9 247.96	5.42	10
贵州	4 628.1	3 790.52	3 981.76	3 543.6	2 982.08	2 570.21	16.01	23
云南	4 652.88	4 708.01	5 329.89	5 212.7	4 706.21	4 264.78	1.82	22

注：排名为2016年长江经济带沿线11省份高耗能产业工业销售总值在全国的排名。

资料来源：根据《中国工业经济统计年鉴（2012）》《中国工业统计年鉴》（2013—2017）提供的相关统计数据整理。

2.产业集聚水平评估

采用产业集聚指数测算高耗能产业动态集聚水平。假定某一经济体有 n 个地区和 m 类产业，研究时间段为 $[0,t]$，用 X_{ij0} 和 X_{ijt} 分别表示在 j 地区 i 产业初期和末期的产值，则产业 i 在地区 j 的产业集聚指数计算公式为：

$$A_{ijt} = \frac{S_{ijt}}{S_{it}} = \frac{\sqrt[t]{\dfrac{X_{ijt}}{X_{ij0}}} - 1}{\sqrt[t]{\dfrac{\sum_{j=1}^{n} X_{ijt}}{\sum_{j=1}^{n} X_{ij0}}} - 1} \tag{7.11}$$

根据高耗能产业高能耗、高产能、高污染特点以及统计数据可得性,选取工业销售产值指标衡量高耗能产业动态集聚水平①。工业销售产值相关数据采自《中国工业经济统计年鉴(2003—2012)》《中国工业统计年鉴》(2013—2017)和《中国经济普查年鉴2004》。

长江经济带沿线11省份2002—2016年高耗能产业集聚趋势明显。比较全国31省份高耗能产业动态集聚水平②,长江经济带沿线平均值高于全国平均水平;2011年以来长江经济带沿线11省份高耗能产业动态集聚水平平均值大于1。从长江经济带上中下游地区高耗能产业动态集聚水平而言,中游地区高耗能产业动态集聚水平平均值最高,上游地区处于中等水平,下游地区最低;长江经济带下游地区高耗能产业动态集聚水平呈下降趋势,而中上游地区高耗能产业动态集聚水平趋于上升,且上游地区增长速度高于中游地区。对比长江经济带沿线11省份高耗能产业动态集聚水平,苏、皖、赣、鄂、湘、川6省份高耗能产业2016年动态集聚水平绝对值大于1,高耗能产业发展速度高于全国平均增长速度,6省份高耗能产业呈现出集聚趋势;沪、浙、渝、贵、滇5省份高耗能产业动态集聚水平小于1,高耗能产业发展速度慢于全国平均增长速度,动态集聚水平呈上升趋势(见表7.28)。

表7.28 长江经济带沿线11省份高耗能产业动态集聚水平测算结果

省份 年份	云南	贵州	四川	重庆	湖南	湖北	江西	安徽	浙江	江苏	上海	mean1	mean2
2002	1.89	0.78	1.28	0.90	0.65	0.90	1.40	0.82	1.38	1.23	0.31	0.57	1.05
2003	1.48	0.87	1.11	1.02	0.83	0.77	1.08	0.86	1.17	1.07	0.69	0.77	1.00
2004	0.10	-0.20	0.96	-0.38	0.73	1.02	0.18	0.50	2.09	2.77	1.80	0.45	0.87
2005	1.18	0.90	1.01	0.95	0.88	0.81	1.04	0.93	1.26	1.11	0.78	0.86	0.99
2006	1.22	0.90	1.00	0.97	0.91	0.79	1.10	0.95	1.22	1.11	0.77	0.89	0.99

① 吴传清.长江经济带产业蓝皮书:长江经济带产业发展报告(2017)[M].北京:社会科学文献出版社,2017.

② 由于统计年鉴中无港澳台地区的统计数据,故仅考察31个省份的发展情况。

续表

年份＼省份	云南	贵州	四川	重庆	湖南	湖北	江西	安徽	浙江	江苏	上海	mean1	mean2
2007	1.19	0.86	1.02	0.98	0.94	0.80	1.16	0.97	1.15	1.10	0.72	0.91	0.99
2008	1.10	0.78	0.98	1.01	0.95	0.91	1.21	1.06	1.12	1.10	0.74	0.91	1.00
2009	0.57	0.24	1.02	0.35	0.90	1.03	0.80	0.89	1.47	1.94	1.19	0.72	0.94
2010	0.60	0.27	1.03	0.46	0.95	1.06	0.85	0.92	1.42	1.82	1.19	0.74	0.96
2011	1.05	0.79	1.07	1.10	1.00	0.99	1.21	1.13	1.06	1.03	0.69	0.93	1.01
2012	1.06	0.82	1.01	1.06	1.02	1.01	1.21	1.11	1.07	1.05	0.64	0.94	1.01
2013	1.06	0.87	1.01	1.07	1.03	0.99	1.22	1.13	1.03	1.06	0.61	0.94	1.01
2014	1.05	0.90	0.99	1.10	1.01	0.99	1.24	1.13	1.03	1.05	0.57	0.95	1.01
2015	1.00	0.89	1.03	1.13	1.03	0.99	1.27	1.14	0.99	1.06	0.54	0.95	1.01
2016	0.66	0.87	1.01	0.96	1.11	1.15	1.34	1.12	0.98	1.07	0.71	0.95	1.01

注：mean1 为全国高耗能产业动态集聚水平的平均值；mean2 为长江经济带沿线 11 省份高耗能产业动态集聚水平的平均值。

3.细分行业分析

长江经济带高耗能产业细分行业动态集聚水平见表 7.29。从全国而言，长江经济带沿线 11 省份化学原料及化学制品制造业动态集聚水平平均值高于全国平均值①。2008 年以来长江经济带化学原料及化学制品制造业动态集聚水平平均值大于 1，长江经济带化学原料及化学制品制造业呈现出集聚趋势。从上中下游地区而言，长江经济带中游地区化学原料及化学制品制造业动态集聚水平普遍较高，上下游地区集聚水平相对较低，中游化学原料及化学制品制造业呈现出集聚趋势。比较长江经济带沿线 11 省份化学原料及化学制品制造业动态集聚水平，2016 年苏、皖、赣、鄂、湘、川 6 省份化学原料及化学制品制造业

① 由于统计年鉴中无港澳台地区的统计数据，故仅考察 31 个省份的发展情况。

发展速度高于全国平均水平，6 省份化学原料及化学制品制造业呈集聚趋势；沪、浙、渝、贵、滇 5 省份化学原料及化学制品制造业发展速度低于全国平均速度，产业集聚态势不明显。

表 7.29　长江经济带高耗能产业细分行业动态集聚水平

行业＼年份		2002	2003	2004	2005	2006	2007	2008	2009	2010	2011	2012	2013	2014	2015	2016
HEC_0	m1	0.57	0.77	0.45	0.86	0.89	0.91	0.91	0.72	0.74	0.93	0.94	0.94	0.95	0.95	0.95
	m2	1.05	1.00	0.87	0.99	0.99	0.99	1.00	0.94	0.96	1.01	1.01	1.01	1.01	1.01	1.01
HEC_1	m1	0.71	0.82	0.91	0.88	0.89	0.92	0.93	0.91	0.92	0.92	0.92	0.94	0.93	0.95	0.97
	m2	0.96	0.87	0.89	0.97	0.93	0.96	1.01	1.01	1.02	1.04	1.02	1.01	1.00	1.01	1.03
HEC_2	m1	1.34	1.04	0.92	0.87	0.86	0.87	0.90	0.95	0.97	0.97	0.97	0.98	0.99	0.98	0.98
	m2	2.51	1.62	1.25	1.21	1.14	1.08	1.08	1.09	1.10	1.12	1.11	1.12	1.13	1.13	1.13
HEC_3	m1	1.10	1.00	0.97	0.94	0.94	0.96	0.96	0.96	0.95	0.95	0.94	0.95	0.94	0.94	1.02
	m2	0.90	0.91	0.93	0.91	0.90	0.91	0.93	0.92	0.96	0.96	0.94	0.95	0.94	0.93	1.02
HEC_4	m1	1.18	0.83	0.82	0.80	0.81	0.82	0.82	0.78	0.80	0.84	0.84	0.84	0.85	0.85	0.86
	m2	1.17	1.04	1.01	1.01	1.03	0.98	0.94	0.92	0.93	0.94	0.91	0.91	0.90	0.89	0.89
HEC_5	m1	1.82	1.47	1.36	1.33	1.41	1.40	1.52	1.61	1.50	1.49	1.47	1.41	1.43	1.43	1.44
	m2	2.38	2.37	2.05	1.86	1.70	1.69	1.71	1.68	1.55	1.48	1.48	1.46	1.51	1.57	1.50
HEC_6	m1	1.01	0.98	0.95	0.95	0.94	0.94	0.95	0.97	0.97	0.97	0.98	0.99	0.99	1.00	1.09
	m2	1.03	1.12	1.01	1.01	1.01	1.00	1.05	1.06	1.04	1.03	1.04	1.02	0.99	0.98	1.04

注：HEC_0、HEC_1、HEC_2、HEC_3、HEC_4、HEC_5、HEC_6 分别表示高耗能产业、化学原料及化学制品制造业、非金属矿物制品业、黑色金属冶炼及压延加工业、有色金属冶炼及压延加工业、石油加工炼焦及核燃料加工业、电力热力的生产和供应业动态集聚水平；m1 为全国平均值，m2 为长江经济带沿线 11 省份平均值。

长江经济带沿线 11 省份非金属矿物制品业有明显集聚趋势。从全国而言，长江经济带沿线 11 省份非金属矿物制品业动态集聚水平增长速度快于全国平均水平，2008 年以来动态集聚水平进一步提高，长江经济带沿线 11 省份非金属矿物制品业呈现出集聚趋势。对比长江经济带上中下游地区非金属矿物制品业动态集聚水平，长江经济带中上游地区非金属矿物制品业动态集聚水平普遍较高，产业集聚趋势明显；下游地区非金属矿物制品业增长速度低于全国平均水平，产业集聚趋势不明显。比较长江经济带沿线11省份非金属矿物制品业动态集聚水平，2016年云、贵、川、湘、鄂、赣、皖7省份非金属矿物制品业动态集聚水平下降趋势明显，发展速度放缓，产业集聚趋势减弱；贵、渝、湘、鄂、皖5省份非金属矿物制品业动态集聚水平有明显上升趋势，发展速度加快；浙、苏、沪3省份非金属矿物制品业动态集聚水平相对稳定，江西省非金属矿物制品业发展速度持续高于全国平均水平，集聚趋势明显，江苏省发展速度低于全国平均水平。

长江经济带沿线11省份黑色金属冶炼及压延加工业动态集聚水平与全国平均水平相近，产业集聚趋势不明显。对比长江经济带上中下游地区黑色金属冶炼及压延加工业动态集聚水平，长江经济带中下游地区黑色金属冶炼及压延加工业动态集聚水平高于上游地区，上游地区产业集聚水平相对较低。比较长江经济带沿线11省份黑色金属冶炼及压延加工业动态集聚水平，2016年云、贵、渝、湘、赣、皖、浙、苏8省份黑色金属及压延加工业动态集聚水平较高，增长速度高于全国平均水平，产业集聚趋势明显；2016年川、鄂、沪3省份黑色金属及压延加工业动态集聚水平小于1，产业集聚趋势不明显；云、皖、苏、沪4省份黑色金属冶炼及压延加工业动态集聚水平呈下降趋势，贵、川、渝、鄂、皖5省份黑色金属冶炼及压延加工业动态集聚水平呈上升趋势，产业集聚趋势加强。

长江经济带沿线11省份有色金属冶炼及压延加工业动态集聚趋势减弱。从全国而言，长江经济带沿线11省份有色金属冶炼及压延加工业动态集聚水平高于全国31省份平均水平①。从上中下游地区有色金属冶炼及压延加工业动态集聚水平来看，长江经济带中游地区有色金属冶炼及压延加工业动态集聚水平高于上下游地区，下游地区产业发展速度均低于全国平均增长速度，产业集聚趋势不明显。对比长江经济带沿线11省份有色金属冶炼及压延加工业动态集聚水平，2016年湘、赣、皖3省份有色金属冶炼及压延加工业发展速度高于

① 由于统计年鉴中无港澳台地区的统计数据，故仅考察31个省份的发展情况。

全国平均水平,产业集聚水平大于1;云、贵、川、鄂、苏、沪、浙7省份有色金属冶炼及压延加工业动态集聚水平呈下降趋势,产业发展速度趋缓,产业集聚趋势减弱;湘、皖2省份有色金属冶炼及压延加工业动态集聚水平呈上升趋势,产业集聚趋势加强。

长江经济带沿线11省份石油加工炼焦及核燃料加工业动态集聚水平高于全国平均水平。从全国而言,我国石油加工炼焦及核燃料加工业动态集聚水平大于1,产业集聚趋势加强;长江经济带石油加工炼焦及核燃料加工业平均发展速度高于全国平均发展速度,长江经济带石油加工炼焦及核燃料加工业呈现出集聚趋势。从长江经济带沿线上中下游地区石油加工炼焦及核燃料加工业动态集聚水平来看,长江经济带上游地区石油加工炼焦及核燃料加工业动态集聚水平高于中下游地区;中下游地区除江苏外,石油加工炼焦及核燃料加工业平均增长速度低于全国平均增长速度,产业动态集聚水平小于1,产业集聚趋势减弱。从长江经济带沿线11省份比较而言,2016年云、贵、川、渝、赣、苏6省份石油炼焦及核燃料加工业动态集聚水平大于1,产业集聚趋势明显;川、湘、鄂、浙、沪5省份石油炼焦及核燃料加工业动态集聚水平呈下降趋势,产业集聚趋势减弱;渝、赣、皖、苏4省份石油加工炼焦及核燃料加工业动态集聚水平呈上升趋势,产业增长速度加快,产业集聚趋势增强。

长江经济带沿线11省份电力热力的生产和供应业集聚趋势减弱。对比电力热力的生产和供应业与全国平均水平,2007年以来,长江经济带沿线11省份电力热力的生产和供应业动态集聚水平小于1,产业平均增速低于全国平均增长速度①,产业集聚趋势减弱。比较长江经济上中下游地区电力热力的生产和供应业动态集聚水平,长江经济带上游地区电力热力的生产和供应业动态集聚水平相对较高,下游次之,中游地区增长速度慢于全国平均水平,产业集聚趋势减弱。从长江经济带沿线11省份电力热力的生产和供应业动态集聚水平来看,2016年云、贵、川、渝、湘、鄂、皖、浙、苏9省份电力热力的生产和供应业发展速度高于全国平均水平,产业集聚趋势明显;赣、沪2省份电力热力的生产和供

① 由于统计年鉴中无港澳台地区的统计数据,故仅考察31个省份的发展情况。

应业动态集聚水平下降,产业集聚趋势减弱。

长江经济带沿线 11 省份高耗能产业动态集聚水平整体下降并趋于稳定,接近于门槛值 1。总体而言,长江经济带沿线 11 省份石油加工炼焦及核燃料加工业、非金属矿物制品业动态集聚水平高于其他四类高耗能产业动态集聚水平,产业增长速度高于全国平均水平,产业集聚趋势明显;化学原料及化学制品制造业,黑色金属冶炼及压延加工业,有色金属冶炼及压延加工业,电力热力的生产和供应业动态集聚水平在门槛值"1"附近浮动变化,高耗能产业仍处于增长态势,平均增长速度接近全国平均水平,产业集聚趋势变化不够明显;长江经济带沿线 11 省份石油加工炼焦及加工业、非金属矿物制品业动态集聚水平呈下降趋势,产业增长速度下降,产业集聚趋势减弱,但发展速度仍高于全国平均水平,仍然具有明显的产业集聚趋势(见图 7.31)。

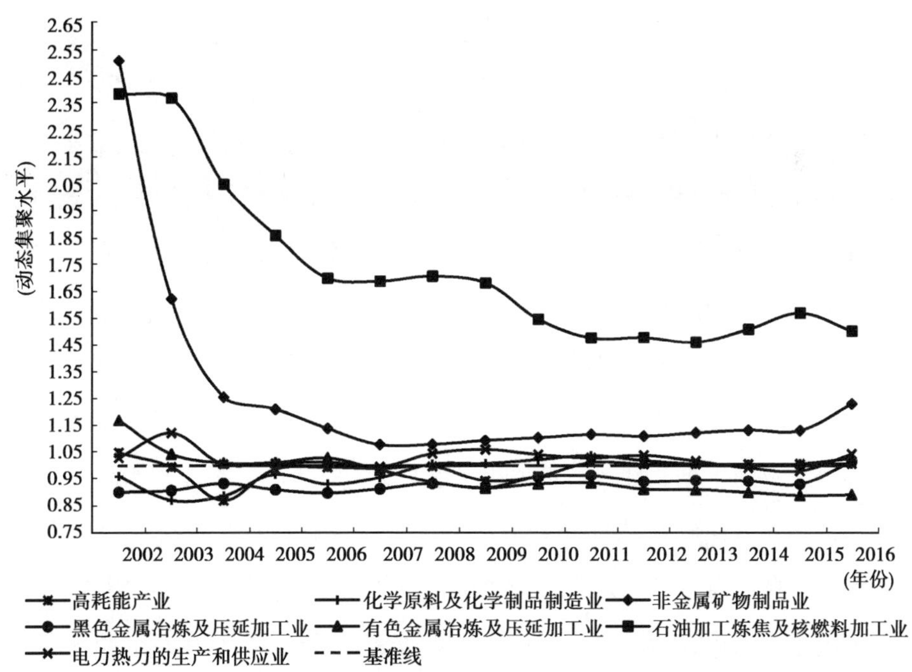

图 7.31　长江经济带高耗能产业动态集聚水平平均值

资料来源:根据测算结果整理。

第二节　长江经济带工业绿色与创新发展

一、长江经济带工业绿色发展

1.工业绿色发展绩效评估

以工业绿色发展效率反映长江经济带工业绿色发展绩效。采用全局超效率SBM模型测度长江经济带工业绿色发展效率。投入变量主要考虑劳动、资本、能源三种要素，分别选用规上工业企业平均用工人数（万人）、全社会工业固定资本（万元）、工业能源消耗（万吨标准煤）反映，工业固定资本基于工业固定资产投资采用永续盘存法估算，折旧率参考张军等（2004）研究结论取为9.6%；期望产出变量主要考虑工业总产出，选用规上工业销售产值（万元）反映，工业产值较工业增加值更能反映工业生产过程的全部工业产品价值，并与工业生产过程的环境非期望产品进行匹配；环境非期望产出主要工业生产废物，分别选用工业废水排放总量（万吨）、工业废气排放总量（亿立方米）、一般工业固体废弃物产生量（万吨）反映。

进一步采用全局和局域Moran指数分析长江经济带工业绿色发展绩效的空间效应，选用地理邻接矩阵作为测算Moran指数的空间权重矩阵。Moran指数越接近于1，则表明长江经济带工业绿色发展绩效存在较强的空间正相关，绿色发展的集群效应较强；Moran指数越接近于-1，则表明长江经济带工业绿色发展绩效存在较强的空间负相关，绿色发展的收敛效应较强；Moran指数越接近于0，则表明长江经济带工业绿色发展绩效存在随机性，不具有空间相关性特征。

研究时段确定为2011—2016年。选取指标的基础数据均来自《中国工业经济统计年鉴2012》、《中国工业统计年鉴》（2013—2017）、《中国统计年鉴》

(2012—2017)、《中国环境统计年鉴》(2012—2017)、《中国能源统计年鉴》(2012—2017)。所用涉及产品价值的指标均采用相应价格指数平减,其中工业固定资本采用以2011年为基期的定基工业固定资产投资价格指数平减,工业销售产值采用以2011年为基期的定基工业生产者出厂价格指数平减。

从长江经济带工业绿色发展绩效与全国平均水平的比较来看,长江经济带工业绿色发展态势显著优于长江经济带以外地区与全国平均水平,工业绿色发展动能较强。2011—2016年长江经济带工业绿色发展效率保持较快增长态势,由2011年的0.587稳步提升至2016年的0.722,年均增长4.24个百分点,增速远高于长江经济带以外地区,并于2015年超越长江经济带以外地区,引领全国工业绿色发展;长江经济带以外地区工业绿色发展效率保持平缓增长态势,由2011年的0.660波动缓慢上升至2016年的0.695,年均增长1.04个百分点,工业绿色发展动力不及长江经济带;全国平均工业绿色发展效率保持平稳增长态势,由2011年的0.633波动增长至2016年的0.705,年均增长2.17个百分点。可以看出,长江经济带前期工业绿色发展效率不及全国平均水平,传统高耗能、高污染产业比重较大,造成较为严重的工业环境问题,工业绿色发展绩效相对较差,但工业绿色发展潜力较大,通过不断加快传统产业转型升级,加强绿色技术创新研发应用,推动工业生产过程低碳、清洁、绿色化,工业绿色发展动能不断释放并强化,逐步凸显出长江经济带工业绿色发展优势,成为引领全国工业绿色发展的生力军。

从长江经济带上中下游地区工业绿色发展效率的比较来看,上中下游地区工业绿色绩效呈稳定的梯度递增格局,上游地区工业绿色发展绩效较差,中游地区较好,下游地区最优,但中上游地区工业绿色发展潜力正逐步凸显。2011—2016年上游地区工业绿色效率保持较快增长态势,由2011年的0.457快速上升至2016年的0.584,年均增长5.04个百分点,工业绿色发展势头迅猛,受制于工业绿色技术水平限制,工业绿色发展绩效整体依然不高,仍需进一步加强工业绿色技术创新应用推广,提高资源、能源使用效率,推动工业生产过程低碳化；中游地区工业绿色发展效率呈平稳快速上升态势，由 2011 年的 0.565 稳步提升至 2016 年的 0.726，年均增长 5.14 个百分点，中游地区传统制造业比重最高，钢铁、造纸、石化、水泥、汽车产业发达，改造升级传统工业并提升经济发展质量的需求最为迫切；下游地区工业绿色发展效率保持平稳增长态势，由 2011 年的 0.789 平缓上升至 2016 年的 0.901，年均增长 2.69 个百分点，工业绿色发展绩效良好，是长江经济带工业绿色技术创新成果的主要研发地和最先应用地，引领长江经济带中上游地区工业绿色发展。见表 7.30。

表 7.30　2011—2016 年全国及各地区工业绿色发展效率

年份/地区	2011		2012		2013		2014		2015		2016	
	得分	排名	得分	排名	得分	排名	得分	排名	得分	排名	得分	排名
全国	0.633		0.623		0.662		0.673		0.686		0.705	
长江经济带	0.587	2	0.599	2	0.647	2	0.669	2	0.695	1	0.722	1
非长江经济带	0.660	1	0.637	1	0.671	1	0.675	1	0.681	2	0.695	2
长江上游地区	0.457	3	0.450	3	0.499	3	0.517	3	0.547	3	0.584	3
长江中游地区	0.565	2	0.588	2	0.645	2	0.668	2	0.699	2	0.726	2
长江下游地区	0.789	1	0.812	1	0.847	1	0.874	1	0.885	1	0.901	1

资料来源：根据测算结果整理。

从长江经济带沿线 11 省份工业绿色发展效率的比较来看，长江经济带省域工业绿色发展差异显著，在全国整体处于中等水平，工业绿色发展效率普遍呈上升态势，绝大部分省份在全国的工业绿色发展排名均有不同程度提升。上海、江苏、浙江 3 省份为第一梯队，工业绿色发展绩效整体处于全国领先水平，是长江经济带工业绿色发展的核心驱动源，引领长江经济带乃至全国工业绿色发展，苏、浙、沪3省份工业绿色技术研发能力较强，工业基础雄厚，高技术制造业和先进制造业发展迅猛，工业发展的环境成本相对较小，工业发展的环境效益较好。安徽、江西、湖北、重庆为第二梯队，工业绿色发展在全国整体处于中等水平，工业绿色发展速度整体加快，以江西省最为典型，积极引进消化吸收下游地区工业绿色技术，发展壮大节能环保产业，工业绿色发展速度加快，年均增长速度高达6.51个百分点。湖南、四川、贵州、云南处于第三梯队，工业绿色发展绩效在全国处于相对靠后水平，仍有待进一步提升工业绿色生产技术，提高工业资源能源利用效率，加快发展节能环保产业。长江经济带工业绿色发展绩效与地区经济发展水平整体呈正相关关系，经济发展程度较高的省份有能力支撑工业绿色技术创新研发，推动工业绿色转型升级，不断提升工业绿色发展绩效。见表7.31。

表7.31　2011—2016年长江经济带沿线11省份工业绿色发展效率

年份／省份	2011		2012		2013		2014		2015		2016	
	得分	排名	得分	排名	得分	排名	得分	排名	得分	排名	得分	排名
上海	0.732	9	0.744	9	0.782	8	0.835	7	0.857	7	0.894	7
江苏	0.840	6	0.891	4	0.946	4	0.957	4	0.986	5	1.000	5
浙江	0.795	7	0.801	7	0.814	7	0.831	8	0.813	8	0.808	8
安徽	0.593	12	0.611	14	0.652	14	0.682	12	0.724	11	0.765	11
江西	0.575	13	0.626	12	0.689	11	0.744	9	0.773	9	0.788	9
湖北	0.556	18	0.583	17	0.645	16	0.647	15	0.678	14	0.707	14
湖南	0.537	20	0.534	20	0.594	19	0.599	19	0.622	19	0.645	18
重庆	0.524	21	0.503	22	0.570	20	0.597	20	0.646	15	0.692	15
四川	0.460	24	0.449	24	0.517	24	0.549	22	0.594	21	0.637	20
贵州	0.437	25	0.429	25	0.469	26	0.479	25	0.498	24	0.534	24
云南	0.406	28	0.418	28	0.439	27	0.443	27	0.450	27	0.473	26

资料来源：根据测算结果整理。

长江经济带工业绿色发展绩效存在显著的空间集聚效应,长江经济带沿线省份工业绿色发展呈两极分化趋势。2011—2016 年长江经济带工业绿色发展效率的全局 Moran 指数均在 1%的显著性水平下介于 0.6~0.7,比较接近于 1,反映出长江经济带工业绿色发展存在显著的空间集聚趋势。工业绿色发展成效较好的地区相互聚集,形成良好的绿色技术外溢和产业分工合作,彼此促进各地区的工业绿色发展;而工业绿色发展条件较差地区难以获取周边地区的绿色技术进度,在落后的生产技术条件下延续原有的工业粗放发展模式,无法在短期内快速提升工业绿色发展绩效。见表 7.32。

表 7.32　2011—2016 年长江经济带工业绿色发展效率的全局 Moran 指数及其检验

指标	2011	2012	2013	2014	2015	2016
Moran's I	0.731 370	0.747 218	0.701 131	0.723 036	0.676 854	0.647 063
Z 值	4.237 325	4.331 689	4.163 922	4.195 147	4.031 535	3.905 722
P 值	0.000 023 ***	0.000 015 ***	0.000 031 ***	0.000 027 ***	0.000 055 ***	0.000 094 ***

注:*** 代表 1%的显著性水平。

资料来源:根据测算结果整理。

与长江经济带工业绿色发展效率的全局 Moran 指数分析结论高度一致,长江经济带省域工业绿色发展存在显著的两极分化趋势,下游地区省份保持工业绿色发展优势,引领长江经济带工业绿色发展,中上游地区省份则长期处于工业绿色发展滞后地区。除江西省在 2011 年处于低高集聚区的第二象限外,长江经济带沿线 11 省份仅分布于高高集聚区的第一象限和低低集聚区的第三象限,上海、江苏、浙江、安徽、江西长期处高高集聚区,而湖北、湖南、重庆、四川、贵州、云南则长期处于低低集聚区。下游地区工业绿色发展领先省份仅仅对安徽、江西等邻近省份产生了较好的工业绿色扩散效应,而对云南、贵州、四川等广阔的中上游地区绿色技术外溢效应微弱。应进一步强化长江经济带上中下游地区间的人才、资金、技术流动,扩大下游地区省份的工业绿色技术外溢,提升中上游地区,特别是上游地区省份的工业绿色发展内生动力。见表 7.33。

表 7.33　2011—2016 年长江经济带沿线 11 省份工业绿色发展效率的空间象限分布

象限分布	2011	2012	2013	2014	2015	2016
HH 第一象限	上海、江苏、浙江、安徽	上海、江苏、浙江、安徽、江西	上海、江苏、浙江、安徽、江西	上海、江苏、浙江、安徽、江西	上海、江苏、浙江、安徽、江西	上海、江苏、浙江、安徽、江西
LH 第二象限	江西	—	—	—	—	—
LL 第三象限	湖北、湖南、重庆、四川、贵州、云南	湖北、湖南、重庆、四川、贵州、云南	湖北、湖南、重庆、四川、贵州、云南	湖北、湖南、重庆、四川、贵州、云南	湖北、湖南、重庆、四川、贵州、云南	湖北、湖南、重庆、四川、贵州、云南
HL 第四象限	—	—	—	—	—	—

资料来源:根据测算结果整理。

2.工业绿色发展提升路径

(1)优化沿江工业布局。明确主体功能区定位,根据各地区国土空间开发适宜性和资源环境承载力,优化工业开发布局,加强对园区的绿色化改造,绿色承接产业转移,实现工业布局与环境保护的相辅相成。完善工业布局规划,围绕主体功能区布局,按照长江流域资源环境承载能力严守工业绿色发展方向和适宜开发强度,加快在长江经济带重点生态功能区和沿江区县编制实施产业准入负面清单,严控沿江重化工项目环境风险,确保重化工项目与长江岸线之间有足够的安全防护距离。建设生态工业园区,清理整顿沿江化工园区,特别是造纸、电镀、食品、印染等污染排放较大的涉水类园区,对不符生态安全要求的园区依法实施循环化改造,推动沿江工业园区低碳循环绿色发展。规范产业转移与产业承接,建设皖江城市带承接产业转移示范区、湘南承接产业转移示范区、湖北荆州承接产业转移示范区、江西赣南承接产业转移示范区、重庆沿江承接产业转移示范区、四川广安承接产业转移示范区,密切监测造纸、焦化、有色、印染、制革、电镀等高污染产业跨区域转移,实施最严格的环保、能耗、水耗、电耗等环境准入门槛,防范下游地区向中上游地区转移环境风险。

(2)推动产业结构转型升级。提升工业资源能源利用效率,优化工业结构,加快传统产业绿色改造升级步伐,淘汰化解落后过剩产能,培育工业绿色发展新动能。加快化解过剩产能,集聚绿色生产要素,明确长江经济带工业绿色发展标准,提高环保、质量、安全、能效等准入门槛,淘汰转移钢铁、水泥、有色等污染型产能过剩行业,腾出发展空间和发展要素,培育壮大绿色新兴产业。加快传统污染型重化工业绿色转型升级,推广应用绿色生产技术和生产设备,对传统石化、钢铁、有色金属、装备制造等重点传统支柱行业进行智能化改造,加快传统重化工业实现绿色、智能、高端化发展。发展壮大节能环保制造业,推动重庆、武汉、盐城等制造业强市形成节能环保制造业集群,如新能源汽车、节能家电、高端装备制造,注重加强节能环保技术研发和应用能力;重点发展航空发动机关键器件、工程机械、重化工机床等高价值特色再制造产业,推动形成长江经济带若干再制造业集群,增强长江经济带产业低碳、循环发展动能。

(3)构建绿色制造体系。落实产品全生命周期理念,鼓励企业开发绿色产品,建设绿色工厂,发展绿色工业园区,打造绿色制造供应链,全面推进绿色制造体系建设。加快绿色产品培育,大力开展绿色设计示范试点,编制工业绿色产品目录,引导绿色生产和绿色消费,实现资源能源消耗最低化、环境影响最小化、循环利用最大化。积极推动绿色工厂建设,采用先进清洁生产技术与高效末端治理设备,遵循集约化、无害化、清洁化、高效化、资源化原则,分类创建绿色工厂,实现工业废水、废气、固废污染物资源化和无害化利用。大力加强绿色工业园区建设,以企业集聚化发展、产业生态连接、服务平台建设为重点,加强园区水资源循环利用,加强污水处理和循环再利用,提高土地集约利用水平,推进绿色工业园区建设。加快绿色工业供应链完善,以汽车、电子信息、装备制造为重点,推行绿色供应链标准和生产者责任延伸制度,引导上游零部件生产企业与下游废物回收企业在保证产品质量的前提下共同践行环境保护责任,逐步建立覆盖原料采购、产品生产、市场营销、废旧回收等环节的工业绿色供应链。

二、长江经济带工业创新发展

1.工业创新发展绩效评估

以工业技术创新效率反映长江经济带工业创新发展绩效。采用全局超效率 SBM 模型测度长江经济带工业技术创新效率。投入变量主要考虑研发人员、研发资本两类要素,分别选用规上工业企业 R&D 人员全时当量(人年)、规上工业企业 R&D 资本存量(万元)反映,研发资本存量基于 R&D 经费内部支出采用永续盘存法估算,折旧率参考肖文和林高榜(2014)做法取为 10%;产出变量主要考虑工业创新成果的中间产出、最终市场价值,分别选用规上工业企业发明专利申请量(件)、规上工业企业新产品销售收入(万元)反映。

进一步采用全局和局域 Moran 指数分析长江经济带工业创新发展绩效的空间效应,选用地理邻接矩阵作为测算 Moran 指数的空间权重矩阵。Moran 指数越接近于 1,则表明长江经济带工业创新发展绩效存在较强的空间正相关,创新发展的集群效应较强;Moran 指数越接近于-1,则表明长江经济带工业创新发展绩效存在较强的空间负相关,创新发展的收敛效应较强;Moran 指数越接近于 0,则表明长江经济带工业创新发展绩效存在随机性,不具有空间相关性特征。

研究时段确定为 2011—2016 年。选取指标的基础数据均来自《中国工业经济统计年鉴 2012》、《中国工业统计年鉴》(2013—2017)、《中国统计年鉴》(2012—2017)、《中国科技统计年鉴》(2012—2017)。所用涉及产品价值的指标均采用相应价格指数平减,其中 R&D 经费内部支出采用朱有为和徐康宁(2006)提出的以 2011 年为基期的定基研发价格指数平减①,规上工业企业新产品销售收入采用以 2011 年为基期的定基工业生产者出厂价格指数平减。

---

① 由于 R&D 经费内部支出主要用于日常性支出和资产性支出,查阅《中国科技统计年鉴》(2012—2017),两类支出占 R&D 经费内部支出的大体分别为 85%、15%,因此本书构建的研发价格指数为 85%的消费者价格指数与 15%的工业生产者出厂价格指数的加权价格指数,与朱有为和徐康宁(2006)采用的 25%的消费者价格指数与 75%的工业生产者出厂价格指数的加权价格指数权重有所不同。

从长江经济带工业技术创新效率与全国平均水平的比较来看,长江经济带工业创新发展动能充分,工业技术创新效率绝对水平与增长速度均优于长江经济带以外地区、全国平均水平,为推动全国工业创新驱动的支撑带。2011—2016 年长江经济带工业技术创新效率呈"V 形"较快增长态势,由 2011 年的 0.625平缓下降至 2013 年的 0.613,而后稳步快速增长至 2018 年的 0.844,整体保持加快上升趋势,年均增长 6.17 个百分点。长江经济带以外地区工业技术创新效率保持平稳增长态势,由 2011 年的 0.446 提升至 2016 年的 0.597,年均增长 5.99 个百分点。全国工业技术创新效率呈持续上升态势,由 2011 年的 0.512 稳步上升至 2016 年的 0.687,年均增长 6.07 个百分点。前期由于处于工业转型升级的阵痛期,淘汰工业落后产能,在短期内使得工业低端创新成果有所减少,工业技术创新效率下降,随着"去产能、去库存、降成本、补短板"深入推进,将转移的研发资金和创新人才投入至高技术制造业和先进制造业,长江经济带工业创新动能逐步增强,与长江经济带以外地区的工业技术创新能力差距愈益明显,引领全国工业创新发展,推动长江经济带经济高质量发展。

从长江经济带上中下游地区工业技术创新效率的比较来看,上中下游地区工业创新绩效整体呈梯度递增格局,上游地区工业创新动能较弱,中游地区保持平稳,下游地区工业创新发展动能强劲。2011—2016 年上游地区工业技术创新效率呈"V 形"衰退趋势,由 2011 年的 0.734 快速下降至 2013 年的 0.559,后平稳上升至 2016 年的 0.669,整体呈下降态势,年均下降 1.85 个百分点,上游地区工业创新禀赋不足,缺乏工业技术创新人才和资金,高技术制造业和先进制造业发展较为滞后,工业创新绩效相对较弱;中游地区工业技术创新效率保持平稳高速上升态势,由 2011 年的 0.504 稳步增长至 2016 年的 0.878,年均增长 11.73个百分点,近年中游地区产业转型升级步伐加快,高端装备制造、新能源汽车、节能环保制造业等高技术制造业发展迅猛,工业创新绩效提升最为明显;下游地区工业技术创新效率呈较快增长态势,由 2011 年的 0.642 快速上升至 2016 年的 1.031,年均增长 9.95 个百分点,为长江经济带工业创新发展的主导地区,工业技术创新能力远甚于中上游地区。可以看出,上游地区是长江经济带工业创新发展的薄弱地区,应进一步强化对上游地区工业创新发展的支持力度,引导中下游地区工业创新资源向上游地区流动,协调长江经济带上中下游地区工业创新能力。见表 7.34。

表 7.34　2011—2016 年全国及各地区工业技术创新效率

地区＼年份	2011		2012		2013		2014		2015		2016	
	得分	排名	得分	排名	得分	排名	得分	排名	得分	排名	得分	排名
全国	0.512		0.514		0.530		0.545		0.576		0.687	
长江经济带	0.625	1	0.616	1	0.613	1	0.662	1	0.687	1	0.844	1
非长江经济带	0.446	2	0.455	2	0.483	2	0.477	2	0.512	2	0.597	2
长江上游地区	0.734	1	0.634	2	0.559	3	0.586	3	0.632	3	0.669	3
长江中游地区	0.504	3	0.546	3	0.566	2	0.607	2	0.674	2	0.878	2
长江下游地区	0.642	2	0.686	1	0.746	1	0.836	1	0.778	1	1.031	1

资料来源:根据测算结果整理。

从长江经济带沿线 11 省份工业技术创新效率的比较来看,长江经济带省域工业创新发展差异显著,部分省份工业创新发展持续推进,部分省份工业创新发展动能不足,难以实现工业增长的创新动能转换。上海、江苏、浙江、安徽为第一梯队,工业技术创新效率在全国保持相对靠前水平或快速上升态势,以安徽省最为典型,工业绿色发展效率保持稳定的高速增长态势,工业创新发展绩效长期处于全国前 5 位,聚焦高端装备制造、新能源汽车、智能家电、生物制造等高技术产业,打造全国创新高地。江西、湖北、湖南、重庆为第二梯队,工业技术创新效率在全国整体处于中等水平，工业创新发展的基础条件较好，正处于工业转型升级的关键期，工业创新发展绩效整体较优。四川、贵州、云南为第三梯队，工业创新发展动能不足，工业技术创新效率出现倒退，年均下降速度分别为 0.36%、4.03%、4.94%，工业创新发展绩效在全国处于相对靠后水平，以贵州、云南两省最为典型，工业创新人才稀缺，高技术制造业基础薄弱，工业创新发展进程滞后。可以看出，工业创新发展条件较为严格，必须具有良好的产业基础和人才基础，长江经济带沿线省份应在实现工业绿色发展的基础上有重点地加快工业创新动能培育，稳健推动工业创新发展。见表 7.35。

表 7.35　2011—2016 年长江经济带沿线 11 省份工业技术创新效率

省份＼年份	2011		2012		2013		2014		2015		2016	
	得分	排名	得分	排名	得分	排名	得分	排名	得分	排名	得分	排名
上海	0.791	5	0.740	6	0.702	8	0.880	4	0.657	12	1.021	8
江苏	0.633	11	0.721	7	0.754	6	0.823	5	0.795	7	1.023	7
浙江	0.502	15	0.596	13	0.783	5	0.805	7	0.880	5	1.050	4
安徽	0.722	6	0.794	4	0.823	4	0.919	2	1.001	2	1.185	2
江西	0.315	23	0.339	23	0.399	21	0.509	17	0.501	17	0.734	11
湖北	0.373	19	0.410	19	0.440	20	0.421	21	0.495	18	0.558	19
湖南	0.607	13	0.640	9	0.603	11	0.577	12	0.700	10	1.033	5
重庆	1.019	2	0.606	11	0.503	17	0.613	10	1.008	1	1.030	6
四川	0.641	10	0.701	8	0.699	9	0.701	9	0.637	13	0.629	16
贵州	0.645	9	0.598	12	0.521	13	0.531	16	0.445	20	0.525	21
云南	0.632	12	0.631	10	0.514	16	0.500	18	0.440	21	0.491	22

资料来源：根据测算结果整理。

长江经济带工业创新发展绩效并不存在较强的空间集聚现象，工业创新驱动的随机性较强，工业技术创新的外溢效应较弱。2011—2016 年长江经济带工业技术创新效率全局 Moran's I 均偏向于 0，且除 2014 年的 Moran's I 在 5%的显著性水平下显著，其余年份均不显著，表明长江经济带工业技术创新绩效不具有较强的空间相关性。工业技术创新门槛较高，需要投入大量的研发经费和高端人才，且研发创新成果具有不确定性，技术创新对于中上游地区经济欠发达、高端人才匮乏的省份压力较大。工业技术创新在长江经济带经济较发达、工业基础较为扎实、创新人才较为丰富、工业发展需求较迫切的省份更易发生。见表 7.36。

表 7.36　2011—2016 年长江经济带工业技术创新效率的全局 Moran 指数及其检验

指标	2011 年	2012 年	2013 年	2014 年	2015 年	2016 年
Moran's I	-0.080 981	-0.002 722	0.175 503	0.356 328	-0.050 885	0.213 974
Z 值	0.104 600	0.525 351	1.353 202	2.243 548	0.244 032	1.522 920
P 值	0.916 693	0.599 339	0.175 991	0.024 861 **	0.807 206	0.127 779

注：** 代表 5%的显著性水平。

资料来源：根据测算结果整理。

长江经济带沿线 11 省份工业创新绩效并不存在显著的空间相关性，未能形成良好的工业技术创新外溢效应。上海、江苏、浙江 3 省份长期处于工业技术创新高高集聚区，下游地区 3 省份内部间工业技术创新互动效应较强，形成良好的工业技术创新软环境和硬环境。湖北、江西则整体处于低高集聚区，未能得到下游地区工业技术创新外溢，与下游地区工业发达省份的技术创新差距持续存在。重庆、四川、贵州、云南基本处于低低集聚区，自身工业技术创新能力较弱，周边省份工业技术创新能力不强，特别是贵州、云南生态旅游业发达，工业在推动经济发展和满足就业方面的贡献不及服务业，工业技术创新进程相对缓慢。安徽、湖南则处于高低集聚，受惠于地理邻近优势，安徽能够就近消化吸收下游地区成熟的工业技术创新外溢，湖南则能引进珠三角地区工业技术创新成果,安徽、湖南工业创新驱动发展成效显著,但对周边工业创新能力较弱省份的带动作用不足。见表 7.37。

表 7.37　2011—2016 年长江经济带沿线 11 省份工业技术创新效率的空间象限分布

象限＼年份	2011	2012	2013	2014	2015	2016
HH 第一象限	江苏、四川、贵州、云南	上海、江苏、云南	上海、江苏、浙江	上海、江苏、浙江	江苏、浙江	上海、江苏、浙江
LH 第二象限	湖北	浙江、贵州	江西	江西	上海、江西、重庆、贵州	江西、湖北
LL 第三象限	浙江、江西、湖南	江西、湖北、重庆	湖北、湖南、重庆、贵州、云南	湖北、湖南、重庆、贵州、云南	四川、云南	四川、贵州、云南
HL 第四象限	上海、安徽、重庆	安徽、湖南、四川	安徽、四川	安徽、四川	安徽、湖南、重庆	安徽、湖南、重庆

资料来源:根据测算结果整理。

2.工业创新发展提升路径

(1)大力打造创新发展增长极。推进创新省份、创新城市、自主创新示范区、全面创新改革试验区建设,整合长江经济带现有的创新示范区,发挥创新集群带动作用,推动长江经济带全域创新发展。加快创新型省份建设,以江苏、湖北、四川为示范,营造良好的创新环境,强化对企业创新的政策与资金支持,培育一批具有引领产业变革的龙头骨干企业,推动以企业为主体发展产业技术创新战略联盟,推动覆盖创新全链条创新科研平台建设,引进培育高层次创新型科技人才、高技能人才队伍,支撑创新型国家建设。推进创新型城市建设,以上海、南京、合肥、杭州、武汉、长沙、重庆、成都为样板,加强落实各项改革举措和政策措施的落地,加强各类创新政策的衔接配套,集聚国内外高端人才、资金、技术和信息等创新资源,培育壮大新型研发组织,强化科技创新成果转化,加快创新企业培育,加强人才创新激励,打造创新示范高地,辐射引领周边城市创新发展。大力支持自主创新示范区、全面创新改革试验区、高新技术产业开发区建设,主抓上海张江、武汉、苏南、合芜蚌、长株潭、成德绵创新示范区,推动创新主体集聚、创新资源聚合、创新服务聚焦、新兴产业聚变,形成一批可复制、可推广、可应用的创新改革举措,拓展培育新的增长点。

(2)加快建设产业创新平台。加强长江经济带国家工程实验室、国家重点实验室、国家工程(技术)研究中心、国家级企业技术中心、工业技术研究院等重点高端创新平台建设,强化工业技术创新研发能力,提升工业基础创新水平和工业应用创新质量。发挥长江经济带人力资本优势与制造业发展优势,加强创新平台布局,整合长江经济带创新资源,围绕高端装备制造、节能环保制造、电子信息制造等优势制造行业,打造一批工业基础创新和应用创新示范平台,实现工业创新跨机构、跨地区开放运行和共享。加大对重点高校科研院所技术创新支持力度,加快国家地方产业联合创新平台建设,以市场价值为导向,立足优势主导工业,与企业共同建设工业技术研究院等应用型科研机构。构建产业技术创新联盟,在上海、南京、合肥、杭州、武汉、长沙、重庆、成都等长江经济带主要创新型城市建立和完善一批工业创新成果市场应用中心、知识产权维护中心和产业专利合作联盟,在集成电路、智能机器人、航空装备、光电子、新型平板显示、卫星导航、轨道交通、高性能医学诊疗设备、生物工程育种、生物医药等领域创建十大产业技术创新战略联盟。

(3)培育产业发展新动能。改造升级传统落后产业,发展壮大高技术产业,深挖基础产业创新潜力,拓展新兴产业创新动能,推动长江经济带工业创新驱动发展。加快传统工业绿色智能技术改造,提升传统产业生产效率和产品竞争力,加快钢铁、有色金属、石化、纺织等行业技术改造,发展“互联网+”协同制造新模式,在重点领域推进智能制造、大规模个性化定制、网络化协同制造和服务型制造,提升资源能源使用效率,提升重点行业清洁生产水平,淘汰化解落后过剩产能。培育壮大高技术产业,按照《中国制造 2025》《长江经济带产业创新驱动转型升级方案》的新兴产业布局要求,加快构建制造业创新体系,发展壮大高端装备制造、节能环保、生物制造、新材料、新能源、新能源汽车等七大战略性新兴工业,提升关键系统及装备研发能力,发展节能型、高附加值的产品和装备,打造生物示范产业链,建设新材料产业基地,培育沿江绿色能源产业带,推广应用新能源汽车,推动长江经济带工业转型升级和结构优化,加快区域特色产业基地建设,发挥辐射带动和引领示范作用,打造全国高技术产业发展高地。

三、长江经济带工业绿色创新协同发展

1.工业绿色创新协同发展绩效评估

采用耦合协调度模型评估长江经济带工业绿色创新协同绩效。耦合度虽能反映工业绿色发展效率和工业技术创新效率的作用强度和作用方向,但其实质内涵仍是系统间的一致性比较测度,无法反映工业绿色发展绩效和创新发展绩效的整体功效和协同效应。可能绿色发展效率和工业技术创新效率均处于较低水平,但二者的耦合度依然较高。而这样的低水平低效率的高度耦合同样是没有意义的。因此,为评价工业绿色发展效率与工业技术创新效率的耦合互动发展的协调程度,需构建二者间的耦合协调度模型:

$$D = \sqrt{C \times T}, T = \alpha L + \beta E, C = \frac{\sqrt{L \times E}}{L + E} \tag{7.12}$$

式中,D 为工业绿色发展效率(L)和工业技术创新效率(E)的耦合协调度,反映工业绿色发展绩效与工业创新发展绩效的整体协同效应,T 为综合效益指数,C 为耦合度。α 和 β 分别为工业绿色发展效率和工业技术创新效率的待定权重,本书认为工业绿色发展与工业创新发展均为工业高质量发展的题中之义,二者作用应无主次之分,将 α 和 β 均取值为 0.5。显然 C、T、D 的取值均介于 0~1。参考廖重斌(1999)关于耦合协调度与耦合协调类型的分类方法,本书将工业绿色发展效率和工业技术创新效率耦合协调发展状况分为三大类十大亚类(见表7.38)。

表 7.38　工业绿色发展效率和工业技术创新效率耦合协调度类型划分

<table>
<tr><td colspan="4">失调衰退区间</td><td colspan="2">过渡调和区间</td><td colspan="4">协调发展区间</td></tr>
<tr><td colspan="4">0≤D<0.4</td><td colspan="2">0.4≤D<0.6</td><td colspan="4">0.6≤D≤1</td></tr>
<tr><td>极度失调衰退</td><td>严重失调衰退</td><td>中度失调衰退</td><td>轻度失调衰退</td><td>濒临失调衰退</td><td>勉强协调</td><td>初级协调</td><td>中级协调</td><td>良好协调</td><td>优质协调</td></tr>
<tr><td>0~0.1</td><td>0.1~0.2</td><td>0.2~0.3</td><td>0.3~0.4</td><td>0.4~0.5</td><td>0.5~0.6</td><td>0.6~0.7</td><td>0.7~0.8</td><td>0.8~0.9</td><td>0.9~1</td></tr>
</table>

注：尾行区间除右端区间外均为左闭右开，右端区间为左右全闭区间。

2011—2015 年工业绿色发展效率和工业技术创新效率直接源自本节的上文测度结果，无需另从统计年鉴获取。

从长江经济带工业绿色创新协同效应与全国平均水平的比较来看，长江经济带工业绿色创新协同效应显著，绝对水平和相对增长速度均优于长江经济带以外地区、全国平均水平，有力支撑全国工业绿色创新协同发展。2011—2016 年长江经济带工业绿色创新协同效应保持平稳增强态势，由 2011 年的 0.543 持续增长至 2016 年的 0.619，年均增长 2.65 个百分点，工业绿色创新协同发展类型由勉强协调阶段上升至初级协调阶段，于 2016 年进入协调发展阶段。长江经济带以外地区工业绿色创新协同效应呈平缓增长态势，由 2011 年的 0.499 提升至 2016 年的 0.553，年均增长 2.06 个百分点，工业绿色创新协同发展类型由濒临失调阶段上升至勉强协调阶段，但始终处于过度调和区间未进入协同发展区间，工业绿色创新协同发展绩效与长江经济带存在一定差距。全国平均工业绿色创新协同效应亦呈平稳增长态势，由 2011 年的 0.515 稳步增长至 2016 年的 0.577，年均增长 2.29 个百分点，工业绿色创新协同发展类型始终为勉强协调阶段，处于过渡调和区间。长江经济带工业绿色创新协同效应在全国整体处于领先水平，工业绿色发展与工业创新发展互动效应良好，二者互为支撑协同推进，引领全国工业绿色创新发展。见表 7.39。

从长江经济带上中下游地区工业绿色创新协同效应的比较来看，上中下游地区工业绿色创新协同效应呈梯度递增格局,上游地区工业绿色创新协同效应最弱,中游地区协同效应明显,下游地区协同效应最强。上游地区工业绿色创新协同效应呈"V 形"缓慢增长态势,由 2011 年的 0.536 下降至 2013 年的 0.512,后持续上升至 2016 年的 0.554,整体年均增长 0.68 个百分点,工业绿色创新协同发展类型始终处于勉强协调阶段,近年上游地区工业绿色创新协同效应虽有回升,但整体仍较弱。中游地区工业绿色创新协同效应呈线性增长态势,由 2011 年的 0.511 持续快速提升至 2016 年的 0.627,年均增长 4.15 个百分点,工业绿色创新协同发展类型由勉强协调阶段上升至初级协调阶段,进入协调发展区间,中游地区工业绿色创新协同发展趋势良好。下游地区工业绿色创新协同效应保持较快增长态势,由 2011 年的 0.594 增长至 2016 年的 0.694,年均增长 3.15 个百分点,工业绿色创新协同发展类型由勉强协调发展阶段稳步上升至初级协调阶段,接近中级协调阶段,长期处于协调发展区间。可以看出,上游地区工业绿色创新协同发展仍处于起步阶段,仍需进一步提升工业技术创新能力,支撑工业高质量绿色发展,中下游地区,特别是下游地区应加强对上游地区工业技术创新支持,增强上游地区工业绿色创新协同效应,推动长江经济带全域工业高质量发展。见表 7.39。

表 7.39　2011—2016 年全国及各地区工业绿色创新协同效应

年份 地区	2011			2012			2013		
	得分	排名	类型	得分	排名	类型	得分	排名	类型
全国	0.515		勉强协调	0.519		勉强协调	0.532		勉强协调
长江经济带	0.543	1	勉强协调	0.545	1	勉强协调	0.556	1	勉强协调
非长江经济带	0.499	2	濒临失调	0.504	2	勉强协调	0.519	2	勉强协调
长江上游地区	0.536	2	勉强协调	0.516	3	勉强协调	0.512	3	勉强协调
长江中游地区	0.511	3	勉强协调	0.526	2	勉强协调	0.545	2	勉强协调
长江下游地区	0.594	1	勉强协调	0.610	1	初级协调	0.630	1	初级协调

续表

年份 地区	2014			2015			2016		
	得分	排名	类型	得分	排名	类型	得分	排名	类型
全国	0.537		勉强协调	0.548		勉强协调	0.577		勉强协调
长江经济带	0.572	1	勉强协调	0.582	1	勉强协调	0.619	1	初级协调
非长江经济带	0.517	2	勉强协调	0.529	2	勉强协调	0.553	2	勉强协调
长江上游地区	0.524	3	勉强协调	0.537	3	勉强协调	0.554	3	勉强协调
长江中游地区	0.559	2	勉强协调	0.581	2	勉强协调	0.627	2	初级协调
长江下游地区	0.653	1	初级协调	0.643	1	初级协调	0.694	1	初级协调

资料来源:根据测算结果整理。

从长江经济带沿线 11 省份工业绿色创新协同效应的比较来看,长江经济带省域工业绿色创新协同效应差异显著,工业技术创新能力较强省份的工业绿色创新协同能力显著优于其他省份,工业技术创新能力较弱省份的工业绿色创新协同发展滞后。上海、江苏、浙江、安徽处于第一梯队,工业绿色创新协同发展能力较强,协同阶段长期处于协调发展阶段,以江苏省最为典型,于 2016 年已越过初级协调发展阶段率先进入中级协调发展阶段,引领长江经济带乃至全国工业绿色创新协同发展。江西、湖南、重庆、四川整体为第二梯队,工业绿色创新协同发展能力在全国处于中等水平,协同阶段基本由过渡调和阶段进入协调发展阶段,4 省份高端装备制造、节能环保制造业、生物制造、电子信息制造等高技术绿色环保产业蓬勃发展,工业绿色创新协同发展能力提升迅猛。湖北、贵州、云南为第三梯队,工业绿色创新协同发展能力较弱,在全国处于相对靠后水平,3 省份传统高耗能产业与资源型产业占比较高,技术含量较低且环境污染严重,特别是云贵地区工业创新人才匮乏,严重制约工业绿色创新协同发展能力提升。长江经济带省域工业绿色创新协同发展能力仍为经济和技术主导型,云南、贵州等欠发达省份工业绿色创新协同发展的内生动力较弱,上海、江苏、浙江等省份应强化对上游地区省份的工业技术创新支持,协调长江经济带省域工业绿色创新协同发展能力。见表 7.40。

表 7.40　2011—2016 年长江经济带沿线 11 省份工业绿色创新协同效应

年份 省份	2011			2012			2013		
	得分	排名	类型	得分	排名	类型	得分	排名	类型
上海	0.617	5	初级协调	0.609	6	初级协调	0.609	7	初级协调
江苏	0.604	7	初级协调	0.633	3	初级协调	0.650	3	初级协调
浙江	0.562	10	勉强协调	0.588	8	勉强协调	0.632	5	初级协调
安徽	0.572	9	勉强协调	0.590	7	勉强协调	0.605	8	初级协调
江西	0.461	21	濒临失调	0.480	22	濒临失调	0.512	18	勉强协调
湖北	0.477	19	濒临失调	0.494	20	濒临失调	0.516	16	勉强协调
湖南	0.534	13	勉强协调	0.541	12	勉强协调	0.547	12	勉强协调
重庆	0.605	6	初级协调	0.525	14	勉强协调	0.517	15	勉强协调
四川	0.521	14	勉强协调	0.530	13	勉强协调	0.548	11	勉强协调
贵州	0.515	15	勉强协调	0.503	17	勉强协调	0.497	20	濒临失调
云南	0.503	16	勉强协调	0.507	16	勉强协调	0.487	21	濒临失调
年份 省份	2014			2015			2016		
	得分	排名	类型	得分	排名	类型	得分	排名	类型
上海	0.655	5	初级协调	0.613	10	初级协调	0.691	3	初级协调
江苏	0.666	3	初级协调	0.665	3	初级协调	0.711	2	中级协调
浙江	0.640	6	初级协调	0.650	5	初级协调	0.679	6	初级协调
安徽	0.629	7	初级协调	0.653	4	初级协调	0.690	5	初级协调
江西	0.555	11	勉强协调	0.558	15	勉强协调	0.617	14	初级协调
湖北	0.511	19	勉强协调	0.538	17	勉强协调	0.560	17	勉强协调
湖南	0.542	14	勉强协调	0.574	14	勉强协调	0.639	12	初级协调
重庆	0.550	13	勉强协调	0.635	6	初级协调	0.650	9	初级协调
四川	0.557	10	勉强协调	0.555	16	勉强协调	0.563	16	勉强协调
贵州	0.502	20	勉强协调	0.485	22	濒临失调	0.515	21	初级失调
云南	0.485	23	濒临失调	0.472	24	濒临失调	0.491	23	濒临失调

资料来源:根据测算结果整理。

2.工业绿色创新协同发展推进路径

(1)加强绿色生产技术研发。紧跟科技革命和产业革命发展潮流,加快绿色科技创新,加大关键共性技术研发力度,增强工业绿色技术创新成果的有效供给,以绿色科技创新推动工业绿色创新协同发展。加强传统工业绿色化改造关键技术研发,围绕钢铁、有色、化工、建材、造纸等行业,以新一代清洁高效低碳循环生产工艺装备研发应用为重点,以国家重大科技创新工程为契机,在长江经济带中上游地区率先突破一批工业绿色转型核心关键技术,研发应用推广一批重大绿色节能环保装备,支持长江经济带传统工业技术改造升级。培育绿色制造产业核心技术,以满足节能环保、新能源装备、新能源汽车等绿色制造产业技术需求为重点,加快核心关键技术研发,构建支撑制造业绿色发展的技术体系,形成长江经济带绿色制造核心技术优势。积极发展工业绿色关键共性技术,遵循产品全生命周期理念,以提高工业绿色发展技术水平为目标,加大绿色设计技术、环保材料、绿色工艺与装备、废旧产品回收资源化与再制造等领域共性技术研发力度,提升长江经济带引领全国工业绿色创新发展的重要作用。

(2)提升工业绿色智能效率。加快信息化与绿色制造业融合发展,提升能源、资源、环境智能化管理水平,推动工业高端生产要素资源流动共用,以共享经济模式提升要素使用效率,推动工业绿色创新协同发展。强化能源利用智慧化管理,鼓励企业通过互联网、云计算、大数据对大型耗能设备能耗情况实施动态监控和优化管理,在长江经济带建立钢铁、化工、纺织、造纸等高耗能高污染行业的能源管控中心,精准控制高耗能行业能源消耗。促进生产方式绿色精细化,利用互联网等信息化技术实现研发技术、原材料供应、产品生产和销售等全过程精准协同,强化生产资料、技术装备、人力资源等生产要素共享利用,降低生产和流动环境资源浪费,实现生产资源优化整合和高效配置。创新资源循环利用方式,发展“互联网+”回收利用新模式,鼓励再生资源利用企业与互联网回收企业建立战略联盟,电商业务向资源回收领域拓展以及智能回收机向互联网回收延伸,利用信息化技术提升长江经济带工业生产要素再利用效率。

(3)发挥工业地区比较优势。在各地区工业发展中贯彻绿色创新发展理念,发挥地区工业发展比较优势,加强地区协同合作,推动长江经济带工业绿色创新协同发展。严格遵循主体功能定位,优化调整工业生产布局,长三角优化开发区加快发展节能、节地、环保的先进制造业,推动产业结构向高端、高效、高附加值转变,长江中游地区、成渝地区等重点开发区加快传统制造业绿色技术改造升级,提升清洁生产水平,三峡库区、武陵山区、大别山等限制开发区严格限制高强度工业化开发,禁止开发区不得进行工业化开发。培育绿色高技术产业集群,推进沿江工业节水治污与清洁生产技术改造,加快发展节能环保、新能源汽车、智能制造装备等高技术绿色工业,建设一批产业绿色创新协调发展示范基地。实施绿色创新协同发展试点示范,引导试点城市严控能耗、水耗、排放标准,加强科技创新与管理创新,率先实现工业绿色创新协同发展,梳理总结试点城市成功经验与做法,形成具有地区特色的工业绿色创新协同发展模式,以点带面推动长江经济带工业绿色创新协同发展。

第三节　长江经济带世界级制造业集群发展

一、世界级电子信息产业集群

1.长江经济带电子信息产业集群发展重点与前景

作为战略性新兴产业重要组成部分的电子信息产业,对长江经济带改造升级传统产业,培育产业发展新动能意义重大。《国务院关于依托黄金水道推动长江经济带的指导意见》(2014)、《长江经济带发展规划纲要》(2016)以及《关于加强长江经济带工业绿色发展的指导意见》(2017)均将电子信息产业作为长江经济带重点培育的五大世界级产业集群之一。《长江经济带创新驱动产业转型升级方案》(2016)明确将电子信息产业的重要组成部分新一代信息技术产业作为推动长江经济带产业转型升级的重要抓手,提出以物联网、高端软件等为发展重点,加快建设信息网络基础设施,推动信息技术融合应用示范。见表7.41。

表 7.41 《长江经济带创新驱动产业转型升级方案》提出的新一代信息技术产业发展重点

重点领域		重点任务
新一代信息技术产业	物联网、云计算	依托物联网重大应用示范工程区域试点省份,在上海等云计算示范城市,推动云计算、物联网融合应用示范
	高性能集成电路	在上海、江苏、安徽、湖北、重庆、四川发展以芯片设计与制造、设备与材料、封装测试为主的高性能集成电路产业
	新型平板显示	在安徽、湖北、重庆、四川发展以高世代面板为主的新型平板显示产业
	高端软件	依托上海、南京、武汉、成都、长沙、杭州、重庆等国家软件产业基地及中国软件名城,支持具有自主知识产权的软件产品产业化,重点发展行业应用软件、嵌入式软件、软件技术服务
	大数据	在有条件的省份深化大数据应用,推进数据开放共享,促进数据要素流通,推动大数据产业集聚发展

资料来源:整理自《长江经济带创新驱动产业转型升级方案》。

《长江经济带产业转移指南》(2017)进一步明确沿江省份电子信息产业发展重点任务,依托国家级、省级开发区,基于现有产业基础,推进产业分工协作、产业链条的整合延伸及知名自主品牌的培育,努力将电子信息产业培育为具有国际先进水平的世界级制造业集群。上海、江苏、湖北、重庆、四川 5 省份要提升集成电路设计水平,突破核心通用芯片技术,探索新型材料产业化应用,提升封装测试产业发展能力。合肥、重庆要加快发展新型平板显示,提高高世代掩膜板等关键产品的供应水平。上海、江苏、浙江、湖北、四川、贵州 6 省份要重点发展行业应用软件、嵌入式软件、软件和信息技术服务,培育壮大大数据数据服务业。在浙江、湖北、江西、贵州、南京等物联网重大应用示范工程区域试点省份和上海、杭州、无锡等云计算示范城市，加快物联网、云计算技术研发和应用示范，推进产业发展与民生服务以及能源、环保等领域深度融合。见表7.42。

表7.42 长江经济带沿线11省份承接电子信息产业集群转移的主要园区

省份	数量	承接园区
上海	3	金桥经济技术开发区、张江高科技园区、紫竹国家高新技术产业园区
江苏	16	盐城国家高新技术产业开发区、盐南高新技术产业开发区、常州光伏产业园、淮安高新技术产业开发区、江阴高新技术产业开发区、金坛经济开发区、昆山综合保税区、昆山光电产业园、南京白下高新技术产业园、南京高新技术产业开发区、南京经济技术开发区、启东经济开发区、无锡(太湖)国际科技园、无锡国家高新技术产业开发区、锡山经济技术开发区、扬州经济技术开发区
浙江	6	富阳经济技术开发区、杭州高新技术产业开发区、宁波保税区、宁波国家高新技术产业开发区、鄞州工业园区、东阳横店电子产业园区
安徽	5	蚌埠高新技术产业开发区、合肥高新技术产业开发区、合肥经济技术开发区、祁门经济开发区、铜陵经济技术开发区
江西	2	井冈山经济技术开发区、南昌经济技术开发区
湖北	2	武汉光谷光电子信息产业园、武汉花山软件新城
湖南	3	郴州高新技术产业开发区、衡南工业集中区、长春经济开发区
重庆	7	巴南工业园区、两江新区水土高新技术产业园、两路寸滩保税港区、潼南工业园区、西永微电子产业园区、重庆高新技术产业开发区、重庆经济技术开发区
四川	6	成都高新技术产业开发区、华蓥工业集中发展区、乐山高新技术产业开发区、双流工业集中发展区、遂宁经济技术开发区、中江高新技术产业园区
贵州	2	贵安新区电子信息产业园、贵阳国家高新技术产业开发区
云南	0	—

资料来源：整理自《长江经济带产业转移指南》。

《长江经济带创新驱动产业转型升级方案》(2016)、《长江经济带产业转移》(2017)明确了长江经济带打造世界级电子信息产业集群的重点领域与重点地区,沿江各省份围绕电子信息产业总体布局和发展目标,基于各自的产业发展基础,进一步细化本省份电子信息产业发展的重点细分行业。见表 7.43。

表 7.43　长江经济带沿线 11 省份电子信息产业发展重点领域

省份	重点领域
上海	集成电路工艺、新型显示产业、移动通信 5G 技术、电子核心基础元器件、电子组装业、量子通信、工业互联网
江苏	人工智能、云计算、物联网、大数据、下一代信息网络、高性能集成电路、新型显示、新型电子元器件、高端软件、信息技术服务
浙江	集成电路、新型电子元器件及材料、新型显示与光电子、通信与网络设备、数字安防、应用电子产品、新型软件与云服务、地理信息产业、工业互联网产业、车联网产业、新兴网络信息服务、智能硬件、人工智能
安徽	新型显示、集成电路、智能终端、太阳能光伏、LED 光电子、军民融合电子、公共安全电子、工业监测和控制、智慧家居、汽车电子、健康医疗电子、新型电子材料及元器件、专用设备和仪器仪表、高端信息设备、智能传感器、北斗导航设备、低空通航电子
江西	通信设备产业、半导体照明产业、数字视听产业、集成电路产业
湖北	北斗应用及服务、云计算、大数据、系统集成服务、运维服务、信息技术咨询设计服务、集成电路设计、数字内容服务、工业应用软件、工业嵌入式软件、基础软件、网络安全软件
湖南	物联网、自主可控计算机整机、集成电路、电力电子、新型显示、智能硬件、应用电子、电子元器件与材料、虚拟现实与人工智能
重庆	集成电路、平板显示、通信、计算机、智能家居与智能穿戴、应用电子、云计算、互联网、物联网
四川	信息安全、集成电路、物联网、云计算、大数据、高档数控机床、特色电子器件、基础核心软件、未来网络与通信、新一代人工智能
贵州	电子商务、互联网金融、智慧物流、智慧健康、智能制造、智慧旅游、智慧农业、智慧能矿、智慧教育、智能制造、集成电路、电子元器件、服务外包、软件开发、北斗应用、大数据存储、采集、加工及分析、数据运营、数据交易、数据安全、大数据人工智能
云南	云计算、大数据、互联网、物联网、移动互联网、电子商务服务、高端软件、信息通信设备、物联传感设备、北斗导航设备

资料来源:根据《上海促进电子信息制造业发展“十三五”规划》等相关资料整理。

《上海促进电子信息制造业发展“十三五”规划》(2017)以技术创新、应用带动两轮驱动,重点发展集成电路、新型显示、下一代网络、汽车电子等优势行业,加快培育物联网、车联网、智能产品、智能传感器等新兴行业,积极部署量子技术、脑机融合、无人驾驶等前沿领域。《江苏省“十三五”战略性新兴产业发展规划》(2017)把握数字化、网络化、智能化及融合化发展趋势,加快发展物联网、新型电子元器件等电子信息技术产业,大力发展大数据、人工智能等电子信息服务业。《浙江省电子信息产业“十三五”发展规划》(2016)围绕《中国制造2025》和“互联网+”行动的重大需求,加快发展集成电路、电子元器件、新型显示等核心基础产业,大力发展通信与网络设备、数字安防、应用电子、新型软件等优势产业,积极培育地理信息、工业互联网、车联网、新兴网络信息服务、智能硬件、人工智能等新兴融合产业。

《安徽省“十三五”电子信息制造业发展规划》(2017)以“支撑、引领、赶超、强基”为总体思路,大力发展“屏—芯—终端”主导产业,培强育优做大“专精特新”领域,创新发展“互联网+”新应用电子,增强产业基础发展能力,布局新兴发展领域。《江西省电子信息制造业三年行动计划(2016—2018年)》(2016)围绕通信设备产业、半导体照明产业、数字视听产业三大主攻方向,积极培育集成电路产业,实现关键产品、关键环节抢占制高点,加速将电子信息制造业发展为优势产业。《湖北省软件和信息技术服务业“十三五”发展规划》(2017)坚持自主创新、融合发展的原则,培育壮大大数据、云计算、北斗应用等新业态,加快发展系统集成、运维、数字内容等信息技术服务,实现工业应用、工业嵌入软件突破性发展,着力发展基础和安全软件。《湖南省电子信息制造业“十三五”发展规划》(2016)围绕中西部电子信息制造业强省战略目标,加强核心技术培育,提升自主创新能力,重点发展智能硬件、物联网等领域。

《重庆市“十三五”信息化规划》(2017)提出把握新一代信息技术产业发展趋势,立足重庆基本市情,发展壮大电子制造业,加快发展软件信息服务业,加强信息产业技术创新。《四川省“十三五”信息化规划》(2017)强调增强信息化发展支撑能力，促进信息化与产业经济，突破核心关键信息技术，加快发展电子信息制造业，创新发展软件与信息服务业。《贵州省"十三五"以大数据为引领的电子信息产业发展规划》(2018)以大数据应用为核心，推动电子信息产业，全面发展大数据衍生业态，加快发展大数据关联业态，大力发展大数据核心业态。《云南省信息产业发展规划(2016—2020年)》(2017)将电子信息产业划分为六大领域，云南省重点围绕软件和信息技术服务等领域打造特色信息产业。

2.长江经济带世界级电子信息集群发展路径

(1)加强电子信息核心基础技术支撑。以信息网络基础设施和关键技术、产品为突破口，重点突破集成电路、传感器等具有全局影响力、带动性强的核心关键环节，完善电子信息产业协同创新机制。加快完善信息网络基础设施，部署长江经济带工业互联网，研究制定基础设施建设规划、网络架构方案，加快高速宽带网络建设，提高信息网络基础设施支撑水平，推进全光纤网络城市和4G网络建设并加强5G网络研发和试点推广力度。强化关键技术和核心基础产品支撑，主抓长江经济带电子信息产业领域的关键技术瓶颈，集中力量突破一批关键技术与核心基础软硬件关键产品，特别是集成电路、传感器、信息存储设备、智能管控关键技术等，积极推动创新成果产品化、市场化和产业化，建立重点领域专利池，构建先进核心技术体系，夯实电子信息产业发展技术基础。

(2)培育电子信息产业协同发展生态。以企业为主体，通过调整产业组织方式和企业关系，形成大小企业联动、创新活跃的电子信息产业发展新生态。大力培育龙头企业带动中小企业的良性产业生态，发挥长江经济带电子信息龙头企业的引领示范效应，打造电子信息企业联盟，形成业务间相互配套、功能互补、联系紧密、协同发展的企业关系，鼓励龙头企业在产业链高端环节进行兼并重组，进一步提升龙头企业市场竞争力和创新力。加快"互联网+"中小微企业融合创新发展，建设一批"互联网+"制造创新中心，完善中小企业服务平台网络，强化互联网金融对中小微企业的支持，提升中小微企业两化融合发展能力，培育一批"专精特新"的小巨人企业，提升小微信息企业发展活力。紧跟产业组织方式变化趋势,以新型信息消费需求为导向,积极调整适应组织方式新生态,鼓励系统模块制造、众包设计、云制造、大规模个性化定制、分布制造等新型制造方式,创新基于消费需求的设计、研发、制造、服务的商业模式和企业组织方式,把握信息技术融合化趋势,培育新的产业增长点,推动电子信息产业发展模式创新。

(3)推动电子信息产业融合发展。把握产业融合趋势,以智能制造为主要方向,延伸拓展电子信息产业链,推动电子信息产业融合配套发展。大力提升智能硬件发展水平,主抓智能机器人、智能工控设备、智能装备系统、智能传感器、智能生产设备、全自动生产线等核心智能技术产品,推动生产过程数字化、网络化和智能化。大力推广服务型制造、个性化定制、网络化协同制造等新型智能制造模式,加快推进软硬融合、制造与服务融合、网络与产品融合,优化长江经济带电子信息产业结构,增强集群国际竞争力。积极推进"互联网+"协同制造,推行智能硬件行动计划,加快培育基于互联网的融合性创新产品,引导支持信息技术企业和传统工业企业对接,以家电、交通、能源、医疗、金融等行业典型需求为重点,发展智能家居、智慧医疗等融合性新产品,促进安全可靠信息技术在长江经济带工业领域的广泛应用,以信息化推动高质量工业化,促进信息化工业化深度融合。

二、世界级高端装备制造业集群

1.长江经济带高端装备制造业集群发展重点与前景

《长江经济带发展规划纲要》明确强调,要加快发展高端装备制造业等战略性新兴产业。《长江经济带创新驱动产业转型升级方案》将高端装备制造业列为推动产业转型升级发展的战略重点,该方案提出的高端装备制造业发展重点有轨道交通、航空航天、智能制造、海洋工程、工程机械等产业。见表7.44。

表 7.44 《长江经济带创新驱动产业转型升级方案》提出的高端装备制造业发展重点

重点领域		重点任务
高端装备制造业	航空航天	上海、四川、江西、贵州、重庆、安徽、湖北、湖南发展动力系统、机载系统、服务系统、飞机设计与制造等航空专用装备,以及卫星通信、导航、遥感设备等航天专用装备
	智能制造	浙江、安徽、湖北、湖南、重庆、四川、云南发展3D打印、高档数控机床、工业机器人、智能仪器仪表等智能制造装备
	海洋工程	上海、浙江、江苏、湖北、湖南、重庆、四川发展海洋油气勘探开发等海洋工程装备
	轨道交通	湖南、安徽、四川、贵州发展高铁整车及零部件制造;浙江、江苏、湖南、重庆发展城市轨道车辆制造
	工程机械	上海、江苏、浙江、安徽、湖南、重庆、四川发展发动机等工程机械关键核心部件;湖南、江苏发展桥梁施工机械等大型工程机械整车

资料来源:整理自《长江经济带创新驱动产业转型升级方案》。

长江经济带沿线11省份装备制造业的发展优势与重点各不相同,因此各省份出台了相应的政策规划促进本地与周边地区的区域行业发展。

上海市出台的《上海市人民政府关于贯彻〈国务院关于依托黄金水道推动长江经济带发展的指导意见〉的实施意见》将上海市区域行业发展重点放在科技创新中心、信息化与产业融合发展与生产性服务业上;《江苏省装备制造业“十三五”规划》聚焦《中国制造2025江苏行动纲要》,围绕促进制造业转型升级需求,推动整机成套装备与零部件产业、基础制造产业协同发展;《浙江省高端装备制造业发展规划(2014—2020年)》以新能源汽车及轨道交通装备、高端船舶装备、光伏及新能源装备、高效节能环保装备、智能纺织印染设备与现代物流等十大产业作为浙江省装备制造业发展重点;安徽省则将通过《安徽省装备制造业调整和振兴规划》扶持壮大六大装备制造基地,培育公共安全装备、光伏产业装备、电子及通信装备、自动化生产线、机械手及机器人、模具设备与民用航空装备六大新兴装备制造产业;《江西省高端装备制造业发展规划(2014—2020年)(草案)》界定江西省先进装备制造业的五个领域为高效矿山与工程机械、智能制造装备、轨道交通装备、先进电工装备、节能汽车;《中国制造2025湖北行动纲要》明确大力发展工业机器人、增材制造(3D打印)、高功率激光制造成套装备、智能制造检测服务平台等重点装备。《湖南省装备制造业"十三五"发展规划及四个子规划》中装备制造业要实现从"能做"向"做好、做精"转变,以先进轨道交通装备、高端工程机械装备、高端电力装备与高端节能环保装备等十大产业为重点;《重庆市装备制造业三年振兴规划(2013—2015年)》结合地区资源特色,将风电成套装备、轨道交通装备、智能制造装备作为成套装备与基础件协调发展战略的产业支撑;《四川装备制造业2015推进方案》重点扶持机器人产业;《贵州省"十三五"装备制造业发展规划》重点培育汽车及零部件、能矿装备和工程机械与民用航空三个支柱产业,巩固壮大新型电子元器件和电力装备、精密数控装备和关键基础件及铸锻件、铁路车辆及备件三个优势产业;《云南省先进装备制造业发展规划(2016—2020年)》重点发展汽车及新能源汽车、电力装备、电子设备制造业,加快发展大型铁路养护机械及轨道交通装备、自动化物流装备及民用机场设备等优势特色制造业,积极发展机器人、增材制造、通用航空、北斗卫星应用终端等高端装备制造业。见表7.45。

表7.45　长江经济带沿线11省份装备制造业发展重点领域

省份	重点领域
上海	高端能源装备、先进交通装备、核电装备、起重机械
江苏	智能制造装备、先进轨道交通装备、海洋工程及高技术船舶、新型电力装备、关键基础零部件
浙江	纺织装备、轻工装备、农业装备、基础零部件
安徽	煤矿机械、环保设备、船舶制造、工程机械、节能装备、冶金装备

续表

省份	重点领域
江西	智能制造装备、轨道交通装备、先进电工装备、高效矿山与工程机械、节能汽车
湖北	工业机器人、3D 打印产业、高档数控机床、医疗装备产业
湖南	先进轨道交通装备、高端工程机械装备、高端电力装备、高端节能环保装备、高档数控机床和工业机器人应用、海洋工程装备与特种船舶
重庆	风电成套装备、轨道交通装备、智能制造装备、环保安全装备
四川	大型清洁高效发电设备、航空与燃机制造业
云南	汽车制造业、高端和智能装备制造业、电力装备制造业、重化矿冶装备及金属制品业、农林机械制造业
贵州	汽车、工程机械及能矿装备、精密数控装备、电力器材及装备行业、轨道交通装备及特色装备

资料来源：根据《江苏省制造业“十三五”规划》等相关资料整理。

2.长江经济带世界级高端装备制造业集群发展路径

促进长江经济带建成先进装备制造业中心，必须坚持“创新、协调、绿色、开放、共享”五大发展理念，以供给侧结构性改革为主线，在巩固原有装备制造业基地、现代装备制造和高技术产业基地的基础上，推进长江经济带装备制造业“五化”（高端化、智能化、集聚化、绿色化、服务化）融合发展。

一是找准创新驱动发展突破口。一方面，推进传统优势装备制造业走向中高端。在重点行业、高端产品、关键环节促进技术进步与应用，优化技术与产品资源配置，引导传统优势装备制造业向价值链高端攀升。另一方面，打造战略性新兴产业高地。重点推进高端装备制造业，强化提升卫星导航等产业，推进人工智能前沿领域创新应用。进行装备制造业基础前沿、关键共性技术和战略高技术研发，增强基础创新能力，围绕航空航天装备等行业建设一批极具影响力的装备制造业创新中心。

二是推动两化深度融合。促进装备制造业全面实施智能制造工程,围绕装备制造业领域关键环节,主攻智能制造装备和智能产品,并实现产业化生产。深化在制造领域的互联网应用,实施"互联网+"智能制造和人工智能行动,着力在新型人机交互等装备制造业核心领域取得突破。

三是优化资源配置,打造绿色化装备制造业体系。依托长江经济带装备制造业基础优势,建设一批新型工业化示范基地、装备制造业集成创新示范点,以产业链为纽带,引导产业、企业、要素合理布局。特别是围绕机器人等重点领域,着力培育龙头企业,引导相关企业和机构集聚,促进先进装备制造业集群,将长江经济带建设成为具有全球影响力的先进装备制造业走廊。依托装备制造业优势,积极发展再制造业,实施高端再制造、智能再制造、在役再制造,促进企业、园区、行业间制造产业链绿色共生,打造绿色制造全产业链。科学规划建设一批装备制造业园区,鼓励企业建设绿色工厂,打造完整的绿色装备制造生产和供应链条。

三、世界级汽车产业集群

1.长江经济带汽车制造业集群发展重点与前景

(1)节能汽车与新能源汽车。2016 年 3 月,《长江经济带创新驱动产业转型升级方案》提出打造工业新优势,加快发展高端装备制造、新一代信息技术、节能环保、现代生物、新材料、新能源、新能源汽车等战略性新兴产业;以沿江国家级、省级开发区为载体,以大型企业为骨干,发挥中心城市的产业优势和辐射带动作用,在先进轨道交通装备、汽车制造等五大重点领域,布局一批战略性新兴产业集聚区、国家高新技术产业化基地、国家新型工业化产业示范基地和创新型产业集群,打造世界级产业集群。《长江经济带创新驱动产业转型升级方案》对长江经济带汽车制造业发展规划如下:

——以上海、武汉、重庆、安徽、长株潭区域、成都、浙江、南昌为核心,完善整车制造及配套产业链,大力发展新能源汽车产业,打造汽车制造产业集群。

——在新能源汽车领域,重点发展插电式混合动力汽车、纯电动汽车,提升新能源汽车信息化、智能化水平,推动新能源汽车在沿江地区的应用示范(见表7.46)。

表7.46 长江经济带战略性新兴产业新能源汽车产业发展重点

重点领域	实施内容
新能源汽车技术研发	在上海、江苏、安徽、湖北、重庆、四川,推动插电式混合动力汽车和纯电动汽车产业化,重点支持驱动电机及控制系统、储能系统、整车控制和信息系统、快速充电等关键技术研发
纯电动汽车应用推广	在沿江地区,加快充电基础设施建设,在公共交通、物流、邮政等领域推动纯电动汽车应用示范

资料来源:整理自《长江经济带创新驱动产业转型升级方案》

——拓宽融资渠道,引导多元投入。加快开展首台(套)重大技术装备保险补偿机制试点工作。在若干有条件的地区,对使用新能源、新能源汽车、节能环保产品等新兴产品和服务的用户,完善简化政府补贴申请及审批程序。探索设立长江经济带政府性创新再担保基金,强化科技担保服务。

依托长江经济带以及黄金水道,积极打造新能源汽车产业联盟和民族品牌电动汽车,主要应从以下三点着手:

一是创新驱动,产、学、研、用结合攻关关键技术。分工合作,变某企业的全面研发为各有侧重的重点突破,变全行业的重复研发为技术共享,建立共性技术研发机构,发挥高校、科研院所、企业的各自技术优势,努力掌握自主核心技术和标准,打破国外企业的技术壁垒。

二是优化产业分工,扩大规模效应。发挥黄金水道的低成本运输条件和绿色无污染特点,长江经济带上、中、下游地区根据自己的资源禀赋、能源优势、人才和劳动力优势或是贸易优势,不断提高电动汽车产品质量,以规模手段降低生产成本,保障产品的安全和性能。

三是打造"长江"牌民族品牌电动汽车。电动汽车各零部件可由沿长江汽车制造企业分步生产,沿江而下,总装之后直接出口抢滩国际市场。以长江经济带为轴线，打造我国的新能源汽车产业走廊，有助于新能源汽车产业的规模化、产业链化和资源的优化配置，能够带动我国新能源汽车产业走向另一个高度。

（2）智能网联汽车。智能网联汽车是宽带移动通信、智能汽车、智慧交通三大产业的融合，将带来新的万亿级市场。2018 年 4 月 12 日，工业和信息化部、交通运输部、公安部联合举行《智能网联汽车道路测试管理规范（试行）》提出发展智能网联汽车在构建智慧出行服务新型产业的核心作用，逐渐成为新时代汽车转型升级的重要突破口。

长江经济带应高度重视智能网联汽车产业发展，《中国制造 2025》已将智能网联汽车列入十大重点发展领域之一，《汽车产业中长期发展规划》明确智能网联汽车是汽车产业转型升级的突破口。

长江经济带跨行业、跨环节的不同类型企业在智能网联汽车价值链中的地位和能力不同，在产业升级过程中采用的组合策略应各有侧重（见图 7.32）。升级路径主要从流程升级、产品升级和功能升级 3 个维度进行。

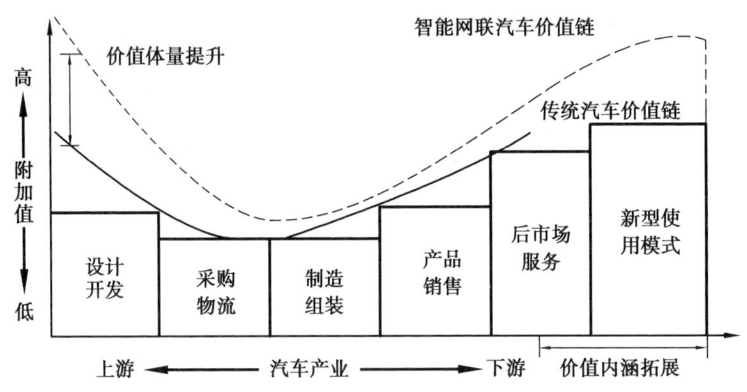

图 7.32　依托智能网联汽车产业价值链分布推进长江经济带产业升级

——长江经济带整车制造企业：生产流程、整车产品、企业功能的全面升级。制定企业智能网联汽车技术和产品平台发展战略，联合具备完整功能模块开发能力的一级供应商完善模块化和平台化生产流程，对国外先进生产流程线进行引进、学习和再创新。

——长江经济带零部件供应商：引入国内外相关技术标准和质量标准，保证产品功能安全可靠，与整车和路侧设备等标准接口契合，实现生产效率和产品质量提升。

——长江经济带信息技术企业：针对汽车产业的产品升级与功能升级。信息技术企业必须对技术和产品进行再创新以适应汽车应用环境，完成针对汽车产业的产品升级。

——长江经济带后市场服务企业：开展服务流程升级与企业功能升级。通过建立综合管理平台，进行大数据分析以提高自身服务流程的效率和标准化程度，并挖掘业务的附加价值，形成具有规模效应、统一流程和正规管理的现代化汽车服务品牌。

(3)汽车制造业集群与集聚化发展。2018 年发布并实施的长江经济带世界级产业集群指南，重点打造电子信息、高端装备、汽车、家电、纺织服装五大产业集群。将主要依托于长江经济带 11 省份具有一定产业基础的核心城市、国家级、省级开发区和产业园区，形成产业协同，共同打造产业链完备的跨区域产业集群。

汽车产业集群将依托上海、南京、杭州、宁波、武汉、合肥、芜湖、长沙、重庆、成都等地，提高整车和关键零部件创新能力，推进低碳化、智能化、网联化发展等。长江经济带拥有我国三大汽车集团中的上汽集团和东风集团，以及奇瑞、江淮、长安、吉利等发展迅速的汽车公司，汽车工业生产总值占全国汽车工业生产总值的比例呈稳定上升趋势。截至 2016 年年末，长江经济带规模以上汽车工业企业有 8 291 个，占全国汽车行业总单位数的 59.27%；全部汽车企业占地面积 260 平方千米，占全国总占地面积的 49.57%；汽车生产量 1 284.39 万辆，占全国生产总量的 59.83%；工业总产值 30 284 亿元，占全国汽车工业总产值的 49.28%；营业收入 29 221 亿元，占全国汽车工业主营业务收入的 52.78%，长江经济带汽车产业各项指标基本达到甚至超过全国半数以上，规模效应凸显，占据了中国汽车行业的半壁江山。

2.长江经济带世界级汽车制造业集群发展

(1)长江经济带汽车制造业集群重点区域(见表7.47)。长江经济带汽车产业的发展不均衡,长江经济带下游地区是我国经济最发达的区域之一,生产要素齐全,拥有我国发展规模最大的汽车公司和零部件企业;中游地区位于我国中部地区,策应中部崛起战略,在我国"两横三纵"的城市化战略格局中是一个重要的空间载体。《长江中游城市群发展规划》标志着长江中游城市群的建设上升为国家级规划,长江中游各城市进入新的发展机遇期;上游地区是长江经济带发展水平相对较低的区域,省份之间差距较大,发展不均衡,长江经济带沿线11省份汽车制造业的发展重点与集群状况各有特点。《中国开发区审核公告目录(2018年版)》以新发展理念为指引,遵循开发区以产业发展为主,为长江经济带汽车制造业集聚发展提供了明确的平台功能定位。

表7.47 长江经济带沿线11省份汽车制造业发展重点区域

省份	以汽车为主导产业的开发区名称
上海	上海金桥经济技术开发区、张江高新区闵行园(新能源汽车)、上海月杨工业园区、上海嘉定工业园区、上海嘉定汽车产业园区、张江高新区嘉定园、上海浦东康桥工业园区、上海南汇工业园区、上海枫泾工业园区、上海西郊工业园区
江苏	江宁经济技术开发区、相城经济技术开发区、相城经济技术开发区、如皋经济技术开发区(新能源汽车)、盐城经济技术开发区、扬州经济技术开发区、南京浦口经济开发区、江苏溧水经济开发区、江苏无锡惠山经济开发区、江苏无锡经济开发区、江苏常州滨江经济开发区、江苏省太仓高新技术产业开发区、江苏大丰经济开发区、江苏省建湖高新技术产业开发区、江苏扬州广陵经济开发区、江苏扬州维扬经济开发区、江苏省丹阳高新技术产业开发区
浙江	宁波经济技术开发区、宁波杭州湾经济技术开发区(汽车及零部件)、嘉兴经济技术开发区(汽车及零配件)、长兴经济技术开发区(新能源汽车及零部件)、杭州湾上虞经济技术开发区、金华经济技术开发区、浙江象山经济开发区、浙江宁海经济开发区、浙江乐清工业园区、浙江磐安工业园区、浙江永康经济开发区、浙江路桥工业园区、天台工业园区、浙江温岭工业园区、浙江龙泉经济开发区

续表

省份	以汽车为主导产业的开发区名称
安徽	芜湖经济技术开发区、马鞍山经济技术开发区、安庆经济技术开发区、滁州经济技术开发区、宣城经济技术开发区、合肥包河经济开发区、安徽长丰双凤经济开发区、安徽肥西桃花工业园区、安徽庐江经济开发区、安徽芜湖鸠江经济开发区、安徽新芜经济开发区、安徽繁昌工业园区、安徽蚌埠工业园区
江西	南昌经济技术开发区、南昌小蓝经济技术开发区、九江经济技术开发区、赣州经济技术开发区、上饶经济技术开发区、南昌昌南工业园区、江西德安工业园区、江西庐山工业园区、江西宜黄工业园区
湖北	武汉临空港经济技术开发区、武汉经济技术开发区、十堰经济技术开发区、襄阳经济技术开发区、武汉硚口经济开发区、武汉汉南经济开发区、武汉蔡甸经济开发区、武汉江夏经济开发区、湖北阳新经济开发区、湖北郧阳经济开发区、湖北丹江口经济开发区、湖北襄州经济开发区、湖北谷城经济开发区、湖北枣阳经济开发区、湖北宜城经济开发区、湖北石首经济开发区
湖南	长沙经济技术开发区、湘潭经济技术开发区、湖南长沙暮云经济开发区、长沙雨花经济开发区、长沙临空产业集聚区、浏阳高新技术产业开发区、大祥工业集中区、津市高新技术产业开发区
重庆	重庆经济技术开发区、重庆港城工业园区、重庆沙坪坝工业园区、重庆九龙工业园区、重庆西彭工业园区、重庆同兴工业园区、重庆綦江工业园区、重庆双桥工业园区、重庆空港工业园区、重庆巴南工业园区、重庆江津工业园区、重庆合川工业园区、重庆开州工业园区
四川	成都经济技术开发区、四川富顺晨光经济开发区、四川安县工业园区、四川资阳高新技术产业园区、四川乐至经济开发区
云南	云南曲靖汽车及配套工业园
贵州	贵州毕节经济开发区

资料来源：根据《中国开发区审核公告目录(2018年版)》整理。

(2)长江经济带汽车制造业集群重点行业。汽车产业集群将依托上海、南京、杭州、宁波、武汉、合肥、芜湖、长沙、重庆、成都等地，提高整车和关键零部件创新能力，推进低碳化、智能化、网联化发展等。见表7.48。

表 7.48　长江经济带 11 省份汽车制造业发展重点行业及代表企业

省份	重点行业及企业
上海	以上海汽车集团股份有限公司(上汽集团)为依托,重点发展以轿车为主的乘用车、配套零部件
江苏	新能源汽车;以东风悦达起亚为代表的乘用车整车;苏州金龙为龙头,徐工集团、南京依维柯、常熟华东、扬州通华等重点商用车企业;以无锡威孚高科技、江苏双登集团、南京汇众为代表的零部件企业
浙江	民营投资为主、零部件工业为支撑,整车工业稳步发展的汽车产业、拥有万向集团、宁波华翔、万安集团等著名的汽车零部件企业;以吉利集团、青年集团、众泰集团、广汽吉奥、东风裕隆为代表的整车企业
安徽	整车及汽车零部件和相关配套产品,以奇瑞汽车和江淮汽车为龙头企业
江西	整车、专用汽车、低速货车,主要的整车生产企业有江铃汽车集团、昌河汽车、博能集团上饶客车等,在轻型货车、客车和越野型中档 SUV 市场中占据优势
湖北	以东风汽车集团为主体,新能源汽车制造为先导
湖南	改装车、乘用车及相关零配件
重庆	汽车零部件本土化配套率超过 70%,以长安、力帆、庆铃、隆鑫等汽车和零部件企业为代表,长安股份、长安福特、长安铃木和长安跨越等龙头企业带动作用强
四川	一汽大众、一汽丰田、吉利高原、成都大运等整车生产企业和百余家汽车零部件生产企业;新都区和青白江区主要发展商用车,金堂县主要发展汽车零部件
云南	重点企业主要有一汽通用红塔、东风云南汽车、昆明云内动力、云南力帆骏马车辆等
贵州	贵阳小孟工业园以客车和专用车为主,配套零部件协同发展;毕节生产基地以毕节力帆汽车为主,发展配套产业和新能源汽车产业

资料来源:根据长江经济带沿线 11 省份汽车制造业发展纲要与规划整理。

虽然长江经济带汽车产业发展态势良好,沿线 11 省份大多以产业园区为载体进行集群建设,但同时也存在很多问题,找出长江经济带汽车产业集群发展中存在的问题并及时解决将有利于集群的进一步健康快速发展,对于建设世界级汽车产业集群具有重要意义：

第一，依赖合资企业，产业主导型较差。长江经济带汽车龙头企业上汽集团、东风汽车公司均是通过与外资企业的合资发展起来的。上汽集团真正崛起于和德国大众集团正式签订协议，展开技术合作，上海与大众的成功合作又促成上汽与美国通用的合作，2000 年至 2004 年间，上汽集团总销量翻倍，其中大部分贡献来自上海通用。依靠合资企业的发展模式使得汽车产业的发展存在脆弱性和诸多不确定性，这种发展方式虽然可以帮助我国发展成为汽车产业大国，但是对汽车产业的长远发展非常不利。

第二，整车和零部件企业过多，规模不经济。整车制造企业方面，除上汽集团、东风汽车公司、长安汽车集团外，其他企业 2016 年年产销量均低于 50 万辆；零部件制造企业方面，万向集团、双钱股份、宁波华翔、万丰奥威等发展较好，但是绝大多数的零部件企业规模较小，且我国零部件企业生产的多是标准件、内外饰附件等科技含量和附加值较低的产品。长江经济带的整车和零部件企业投资分散、产品同质化严重，尚未达到规模经济。

第三，零部件生产规模扩大，缺乏核心技术支撑。零部件产业若想真正成为汽车产业的强有力支撑，必须增强产品含金量，突破低端市场。虽然长江经济带聚集了我国约一半的零部件企业，但是多数企业规模小，设备落后。上汽、东风、江淮等整车集团的零部件板块发展严重滞后，缺少战略发展规划，追求“大而全”，高度依附集团发展，如东风零部件公司的产品主要销往东风整车集团的客户。加大研发投入，提升产品质量和企业竞争力迫在眉睫，有意识地培养和扶持优秀的零部件企业已经刻不容缓。

第四，自主研发投入不足，创新能力较弱。虽然长江经济带汽车企业逐步建立起自主研发体系，研发支出也处于上升趋势，但是支出金额与跨国公司相比仍有巨大差距。上汽集团研发投入在我国遥遥领先，连续五年位列汽车制造业上市公司第 1 名，但是研发投入费用还不足大众汽车的十分之一。跨国汽车企业的研发费用普遍占据当年营业收入的 3%～5%，上汽集团仍存在较大差距。

（3）长江经济带汽车制造业集群未来发展路径。长江经济带汽车产业集群迎来良好的发展机遇，同时也面临着巨大的挑战。为进一步提升集群竞争力，还需努力做好以下方面的工作：

加强区域合作，实施兼并重组。汽车产业是规模经济的代表性产业，规模效应有利于提升汽车产业的竞争力。长江经济带汽车企业数量众多，应打破行政界线，以大型企业为主导实施并购重组，中小型企业在大型企业的带动和支持下可以得到更好的发展，地区资源配置效率和产业集中度也得到相应提高。长江经济带上中下游地区分别以长安汽车、东风汽车和上汽集团为核心，在区域内进行汽车产业整合。根据各省份的经济水平和产业基础，做好汽车产业转移工作，促进长江经济带汽车产业的一体化发展。

生产性服务嵌入汽车制造业价值链。第一，提高要素供给水平。提供汽车物流服务、汽车研发技术服务、客户关系管理、汽车营销与销售代理服务等，使合作企业间能低成本、高效地交换信息和知识。此外，汽车制造企业往往规模较大，财务、人力资源、研发设计等辅助性活动是企业经营管理中的重要环节，通过为汽车制造业企业提供专业化的服务提高企业的资源配置效率。第二，提高产业创新速度。“技术联盟”“研发合作组织”“虚拟研发组织”等参与到汽车制造业的创新过程中，通过知识共享将知识溢出的外部性内部化，极大提高技术创新的速度。第三，优化产业资源配置。将金融、风险投资、财务、法律服务等中介组织嵌入到汽车制造业产业链中，提高制造业企业的组织管理水平，加快产业链上的资源流动，优化产业资源配置。

扶持关键零部件企业的发展。汽车产业集群的发展壮大离不开汽车零部件制造业强而有力的支撑。长江经济带是我国汽车零部件汽车相对发达的区域，区域内有国内最大的零部件生产企业——万向集团。但是长江经济带汽车零部件的整体发展水平明显落后于整车发展，产业集中度很低，而且产品主要集中于中低端零配件方面。长江经济带仍然缺乏具有国际影响力的零部件大企业集团。政府应重视汽车零部件工业的发展，加大投资和扶持力度，着力培养拥有自主核心技术的零部件企业。

加大研发投入,提升自主创新研发能力。美国、日本、德国和韩国等之所以成为世界汽车强国,重要的原因之一就是具有独立和成熟的技术体系。韩国和日本虽然最初依托合资企业发展,但是注重先进技术的消化和吸收,努力提高自身研发能力,最终掌握本国的核心技术。我国虽然已经成为全球最大的汽车产销大国,但是自主研发能力是短板,缺乏核心技术,核心零部件主要靠进口,合资企业的主要利润也归国外企业所有。随着汽车生产技术逐步成熟,我国汽车产业有了质的提升,但是汽车或零部件企业的研发投入力度仍远低于国外。长江经济带应建立产、学、研合作机制,依托高等院校培养汽车工业人才,鼓励汽车和零部件制造企业与相关高校或研究结构联合发展,开展技术交流与合作,同时鼓励企业引进国外先进技术和专业人才,发挥高校、科研院所和企业的各自优势,努力攻克关键技术,打破技术壁垒。

加强自主品牌建设。具有影响力的自主品牌是汽车产业竞争力的重要体现。虽然合资企业有力地促进了我国汽车产业的发展,但是“以市场换技术”的发展模式并不理想。中国是全球最大的汽车消费市场,但是自主品牌的竞争力仍然较为薄弱,加大自主创新投入和政府的大力支持对提高自主品牌汽车的竞争力和市场份额具有重要意义。只有不断提升汽车产业的自主研发和创新能力,不断发展和壮大上汽荣威、名爵、吉利、奇瑞、江淮、众泰等自主品牌实力,才能使长江经济带汽车产业在国际汽车市场占据一席之地。

四、世界级家电产业集群

1.长江经济带家电产业集群发展重点与前景

家电行业是长江经济带传统支柱产业,在保障长江经济带经济平稳增长、加快创新驱动过程中发挥着重要作用。《国务院关于依托黄金水道推动长江经济带的指导意见》(2014)、《长江经济带发展规划纲要》(2016)、《关于加强长江经济带工业绿色发展的指导意见》(2017)均提出将家电产业集群打造为长江经济带世界级产业集群。《长江经济带产业转移指南》(2017)围绕家电产业集群的世界级产业集群战略定位,结合长江经济带沿线11省份产业基础,进一步明确长江经济带家电产业重点地区、发展方向、重点领域。

《长江经济带产业转移指南》(2017)强调长江经济带世界级家电产业集群应坚持以智能化、绿色化、健康化为发展方向,以江苏、安徽为重点发展地区,进一步完善家电产业链,做强做优家电生产基地(见表7.49)。加快节能环保技术等核心技术突破,重点发展健康厨卫电器等高品质家电产品,推动家电产品建立全球品牌。可以看出,长江经济带世界级家电产业集群注重培育产业竞争力,提升家电产品附加值与科技含量,契合世界级产业集群的基本特征。

表7.49 长江经济带世界级家电产业集群培育的主要载体

省份	园区	重点领域
安徽	滁州经济技术开发区	家用电器、智能家电及相关设备
	合肥高新技术产业开发区	高效节能家电
	霍山经济开发区	LED光源及灯具
	芜湖经济技术开发区	空调整机及零部件
江苏	宿迁经济技术开发区	智能家电
四川	广元经济技术开发区	LED平板电视整机及零部件

资料来源:根据《长江经济带产业转移指南》相关内容整理编制。

2.长江经济带世界级家电产业集群发展路径

(1)建立长江经济带家电产业技术创新联盟。积极推动“智能绿色技术创新”战略实施,推动建设家电企业技术创新体系,增强家电在核心技术方面的创新能力。建立完善的政策支持体系,加大对家电企业科研开发经费的投入和奖励,大力引进家电领域科技人才,加快企业技术创新。将智能化、绿色化、健康化作为长江经济带家电产业发展方向,以长江经济带家电龙头企业技术中心、高校及科研院所为依托,整合现有社会科技资源,组建家电产业技术创新联盟,发挥“产学研”结合优势。基于创新联盟平台,开发基础共性技术,加快变频技术等核心技术突破,提升家电产品科技含量,引领行业标准制订,推动长江经济带家电产业技术标准成为国家标准,助推我国家电产业参与国际标准制订、修订。

(2)高标准推动家电产业园区建设。结合各地家电产业发展情况,加大家电产业集群建设力度,引导企业强化品牌和质量意识,提高产业科技含量,提升产品档次,鼓励企业做强做大,组团发展,增强家电企业内生增长动力。沿江各省份根据家电产业的实际情况,加强园区建设,搭建专业性和综合性服务平台,进一步加大招商力度,吸引更多龙头企业及优质配套企业、专业服务机构入驻,提升家电产业竞争力。按照国际先进标准和技术进行生产线改造,采用先进装配工艺,提高生产效率和产品质量,提升长江经济带家电产品的技术含量和附加值,提高国际市场竞争力和占有率。

(3)充分利用"互联网+"发展新机遇。适应家用电器智能化、高端化发展趋势,在两化深度融合的基础上,充分利用互联网和大数据,以用户和市场需求为导向,加强创新资源共享与合作,提高企业的效率和运营能力,提升核心竞争力。利用互联网收集和分析用户需求,实现家电产品个性化设计、柔性化生产、精准营销、无缝服务等创新,增进与用户交流互动,了解用户需求,提升用户忠诚度,推动商业模式和管理模式创新。在模块化设计和生产的基础上,推动智能制造和柔性制造,大力推进大规模个性化定制替代大规模单型号生产,满足消费新需求,扩充家电市场,全面参与全球市场竞争,提升长江经济带家电产业在全球价值链中的地位,提升其国际竞争力。

五、世界级纺织服装产业集群

1.长江经济带纺织服装产业集群发展重点与前景

纺织工业是我国传统支柱产业、重要民生产业和创造国际化新优势的产业,是科技和时尚融合、生活消费与生产制造并举的产业,对美化人民生活、增强文化自信、建设生态文明、带动相关产业发展、拉动内需增长、促进社会和谐等方面有重要作用。

《国务院关于依托黄金水道推动长江经济带发展的指导意见》(2014)、《长江经济带发展规划纲要》(2016)、《长江经济带创新驱动产业转型升级方案》(2016)》、《关于加强长江经济带工业绿色发展的指导意见》(2017)以及《长江经济带产业转移指南》(2017)强调将纺织服装产业集群打造为长江经济带世界级制造业集群,明确了纺织产业集群世界级产业集群的战略定位。工信部印发的《纺织工业发展规划(2016—2020年)》(2016)围绕促进纺织工业转型升级,创造纺织工业竞争新优势,进一步明确纺织工业发展的重点任务、重点领域,从而为推动长江经济带建成世界级制造业集群提供思路借鉴。

《长江经济带创新驱动产业转型升级方案》(2016)提出纺织产业作为推动长江经济带产业转型升级的重点领域,应加快其技术改造,提高其竞争力,明确了做大做强纺织领域的思路策略(见表7.50)。一方面,提升清洁生产水平,淘汰落后产能;另一方面,发展“互联网+”协同制造新模式,推进大规模个性化定制、智能制造、网络化协同制造和服务型制造,提高使用资源的效率。加强行业整合能力,加快纤维新材料开发应用,培育高端产业用纺织品,推行节能降耗技术,全面推动清洁印染生产,提高服装材料技术含量,重点加强品牌建设、结构优化、绿色生产。

表7.50 《长江经济带创新驱动产业转型升级方案》提出的纺织产业发展重点

重点领域		重点任务
纺织产业	高端品牌培育	依托浙江、江苏、上海等地,着力推进纺织智能制造,打造设计、研发与贸易、展销有机结合的特色服装设计制造中心,提升高端服装设计创新能力
	绿色生产	依托江西、湖南、四川等地,加强产业整合,全面推进清洁印染生产,推行节能降耗技术

资料来源:整理自《长江经济带创新驱动产业转型升级方案》。

《长江经济带产业转移指南》(2017)提出依托五大城市群重点发展纺织服装产业集群,明确沿江省份纺织服装产业发展的重点任务。以长三角地区为重点，推动形成纺织服装设计、研发和贸易中心，提升高端服装设计创新能力。在安徽、江西、湖南、湖北、重庆、四川等地建设现代纺织生产基地，推动区域纺织服装产业合理分工。依托云南、贵州等地资源优势及地理位置优势，大力发展旅游纺织品。在江苏、浙江加快发展差别化纤维、高技术纤维和生物质纤维技术及产业化。依托安徽、江西、湖北、湖南、四川等地，加强资源集聚和产业整合，推动清洁印染生产，推行节能降耗技术。此外，《长江经济带创新驱动产业转型升级方案》(2016)提出优化区域产业布局的目标导向，重点推动中游地区纺织服装产业发展，推动皖江城市带、武汉城市圈、长株潭城市群、鄱阳湖城市群建设，提升纺织服装业的国际竞争力。

推进建设安徽皖江城市带、江西赣南、湖北荆州、湖南湘南、四川广安、重庆沿江等国家级承接产业转移示范区。建设区域间产业转移促进服务平台，推动区域间的园区跨省市合作共建，引导长江经济带地区间产业合作和有序转移。

此外，《长江经济带发展规划纲要》(2016)也提出加快长江中上游地区加快承接纺织服装产业转移示范区，明确了重点发展方向，主要是安徽皖江城市带承接产业转移示范区(轻纺产业)、江西赣南承接产业转移示范区(现代轻纺)、湖北荆州承接产业转移示范区(纺织服装)。长江经济带承接纺织服装产业集群转移的主要载体见表7.51。

表7.51　长江经济带承接纺织服装产业集群转移的主要载体

省份	数量	承接园区
江苏	10	苏州吴江盛泽纺织科技产业园、高邮经济开发区、海门工业园区、江阴—睢宁工业园、江阴新桥园区、金坛经济开发区、南通家纺产业园、沭阳纺织(纤维新材料)产业园、宿迁市宿城经济开发区、盐城市纺织染整服装工业区
浙江	8	绍兴袍江经济技术开发区、温州经济技术开发区、义乌经济技术开发区、长兴经济技术开发区、兰溪经济开发区、绍兴滨海工业园区、海宁经济开发区、桐乡濮院针织产业园区
安徽	1	宿州经济技术开发区
湖北	5	荆州经济技术开发区、荆州市沙市区岑河针纺织服装工业园、襄阳纺织服装产业园、孝感汉川马庙纺织工业园、孝感汉正服装工业城

续表

省份	数量	承接园区
江西	3	分宜工业园区、奉新工业园区、南昌昌东工业区、
湖南	2	华容工业集中区、蓝山经济开发区
重庆	1	开县工业园区
四川	2	彭州工业集中发展区、宜宾市盐坪坝产业园
云南	1	保山工贸园区
贵州	2	碧江经济开发区、兴仁县工业园

注:表中“开县”现在为“开州区”。

资料来源:整理自《长江经济带产业转移指南》(2017)。

2.长江经济带世界级纺织服装产业集群发展路径

(1)优化市场发展环境。转变政府职能,推动简政放权,简化通关、结汇等行政手续,改善营商环境、激发市场活力。加强市场监管,清理商业渠道不合理收费,破除市场垄断,促进公平竞争。加强知识产权保护,打击商标侵权违法行为,规范电子商务发展。放宽货币兑换、外汇融资等对外投资金融监管,加强政府在境外投资政策协调、信息对接等方面的服务功能。

(2)加大财税金融支持力度。发挥好财政资金引导作用,利用现有资金渠道,支持纺织行业科技创新、技术改造、智能制造、绿色制造、品牌建设、服务平台建设等。相关需要中央财政支持的技术研发工作,纳入国家科技计划(专项、基金等)体系,由中央财政等统筹支持。支持符合高新技术企业条件的纺织企业,享受税收优惠政策。阶段性降低住房公积金缴存比例,落实国家阶段性降低社保费率的相关文件。落实减税清费政策,降低企业成本。加强产融对接,落实对实体经济的融资扶持政策,推进品牌质押贷款实施。鼓励企业建设纺织产业基金,支持企业通过融资租赁方式加快技术改造。鼓励地方政府制定相关政策引导纺织工业转型升级。

(3)进一步完善棉花调控政策。完善棉花进口配额管理,满足纺织企业对高品质棉花的需求。建立常态化储备棉轮出机制,实行储备棉销售底价与国内外现货价格挂钩联动,加快储备棉的消化利用。完善棉花价格形成机制、价格补贴政策和贸易救济措施。引导国内棉花种植结构调整,专项支持棉花良种培育、轻简栽培技术推广,提高国产棉竞争力。

(4)扩大产业用纺织品应用。加强纺织业与、医疗等相关部门的沟通对接,制订、修订相关应用规范,扩大应用需求。基于抗灾、防疫等突发公共事件应急储备机制,形成一定规模的产业用纺织品应急储备。

(5)加强人才保障。建立完善以纺织服装高等院校为主,职业学校、技工院校、职业培训机构和重点企业相结合,实用技能型、创新型、复合型等多层次人才培养的纺织人才培育体系。培育与弘扬工匠精神,为技工群体打造优良的成长平台。依托行业重大科研项目,重点培养战略型人才和创新创业型领军人才。推动院校与企业合作建设实训基地,促进学科建设、技能培训与行业转型升级协调发展。

(6)充分发挥行业协会作用。支持行业协会开展运行监测、企业调查、行业研究等工作,组织开展品牌评价与宣传、人才培训等活动,推动实施"三品"战略。引导纺织企业用好国家利好政策,及时反映行业发展动态及企业诉求,提出有利建议。鼓励行业协会深入开展信息咨询、技术推广、质量认证、贸易摩擦、新闻宣传等服务工作。推进企业社会责任建设,加强行业自律,促进产业健康发展。

(7)加强规划组织实施。制订规划任务实施分工方案,落实责任,加强部门沟通协调,保障重点任务有序推进。做好宣传工作,增强社会各方面实施规划的主动性和积极性。加强对规划实施情况与效果的动态监测评估,及时掌握实施进度及存在的问题,及时调整完善相关政策措施,结合当地实际抓紧制订工作方案,推动落实重点任务和政策措施,确保"十三五"末初步建成纺织强国。

参考文献

[1] 王振.长江经济带产业蓝皮书:长江经济带发展报告(2016—2017)[M].北京:社会科学文献出版社,2017.

[2] 王振.长江经济带产业蓝皮书:长江经济带发展报告(2011—2015)[M].北京:社会科学文献出版社,2016.

[3] 曾刚,王丰龙,滕堂伟,等.长江经济带城市协同发展能力指数(2016)研究报告[M].北京:中国社会科学出版社,2017.

[4] 曾刚,等.长江经济带协同创新研究:创新·合作·空间·治理[M].北京:经济科学出版社,2016.

[5] 靖学青.长江经济带产业协同与发展研究[M].上海:上海交通大学出版社,2016.

[6] 靖学青.长江经济带产业发展与结构转型[M].上海:上海社会科学院出版社,2015.

[7] 任毅,丁黄艳.长江经济带工业能源效率影响因素与产业转型策略研究[M].北京:经济科学出版社,2015.

[8] 吴传清.长江经济带产业蓝皮书:长江经济带产业发展报告(2017)[M].北京:社会科学文献出版社,2017.

[9] 李敏,杜鹏程.长江经济带区域绿色持续创新能力的差异性研究[J].华东经济管理,2018(2):83-90.

[10] 汪克亮,刘悦,史利娟,等.长江经济带工业绿色水资源效率的时空分异与影响因素——基于 EBM-Tobit 模型的两阶段分析[J].资源科学,2017(8):1522-1534.

[11] 张军,吴桂英,张吉鹏.中国省际物质资本存量估算:1952—2000[J].经济研究,2004(10):35-44.

[12] 何剑,王欣爱.区域协同视角下长江经济带产业绿色发展研究[J].科技进

步与对策,2017(11):41-46.

[13] 吴传清,黄磊.长江经济带绿色发展的难点与推进路径研究[J].南开学报(哲学社会科学版),2017(3):50-61.

[14] 于洪丽.长江经济带省域绿色能源效率水平的测度[J].统计与决策,2017(8):59-62.

[15] 付保宗.长江经济带产业绿色发展形势与对策[J].宏观经济管理,2017(1):55-59.

[16] 李琳,张佳.长江经济带工业绿色发展水平差异及其分解——基于2004—2013年108个城市的比较研究[J].软科学,2016(11):48-53.

[17] 任胜钢,袁宝龙.长江经济带产业绿色发展的动力找寻[J].改革,2016(7):55-64.

[18] 朱贻文,曾刚,邹琳,等.长江经济带区域创新绩效时空特征分析[J].长江流域资源与环境,2017(12):1954-1962.

[19] 吴传清,黄磊,文传浩.长江经济带技术创新效率及其影响因素研究[J].中国软科学,2017(5):160-170.

[20] 徐维祥,杨蕾,刘程军,等.长江经济带创新产出的时空演化特征及其成因[J].地理科学,2017(4):502-511.

[21] 肖文,林高榜.政府支持、研发管理与技术创新效率——基于中国工业行业的实证分析[J].管理世界,2014(4):71-80.

[22] 朱有为,徐康宁.中国高技术产业研发效率的实证研究[J].中国工业经济,2006(11):38-45.

[23] 武晓静,杜德斌,肖刚,等.长江经济带城市创新能力差异的时空格局演变[J].长江流域资源与环境,2017(4):490-499.

[24] 毛良虎,姜莹.长江经济带省域科技创新能力评价及空间关联格局分析[J].科技进步与对策,2016(21):126-131.

[25] 毛良虎,姜莹.长江经济带区域创新效率及空间差异研究[J].华东经济管

理,2016(8):73-78.

[26] 廖重斌.环境与经济协调发展的定量评判及其分类体系——以珠江三角洲城市群为例[J].热带地理,1999(2):76-82.

[27] 罗仲伟.“十三五”电子信息产业发展态势与路径[J].全球化,2016(30):102-113,136.

[28] 白洁.长江经济带建设背景下湖北打造世界级产业集群的对策研究[J].湖北社会科学,2017(7):64-71.

[29] 成长春,王曼.长江经济带世界级产业集群遴选研究[J].南通大学学报(社会科学版),2016(5):1-8.

[30] 和军,李绍东.中国装备制造业先进水平省际比较——基于因子分析和聚类分析的实证研究[J].经济学动态,2013(2):81-92.

[31] 刘春晖,赵玉林.创新驱动的航空航天装备制造业空间演化 :基于演化计量经济学的实证分析[J].宏观经济研究,2016(5):87-98,138.

[32] 齐阳,王英.基于空间布局的中国装备制造业产业竞争力评价研究[J].经济问题初探,2014(8):110-115.

[33] 张丹宁,陈阳.中国装备制造业发展水平及模式研究[J].数量经济技术经济研究,2014(7):99-144.

[34] 赵福全,匡旭,刘宗巍.面向智能网联汽车的汽车产业升级研究——基于价值链视角[J].科学进步与对策,2016(17):56-61.

[35] 张琰,马晓丹.生产性服务业推动长三角地区汽车产业结构优化研究[J].经济纵横,2012(9):95-98.

第八章

8

长江经济带服务业发展

内容提要 大力发展高品质的生活性服务业和专业化的生产性服务业，既能提高长江经济带产业发展集聚水平，又能推进长江经济带产业竞争力。多维度考察长江经济带服务业整体及其重点行业发展状况显示，长江经济带服务业整体发展态势良好，存在显著地区差距；采用变异系数法等方法评估长江经济带服务业集聚水平，结果显示上海市服务业比较优势明显。长江经济带黄金旅游走廊建设应加强品牌建设、集散中心建设、深化区域合作、加强旅游产业转型、完善保障机制。

长江经济带是我国重要的服务业聚集带。2014 年 9 月印发的《国务院关于依托黄金水道推动长江经济带发展的指导意见》强调，要大幅提高服务业比重，优先发展以金融保险为首的生产性服务业，加快发展体育、旅游等生活性服务业，推进发展信息技术、研发设计等高技术服务业，大力发展特色旅游业，培育国际黄金旅游带。2016 年 3 月印发的《长江经济带创新驱动产业转型升级方案》强调，重点发展科技服务业和高技术服务业，推进三大产业融合发展。2016 年 9 月印发的《长江经济带发展规划纲要》进一步强调，要大力发展现代文化产业，打造特色旅游区，培育国际黄金旅游带。国家关于长江经济带服务业发展的顶层设计见表 8.1。

表 8.1 国家关于长江经济带服务业发展的顶层设计

颁布时间	文件名称	发展重点
2014.09	《国务院关于依托黄金水道推动长江经济带发展的指导意见》	①优先发展生产性服务业（金融保险、现代物流等） ②加快发展生活性服务业（文化教育、旅游休闲等） ③推进发展高技术服务业（研发设计、电子商务等） ④大力发展上海、武汉、重庆、南京等地区现代航运服务业

续表

颁布时间	文件名称	发展重点
2016.03	《长江经济带创新驱动产业转型升级方案》	①优先发展生产性服务业(现代物流、金融保险、商务服务、服务外包) ②大力发展生活性服务业(旅游休闲、健康养老等) ③重点发展科技服务业与高技术服务业 ④完善现代农业服务体系(农业科技服务、农业经营服务);促进农业生产性服务业、农产品流通业、乡村旅游业发展
2016.03	《中华人民共和国国民经济和社会发展第十三个五年规划纲要》	打造(长江经济带)特色优势服务业集群;加快建设国际黄金旅游带
2016.09	《长江经济带发展规划纲要》	培育国际黄金旅游带;大力发展现代文化产业,打造特色文化基地

资料来源:根据《长江经济带发展规划纲要》等相关资料整理。

第一节　长江经济带服务业发展总体概况

一、国家服务业试点示范区建设

国家科技服务业试点示范区是推动传统产业升级、促进战略性新兴产业发展的重要载体。我国已启动两批试点,共认定65个试点为国家科技服务业示范区,其中长江经济带包含28个(见表8.2)。2015年4月共有25个地区被确定为第一批国家科技服务业试点示范区,其中长江经济带包含9个。2016年3月共有40个地区被确定为第二批国家科技服务业试点示范区,其中长江经济带包含19个。

表 8.2　长江经济带沿线省份国家科技服务业试点示范区

省份	国家科技服务业试点示范区
上海	上海张江国家自主创新示范区(2015)、上海紫竹国家高新技术产业开发区(2016)
江苏	苏州国家高新技术产业开发区(2015)、江阴国家高新技术产业开发区(2016)、南通国家高新技术产业开发区(2016)、镇江国家高新技术产业开发区(2016)、武进国家高新技术产业开发区(2016)、苏州工业园区(2016)
浙江	宁波国家高新技术产业开发区(2016)
安徽	合肥国家高新技术产业开发区(2015)、马鞍山慈湖国家高新技术产业开发区(2015)、芜湖国家高新技术产业开发区(2016)
江西	南昌国家高新技术产业开发区(2016)
湖北	武汉东湖国家自主创新示范区(2015)、襄阳国家高新技术产业开发区(2016)、宜昌国家高新技术产业开发区(2016)、荆门国家高新技术产业开发区(2016)
湖南	长沙国家高新技术产业开发区(2015)、株洲国家高新技术产业开发区(2016)、湖南省常德市高新技术产业开发区(2016)
重庆	重庆国家高新技术产业开发区(2015)、璧山国家高新技术产业开发区(2016)、重庆市永川区高新技术产业开发区(2016)
四川	绵阳国家高新技术产业开发区(2015)、成都国家高新技术产业开发区(2015)、德阳国家高新技术产业开发区(2016)、泸州国家高新技术产业开发区(2016)
贵州	贵阳国家高新技术产业开发区(2016)

资料来源:根据中华人民共和国科学技术部官网相关资料整理。

国家现代服务业综合试点建设能够推动现代服务业集群发展,完善我国现代服务业发展体制机制。我国已启动了四批现代服务业综合试点,共批准了 12 个地区为试点区,其中,长江经济带包含 6 个现代服务业综合试点区(见表 8.3)。2011 年,北京市、上海市、天津市、辽宁省、武汉市为第一批试点地区;

2012 年,重庆市、深圳市、长沙市为第二批试点地区;2013 年,苏州市为第三批试点地区;2014 年,厦门市、金华市、西安市为第四批试点地区。

表 8.3　长江经济带沿线省份国家现代服务业综合试点地区

省份	国家现代服务业综合试点地区
上海	上海市现代服务业综合试点区(2011):浦东新区现代服务业试点、虹桥商务区现代服务业试点、浦江沿岸现代服务业试点
江苏	江苏省苏州市现代服务业综合试点区(2013)
浙江	浙江金华市现代服务业综合试点区(2014):金华信息经济产业园、智慧电子商务科技公共服务平台、漂牛文化创意产业园、浙江菁英电子商务产业园、浙江尖峰电子商务精品园、智汇橙(浙江省)电商产业园、浙江科贸文创电商产业园、浙中贝乐婴童产业园、浦江县电子商务创业园、桐琴镇电子商务产业园、浙江华东工业材料城电商产业园
湖北	湖北武汉东湖国家自主创新示范区现代服务业综合试点区(2011)
湖南	湖南省长沙市现代服务业综合试点区(2012)
重庆	重庆市两江新区现代服务业综合试点区(2012)

资料来源:根据中华人民共和国商务部官网相关资料整理。

绿色金融改革创新试验区是推动产业转型升级和绿色发展、促进经济建设和生态文明协调发展的重要载体。我国共有 6 省份(共 10 个)参与绿色金融创新改革,其中,长江经济带拥有 6 个(4 省份)绿色金融改革创新试验区(见表 8.4)。2017 年 6 月,中国人民银行等七部门针对江西省赣江新区、贵州省贵安新区、浙江省湖州市、浙江省衢州市联合印发了《绿色金融改革创新试验区总体方案》,2018 年 7 月,中国人民银行等四部门联合印发了《在重庆市开展金融标准创新建设试点实施方案》《在浙江省开展金融标准创新建设试点实施方案》。其中,浙江省和重庆市绿色金融改革创新试验区主要侧重于创新绿色金融对传统产业转型升级,江西省和贵州省则侧重于利用绿色发展方式构建绿色金融机制。

表 8.4 长江经济带沿线省份绿色金融改革创新试验区

省份	绿色金融改革创新试验区
浙江	浙江省湖州市绿色金融改革创新试验区(2017)、浙江省衢州市绿色金融改革创新试验区(2017)、浙江省金融标准创新建设试点区(2018)
江西	江西省赣江新区绿色金融改革创新试验区(2017)
贵州	贵州省贵安新区绿色金融改革创新试验区(2017)
重庆	重庆市金融标准创新建设试点区(2018)

资料来源:根据《浙江省湖州市、衢州市建设绿色金融改革创新试验区总体方案》等相关资料整理。

国家全域旅游示范区能够促进全区域、全产业链、全要素旅游发展,是实现全域共建、共融、共享的重要路径。我国已启动两批国家全域旅游示范区(共500个地区),其中长江经济带包含204个(见表8.5)。2016年2月确定的第一批国家全域旅游示范区(共262个地区)中,长江经济带包含100个。2016年11月确定的第二批国家全域旅游示范区(共238个地区)中,长江经济带包含104个。

表 8.5 长江经济带沿线省份国家全域旅游示范区

省份	国家全域旅游示范区
上海	上海市黄浦区全域旅游示范区(2016)、上海市青浦区全域旅游示范区(2016)、上海市崇明县全域旅游示范区(2016)、上海市松江区全域旅游示范区(2016)
江苏	苏州市全域旅游示范区(2016)、南京市秦淮区全域旅游示范区(2016)、南京市江宁区全域旅游示范区(2016)、徐州市贾汪区全域旅游示范区(2016)、金湖县全域旅游示范区(2016)、盐城市大丰区全域旅游示范区(2016)、句容市全域旅游示范区(2016)、兴化市全域旅游示范区(2016)、高邮市全域旅游示范区(2016)、南京市全域旅游示范区(2016)、镇江市全域旅游示范区(2016)、无锡市滨湖区全域旅游示范区(2016)、无锡市梁溪区全域旅游示范区(2016)、宜兴市全域旅游示范区(2016)、常州市新北区全域旅游示范区(2016)、常州市武进区全域旅游示范区(2016)、常州市金坛区全域旅游示范区(2016)、溧阳市全域旅游示范区(2016)、如皋市全域旅游示范区(2016)、淮安市淮安区全域旅游示范区(2016)、淮安市清江浦区全域旅游示范区(2016)、淮安市洪泽区全域旅游示范区(2016)、盱眙县全域旅游示范区(2016)、连云港市连云区全域旅游示范区(2016)、东海县全域旅游示范区(2016)、盐城市盐都区全域旅游示范区(2016)、东台市全域旅游示范区(2016)、宿迁市湖滨新区全域旅游示范区(2016)

续表

省份	国家全域旅游示范区
浙江	杭州市全域旅游示范区(2016)、湖州市全域旅游示范区(2016)、丽水市全域旅游示范区(2016)、宁波市宁海县全域旅游示范区(2016)、宁波市象山县全域旅游示范区(2016)、衢州市开化县全域旅游示范区(2016)、舟山市普陀区全域旅游示范区(2016)、台州市天台县全域旅游示范区(2016)、台州市仙居县全域旅游示范区(2016)、衢州市全域旅游示范区(2016)、舟山市全域旅游示范区(2016)、奉化市全域旅游示范区(2016)、文成县全域旅游示范区(2016)、永嘉县全域旅游示范区(2016)、新昌县全域旅游示范区(2016)、嘉善县全域旅游示范区(2016)、桐乡市全域旅游示范区(2016)、浦江县全域旅游示范区(2016)、磐安县全域旅游示范区(2016)
安徽	黄山市全域旅游示范区(2016)、池州市全域旅游示范区(2016)、合肥市巢湖市全域旅游示范区(2016)、安庆市岳西县全域旅游示范区(2016)、安庆市太湖县全域旅游示范区(2016)、安庆市潜山县全域旅游示范区(2016)、宣城市绩溪县全域旅游示范区(2016)、宣城市广德县全域旅游示范区(2016)、宣城市泾县全域旅游示范区(2016)、六安市霍山县全域旅游示范区(2016)、六安市金寨县全域旅游示范区(2016)、宣城市全域旅游示范区(2016)、庐江县全域旅游示范区(2016)、含山县全域旅游示范区(2016)、淮北市烈山区全域旅游示范区(2016)、淮北市相山区全域旅游示范区(2016)、枞阳县全域旅游示范区(2016)、安庆市宜秀区全域旅游示范区(2016)、滁州市南谯区全域旅游示范区(2016)、全椒县全域旅游示范区(2016)、颍上县全域旅游示范区(2016)、砀山县全域旅游示范区(2016)
江西	上饶市全域旅游示范区(2016)、鹰潭市全域旅游示范区(2016)、南昌市湾里区全域旅游示范区(2016)、九江市武宁县全域旅游示范区(2016)、赣州市石城县全域旅游示范区(2016)、吉安市井冈山市全域旅游示范区(2016)、吉安市青原区全域旅游示范区(2016)、宜春市靖安县全域旅游示范区(2016)、宜春市铜鼓县全域旅游示范区(2016)、抚州市南丰县全域旅游示范区(2016)、抚州市资溪县全域旅游示范区(2016)、景德镇市全域旅游示范区(2016)、新余市全域旅游示范区(2016)、芦溪县全域旅游示范区(2016)、宜丰县全域旅游示范区(2016)、安福县全域旅游示范区(2016)、瑞金市全域旅游示范区(2016)、龙南县全域旅游示范区(2016)

续表

省份	国家全域旅游示范区
湖北	恩施土家族苗族自治州全域旅游示范区(2016)、神农架林区全域旅游示范区(2016)、仙桃市全域旅游示范区(2016)、武汉市黄陂区全域旅游示范区(2016)、黄石市铁山区全域旅游示范区(2016)、宜昌市远安县全域旅游示范区(2016)、宜昌市秭归县全域旅游示范区(2016)、宜昌市长阳县全域旅游示范区(2016)、黄冈市麻城市全域旅游示范区(2016)、黄冈市罗田县全域旅游示范区(2016)、黄冈市红安县全域旅游示范区(2016)、咸宁市赤壁市全域旅游示范区(2016)、宜昌市夷陵区全域旅游示范区(2016)、五峰土家族自治县全域旅游示范区(2016)、英山县全域旅游示范区(2016)、通山县全域旅游示范区(2016)
湖南	张家界市全域旅游示范区(2016)、湘西土家族苗族自治州全域旅游示范区(2016)、长沙市望城区全域旅游示范区(2016)、株洲市炎陵县全域旅游示范区(2016)、湘潭市韶山市全域旅游示范区(2016)、湘潭市昭山示范区全域旅游示范区(2016)、邵阳市新宁县全域旅游示范区(2016)、岳阳市平江县全域旅游示范区(2016)、常德市石门县全域旅游示范区(2016)、郴州市桂东县全域旅游示范区(2016)、郴州市苏仙区全域旅游示范区(2016)、怀化市通道县全域旅游示范区(2016)、娄底市新化县全域旅游示范区(2016)、怀化市全域旅游示范区(2016)、长沙县全域旅游示范区(2016)、宁乡县全域旅游示范区(2016)、浏阳市全域旅游示范区(2016)、衡阳市南岳区全域旅游示范区(2016)、城步县全域旅游示范区(2016)、湘阴县全域旅游示范区(2016)、临湘市全域旅游示范区(2016)、安化县全域旅游示范区(2016)、桃江县全域旅游示范区(2016)、涟源市全域旅游示范区(2016)、资兴市全域旅游示范区(2016)、宜章县全域旅游示范区(2016)、汝城县全域旅游示范区(2016)、醴陵市全域旅游示范区(2016)、东安县全域旅游示范区(2016)、江永县全域旅游示范区(2016)、宁远县全域旅游示范区(2016)
重庆	重庆市渝中区全域旅游示范区(2016)、重庆市大足区全域旅游示范区(2016)、重庆市南川区全域旅游示范区(2016)、重庆市万盛区全域旅游示范区(2016)、重庆市巫山县全域旅游示范区(2016)、重庆市奉节县全域旅游示范区(2016)、重庆市武隆县全域旅游示范区(2016)、重庆市石柱县全域旅游示范区(2016)

续表

省份	国家全域旅游示范区
四川	乐山市全域旅游示范区(2016)、阿坝藏族羌族自治州全域旅游示范区(2016)、甘孜藏族自治州全域旅游示范区(2016)、成都市都江堰市全域旅游示范区(2016)、成都市温江区全域旅游示范区(2016)、成都市邛崃市全域旅游示范区(2016)、广元市剑阁县全域旅游示范区(2016)、广元市青川县全域旅游示范区(2016)、雅安市宝兴县全域旅游示范区(2016)、雅安市石棉县全域旅游示范区(2016)、绵阳市北川羌族自治县全域旅游示范区(2016)、攀枝花市全域旅游示范区(2016)、广元市全域旅游示范区(2016)、雅安市全域旅游示范区(2016)、凉山彝族自治州全域旅游示范区(2016)、巴中市全域旅游示范区(2016)、成都市锦江区全域旅游示范区(2016)、浦江县全域旅游示范区(2016)、新津县全域旅游示范区(2016)、崇州市全域旅游示范区(2016)、绵阳市安州区全域旅游示范区(2016)、平武县全域旅游示范区(2016)、泸州市纳溪区全域旅游示范区(2016)、绵竹市全域旅游示范区(2016)、宜宾市长宁区全域旅游示范区(2016)、兴文县全域旅游示范区(2016)、宣汉县全域旅游示范区(2016)、华蓥县全域旅游示范区(2016)
贵州	遵义市全域旅游示范区(2016)、安顺市全域旅游示范区(2016)、贵阳市花溪区全域旅游示范区(2016)、六盘水市盘县全域旅游示范区(2016)、铜仁市江口县全域旅游示范区(2016)、毕节市百里杜鹃旅游区全域旅游示范区(2016)、黔西南布依族苗族自治州兴义市全域旅游示范区(2016)、黔东南苗族侗族自治州雷山县全域旅游示范区(2016)、黔东南苗族侗族自治州黎平县全域旅游示范区(2016)、黔东南苗族侗族自治州镇远县全域旅游示范区(2016)、黔南布依族苗族自治州荔波县全域旅游示范区(2016)、贵阳市全域旅游示范区(2016)、铜仁市全域旅游示范区(2016)、黔西南布依族苗族自治州全域旅游示范区(2016)、黔东南苗族侗族自治州全域旅游示范区(2016)、六盘水市六枝特区全域旅游示范区(2016)、六盘水市钟山区全域旅游示范区(2016)、水城县全域旅游示范区(2016)

续表

省份	国家全域旅游示范区
云南	丽江市全域旅游示范区(2016)、西双版纳傣族自治州全域旅游示范区(2016)、大理白族自治州大理市全域旅游示范区(2016)、保山市腾冲市全域旅游示范区(2016)、红河哈尼族彝族自治州建水县全域旅游示范区(2016)、迪庆藏族自治州香格里拉市全域旅游示范区(2016)、大理白族自治州全域旅游示范区(2016)、石林县全域旅游示范区(2016)、罗平县全域旅游示范区(2016)、新平县全域旅游示范区(2016)、澄江县全域旅游示范区(2016)、弥勒市全域旅游示范区(2016)

注:表中"武隆县"现在为"武隆区"。

资料来源:根据中华人民共和国文化和旅游部官网相关资料整理。

二、服务业发展规模

长江经济带服务业整体发展水平良好。2011—2016 年长江经济带服务业增加值呈持续上升趋势,2016 年长江经济带服务业增加值是 2011 年服务业增加值的 1.9 倍,达 165 471.70 亿元。长江经济带沿线 11 省份中,江苏省服务业增加值持续上升,在全国保持绝对领先地位;2016 年服务业增加值在 10 000 亿元以上的省份包括江苏省、浙江省、上海市、湖北省、湖南省、四川省和安徽省(见表 8.6)。

表 8.6 2011—2016 年长江经济带沿线 11 省份服务业增加值

单位:亿元

地区＼年份	2011	2012	2013	2014	2015	2016
上海	11 142.86	12 199.15	13 445.07	15 275.72	17 022.63	19 662.90
江苏	20 842.21	23 517.98	26 421.64	30 599.49	34 085.88	38 691.60
浙江	14 180.23	15 681.13	17 337.22	19 220.79	21 341.91	24 091.57

续表

年份 地区	2011	2012	2013	2014	2015	2016
安徽	4 975.95	5 628.48	6 286.82	7 378.68	8 602.11	10 018.32
江西	3 921.20	4 486.06	5 030.63	5 782.98	6 539.23	7 764.93
湖北	7 247.02	8 208.58	9 398.77	11 349.93	12 736.79	14 351.67
湖南	7 539.54	8 643.60	9 885.09	11 406.51	12 759.77	14 631.83
重庆	3 623.81	4 494.41	5 242.03	6 672.51	7 497.75	8 538.43
四川	7 014.04	8 242.31	9 256.13	11 043.20	13 127.72	15 556.29
贵州	2 781.29	3 282.75	3 734.04	4 128.50	4 714.12	5 261.01
云南	3 701.79	4 235.72	4 897.75	5 542.70	6 147.27	6 903.15
长江经济带	86 969.94	98 620.17	110 935.19	128 401.01	144 575.18	165 471.70
全国	216 098.60	244 821.90	277 959.30	308 058.60	346 149.70	384 220.50

资料来源:根据《中国统计年鉴》(2012—2017)提供的相关统计数据整理。

2011—2016 年长江经济带服务业增加值占地区总产值比重呈稳定上升态势,2016 年长江经济带服务业增加值占地区总产值比重(49.07%)未超过全国水平(51.63%)。从沿线 11 省份来看,除贵州省以外,其他省份均呈持续上升趋势。2016 年,除上海市以外其他省份服务业规模占地区生产总值比重均在 40%~50%,上海市比重高达 69.78%(见表 8.7)。

表 8.7　2011—2016 年长江经济带沿线 11 省份服务业增加值占 GDP 比重

单位:%

年份 地区	2011	2012	2013	2014	2015	2016
上海	58.05	60.45	62.24	64.82	67.76	69.78
江苏	42.44	43.50	44.66	47.01	48.61	50.00

续表

地区＼年份	2011	2012	2013	2014	2015	2016
浙江	43.88	45.24	46.15	47.85	49.76	50.99
安徽	32.52	32.70	33.02	35.39	39.09	41.05
江西	33.51	34.64	35.08	36.80	39.10	41.97
湖北	36.91	36.89	38.10	41.45	43.10	43.94
湖南	38.33	39.02	40.34	42.19	44.15	46.37
重庆	36.20	39.39	41.42	46.78	47.70	48.13
四川	33.36	34.53	35.25	38.70	43.68	47.23
贵州	48.78	47.91	46.64	44.55	44.89	44.67
云南	41.63	41.09	41.79	43.25	45.14	46.68
长江经济带	40.91	41.80	42.75	45.10	47.37	49.07
全国	44.16	45.31	46.70	47.84	50.24	51.63

资料来源：根据《中国统计年鉴》(2012—2017)提供的相关统计数据整理。

从服务业增加值增速来看，2011—2016 年长江经济带服务业增加值增速呈下降趋势。2011 年增速排名前 3 位的省份是贵州省、云南省、湖北省；2012 年增速排名前 3 位的省份是湖南省、贵州省、四川省；2013 年增速排名前 3 位的省份是云南省、贵州省、重庆市；2014 年增速排名前 3 位的省份是湖南省、湖北省、贵州省；2015 年增速排名前 3 位的省份是重庆市、浙江省、湖南省；2016 年增速排名前 3 位的省份是贵州省、安徽省、江西省。2016 年除江苏省、安徽省、江西省、贵州省以外，其他省份服务业增速都出现了不同程度的降低，其中，浙江省下滑幅度最大；江西省提升幅度最大(见表 8.8)。

表 8.8　2011—2016 年长江经济带沿线 11 省份服务业增加值增速

单位:%

年份 地区	2011	2012	2013	2014	2015	2016
上海	9.6	10.6	9	8.8	10.6	9.6
江苏	11.1	9.7	9.8	10	9.4	9.8
浙江	9.5	9.4	11.2	8.6	11.3	9.7
安徽	10.6	11	11.2	9.5	10.8	11.1
江西	11.1	9.5	8.4	9.1	10.1	11.1
湖北	12	10.8	10.1	10.5	10.7	9.5
湖南	11	12.2	11.3	11	11.2	10.6
重庆	10.8	12	12.3	10	11.5	11
四川	11.2	11.6	9.9	9.4	9.5	9.2
贵州	16.5	12.1	12.5	10.4	11.1	11.4
云南	12	10.9	13.5	7.4	9.6	9.5
长江经济带	11.40	10.89	10.84	9.52	10.53	10.23
全国	9.5	8	8.3	7.8	8.2	7.8

资料来源:根据《中国统计年鉴》(2012—2017)提供的相关统计数据整理。

2011—2016 年长江经济带服务业投资额呈逐渐上升趋势,2016 年长江经济带服务业投资比 2011 年增加了 92 975.4 亿元。从沿线 11 省份来看,2011—2016 年,长江经济带沿线 11 省份服务业投资额均呈上升趋势,江苏省服务业投资额始终遥遥领先于其他省份,2016 年位居全国第 1,高达 24 610.8 亿元。除江苏省以外,浙江省、安徽省、湖北省、湖南省、四川省服务业投资额均在 15 000 亿元以上,上海市、江西省服务业投资额相对较低(见表 8.9)。

表 8.9　2011—2016 年长江经济带沿线 11 省份服务业投资规模

单位:亿元

地区＼年份	2011	2012	2013	2014	2015	2016
上海	3 673.5	3 861.1	4 398.3	4 853.7	5 392.5	5 779.2
江苏	12 510	14 804.9	17 764	21 326.6	23 034.4	24 610.8
浙江	8 865.9	11 326.7	13 511.4	16 086.1	18 226.5	20 833.3
安徽	6 215.5	8 090.9	9 952.4	11 897.4	12 919.4	14 454.7
江西	3 645	4 401.4	5 336.7	6 743.7	7 872.7	8 882.7
湖北	6 794.6	8 069.9	9 965.7	12 301.8	14 540.1	16 821.2
湖南	6 546.2	7 931.4	9 780.9	11 821.8	13 843.6	16 678.7
重庆	4 367.1	5 503	6 781.2	8 071.8	9 297.1	10 275.1
四川	8 498.6	10 489	13 129.6	15 867.3	17 478.8	19 704.9
贵州	2 610.4	4 074.6	5 563	7 108.4	8 668.3	10 039
云南	3 938.5	5 082.5	6 848.5	8 329.1	9 842.4	12 561.1
长江经济带	67 665.3	83 635.4	103 031.7	124 407.7	141 115.8	160 640.7
全国	170 250.6	205 435.8	250 293.1	290 533.7	320 199.1	353 546.2

资料来源:根据《中国统计年鉴》(2012—2017)提供的相关统计数据整理。

2011—2016 年长江经济带服务业投资额占固定资产投资比重显著增加,2016 年高达 60.4%,较上一年增加了 5.03 个百分点,保持稳定上升发展态势。从沿线 11 省份来看,上海市、浙江省、四川省、云南省服务业投资额占固定资产投资比重呈持续上升趋势。2016 年,上海市(85.54%)稳居第 1;比重在 60%~80%的省份有浙江省、重庆市、四川省、贵州省、云南省;比重在 50%~60%的省份有湖南省、湖北省、安徽省;江西省比重最低(45.1%)。在变化幅度方面,2016 年,浙江省、上海市、湖北省、湖南省、安徽省、云南省较 2015 年均为正增长;江苏省、重庆市、四川省、贵州省、江西省较 2015 年均为负增长,其中,贵州省下降了 3.99 个百分点，下降幅度最大（见表 8.10）。

表 8.10　2011—2016 年长江经济带沿线 11 省份服务业投资额占固定资产投资比重

单位：%

年份 地区	2011	2012	2013	2014	2015	2016
上海	74.03	75.45	77.88	80.67	84.89	85.54
江苏	46.87	47.98	48.84	50.85	49.81	49.56
浙江	62.50	64.18	65.01	66.30	66.71	68.81
安徽	49.90	52.45	53.44	54.39	52.98	53.47
江西	40.11	40.85	41.53	44.72	45.28	45.10
湖北	54.11	51.80	51.62	53.68	54.74	56.05
湖南	55.10	54.61	54.82	55.65	55.27	58.82
重庆	58.44	62.99	64.98	65.70	64.77	64.03
四川	59.76	61.56	64.59	68.05	68.47	68.39
贵州	61.63	71.26	75.44	78.76	79.19	76.03
云南	63.62	64.90	68.70	72.44	72.90	77.93
长江经济带	54.59	56.04	57.39	59.39	59.38	60.40
全国	54.66	54.83	56.08	56.74	56.97	58.30

资料来源：根据《中国统计年鉴》（2012—2017）提供的相关统计数据整理。

2011—2016 年长江经济带服务业投资增幅呈波动下降趋势，2016 年长江经济带服务业投资增速达 13.84%。从长江经济带沿线 11 省份来看，2016 年云南省服务业投资增速相对领先（27.62%），比 2015 年增加了 9.45 个百分点；湖南省（20.48%）紧随其后；浙江省、安徽省、湖南省、四川省、云南省服务业投资增速较 2015 年呈正增长；其他省份增速均有所下降，其中，2016 年贵州省下滑幅度最大，比 2015 年下降了 6.13 个百分点（见表 8.11）。

表 8.11　2011—2016 年长江经济带沿线 11 省份服务业投资额增速

单位:%

地区＼年份	2011	2012	2013	2014	2015	2016
上海	-0.51	5.11	13.91	10.35	11.10	7.17
江苏	19.15	18.34	19.99	20.06	8.01	6.84
浙江	22.07	27.76	19.29	19.06	13.31	14.30
安徽	4.24	30.17	23.01	19.54	8.59	11.88
江西	4.90	20.75	21.25	26.36	16.74	12.83
湖北	17.13	18.77	23.49	23.44	18.19	15.69
湖南	26.12	21.16	23.32	20.87	17.10	20.48
重庆	7.88	26.01	23.23	19.03	15.18	10.52
四川	10.39	23.42	25.17	20.85	10.16	12.74
贵州	37.55	56.09	36.53	27.78	21.94	15.81
云南	11.58	29.05	34.75	21.62	18.17	27.62
长江经济带	14.58	23.60	23.19	20.75	13.43	13.84
全国	11.94	20.67	21.84	16.08	10.21	10.41

资料来源:根据《中国统计年鉴》(2012—2017)提供的相关统计数据整理。

三、服务业集聚水平

采用变异系数法、区位商、空间基尼系数、克鲁格曼集中指数估算长江经济带服务业集聚水平。评价结果如下:

从整体集聚水平来看,2011—2016 年,长江经济带服务业变异系数在0.64~0.70 波动,整体呈下降趋势,在 2016 年达到最小(0.647),表明长江经济带服务业集聚水平尽管存在较大差异,但该差异正不断缩小(见图 8.1)。

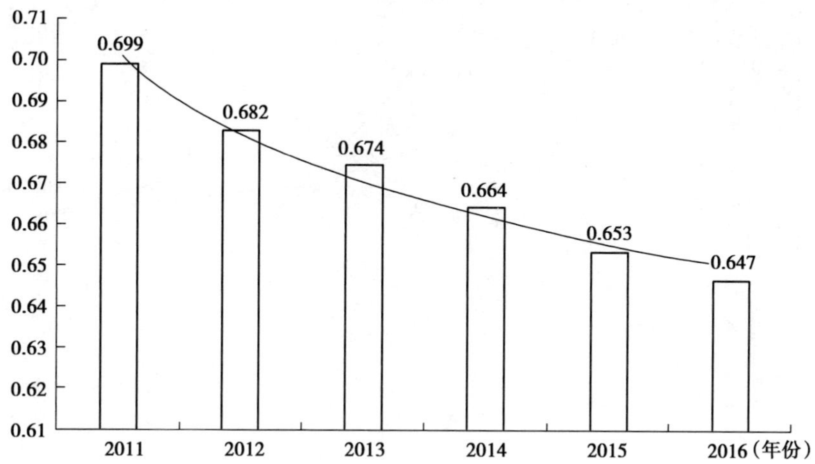

图 8.1　2011—2016 年长江经济带服务业集聚发展趋势（变异系数法）

对比长江经济带上中下游地区服务业空间基尼系数和克鲁格曼集中指数，上中下游地区服务业集中度较低。2011—2016 年长江经济带上中下游地区服务业空间基尼系数差异不明显，表明上中下游地区服务业相对集中度较低，集聚趋势不太明显（见图 8.2、图 8.3）。

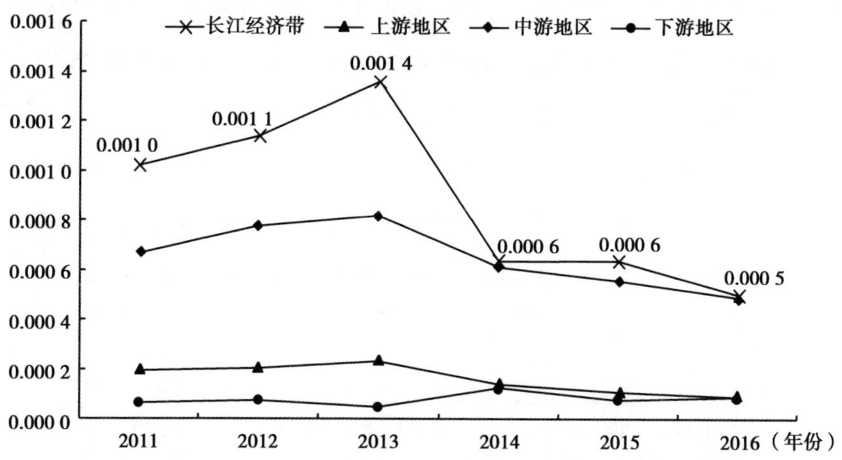

图 8.2　2011—2016 年长江经济带上中下游地区服务业空间基尼系数

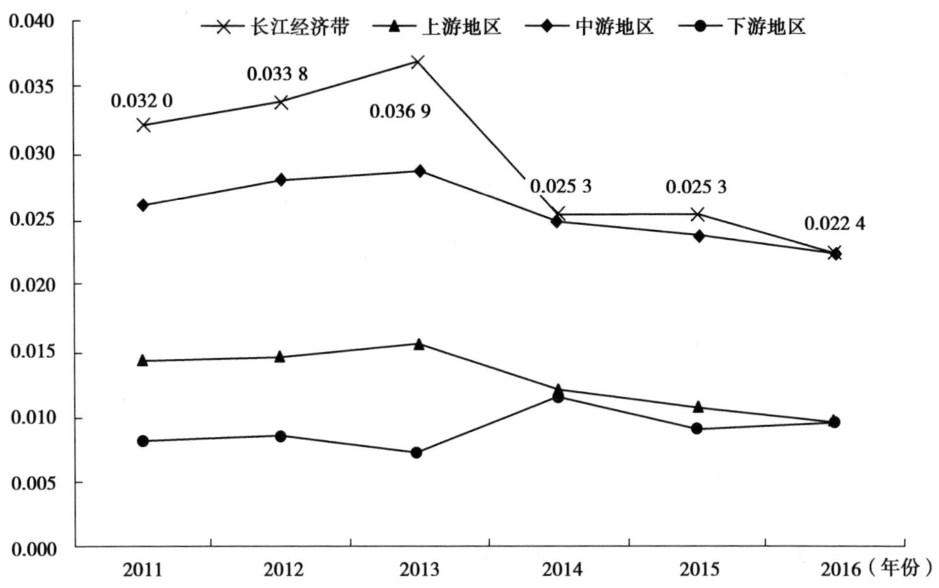

图 8.3　2011—2016 年长江经济带上中下游地区服务业克鲁格曼集中指数

2011—2016 年，除上海市以外，长江经济带其他省份服务业区位商均低于 1，说明长江经济带大部分省份服务业在全国范围内不具有明显的比较优势。2016 年，上海市服务业区位商达 1.351，表明上海市服务业具有一定的专业化优势；江苏省、浙江省服务业区位商趋近 1，重庆市、四川省、云南省服务业区位商趋近 0.9，表明江苏省、浙江省、重庆市、四川省、云南省金融业在长江经济带中具有一定的比较优势；长江经济带其他省份金融业区位商低于 0.9，说明它们在长江经济带中的专业化优势不明显，社会化和专业化程度普遍不高（见表 8.12）。

表 8.12　2011—2016 年长江经济带沿线 11 省份服务业区位商

年份 地区	2011	2012	2013	2014	2015	2016
上海	1.314	1.334	1.333	1.355	1.349	1.351
江苏	0.961	0.960	0.956	0.983	0.968	0.968
浙江	0.993	0.998	0.988	1.000	0.991	0.987

续表

地区\年份	2011	2012	2013	2014	2015	2016
安徽	0.736	0.722	0.707	0.740	0.778	0.795
江西	0.759	0.765	0.751	0.769	0.778	0.813
湖北	0.836	0.814	0.816	0.867	0.858	0.851
湖南	0.868	0.861	0.864	0.882	0.879	0.898
重庆	0.820	0.869	0.887	0.978	0.950	0.932
四川	0.755	0.762	0.755	0.809	0.870	0.915
贵州	1.104	1.057	0.999	0.931	0.893	0.865
云南	0.943	0.907	0.895	0.904	0.899	0.904
上游地区	0.850	0.852	0.845	0.882	0.897	0.909
中游地区	0.809	0.798	0.794	0.825	0.832	0.846
下游地区	1.039	1.042	1.035	1.056	1.044	1.045
长江经济带	0.926	0.923	0.915	0.943	0.943	0.950

资料来源：根据《中国统计年鉴》（2012—2017）、《中国第三产业统计年鉴》（2012—2017）、长江经济带沿线 11 省份统计年鉴（2012—2017）提供的相关统计数据测算整理。

第二节　长江经济带黄金旅游走廊建设

一、黄金旅游走廊建设的基础条件

《国务院关于依托黄金水道推动长江经济带发展的指导意见》提出，要通过提升长江黄金水道功能，发挥其独特作用，打造现代化综合交通运输体系。

2016 年 9 月印发的《长江经济带发展规划纲要》也提出,需整合发展长江水上旅游,把长江沿线培育成为国际黄金旅游带。长江经济带黄金旅游走廊建设与长江黄金水道优势,即长江经济带水陆运输的经济性、连通性和便捷性有着密切的联系,建设长江经济带黄金旅游走廊需“充分发挥长江沿线各地独具特色的历史文化、自然山水和民俗风情等优势,打造旅游城市、精品线路、旅游景区、旅游度假休闲区和生态旅游目的地,大力发展特色旅游业”。长江经济带黄金旅游走廊重点强调了长江“沿线”的概念,即长江经济带沿线城市是长江黄金旅游走廊建设的核心主体,对于黄金旅游走廊的规划建设不仅要考虑长江黄金水道,还需从区域性战略规划角度进行统筹。建设黄金旅游走廊,不仅是为了实现沿线地区旅游业在长江流域的互联互动,更是为了发挥旅游业的独特作用,通过长江经济带内部“旅游流”带动区域“信息流、资金流、文化流”的“四流汇合”。

1.优势条件

长江国际黄金旅游带地处 30°N 地区,位于亚热带季风气候区,是全球面积最大的常绿阔叶林区、生物多样性富集区和水资源富集区。以 318 国道为主线,长江国际黄金旅游带不仅是联动东西、承接南北各大城市的内河经济带,还拥有大部分人文自然资源与世界自然文化遗产,集中了我国旅游业最为发达的省份,形成了以长三角为首的不同阶段的国家级和区域性城市群。长江国际黄金旅游带不仅拥有地貌类型多样、地质构造复杂、淡水湖分布广、生物多样性丰富等地理背景,还拥有古代文明发达、聚居民族多元等人文背景。从社会经济角度来看,长江国际黄金旅游带的经济发展水平普遍较高、耕地面积广、干支流通航里程长、货运量大。同时,长江国际黄金旅游带还拥有丰富的水资源、矿产资源、森林资源,以及我国独一无二的生态系统(见表 8.13)。

表 8.13　长江国际黄金旅游带区域背景

类别	区域背景	重点内容
地理背景	地貌类型多样	青藏高原、横断山脉、云贵高原、四川盆地、江南丘陵、长江中下游平原、湖泊
	地质构造复杂	跨扬子准地台与华南褶皱系、秦岭褶皱系、松潘甘孜褶皱系地理构造单元
	淡水湖分布广	洞庭湖、鄱阳湖、太湖、洪泽湖、巢湖
	生物多样性丰富	川西高山峡谷、陕西秦岭太白山、两湖平原湿地、湘黔川鄂边境山地、川西北若尔盖湿地
人文背景	古代文明发达	屈家岭文化、青莲岗文化、河姆渡文化、良渚文化、仰韶文化、马家窑文化、巴蜀文化、荆楚文化、吴越文化
	聚居民族多元	土家族、苗族、彝族、侗族、藏族、回族、布依族、白族、瑶族
社会经济背景	经济发展迅猛	经济增加值超过 30 万亿元;耕地面积占全国 19%左右;干支流通航里程占全国一半以上;货运量位居全球内河第 1
生态背景	生态系统独特	国家级自然保护区、南水北调工程水源地
	水资源富集	流域面积广(占全国的 18.8%)、支流众多、水能资源丰富、发电量大(40%以上)
	矿产资源丰富	矿产种类占全国的 80%;占有 5 个大型锰矿和 3 个大铜矿;江西省钨矿、湖南省锑矿、湖北省磷矿储量居全国之首,黔北六盘水煤矿居全国第 3
	森林资源丰富	林木蓄积量占全国的 25%;经济林居全国之首,用材林居全国第 2

资料来源:根据《长江国际黄金旅游带发展规划纲要》相关内容整理。

长江经济带黄金旅游走廊建设依托于长江沿线各省份旅游资源优势、区位综合优势、市场优势及政策优势的联合作用。从旅游资源角度来看,长江国际黄金旅游带在地貌类型多样、水域资源丰富、人文气息浓厚、古典园林众多等方面具有极大的优势,不仅拥有一半以上的国家级重点风景名胜,还遍布着大量古代、近代文物古迹。由于气候温和,河流湖水众多,园林产业非常发达。从区位角度来看,黄金旅游带不仅横贯长江经济带11省份,具备沿海沿边地缘优势,还拥有我国海陆空主要交通枢纽、东亚国际交通枢纽以及东中西区经济活动枢纽,对市场共享与跨区资源整合有着极大的促进作用(见表8.14)。

表8.14　长江国际黄金旅游带发展优势

类别	发展优势	重点内容
旅游资源优势	地貌类型多样	国家级重点风景名胜,避暑游览胜地
	水域资源丰富	滨海旅游区、江河旅游线、湖泊山景有机结合
	人文气息浓厚	三国古迹、近代革命圣地
	古典园林众多	树种花卉、南方园林
区位综合优势	地理区位	承东启西、接南济北、通江达海、对接全球
	交通区位	东中西部核心交通枢纽、东亚国际性交通枢纽、全球海陆空通道、沿海沿边开放口岸
	经济区位	优势产业集聚地、具国际竞争力的经济"增长极"、东盟区域合作和泛珠三角合作交汇点、对外开放先行示范区

资料来源:根据《长江国际黄金旅游带发展规划纲要》相关内容整理。

2.发展基础

(1)旅游业发展基本情况。从长江经济带旅游业整体发展情况来看,2011—2016年,长江经济带旅游业收入占地区GDP平均比重为13.62%,其中云南省、贵州省、浙江省、安徽省、江西省、四川省旅游业收入占比均在平均值以上,贵州省达31.54%,云南省达21%。长江经济带共有5A级景区98个,A级景区3 602个,A级景区年均营业收入达2 212.64亿元。在长江经济带沿线11

省份中,5A 级景区数量超过 10 个的省份有江苏省、浙江省、湖北省、四川省;A 级景区数量超过 300 个的省份有江苏省、浙江省、安徽省、湖北省、四川省;A 级景区年均营业收入超过 200 亿元的省份有江苏省、安徽省、江西省、湖南省、四川省(见表 8.15)。

表 8.15　长江经济带沿线 11 省份旅游业发展基本情况

地区	旅游收入占GDP 比重(%)	5A 级景区数量(个)	A 级景区数量(个)	A 级景区营业收入(亿元)
上海	6.63	3	100	31.47
江苏	12.26	20	624	212.97
浙江	15.11	14	488	178.56
安徽	16.46	9	560	233.33
江西	16.52	8	283	537.09
湖北	13.03	10	347	143.12
湖南	11.53	7	291	213.25
重庆	0.61	7	198	91.32
四川	16.89	10	347	367.66
贵州	31.54	4	132	121.24
云南	21.00	6	232	82.63
长江经济带	13.62	98	3 602	2 212.64
全国	5.32	212	8 954	3 479.08

注:各地区旅游收入占地区 GDP 比重为 2011—2016 年的平均值。

资料来源:根据《中国统计年鉴》(2012—2017)、《中国旅游统计年鉴》(2012—2017)提供的相关统计数据测算整理。

(2)接待入境游客数量。从接待入境游客数量来看,2011—2016 年,长江经济带旅游业入境游客数量占全国入境游客数量比重整体呈下降趋势,从 28.24%下降到 27.19%;2013—2016 年长江经济带入境游客数量呈上升趋势,但低于 2011—2012 年;2015—2016 年入境游客数量增速明显增加的省份有浙江省、四川省、重庆市。2016 年入境游客数量超过 500 万人次的省份有上海市、云南省、浙江省,300—500 万人次的省份有湖北省、江苏省、安徽省、四川省,贵州省低于 100 万人次(见表 8.16)。

表 8.16　2011—2016 年长江经济带沿线 11 省份接待入境游客数量

单位:万人次

年份 地区	2011	2012	2013	2014	2015	2016
上海	668.61	651.23	614.09	639.62	653.59	690.43
江苏	737.33	791.54	288.03	297.10	305.01	329.77
浙江	773.69	865.93	337.57	370.88	459.02	525.59
安徽	262.87	331.47	271.95	280.18	291.12	313.43
江西	135.83	156.18	123.89	147.67	155.88	164.83
湖北	213.52	264.72	267.96	277.07	311.76	337.56
湖南	227.63	224.55	230.66	219.55	226.05	240.81
重庆	186.40	224.28	115.17	126.36	148.10	180.89
四川	163.97	227.34	209.56	240.17	273.20	308.79
贵州	58.51	70.50	62.40	65.31	68.59	72.29
云南	395.38	457.84	287.88	286.56	570.08	600.38
长江经济带	3 823.74	4 265.58	2 809.16	2 950.47	3 462.40	3 764.77
全国	13 542.35	13 240.53	12 907.78	12 849.83	13 382.04	13 844.38

资料来源:根据《中国统计年鉴》(2012—2017)、《中国第三产业统计年鉴》(2012—2017)提供的相关统计数据整理。

(3)国际旅游外汇收入。从国际旅游外汇收入来看,2011—2016 年,长江经济带国际旅游外汇收入占全国国际旅游外汇收入比重呈下降趋势,从47.05%下降到 21.63%,但长江经济带国际旅游外汇收入在 2013—2016 年呈上升趋势;2016 年国际旅游外汇收入在 60 亿美元以上的省份有浙江省、上海市;国际旅游外汇收入在 30 亿~60 亿美元的省份有江苏省、云南省;国际旅游外汇收入在 10 亿~30 亿美元的省份有安徽省、湖北省、湖南省、重庆市、四川省;低于 10 亿美元的省份有江西省、贵州省(见表 8.17)。

表 8.17　2011—2016 年长江经济带沿线 11 省份国际旅游外汇收入

单位:百万美元

年份 地区	2011	2012	2013	2014	2015	2016
上海	5 751.18	5 493.23	5 244.70	5 601.85	5 860.44	6 419.20
江苏	5 652.97	6 299.72	2 379.89	3 032.71	3 527.29	3 803.62
浙江	4 541.73	5 151.74	5 392.93	5 753.48	6 788.47	7 430.63
安徽	1 179.18	1 562.67	1 660.42	1 840.26	2 262.87	2 542.36
江西	415.00	484.73	525.08	556.87	567.00	584.54
湖北	940.18	1 202.97	1 218.92	1 238.51	1 671.90	1 872.39
湖南	1 014.34	928.36	822.69	799.99	857.72	1 004.57
重庆	968.06	1 168.32	1 268.31	1 354.44	1 468.57	1 686.82
四川	593.83	798.15	764.76	857.68	1 180.87	1 581.68
贵州	135.07	168.94	201.43	188.80	231.33	252.71
云南	1 608.61	1 947.08	2 418.18	2 420.65	2 875.50	3 074.77
长江经济带	22 800.15	25 205.91	21 897.31	23 645.24	27 291.96	30 253.29
全国	48 464.00	50 028.00	51 664.00	56 913.00	113 650.00	120 000.00

资料来源:根据《中国统计年鉴》(2012—2016)、《中国第三产业统计年鉴》(2012—2016)提供的相关统计数据整理。

二、黄金旅游走廊建设重点

1.特色旅游目的地建设重点

长江国际黄金旅游走廊特色旅游目的地建设需以“区域特色化、品牌化、国际化、系列化”为标准加以实现。根据不同地区的地理环境、旅游资源分布与经济发展水平,可将黄金旅游走廊特色旅游目的地划分为古镇特色旅游目的地、红色旅游目的地、特色城市旅游目的地、乡村旅游目的地、避暑旅游目的地、宗教旅游目的地、森林特色旅游目的地、湖泊旅游目的地、温泉特色旅游目的地、山地旅游目的地 10 个方向。其中,古镇特色旅游目的地的发展重点在于促进古镇旅游服务走向国际化;红色旅游目的地的发展重点在于将红色旅游特色发挥到极致,加强红色旅游融合发展;特色城市旅游目的地的发展重点在于依托城市旅游功能,推动旅游业集聚;乡村旅游目的地的发展重点在于创新新型乡村旅游业态,推动乡村旅游扶贫力度;避暑旅游目的地的发展重点在于进一步完善交通枢纽与陆运网络;宗教旅游目的地的发展重点在于借助当地文化与宗教历史,将宗教与旅游业进行完美融合;森林特色旅游目的地、湖泊旅游目的地、温泉特色旅游目的地、山地旅游目的地的发展重点在于借助当地地理环境优势,打造品牌(见表 8.18)。

表 8.18　黄金旅游走廊特色旅游目的地建设重点

目的地	代表区域	发展重点
古镇特色旅游目的地	浙江省乌镇,江苏省周庄,湖南省凤凰、洪江古商城,云南省丽江、大理,四川省汶川—北川羌寨,贵州省千户苗寨、镇远古镇	①打造旅游品牌,促进古镇旅游服务国际化 ②保护文化遗产,培育国家级文化旅游区 ③建立公共服务体系

续表

目的地	代表区域	发展重点
红色旅游目的地	井冈山、韶山、遵义	①培育多元化旅游业态,实现旅游产品多元化、旅游管理标准化、旅游建设精品化 ②探索红色旅游区资源、文化、业态融合经济发展模式 ③推进传统红色观光向城市休闲度假旅游业转型
特色城市旅游目的地	上海、重庆、武汉、南京、杭州、苏州、扬州、景德镇、荆州、舟山、昆明	①完善城市旅游功能,推动环城休闲度假旅游集聚带建设 ②创新对外开放体制机制 ③推进商务旅游示范区建设
乡村旅游目的地	云南省哈尼梯山、江西省婺源、四川省亚丁稻城、云南省罗平	①推进旅游发展与区域社会经济文化发展融合 ②推动乡村旅游业态升级、集聚发展、高端发展,促进新型乡村旅游产品发展 ③实施乡村农业遗产保护规划 ④推进乡村旅游示范点规划建设与新型城镇化融合发展
避暑旅游目的地	贵阳、庐山、大围山、莫干山、天目湖	①推进庐山优化与升级 ②完善度假村与区域中心城市陆运网络

续表

目的地	代表区域	发展重点
宗教旅游目的地	四川省青城山、湖北省武当山、江西省龙虎山、浙江省天台山	①推进终端旅游交通系统机场、高铁站规划建设 ②推进景城一体化,打造全域旅游 ③加强旅游产业与宗教文化融合
森林特色旅游目的地	云南省西双版纳、贵州省荔波、四川省卧龙、湖北省神农架	①将西双版纳建设成旅游兴边富民示范区,加大国际次区域旅游合作 ②在贵州省荔波、四川省卧龙创建国家公园
湖泊旅游目的地	九寨沟高山湖泊群、太湖、千岛湖、泸沽湖、抚仙湖	①在太湖、千岛湖建设旅游转型发展先导区、低碳生态示范区 ②做强九寨沟、黄龙世界遗产旅游精品,加强大九寨区域建设 ③推进环湖传统观光旅游产品升级
温泉特色旅游目的地	湖南省灰汤、云南省腾冲、湖北省咸宁、江西省明月山	①打造健康旅游业态集聚区,打造田园式温泉旅游度假目的地 ②培育江西省明月山温泉品牌
山地旅游目的地	黄山、张家界、武隆、三清山、天柱山、贡嘎山	①推动传统观光型景区向现代复合型旅游目的地转型 ②构建以5A级旅游景区为龙头的精品景区群 ③推进三清山转型升级与周边城镇融合,建成世界峰林景观旅游目的地

2.黄金旅游走廊旅游线路建设重点

长江国际黄金旅游走廊重点线路建设需以长江经济带地理位置、生态环境、多民族文化、城市化水平为基础,对内主要以长江南北两岸、长江经济带上中下游、东中西部旅游区为主,对外主要以"丝绸之路"、"海上丝绸之路"、东盟区域、南亚区域为主加以考虑,分别从全流域旅游线路、主题旅游线路两个方面加以设立。其中,全流域旅游线路主要包括:"国际黄金水道"长江游轮线、"中国景观大道"G318 自驾游线、"N30°新干线"高速铁路旅游线以及"空中画廊"低空旅游线。主题旅游线路主要包括"京杭运河"历史文化旅游线、"唐诗之路"山水人文旅游线、"江南水乡"田园文化旅游线、"武陵风情"山水民俗旅游线、"长征足迹"红色文化旅游线等,上述线路均联动多个国家级城市群、旅游合作区、特色旅游目的地和国家 5A 级旅游景区(见表 8.19)。

表 8.19　黄金旅游走廊旅游线路建设重点

旅游线路	代表线路	联动区域
全流域旅游线路	"国际黄金水道"长江游轮线	串联 3 大国家级城市群,联动 6 大旅游合作区和 19 个特色旅游目的地
	"中国景观大道"G318 自驾游线	串联 4 大旅游合作区,连接 21 个特色旅游目的地和江南水乡、江汉平原、四川省盆地、横断山区 4 个旅游段
	"N30°新干线"高速铁路旅游线	串联 2 大国家级城市群、3 大区域城市群,连接 2 大旅游合作区和 21 个特色旅游目的地
	"空中画廊"低空旅游线	跨越 7 个低空旅游中心,联动 9 大旅游合作区和 8 个特色旅游目的地

续表

旅游线路	代表线路	联动区域
主题旅游线路	“京杭运河”历史文化旅游线	串联6个特色旅游目的地,联动20个国家5A级旅游景区
	“唐诗之路”山水人文旅游线	串联16个特色旅游目的地
	“江南水乡”田园文化旅游线	串联8个特色旅游目的地和9个国家5A级旅游景区
	“武陵风情”山水民俗旅游线	围绕武陵山脉,联动8个特色旅游目的地和5个国家5A级旅游景区
	“长征足迹”红色文化旅游线	串联7个特色旅游目的地和9个国家5A级旅游景区
	“南方喀斯特”山水民族旅游线	串联3个特色旅游目的地和4个国家5A级旅游景区
	“南方丝路”生态文化旅游线	串联7个特色旅游目的地和8个国家5A级旅游景区
	“茶马古道”生态文化旅游线	串联4个特色旅游目的地和4个国家5A级旅游景区

3.黄金旅游走廊跨区域建设重点

长江国际黄金旅游带存在很多未开发跨区域旅游资源,将地区旅游资源进行整合优化,不仅能缓解长江经济带各省份之间同质化竞争问题,还能消除贫困导致的旅游壁垒。考虑国家战略方向、区域地理差异及地区发展不均衡等问题,分别针对以三峡山水画廊旅游合作区、武陵山生态文化旅游区、长三角城市群旅游区、香格里拉生态旅游区为首的9个区域进行重点开发建设(见表8.20)。旅游重点开发区域大体可以分为三类,分别是以打造国际品牌为目的的世界级旅游目的地、以旅游扶贫为目的的全国红色文化旅游目的地、以产业转型为目的的特色生态旅游目的地。跨区域旅游建设不仅要考虑交通体系的构建与进一步完善，还要依据创新理念打造新型旅游业态，加强合作实现无障碍旅游，并通过旅游业发展带动当地新型城镇化建设。

表 8.20　黄金旅游走廊跨区域建设重点

区域	发展方向	发展重点
长三角城市群旅游区	世界级旅游目的地	①以上海市为龙头引领旅游国际化发展 ②以城市群和线路为支撑，推动空间重组，实现旅游区域化
古徽州文化生态旅游区	美丽中国示范区、世界级旅游目的地	①塑造“古徽州文化”旅游品牌 ②重点建设交通体系，打造无障碍旅游示范区
大别山红色生态旅游区	全国红色旅游胜地	①整合红色旅游产品，塑造“红色大别山”旅游品牌 ②推动交通建设和生态保护，建设特色旅游度假基地 ③强化旅游产业、服务、地产功能，推进新型城镇化建设
三峡山水画廊旅游合作区	长江国际黄金旅游带核心旅游经济区、世界级综合旅游区	①打造新兴旅游业态，构建新型旅游产品体系 ②提升长江水道核心板块，发挥协调带动效应 ③统筹交通规划建设，构建无障碍旅游
罗霄山红色文化旅游区	全国红色文化旅游目的地	①立足井冈山打造旅游品牌 ②建设中央苏区红色旅游长廊 ③加强红色建筑保护与维修
武陵山生态文化旅游区	生态文明旅游协作区、生态文化旅游胜地	①强化中心城市，整合旅游资源 ②串联特色景区，构建优质旅游线路 ③推进特色民族文化传承与保护，扶持旅游富民项目
乌蒙山民族文化旅游区	全国旅游扶贫示范区、全国民族风情旅游目的地	①加强特色民族文化保护，构建民族文化风情旅游品牌 ②提升乌蒙山品牌竞争力 ③加快交通网络建设，推进跨省合作，提升城市整体旅游功能 ④推进旅游扶贫试验区和新型城镇化建设

续表

区域	发展方向	发展重点
香格里拉 生态旅游区	国际特色生态旅游目的地	①推动“香格里拉”品牌建设 ②构建特色旅游城市和美丽乡村品牌体系，推动新型城镇化进程
大湄公河次 区域旅游区	生态休闲度假国际旅游目的地	①创新协作合作机制，构建国际旅游合作平台，推进多边合作 ②优化政策环境，推进标准化服务建设

三、黄金旅游走廊建设路径

1.深度塑造旅游形象品牌

构建“长江经济带黄金旅游”品牌体系，首先需要明确具有代表性和世界意义的名山名水、民俗文化、都市风情、历史景观等特色旅游资源优势，在此基础上，分层次构建主题明确的旅游目的地品牌体系，培育打造长江经济带黄金旅游走廊旅游产品品牌、旅游企业品牌及旅游特色城市品牌。在旅游品牌建设方面，需依托于长江流域的地脉和文脉特征，打造长江游轮、318 自驾车、北纬 30 度快车等品牌；在跨区域旅游品牌建设方面，为了更好地支撑长江经济带黄金旅游走廊建设，需在现有旅游产业发展基础上，着重于各大品牌建设。在各省份旅游品牌和特色城市旅游品牌建设方面，可根据各地区客源市场需求、现有旅游资源与自然禀赋以及经济发展水平，融合长江经济带旅游品牌建设，推出国际都市旅游、历史古都旅游、休闲都市旅游、红色旅游等特色旅游服务。长江经济带黄金旅游品牌见表 8.21。

表 8.21　长江经济带黄金旅游品牌一览

类型	品牌
“长江旅游” 系列品牌	长江游轮品牌、318 自驾车品牌、北纬 30 度快车品牌、“美丽长江，山水走廊”“山水画卷，历史长廊，精彩长江”“同饮一江水，共享长江游”

续表

类型	品牌
跨区域旅游品牌	大别山、大湄公河、三峡山水画廊、乌蒙山地质文化、武陵山世界遗产、大香格里拉等
特色旅游目的地品牌	红色旅游、古村镇、宗教、乡村、森林、湖泊、温泉、避暑、山岳、城市、峡谷等 11 类主题特色旅游目的地品牌
各省份旅游品牌	云南省:“七彩云南,旅游天堂”
	江西省:“江西风景独好”“海上丝绸之路在江西”
	湖北省:“大江大湖大武汉”“灵秀湖北”
	贵州省:“多彩贵州,美丽乡村”“山地公园省,多彩贵州风”
	上海市:“四季上海”“发现更多,体验更多”
	江苏省:“畅游江苏,体验美好”
	安徽省:“美丽安徽行”“美好安徽,迎客天下”
	重庆市:“山水之都,美丽重庆”“中国温泉之都”“世界温泉之都”
	四川省:“大香格里拉”“天府四川,熊猫故乡”
	湖南省:“锦绣潇湘,快乐湖南”
特色城市旅游品牌	武汉市:国际都市旅游品牌
	杭州市、南京市、苏州市:历史古都旅游品牌
	长沙市、成都市、贵阳市:休闲都市品牌
	黄山市、张家界市、恩施市:旅游目的地城市品牌
旅游企业品牌	重点培育上海市锦江之星、杭州商贸旅游、安徽省旅游、金陵饭店集团、南京途牛网、苏州同程网等全国旅游行业领军企业
旅游节庆品牌	启动“长江国际旅游节”“中国长江论坛”“长江游轮节”“长江礼品展销节”等品牌旅游节庆活动
旅游商品品牌	依托非物质文化遗产、地理标志产品、全球重要农业文化遗产地等特色旅游资源,形成“长江礼品”旅游商品品牌

2.推进旅游集散中心与产业集群建设

加强水陆空旅游交通衔接,依据长江经济带城市辐射带动水平、基础交通设施条件、旅游资源分布、近年国内外客源市场、旅游产业发展现状等要素推进大中型旅游集散中心建设,形成“4 主 9 副 15 节点”交通集散格局,将旅游集散中心划分为国家、区域、特色旅游目的地三个层级,在国家层级打造上海、昆明、成都、长沙 4 个国家级旅游集散中心,以衔接综合交通大通道的重要海陆空综合交通枢纽,实现水陆空区际、城际交通一体化进程;在区域层面建设南京、合肥、杭州、南昌、武汉、重庆、贵阳、宜昌、怀化 9 个区域级旅游集聚中心,打造中心城市类和节点城市类区域旅游集散中心,作为长江经济带旅游交通大通道重要节点支撑长江全流域综合旅游;在特色旅游目的地层面构建九寨沟、黄山、神农架、香格里拉、西双版纳、大理、舟山、赣州、恩施、张家界、徐州、万州、宜宾、六盘水、康定等 15 个目的地型旅游集散中心,打造城市依托型、景区依托型、滨江滨海旅游目的地集散中心。

围绕长江经济带 9 大生态旅游区、5 大城市群、6 大经济发展轴重点城市、景区、区域培育一批特色旅游产业集聚区,结合“十三五”旅游业发展规划,围绕旅游产品结构调整和升级,以重点精品景区建设工程、旅游公共服务工程、红色旅游工程、全域旅游工程为重点,启动带动作用强的支撑性旅游项目。加快旅游在建、续建项目的政府支持和协调服务,促进旅游投融资平台在银行融资、财政补助、质量等级评定等方面的搭建。掌握旅游产业集群发展动态,开展旅游产业集群工作督查;进一步强化旅游企业上下游联系和无缝对接,促进旅游业跨界融合,促进长江经济带旅游业集聚。

3.深化旅游区域合作

搭建“信息—交通—服务”三位一体网络,加强国内外各区域旅游合作机制建设。一方面,加强长江国际黄金旅游带与珠三角地区、京津冀地区、海峡两岸合作区、中原城市群、关中—天水等长江经济带周边地区合作;另一方面,推进海上丝绸之路、西北旅游通道、南方丝绸之路、茶马古道、大湄公河流域等“一带一路”国际旅游合作。长江经济带11个省份在旅游合作方面需明确分工与合作重点(见表8.22)。在旅游合作协调机制建设方面,分别以长江经济带上中下游地区、跨11省份、跨行政区为对象分层建立相应的规划、建设、管理、营销等合作机制。在旅游合作区建设方面,考虑到长江经济带黄金旅游走廊空间尺度与区域差异,分别从国家级和省域级两个角度进行设立,设立标准需考虑区域邻近、人口邻近、资源邻近、行政分割等地区特征以及产业同质竞争等实际问题,从空间布局规划、基础设施网络、生态环境保护、同步监管等方面加以建设。

表8.22　长江经济带沿线11省份旅游区域合作重点

省份	旅游区域合作重点
上海	①开发旅游特色路线 ②加大与国内“一带一路”沿线省区合作力度 ③探索全流域协调合作机制,重点规划一批重大项目、重点线路及重点品牌 ④联合江苏省、安徽省、湖北省、重庆市等省份开展旅游推广活动,共同打造区域旅游品牌
江苏	①推进苏南、苏中、苏北优势互补、协调发展 ②加大对苏中、苏北地区规划、资金和政策支持,鼓励旅游业跨越式发展 ③推动建立区域旅游合作联盟,支持“苏锡常”“宁镇扬”和“徐连盐”等市旅游部门联合打造新旅游线路 ④形成长三角旅游发展合作协议和“苏州共识”,促进与浙、皖、沪两省一市交流合作 ⑤对口支援西藏、新疆旅游业发展
浙江	①建立旅游区域交流合作机制 ②加大与国内“一带一路”沿线省区合作力度
安徽	①建立沪皖蒙交流合作机制 ②牵头推进中国山岳旅游联盟 ③推进鄂豫皖大别山红色旅游区域合作
江西	①全面对接“一带一路”等建设 ②构建“长江中游国际黄金旅游圈”“闽浙皖赣国家东部生态旅游实验区” ③推出跨省域精品旅游线路 ④举办“万里茶道”与城市发展中蒙俄市长峰会 ⑤推出“海上丝绸之路在江西”的旅游产品

续表

省份	旅游区域合作重点
湖北	①按照“一带两极三廊道四板块”旅游布局,优化针对国际的旅游产品线路 ②依托长江旅游推广联盟和海外营销中心,加大入境旅游市场拓展 ③举办华中旅游博览会、长江旅游博览会、世界华人炎帝故里寻根节、长江三峡国际旅游节 ④在新加坡、马来西亚、我国港澳地区、泰国设立旅游推广联合 ⑤在南航经过的高铁辐射区开展“大江大湖大武汉,开启全球之旅”等项目 ⑥进一步加强与澳大利亚昆士兰州、土耳其伊斯坦布尔、哈萨克斯坦阿拉木图、希腊阿提卡省之间的对外开放与经贸合作
湖南	①赴我国港澳台地区、韩国、意大利、德国、俄罗斯、南非、美国参加旅游推广活动 ②参加中国长江旅游推广联盟、华中旅游博览会、长江旅游博览会,深化与长江周边省份旅游合作 ③参加中国国际旅游交易会、中蒙俄“万里茶道”旅游座谈会、意大利米兰国际旅游展、中国—东盟博览会旅游展 ④巩固我国港澳台地区和韩国旅游市场,开拓东盟、欧美、俄罗斯、南非等旅游市场
重庆	①举办世界旅游城市联合峰会 ②推进落实与波兰、克罗地亚、保加利亚等中东欧国家旅游合作,开通直航包机服务 ③推动都市、渝西、渝东北、渝东南四大板块抱团发展、竞相发展、错位发展 ④深化与我国港澳台地区旅游合作,开辟中东欧新兴客源市场 ⑤以长江三峡国际旅游节为载体深化渝鄂旅游合作 ⑥积极参与长江旅游联盟、武陵山旅游联盟等跨区域旅游协作 ⑦大力发展中国和新加坡战略性互联互通旅游合作项目,拓展新加坡客源市场
四川	①推动川、滇、藏区域旅游合作,合力打造大香格里拉国际品牌 ②重点推广十条藏区精品线路、大熊猫生态旅游国家精品路线、318/317 中国最美景观大道、重走长征路跨省际新线路、大蜀道省内新兴旅游线路、大攀西省内新兴旅游线路
贵州	①推动国际山地旅游 ②加快培育新型山地旅游平台、世界旅游论坛夏季峰会 ③依托生态文明贵阳国际论坛等举办旅游主题活动
云南	①积极参与“一带一路”、东南亚南亚辐射中心建设 ②推进孟中印缅经济走廊建设 ③积极推动与 9+2 省区的旅游合作

资料来源:根据长江经济带沿线 11 省份出台的相关政策文件整理。

4.倡导旅游产业转型与绿色发展

构建长江经济带黄金旅游走廊绿色旅游发展机制，需加强旅游环境影响控制，推进旅游业绿色转型，倡导旅游业绿色消费方式。在加强旅游环境影响控制方面，一方面，须有效区分非核心旅游区与生态旅游区，制订生态保育规划，积极开展绿化活动，督查无序开发建设活动，落实环保规划措施；另一方面，需定期进行对环境容量与资源消耗进行科学测定，共同保障旅游与环境质量同步提升，实施旅游服务设施生态化改造，减轻生态环境压力。在推进旅游业旅游转型升级方面，首先需要制订绿色旅游产品质量标准、绿色旅游服务标准、绿色旅游管理标准，促进绿色旅游在经营、管理、消费等方面实现制度化与规范化；其次，重点开发生态旅游产品与绿色无公害食品，禁止保护动植物的售用，在旅游区域鼓励节约水电与减少废弃物，同时大力倡导无污染生态交通工具使用，促进绿色交通网络发展。在倡导旅游业绿色消费方面，一方面需要培育绿色旅游与生态旅游理念，提高旅游产业利益相关者，尤其是管理者、经营者、游客、当地居民的环保意识，加大旅游业可持续发展宣传力度与生态教育力度；另一方面，推动绿色产业绿色化发展，满足游客绿色消费需求，创新旅游目的地循环低碳发展模式。

5.保障旅游服务优质水平

保障长江经济带黄金旅游走廊建设，须健全长江经济带旅游发展协同机制，创新投融资机制，完善区域旅游市场推广机制，推进上中下游旅游生态补偿机制，对重点区域创新旅游开发机制，从基础设施、资金资源、税收优惠等方面加大政策保障与政策支持，形成具有互补优势的长江经济带黄金旅游发展保障体系。在创新投融资机制方面，设立“长江经济带旅游基金”，以股票、债券、贷款等多元投融资方式，加大长江经济带黄金旅游走廊基础设施网络建设，促进旅游资源二次开发，促进旅游业与文化、体育、服务等产业的进一步融合发展；扩大红色旅游、扶贫旅游、山区旅游等资金规模，解决当地因经济发展水平较低导致的旅游产业基础设施建设、旅游宣传力度、人才培养投入不足等问题；加大金融支持力度,鼓励政策性金融机构、信贷机构、投资银行、旅游产业市场加大对当地旅游业的支持力度,扩大对外开放水平,引导优秀的旅游企业以上市融资、发行债券等方式吸收社会资金,促进旅游业配套项目建设。在建立共享服务机制方面,分别从公共服务信息、信用信息、旅游企业信息等方面建设相应的信息平台,缓解省份间、企业间、景区间、城市间信息不对称问题,逐渐打造统一的服务标准、标识、咨询服务及语言转换系统,提升国内国际旅游一体化建设,打造统一的签证和通关制度,推广全国一卡通旅游服务。在创新开发机制方面,一方面要积极加大国家公园试点和文化生态旅游特区建设,探索生态环境保护与旅游扶贫开发的双赢体制机制;另一方面,在长江经济带重点边境与入境地区设立旅游自贸区,提升长江经济带黄金旅游带国际化水平发展。在政策保障方面,一方面,进一步完善对红色旅游、乡村旅游、民族旅游、特困区生态旅游等特殊区域旅游的生态保护与基础设施建设,通过减免税费扶持贫困地区旅游企业发展;另一方面,从供给制度、管理、供给途径等方面提高对土地的利用效率,从组建大型跨区域企业集团、发展中外合资旅游企业等方面加大对企业的培养力度。

第三节　长江经济带文化产业发展

一、文化产业发展总体规模

1.文化及相关产业载体建设

文化产业示范园区与示范基地是文化产业发展的重要载体。文化部《关于公布第一批国家级文化产业示范园区创建资格名单的通知》显示,经过层层筛选,共10家园区获得第一批国家级文化产业示范园区创建资格。其中,长江经济带有5家,分别位于浙江省、江西省、湖南省、重庆市以及云南省(见表8.23)。

表 8.23　长江经济带国家级文化产业示范园区概况

省份	示范园区	建设重点
浙江	杭州市白马湖生态创意城（2017 年 10 月）	建设成国家级文化创意产业园区，生态创意城，城市美学、建筑美学示范区及和谐创业示范区。形成一核（冠山城市核）二业（文化创意、生态旅游）三带（紧缩城市带、田园城市带、山水城市带）四种生活区（生态示范特色居住区、家居改造特色居住区、高端生态特色居住区、新建特色居住区）五园（设计公园、文化创意公园、动漫公园、白马湖生态旅游度假公园、大地生态产业公园）的布局
江西	景德镇市陶溪川文创街区（2017 年 10 月）	保护开发陶瓷工业遗产，大力发展陶瓷文化创意产业和现代服务业，致力于城市文创产业内容供应和运营；包括文化创意、文化旅游、艺术交流、商业贸易、酒店餐饮、会展博览、休闲娱乐等业态
湖南	湘潭昭山文化产业园（2017 年 10 月）	重点培育文化旅游、设计创意、艺术品业、数字创意产业四大重点文化产业；以文化旅游业为龙头，以艺术品业、创意设计业、数字内容产业为补充
重庆	重庆市南滨路文化产业园（2017 年 10 月）	依托巴渝文化、抗战文化等历史文化资源，保护利用文化遗址和历史文化街区；利用“文化+”战略推动经济结构转型升级；大力发展创意产业、休闲娱乐业、旅游文化业、文博会展业及美食文化业等业态
云南	建水紫陶文化产业园区（2017 年 10 月）	从培育消费市场，拓展产业发展空间、产品形态及创意人才，延伸产业链，建设产品交易平台，构建艺术文化支撑体系等方面，建设培育 10 大项目；促进紫陶产业与文化旅游、文博服务、文化创意等产业融合发展

资料来源：根据文化部相关资料整理。

我国已为五批国家文化产业示范基地命名，共 273 家，其中长江经济带包含 98 家（见表 8.24）。2004 年第一批国家文化产业示范基地共 42 家，其中长江经济带包含19家。2006年第二批国家文化产业示范基地共33家,其中长江经济带包含14家。2008年第三批国家文化产业示范基地共59家,其中长江经济带包含21家。2010年第四批国家文化产业示范基地共70家,其中长江经济带包含19家。2012年第五批国家文化产业示范基地共69家,其中长江经济带包含25家。

表8.24 长江经济带沿线11省份国家文化产业示范基地概况

省份	国家文化产业示范基地
上海	上海市张江创意产业基地(2004)、上海市盛大网络发展有限公司(2004)、上海市大剧院总公司(2004)、上海市瑞安集团(2004)、上海市时空之旅文化发展有限公司(2006)、上海市多媒体产业园发展有限公司(2006)、上海市东方明珠(集团)股份有限公司(2008)、上海市长远集团(2008)、上海市天地软件创业园有限公司(2010)、上海市今日动画影视文化有限公司(2010)、上海市世博演艺中心有限公司(2012)、上海市宝山科技控股有限公司(2012)、上海市淘米网络科技有限公司(2012)
江苏	常州中华恐龙园有限公司(2004)、江苏省文化产业集团有限公司(2004)、江苏省泰兴凤灵乐器有限公司(2006)、苏州苏绣文化产业群(2006)、江苏省演艺集团有限公司(2008)、江苏省爱涛艺术精品有限公司(2008)、扬州工艺美术集团有限公司(2008)、扬州智谷投资管理有限公司(2010)、江苏省周庄文化创意产业投资发展有限公司(2010)、江苏省金一文化发展有限公司(2010)、南京云锦研究所股份有限公司(2012)、南通鸿禧文化创意有限公司(2012)、无锡软件产业发展有限公司(2012)
浙江	浙江省宋城集团控股有限公司(2004)、华宝斋富翰文化有限公司(2004)、宁波市新彩虹娱乐有限公司(2004)、杭州金海岸娱乐有限公司(2006)、西泠印社集团有限公司(2008)、浙江省中南集团卡通影视有限公司(2008)、宁波海伦乐器制品有限公司(2008)、杭州神采飞扬娱乐有限公司(2010)、宁波音王集团有限公司(2010)、衢州醉根艺品有限公司(2010)、龙泉市金宏瓷厂(2012)、浙江省乐富创意产业投资有限公司(2012)、台州市绣都服饰有限公司(2012)、浙江省大丰实业有限公司(2012)

续表

省份	国家文化产业示范基地
安徽	安徽省安美置业投资发展集团(2004)、安庆市五千年工艺美术有限公司(2006)、黄山市屯溪老街(2008)、桐城市佛光铜质工艺品有限公司(2010)、蚌埠光彩投资有限责任公司(2010)、中国宣纸集团公司(2010)、安庆帝雅艺术品有限公司(2012)、安徽省演艺集团有限责任公司(2012)
江西	景德镇陶瓷文化博览区(2006)、景德镇法蓝瓷实业有限公司(2008)、江西省东源投资发展有限公司(2012)、江西省婺源朱子实业有限公司(2012)
湖北	湖北省民间艺术团(2004)、湖北省三峡非博园发展有限公司(2008)、武汉艾立卡电子有限公司(2010)、海豚传媒股份有限公司(2010)、宜昌金宝乐器制造有限公司(2012)、武汉亿童文教发展有限公司(2012)、湖北省盛泰文化传媒有限公司(2012)
湖南	湖南省红太阳娱乐有限公司(2004)、岳阳汇泽文化发展有限公司(2004)、湖南省宏梦卡通传播有限公司(2008)、张家界魅力湘西旅游开发有限责任公司(2008)、湖南省大剧院(2010)、拓维信息系统股份有限公司(2010)、湖南省明和光电设备有限公司(2012)、湖南省金霞湘绣有限公司(2012)
重庆	重庆市綦江农民版画产业发展有限公司(2006)、重庆市巴国城文化投资有限公司(2008)、重庆市洪崖洞城市综合发展有限公司(2008)、重庆市商界传媒有限公司(2010)、重庆市演艺集团有限责任公司(2012)、重庆市猪八戒网络有限公司(2012)
四川	四川省自贡中国彩灯文化发展园区(2004)、成都武侯祠锦里旅游文化经营管理公司(2004)、四川省建川实业集团(2004)、四川省广元市女皇文化园(2004)、成都市三圣花乡景区(2006)、成都市兴文投资发展有限公司(2006)、九寨沟演艺产业群(2006)、三星堆文化产业园(2006)、四川省乐山乌木珍品文化博物苑有限公司(2008)、成都洛带客家文化产业开发有限责任公司(2008)、成都演艺集团有限公司(2008)、凉山文化广播电影电视传媒有限公司(2010)、四川省天遂文化旅游集团有限公司(2012)

续表

省份	国家文化产业示范基地
贵州	多彩贵州省文化艺术有限公司(2006)、安顺开发区兴伟文化发展有限责任公司(2008)、贵州省平坝县天龙旅游投资开发有限公司(文化旅游)(2010)、贵州省雷山县西江千户苗寨旅游发展有限公司(2012)
云南	云南省映象文化产业发展有限公司(2004)、丽江丽水金沙演艺有限公司(2004)、云南省中天文化产业发展股份有限公司(2006)、云南省柏联和顺旅游文化发展有限公司(2008)、昆明市福保文化城有限公司(2008)、大理风花雪月文化传播有限责任公司(2010)、云南省文化产业投资控股集团有限责任公司(2012)、云南省民族村有限责任公司(2012)

资料来源:根据文化部相关资料整理。

2.文化及相关产业增加值

长江经济带文化产业发展水平良好。2011—2016年,长江经济带沿线11省份文化产业增加值持续增加,2016年,长江经济带文化产业增加值占全国增加值的47.13%,在全国文化产业发展中占据重要位置。其中,下游省份中,上海市、浙江省的文化产业增加值占地方生产总值的比重已超过5%,江苏省几近于5%,文化产业已成为支柱产业;中游省份中,湖南省文化产业增加值占地方生产总值的比重达4.63%,安徽省达4%,江西省为3.8%,占比与安徽省相近,湖北省占比相对较小;上游省份中,四川省文化产业增加值占地方生产总值的比重为4.02%,其次为重庆市,占比3.34%,云南省次之,贵州省占比最小(见表8.25)。

长江经济带文化产业增加值虽占全国文化产业增加值近50%,但省际差异大。总体来看,上海市、江苏省、浙江省等长江下游省份文化产业增加值高,中上游沿线省份中,以湖南省及四川省发展相对较好,其他省份文化产业增加值相对较低。具体来看,下游省份中,江苏省增长最为显著, 浙江省次之,上海市增长相对较少;中游省份中,湖南省增长最为显著,湖北省及安徽省次之,江西省增长较少;上游省份中,四川省增长最为显著,重庆市增长位列第2,云南省次之,贵州省增长最少(见表8.25)。

表8.25　长江经济带沿线11省份文化及相关产业增加值及其占地方生产总值的比重

单位:亿元

省份＼年份	2011	2012	2013	2014	2015	2016	占比(%)
上海	1 315.04	1 413.67	1 522.52	1 629.10	1 741.51	1 861.67	6.61
江苏	2 518.55	2 772.92	3 039.12	3 303.53	3 584.33	3 863.90	4.99
浙江	1 879.03	2 029.35	2 195.75	2 362.63	2 551.64	2 745.57	5.81
安徽	611.41	685.39	756.67	826.28	898.17	976.31	4.00
江西	440.93	489.44	538.87	591.14	644.94	702.98	3.80
湖北	603.15	671.31	739.11	810.80	882.96	954.48	2.92
湖南	928.11	1 032.99	1 137.32	1 245.36	1 351.22	1 459.32	4.63
重庆	340.93	387.30	434.93	482.34	535.40	592.69	3.34
四川	846.87	953.57	1 048.93	1 138.09	1 228.00	1 323.78	4.02
贵州	164.71	187.11	210.49	233.23	258.18	285.29	2.42
云南	280.38	316.83	355.17	383.94	417.34	453.65	3.07

注:为降低价格变动带来的影响,文化及相关产业增加值根据各省份GDP平减指数(以2016年为基期)进行调整;占比表示2016年各省文化产业增加值占地方生产总值的比重。

资料来源:根据《中国文化及相关产业统计年鉴》(2012—2017)、《中国统计年鉴》(2012—2017)相关数据整理。

3.文化及相关产业营业收入

2011—2016年长江经济带沿线11省份文化产业营业收入缓慢增长。下游省份中,江苏省增长最为显著,其次为上海市,浙江省增长相对较少;中游省份中,湖南省增长较为显著,湖北省与安徽省次之,江西省增长相对较少;上游省份中,四川省增长较为显著,重庆市次之,其次为云南省,贵州省增长最少。总体呈现从下游省份中向上游省份中依次递减的规律,区域差异大(见表 8.26)。

表 8.26 长江经济带沿线 11 省份文化产业营业收入

单位:亿元

省份＼年份	2011	2012	2013	2014	2015	2016
上海	7 382.01	7 588.71	7 763.25	7 972.86	8 164.21	8 425.46
江苏	10 577.15	10 852.16	11 101.76	11 346.00	11 538.88	11 804.27
浙江	6 294.27	6 432.74	6 580.70	6 718.89	6 812.95	6 942.40
安徽	2 149.40	2 198.84	2 251.61	2 287.64	2 317.38	2 359.09
江西	1 703.53	1 749.53	1 793.26	1 834.51	1 862.03	1 899.27
湖北	1 825.04	1 877.96	1 930.55	1 969.16	1 998.70	2 042.67
湖南	3 328.57	3 395.14	3 480.02	3 546.14	3 595.78	3 664.10
重庆	1 737.07	1 782.24	1 830.36	1 863.30	1 887.53	1 921.50
四川	1 918.31	1 966.27	2 021.32	2 053.66	2 084.47	2 124.07
贵州	246.84	253.51	259.84	266.08	270.87	274.66
云南	492.68	505.98	521.67	534.19	544.34	552.50

注:为降低价格变动带来的影响,文化及相关产业营业收入根据各省份 CPI(以 2013 年为基期)进行调整。

资料来源:根据《中国文化及相关产业统计年鉴》(2012—2017)、《中国统计年鉴》(2012—2017)相关数据整理。

长江经济带沿线 11 省份文化产业主营业务收入来源结构有所区别,2013—2016 年发生一定变化,服务业比重普遍上升,其中,浙江省、湖南省、重庆市、四川省最为显著。具体而言,下游省份中,文化制造业比重普遍下降,文化服务业比重上升;中游省份中,文化服务业比重普遍上升,文化制造业相对稳定,文化批零业有所下降;上游省份中,文化服务业比重普遍上升,重庆市与贵州省文化制造业比重上升,文化批零业比重下降,四川省与云南省则文化制造业比重下降,文化批零业比重上升(见表 8.27)。

表 8.27 长江经济带沿线 11 省份文化产业主营业务收入结构

单位:%

省份	结构 \ 年份	2013	2014	2015	2016
上海	文化制造业	18.97	17.97	14.41	14.77
	文化批零业	45.65	45.77	49.29	45.06
	文化服务业	35.38	36.27	36.30	40.17
江苏	文化制造业	72.60	72.41	63.53	62.22
	文化批零业	11.39	11.47	20.77	21.58
	文化服务业	16.02	16.11	15.70	16.20
浙江	文化制造业	49.91	47.63	41.42	38.01
	文化批零业	23.15	21.55	20.53	17.77
	文化服务业	26.94	30.82	38.06	44.22
安徽	文化制造业	62.31	65.97	69.12	64.52
	文化批零业	25.47	22.57	17.29	20.89
	文化服务业	12.22	11.46	13.59	14.59
江西	文化制造业	82.02	85.11	84.72	84.79
	文化批零业	10.92	6.42	6.45	6.14
	文化服务业	7.06	8.47	8.83	9.07
湖北	文化制造业	51.67	53.89	52.17	53.71
	文化批零业	18.07	18.71	20.13	13.76
	文化服务业	30.27	27.40	27.71	32.53
湖南	文化制造业	80.33	78.14	77.31	76.80
	文化批零业	10.58	10.95	9.08	8.94
	文化服务业	9.10	10.91	13.60	14.26

续表

省份	结构＼年份	2013	2014	2015	2016
重庆	文化制造业	25.24	42.62	45.08	44.21
	文化批零业	58.35	32.20	24.82	20.44
	文化服务业	16.41	25.18	30.09	35.36
四川	文化制造业	79.13	75.64	72.74	65.52
	文化批零业	12.18	10.86	13.67	14.74
	文化服务业	8.69	13.50	13.58	19.74
贵州	文化制造业	44.75	49.57	45.41	47.15
	文化批零业	23.79	19.31	18.45	16.41
	文化服务业	31.46	31.11	36.14	36.44
云南	文化制造业	37.51	37.88	35.67	27.14
	文化批零业	37.00	35.51	42.70	47.65
	文化服务业	25.49	26.60	21.63	25.21

注:文化制造业数据根据规模以上文化制造业企业数据整理,文化批零业数据根据限额以上文化批发和零售业企业数据整理,文化服务业根据规模以上文化服务业企业的数据整理。

资料来源:根据《中国文化及相关产业统计年鉴》(2014—2017)相关数据整理。

4.文化及相关产业固定资产投资

长江经济带沿线11省份文化及相关产业固定资产投资在2011—2016年期间普遍较为稳定,波动较小,其中,江苏省的固定资产投资额在长江经济带位居首位,上海市投资额最少。2016年,下游省份中,固定资产真实投资额普遍有所下降,在全国占比下降;中游省份中,湖南省固定资产投资额位列第1,其他省份固定资产投资额较为相近,其中,江西省与安徽省投资额下降,在全国占比下降,湖北省与湖南省的投资额有所上升,在全国占比上升;上游省份中,重庆市投资额位列第1,向上游地区依次递减,其中,重庆市与四川省的投资额有所下降,贵州省与云南省的投资额有所上升,但上游省份中投资额在全国占比均有所上升(见表8.28)。

表 8.28　文化及相关产业固定资产投资额及其占全国固定资产投资额的比重

单位:亿元(投资额),%(占比)

省份	指标＼年份	2011	2012	2013	2014	2015	2016
上海	真实投资额	220.69	219.37	219.81	220.91	214.28	213.42
	全国占比	0.65	0.64	0.64	0.64	0.63	0.63
江苏	真实投资额	2 966.09	2 924.56	2 939.19	2 971.52	2 858.60	2 824.30
	全国占比	8.75	8.54	8.55	8.60	8.43	8.38
浙江	真实投资额	1 716.16	1 702.43	1 702.43	1 712.64	1 668.11	1 659.77
	全国占比	5.06	4.97	4.95	4.96	4.92	4.92
安徽	真实投资额	1 499.17	1 514.16	1 517.19	1 521.74	1 474.57	1 462.77
	全国占比	4.42	4.42	4.42	4.41	4.35	4.34
江西	真实投资额	1 629.65	1 645.95	1 652.53	1 654.18	1 601.25	1 601.25
	全国占比	4.81	4.80	4.81	4.79	4.72	4.75
湖北	真实投资额	1 555.09	1 583.08	1 590.99	1 606.90	1 597.26	1 598.86
	全国占比	4.59	4.62	4.63	4.65	4.71	4.74
湖南	真实投资额	1 898.33	1 930.61	1 955.70	1 985.04	1 992.98	2 000.95
	全国占比	5.60	5.63	5.69	5.75	5.88	5.94
重庆	真实投资额	1 730.47	1 761.62	1 770.42	1 775.74	1 743.77	1 724.59
	全国占比	5.11	5.14	5.15	5.14	5.14	5.12
四川	真实投资额	1 262.26	1 274.88	1 279.98	1 286.38	1 259.36	1 256.85
	全国占比	3.72	3.72	3.72	3.72	3.71	3.73
贵州	真实投资额	882.52	895.75	903.82	913.76	899.14	886.55
	全国占比	2.60	2.61	2.63	2.65	2.65	2.63
云南	真实投资额	461.55	468.02	473.16	477.90	473.59	474.07
	全国占比	1.36	1.37	1.38	1.38	1.40	1.41

注:为降低价格变动带来的影响,文化及相关产业固定资产投资额根据各省份固定资产投资价格指数(以 2016 年为基期)整理。

资料来源:根据《中国文化及相关产业统计年鉴》(2012—2017)及《中国统计年鉴》(2012—2017)相关数据整理。

5.文化及相关产业从业人员

长江经济带沿线11省份文化产业从业人员持续上升,总体呈自下游地区向上游地区递减的规律,从业人员主要集中在下游省份。2013年,下游省份中,江苏省从业人员居首位,在全国占比10.97%,其次是浙江省,占比7.63%,上海市从业人员相对较少,占比4.04%;中游省份中,湖南省从业人员位居首位,占比5.3%,安徽省、江西省与湖北省从业人员规模相近;上游省份中,四川省从业人员位居首位,占比2.77%,其次为重庆市,占比1.83%,云南省占比1.23%,贵州省文化产业从业人员最少,占比0.74%(见图8.4)。

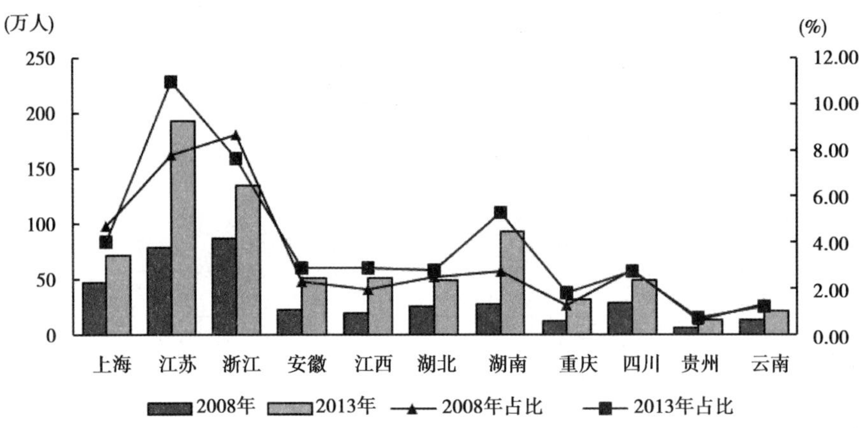

图8.4 长江经济带沿线11省份文化及相关产业从业人员及其在全国的占比

注:从业人员数据缺失,只包含2008年与2013年的数据。

资料来源:根据《中国文化及相关产业统计年鉴》(2017)相关数据整理。

6.文化及相关产业创新投入及创新成果

长江经济带沿线11省份创新投入持续增加。2013—2016年长江经济带沿线11省份文化产业的R&D经费内部支出及R&D人员均有大幅增长,且在全国居于前列。2016年,江苏省、浙江省、上海市、安徽省、湖南省以及四川省在全国排名居前10位。其中江苏省的R&D经费支出及人员规模不仅在长江经济带居于首位,且在全国业居于首位,浙江省投入规模在长江经济带位列第2,且全国排名靠前,其次是上游省份中的四川省,其经费支出与人员规模在全国范围内均处于第 5 名,再次是安徽省,经费支出与人员规模在全国排名第 7。总体而言,长江经济带下游省份 R&D 投入量最高,中游省份次之,略高于上游省份(见表8.29)。

表 8.29　长江经济带文化及相关产业 R&D 投入

单位:万元(支出),人(人员)

省份	指标 \ 年份	2013	2014	2015	2016	2016 年排名
上海	R&D 经费内部支出	119 376	142 380	127 049	138 155	9
	R&D 人员	2 910	3 655	2 760	2 886	11
江苏	R&D 经费内部支出	493 061	695 016	796 801	860 286	1
	R&D 人员	20 942	26 927	25 007	27 493	1
浙江	R&D 经费内部支出	279 393	339 265	378 904	405 124	4
	R&D 人员	11 889	13 329	14 710	13 531	3
安徽	R&D 经费内部支出	59 751	108 003	119 474	202 246	7
	R&D 人员	2 490	3 531	4 478	5 010	7
江西	R&D 经费内部支出	21 362	21 109	26 647	46 709	14
	R&D 人员	1 234	1 191	1 369	1 365	14
湖北	R&D 经费内部支出	32 033	60 007	73 255	104 046	11
	R&D 人员	1 019	1 780	1 720	2 363	12
湖南	R&D 经费内部支出	88 230	121 391	240 276	134 685	10
	R&D 人员	1 697	5 295	7 550	3 732	10
重庆	R&D 经费内部支出	17 886	22 871	28 965	51 692	13
	R&D 人员	387	593	729	830	17
四川	R&D 经费内部支出	207 583	190 232	287 576	307 700	5
	R&D 人员	8 485	4 437	6 910	7 320	5
贵州	R&D 经费内部支出	325	10 931	3 483	12 590	20
	R&D 人员	4	26	33	91	13
云南	R&D 经费内部支出	12 251	13 085	13 930	18 898	18
	R&D 人员	367	296	508	628	18

资料来源:根据《中国文化及相关产业统计年鉴》(2014—2017)相关数据整理。

长江经济带沿线 11 省份创新投入取得显著成果。创新成果中,2013—2016 年,长江经济带文化产业新产品销售收入总体增长迅速。2016 年,江苏省新产品销售收入在全国位居首位,浙江省位列第 3,四川省位列第 5,湖南省位列第 6,安徽省位列第 9。就出口而言,总体呈上升趋势,且江苏省出口收入在全国排名第 2,浙江省排名第 3,湖南省排名第 7,上海市排名第 8,安徽省排名第 9,但上海市、安徽省、湖北省以及湖南省的出口收入在 2016 年普遍出现下降趋势(见表 8.30)。

表 8.30 长江经济带文化及相关产业新产品销售收入及出口额

单位:万元

省份	指标 \ 年份	2013	2014	2015	2016	2016 年排名
上海	新产品销售收入	2 839 114	4 242 120	3 637 366	2 974 385	10
	出口收入	659 434	1 614 287	1 595 422	991 762.9	8
江苏	新产品销售收入	10 423 140	11 681 501	11 450 167	15 443 370	1
	出口收入	2 214 296	2 663 548	3 397 068	4 148 882	2
浙江	新产品销售收入	7 091 732	8 289 196	9 644 357	10 765 070	3
	出口收入	1 804 362	2 138 803	2 497 476	3 544 181	3
安徽	新产品销售收入	1 791 829	2 207 017	3 034 868	3 135 720	9
	出口收入	92 558.4	195 404.5	416 369	410 511.5	9
江西	新产品销售收入	241 361	379 715.1	579 730.8	745 501.5	14
	出口收入	52 284.3	102 343.2	133 323.4	172 329.1	12
湖北	新产品销售收入	237 477.7	759 277.1	1 053 804	1 231 136	12
	出口收入	18 821.7	81 887.3	87 037.9	49 255.3	14
湖南	新产品销售收入	3 368 381	3 683 959	5 077 421	5 535 301	6
	出口收入	95 287.1	1 005 373	1 263 645	1 031 267	7
重庆	新产品销售收入	546 024.3	788 283.8	1 419 680	1 726 215	11
	出口收入	390	10 398	12 030.8	37 407.6	15
四川	新产品销售收入	4 585 419	5 721 620	5 939 126	6 401 578	5
	出口收入	1 111.6	90 804.7	118 291.4	120 987.1	13

续表

省份 \ 指标 \ 年份		2013	2014	2015	2016	2016 年排名
贵州	新产品销售收入	14 699.6	37 868.8	30 588.8	285 935.4	18
	出口收入	—	—	—	783.2	22
云南	新产品销售收入	220 760.4	184 309	193 217.8	219 762.3	19
	出口收入	—	—	23.7	485.1	23

资料来源：根据《中国文化及相关产业统计年鉴》相关数据整理。

长江经济带沿线 11 省份实用新型专利与外观设计专利相对较多，而发明专利较少。专利授权量主要集中在江苏省、浙江省等下游省份中。2013—2016 年，长江经济带沿线 11 省份专利授权总数有所下降，但中下游省份中专利授权数普遍上升，且发明专利授权数普遍上升。具体而言，下游省份中，上海市发明专利与外观设计专利数量上升，江苏省与浙江省则趋势相反；中游省份中，除安徽省外观设计专利数下降外，其余省份所有种类专利数均上升；上游省份中，除贵州省外观设计专利数下降外，其余省份所有种类专利数均上升（见图 8.5）。

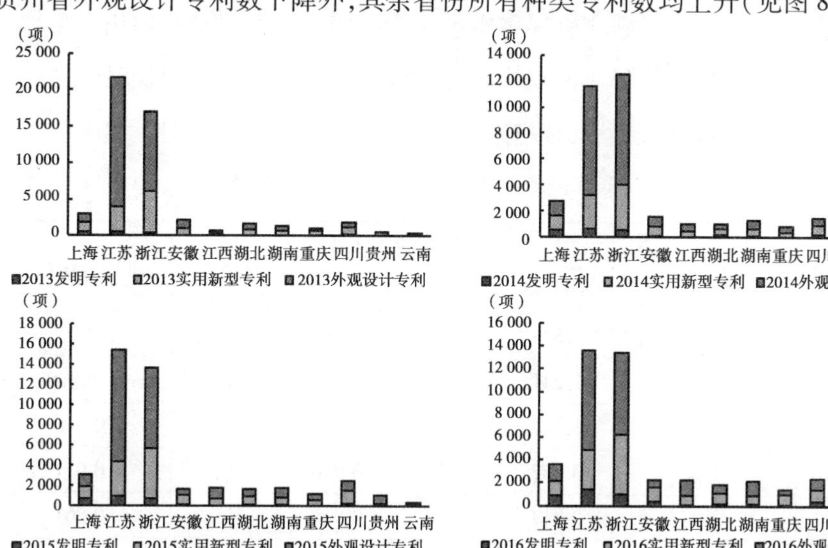

图 8.5　2013—2016 年长江经济带文化及相关产业专利授权数

资料来源：根据《中国文化及相关产业统计年鉴》（2014—2017）相关数据整理。

综上所述，长江经济带沿线 11 省份文化产业创新投入持续增加，且取得一定成效，尤其以中上游省份创新成果增长较为显著。

二、文化产业集聚水平评估

选取区位商测度文化及相关产业集聚水平，产出指标为文化及相关产业增加值。基础数据来源《中国文化及相关产业统计年鉴》（2016—2017）和《中国统计年鉴》（2016—2017）。

评估结果显示，2016 年全国有 8 个省份的区位商大于 1，其中有 4 个省份属于长江经济带，即上海市、江苏省、浙江省以及湖南省，其集聚水平在全国具有明显的比较优势，而其他长江经济带沿线省份均处于劣势地位。可见长江经济带文化产业集聚水平区域差异明显，下游省份比较优势明显，整体上呈现集聚水平由下游地区向上游地区递减的趋势。具体而言，虽然下游省份中各省份集聚水平高，但上海市与江苏省的集聚水平出现下降趋势；中游省份中，湖南省集聚水平高且出现下降趋势，安徽省、江西省的集聚水平接近全国平均水平，且呈上升态势，集聚潜力大，湖北省集聚水平相对较弱；上游省份中，四川省集聚水平相对最高，且呈上升趋势，而重庆市与云南省的集聚水平低，且有所下降，贵州省的集聚水平最低，但呈上升趋势，有一定发展潜力（见表 8.31）。

表 8.31　长江经济带沿线 11 省份文化产业集聚水平

地区＼集聚水平		静态集聚水平				动态集聚水平
		2015 年	全国排名	2016 年	全国排名	
下游地区	上海	1.624	2	1.596	2	-0.017
	江苏	1.241	5	1.206	5	-0.028
	浙江	1.390	3	1.404	3	0.010
中游地区	安徽	0.947	12	0.966	12	0.021
	江西	0.917	13	0.918	13	0.001
	湖北	0.722	19	0.706	19	-0.022
	湖南	1.186	6	1.117	6	-0.058

续表

地区 \ 集聚水平		静态集聚水平				动态集聚水平
		2015 年	全国排名	2016 年	全国排名	
上游地区	重庆	0.859	14	0.807	15	−0.061
	四川	0.949	11	0.971	11	0.023
	贵州	0.575	23	0.585	25	0.018
	云南	0.780	16	0.741	17	−0.050

注:根据全国各省份文化产业静态集聚水平整理而得。

根据各省份静态与动态集聚水平,可对其进行如下划分(见表 8.32):

表 8.32　长江经济带沿线 11 省份文化产业集聚区域划分

类型	*LQ*	省份	特征
集聚优势区域	$LQ \geqslant 1$; $LQ_{t-0} > 0$	浙江	集聚水平高于平均水平,且集聚水平不断上升
集聚潜力区域	$LQ < 0$; $LQ_{t-0} > 0$	安徽、江西 四川、贵州	集聚水平低于平均水平,但处于不断提升的态势,具有一定的集聚潜力
集聚实力区域	$LQ \geqslant 1$; $LQ_{t-0} < 0$	上海、江苏、湖南	集聚水平高于平均水平,但集聚水平出现下降趋势
集聚劣势区域	$LQ < 1$;$LQ_{t-0} < 0$	湖北、重庆、云南	集聚水平低于平均水平,且集聚水平出现下降趋势

综上所述,长江经济带文化产业集聚水平虽区域差异较大,但长江经济带下游省份在全国比较优势明显,且中上游部分省份聚集水平呈现上升趋势,文化产业集聚潜力大。

三、文化产业竞争力评价

借鉴“钻石模型”的思想,结合文化产业发展特性,构建文化及相关产业竞争力评价指标体系(见表 8.33)。

表 8.33 文化及相关产业竞争力评价指标体系

一级指标	二级指标	三级指标
生产要素(*A*)	劳动力(*A*1)	文化产业就业人数(*A*11)
	资本(*A*2)	文化产业固定资产投资(*A*21)
		文化产业财政投入(*A*22)
	技术(*A*3)	文化产业 R&D 经费支出(*A*31)
		文化产业专利授权数(*A*32)
需求条件(*B*)	需求规模(*B*1)	人均可支配收入(*B*11)
	需求结构(*B*2)	文化消费支出占消费总支出的比重(*B*21)
相关及支持产业(*C*)	基础设施(*C*1)	群众文化机构数(*C*11)
	教育(*C*2)	教育经费(*C*21)
	互联网(*C*3)	经营性互联网文化单位(*C*31)
	旅游业(*C*4)	国际旅游收入(*C*41)
企业战略、结构及竞争(*D*)	产业规模(*D*1)	文化产业增加值(*D*11)
	行业竞争(*D*2)	文化产业法人单位数(*D*21)
	企业战略(*D*3)	文化产业示范园区及示范基地数量(*D*31)

采用因子分析法进行影响因子的筛选及评价,所选用的指标数据来源于《中国文化及相关产业统计年鉴(2017)》《中国文化文物统计年鉴(2017)》《中国统计年鉴(2017)》,对数据进行标准化处理。考虑到数据完整性与可得性,将样本范围确定为除香港、澳门、台湾、新疆、西藏、青海以外的全国其他 28 个省份。

表 8.34 长江经济带沿线 11 省份文化产业竞争力评分

省份	F_1	F_2	F_3	F	全国排名
上海	−0.072 9	2.597 9	−1.552 7	0.283 3	6
江苏	0.762 5	1.410 5	1.714 7	0.973 5	2
浙江	0.671 1	0.981 7	0.558 1	0.718 2	3

续表

省份	F_1	F_2	F_3	F	全国排名
安徽	0.177 1	-0.779 1	0.184 4	-0.000 1	8
江西	-0.398 2	-0.305 9	0.373 4	-0.307 7	19
湖北	-0.050 6	-0.596 4	0.188 5	-0.129 4	10
湖南	-0.692 6	0.881 6	1.223 9	-0.217 7	13
重庆	-0.302 4	-0.481 3	-0.145 8	-0.320 8	20
四川	-0.511 4	-0.174 5	1.950 1	-0.214 9	12
贵州	-0.515 9	-0.604 9	-0.065 5	-0.489 7	26
云南	-0.258 6	-0.429 8	-0.364 2	-0.300 5	17

注:根据全国各省份竞争力综合得分整理而得。

根据测算结果(见表8.34),长江经济带下游地区省份文化产业竞争力在全国处于优势地位,中上游省份竞争力相对较差,其中,江苏省、浙江省、上海市、安徽省与湖北省在全国排名位居前10。下游省份中,江苏省位居首位,最具竞争优势,浙江省位列第2,上海市位列第3,中上游省份中,安徽省、湖北省、湖南省、四川省的文化产业竞争力相对靠前,贵州省的文化产业竞争力最差。根据3个公因子得分可以看出,中上游省份文化产业竞争力弱,应归因于生产要素投入不够、相关支出产业发展较弱、市场规模小以及文化需求不足等因素。

综上所述,长江经济带文化产业发展不均衡,下游省份比较优势明显,且在全国竞争力强,中上游省份虽竞争力较弱,但具有良好的发展潜力。

参考文献

[1] 王振.长江经济带产业蓝皮书:长江经济带发展报告(2016—2017)[M].北京:社会科学文献出版社,2017.

[2] 王振.长江经济带产业蓝皮书:长江经济带发展报告(2011—2015)[M].北

京:社会科学文献出版社,2016.

[3] 吴传清.长江经济带产业蓝皮书:长江经济带产业发展报告(2017)[M].北京:社会科学文献出版社,2017.

[4] 刘丹鹭.服务业生产率与服务业发展研究[M].北京:经济科学出版社,2013.

[5] 江小涓.服务经济——理论演进与产业分析[M].北京:人民出版社,2014.

[6] 刘志彪,郑江淮.服务业驱动长三角[M].北京:中国人民大学出版社,2008.

[7] 杨向阳.中国服务业发展方式转变的理论与实证研究:基于效率视角[M].南京:南京大学出版社,2011.

[8] 徐宏毅.服务业生产率与服务业经济增长研究[M].武汉:武汉理工大学出版社,2010.

[9] 周冯琦,程进,陈宁.长江经济带环境绩效评估报告[M].上海:上海市社会科学院出版社,2016.

[10] 王凯,李娟,康宇凌,等.中国服务业能源消费碳排放量核算及影响因素分析[J].中国人口·资源与环境,2013(5):21-28.

[11] 王凯,李娟,席建超.中国服务业能源消费 CO_2 排放及其因素分解[J].环境科学研究,2013(5):576-582.

[12] 张旺,谢世雄.中国服务业能源消费与碳排放的关联分析[J].湖南省工业大学学报(社会科学版),2014(4):1-9.

[13] 吴传清,龚晨,罗明磊.长江中游城市群服务业集聚水平及其影响因素研究[J].学习与实践,2013(11):43-51.

[14] 孙智君,戚大苗.长江中游地区服务业集聚的实证分析[J].统计与决策,2014(16),99 -101.

[15] 刘军跃,王伟志,赵晓敏,等.长江经济带生产性服务业集聚水平比较研究[J].武汉理工大学学报(社会科学版),2015(1):82-87.

[16] 陈玉英,程遂营.沿黄黄金旅游带质性特征及其理性存在[J].河南大学学报(社会科学版),2017(5):24-33.

[17] 席建超,葛全胜.长江国际黄金旅游带对区域旅游创新发展的启示[J].地理科学进展,2015(11):1449-1457.

[18] 孙智君,李响.长江经济带文化产业集聚水平测度及影响因素研究[J].学习与实践,2015(4):49-58.

[19] 孙智君,李响.文化产业集聚的空间溢出效应与收敛形态实证研究[J].中国软科学,2015(8):173-183.

[20] 王婧.长江三角洲文化产业发展现实及反思[J].中国文化产业评论,2013(2):111-123.

[21] 雷宏振,邵鹏,潘龙梅.我国文化产业集聚度测算及其分布特征研究-基于省际面板数据的分析[J].经济经纬,2012(1):42-46.

[22] 周志刚,姚峰.长江经济带"文化产业走廊"之基本构想[J].邵阳学院学报(社会科学版),2017(1):20-23.

第九章

9

长江经济带新型城镇化

内容提要　从外部关系和谐程度、内部系统协调状况、城镇自身发展水平和城乡地域发展差距四个层面，选取 12 项具体指标构建城镇化质量综合指标体系，长江经济带沿线 11 省份城镇化质量评价结果显示：2011—2016 年，长江经济带沿线 11 省份城镇化质量不断提升，但空间分异明显；分省份来看，上海市城镇化质量指数最高，浙江省其次，江苏省居第 3，云南、贵州和安徽 3 省份城镇化质量指数长期低于其他省份；分区域来看，长江经济带城镇化质量指数呈现下游高于中游、中游高于上游的梯度分异规律。从城市群地域范围、功能定位、城镇空间结构、城镇化与人口增长四个方面，扼要阐述长江三角洲、长江中游、成渝城市群三大国家级城市群和滇中、黔中城市群两大地区性城市群发展概况。

长江经济带历来为我国人口和城镇密集带，城市群发育发展较为充分，城镇化发展水平相对较高，在国家新型城镇化战略格局中具有重要地位。2016 年印发的《长江经济带发展规划纲要》提出：“优化长江经济带城市群布局，坚持大中小结合、东中西联动，依托长江三角洲、长江中游、成渝三大城市群，带动长江经济带发展，转变城镇化发展方式，增强城市可持续发展能力，全面提高长江经济带城镇化质量。”这标志着长江经济带城镇化发展开始进入提质阶段。

第一节　长江经济带城镇化质量评价

对于“城镇化质量”的内涵，学术界尚存在较大争议。从构词法来看，城镇化质量由“城镇化”和“质量”二词复合而成。学术界普遍认为，城镇化是指第二、三次产业在城镇集聚，农村人口不断向非农产业和城镇转移，使城镇数量增加、规模扩大，城镇生产方式和生活方式向农村扩散、城镇物质文明和精神文明向农村普及的经济社会发展过程。按照《辞海》的释义，质量是指事物、产品或工作的优劣程度。因此，城镇化质量即可理解为产业和人口向城镇聚集所引发的经济、社会变迁过程的优劣程度。

根据学者简新华(2014)的观点,城镇化质量主要体现在四个方面:一是外部关系和谐程度,即城镇化与工业化、农业现代化和经济服务化的关系是否和谐;二是内部系统协调状态,即人口城镇化、经济城镇化和空间城镇化之间的关系是否协调合理;三是城镇自身发展质量,即城镇的基础设施、住房、交通、环境、就业和社会治安的状况如何,是否存在严重的"城市病";四是城乡发展差距水平,即城乡差距是否缩小,是否存在城乡两极分化,是否出现严重的"农村病"。

一、长江经济带城镇化质量的时序演化态势

借鉴相关研究成果,遵循科学性、全面性、有效性和可操作性等原则,从外部关系和谐程度、内部系统协调状况、城镇地域发展质量和城乡地域发展差距四个层面,选取 12 项指标构建长江经济带城镇化质量评价指标体系(见表 9.1)。具体评价方法见本章末"新型城镇化质量评价方法"。

表 9.1　长江经济带城镇化质量评价指标体系

目标层	准则层	指标层	权重	性质
城镇化质量	外部关系和谐程度	城镇化与工业化协调指数	0.070	正向
		城镇化与农业现代化协调指数	0.069	正向
		城镇化与经济服务化协调指数	0.059	正向
	内部系统协调状态	人口城镇化与经济城镇化协调指数	0.043	正向
		人口城镇化与土地城镇化协调指数	0.072	正向
		经济城镇化与土地城镇化协调指数	0.065	正向
	城镇地域发展质量	经济发展质量	0.123	正向
		社会发展质量	0.153	正向
		生态环境质量	0.064	正向
	城乡地域发展差距	城乡居民收入差距	0.095	逆向
		城乡居民消费差距	0.094	逆向
		城乡公共服务差距	0.093	逆向

根据表 9.2 可知,2011—2016 年长江经济带沿线 11 省份城镇化质量指数

均出现了不同程度的上升,这表明长江经济带城镇化质量在不断提升,其中,城镇化质量指数增长幅度最大的是贵州省,其次是云南省。这主要是因为早期这两个省的城镇化质量指数偏低。如图 9.1 所示,绝大多数省份城镇化与工业化、农业现代化、经济服务化的关系和谐指数不断增长。这表明,绝大多数省份城镇化与工业化、农业现代化、经济服务化的关系更趋和谐。图 9.2 显示,除云南省外,其余省份城镇化子系统协调指数总体呈增长趋势。这表明除云南省外,其余省份人口城镇化、经济城镇化和空间城镇化之间的关系更加协调。根据图 9.3,11 省份城镇地域发展质量指数不断增长。这表明,长江经济带城镇发展质量不断提高。实际上,这主要得益于经济发展质量和社会发展质量的大幅提升。根据图 9.4,除浙江省城乡地域发展差距指数不断增长外,其余省份城乡地域发展差距指数并未表现出明显的趋势性。这表明,尽管长江经济带沿线 11 省份城乡居民收入和消费差距不断缩小,但因为按人均量测度的公共服务差距震荡变化,长江经济带绝大多数省份城乡地域发展差距并未明显改善。

表 9.2　2011—2016 年长江经济带沿线 11 省份城镇化质量评价结果

年份 / 地区	2011		2012		2013		2014		2015		2016	
	得分	排名	得分	排名	得分	排名	得分	排名	得分	排名	得分	排名
上海	0.755	1	0.769	1	0.819	1	0.861	1	0.862	1	0.890	1
江苏	0.589	3	0.630	3	0.627	3	0.674	3	0.698	3	0.730	3
浙江	0.616	2	0.650	2	0.667	2	0.706	2	0.742	2	0.760	2
安徽	0.349	9	0.361	9	0.361	9	0.391	9	0.412	9	0.455	9
江西	0.415	5	0.432	6	0.436	6	0.438	8	0.463	8	0.496	7
湖北	0.450	4	0.469	4	0.485	4	0.491	4	0.493	4	0.520	4
湖南	0.406	7	0.417	7	0.430	7	0.441	7	0.483	6	0.494	8
重庆	0.388	8	0.393	8	0.410	8	0.446	6	0.473	7	0.499	6
四川	0.412	6	0.436	5	0.441	5	0.474	5	0.493	5	0.514	5
贵州	0.137	11	0.176	11	0.238	11	0.274	11	0.316	11	0.338	10
云南	0.220	10	0.263	10	0.282	10	0.320	10	0.330	10	0.318	11

续表

年份 地区	2011		2012		2013		2014		2015		2016	
	得分	排名	得分	排名	得分	排名	得分	排名	得分	排名	得分	排名
下游	0.577		0.603		0.619		0.658		0.679		0.709	
中游	0.424		0.439		0.450		0.457		0.480		0.503	
上游	0.289		0.317		0.343		0.379		0.403		0.417	

资料来源:根据测算结果整理。

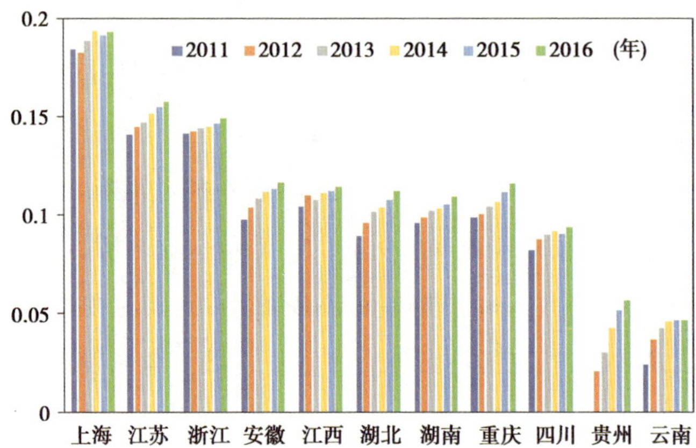

图 9.1 外部关系和谐程度评价结果

资料来源:根据测算结果整理。

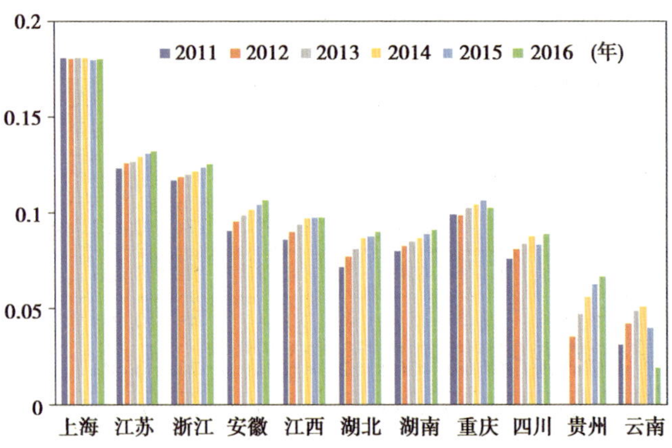

图 9.2 内部系统协调状态评价结果

资料来源:根据测算结果整理。

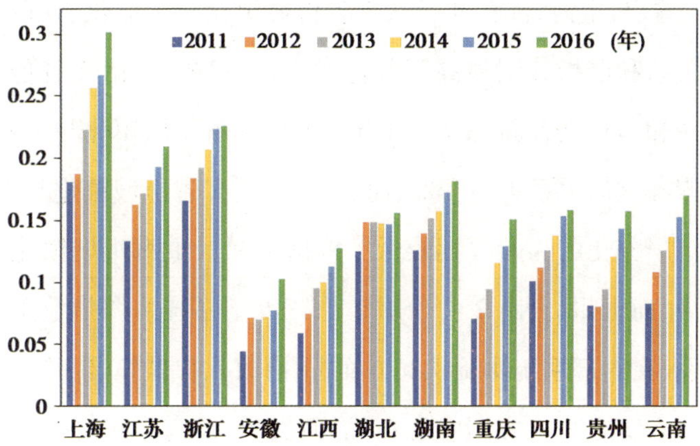

图 9.3　城镇地域发展质量评价结果

资料来源:根据测算结果整理。

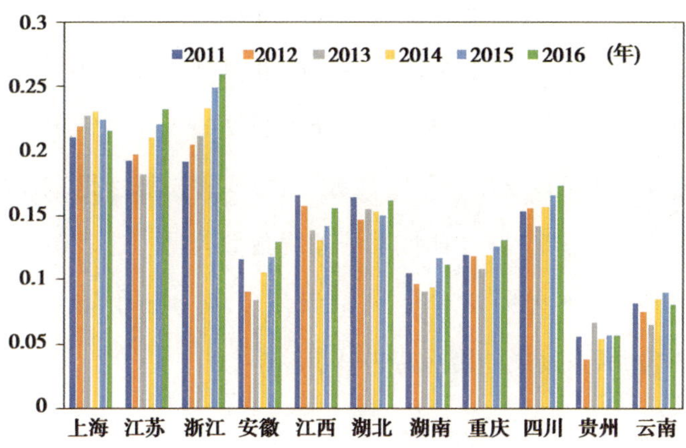

图 9.4　城乡地域发展差距评价结果

资料来源:根据测算结果整理。

二、长江经济带城镇化质量的空间分异格局

分省份来看,上海市城镇化质量指数最高,浙江省其次,江苏省居第 3。而云南、贵州和安徽 3 省份城镇化质量指数长期低于其他省份。分区域来看,长江经济带城镇化质量指数呈现下游高于中游、中游高于上游的梯度分异规律。

从图 9.1 可以看出,上海、江苏和浙江 3 省份城镇化与工业化、农业现代化和经济服务化的关系和谐指数明显高于其他省份,而贵州、云南 2 省份最低。这表明在外部关系和谐程度方面,上海、江苏和浙江 3 省份城镇化与工业化、农业现代化和经济服务化的关系更为和谐,而贵州、云南 2 省份城镇化与工业化、农业现代化和经济服务化的和谐程度较低。根据图 9.2,上海市城镇化三大子系统协调指数最高,而贵州、云南 2 省份城镇化三大子系统协调指数明显低于其他省份。这表明,在内部系统协调状况方面,上海市人口城镇、经济城镇化和空间城镇化三大子系统之间的协调状态最优,而贵州、云南 2 省份城镇化三大子系统之间的协调状态明显劣于其他省份。图 9.3 则显示,中上游欠发达省份与下游发达省份在城镇地域发展质量上的差距在缩小。这主要是因为城镇地域发展质量除了考察经济发展质量和社会发展质量外,还涉及生态环境质量,而一些上游欠发达省份尽管在城镇经济社会发展上相对滞后,但由于开发强度低、生态环境较好,在一定程度上弥补了其与下游发达省份在城镇发展质量方面的综合差距。从图 9.4 可以看出,浙江、江苏、上海 3 省份城乡地域发展差距指数较高,而贵州、云南 2 省份城乡地域发展差距指数较低。这表明浙江、江苏、上海 3 省份城乡地域发展差距相对较小,而贵州、云南 2 省份城乡地域发展差距远大于其他省份,城乡发展差距有待进一步缩小。

第二节　国家级城市群建设

一、长江三角洲城市群

1.地域范围

“长江三角洲”是一个具有多重意义的概念,学术界对长江中游城市群地域范围的界定也是众说纷纭。随着高铁、高速公路、城市轨道交通等基础设施网络的建设,长江三角洲地区城市之间的"同城化"进程不断加快,经济腹地和辐射范围有所扩大。不同维度下的"长江三角洲"地域范围见表9.3。

表9.3 不同维度下的"长江三角洲"地域范围

维度	核心观点	地域范围
自然地理	长江三角洲是指长江和钱塘江在入海处冲积成的三角洲,是长江中下游平原的一部分	北起通扬运河,南抵杭州湾,西至南京,东到海滨,包括上海市、江苏省南部、浙江省北部以及邻近海域
文化地理	长江三角洲的地域范围与江南文化亚区的地域范围大体相当	上海、苏南和浙北
经济地理	经济地理上的长江三角洲超出了自然地理上的长江三角洲	边界相对模糊,地域范围不断扩大

资料来源:整理自相关文献。

2010年5月,国务院批准实施的《长江三角洲地区区域规划》的规划范围仅涉及上海市、江苏省和浙江省,包括上海市和江苏省的南京市、苏州市、无锡市、常州市、镇江市、扬州市、泰州市、南通市,浙江省的杭州市、宁波市、湖州市、嘉兴市、绍兴市、舟山市、台州市16个地级及以上城市。2016年6月,国务院批准实施的《长江三角洲城市群发展规划》将江苏省的盐城市、浙江省的金华市和安徽省的合肥市、芜湖市、马鞍山市、铜陵市、安庆市、滁州市、池州市、宣城市10个地级及以上城市也纳入进来。至此,长江三角洲城市群地域范围基本确定。

长江中游城市群国土面积21.31万平方千米,2016年实现地区生产总值14.9万亿元,总人口1.51亿人,分别占全国的2.21%、19.98%、10.95%。经济密度、人口密度分别为0.70亿元/平方千米、710人/平方千米,分别是全国平均水平的9倍、5倍。全社会固定资产投资、地方财政收入和实际利用外资分别达到86 139.23亿元、18 547.68亿元、682.34亿美元,占全国的比重分别为14.20%、11.62%、24.15%。长江三角洲城市群不仅是长江经济带,也是全国经济实力最强、发育程度最高的城市群。2016年长江三角洲城市群基本情况见表9.4。

表 9.4　2016 年长江三角洲城市群基本情况

城市	土地面积(平方千米)	地区生产总值(亿元)	常住人口(万人)
上海市	6 341	28 178.7	2 417.5
南京市	6 587	10 503.0	825.3
无锡市	4 627	9 210.0	652.0
常州市	4 373	5 773.9	470.5
苏州市	8 657	15 475.1	1 063.2
南通市	10 549	6 768.2	730.1
盐城市	16 931	4 576.1	723.2
扬州市	6 591	4 449.4	448.7
镇江市	3 840	3 833.8	317.9
泰州市	5 787	4 101.8	464.4
杭州市	16 596	11 313.7	910.3
宁波市	9 816	8 686.5	785.0
嘉兴市	4 223	3 862.1	460.0
湖州市	5 820	2 284.4	296.2
绍兴市	8 279	4 789.0	497.8
金华市	10 942	3 684.9	548.7
舟山市	1 456	1 241.2	115.5
台州市	9 411	3 898.7	606.4
合肥市	11 445	6 274.4	782.9
芜湖市	6 026	2 699.4	366.2
马鞍山市	4 049	1 493.8	226.9
铜陵市	2 991	957.3	159.7
安庆市	13 538	1 531.2	459.9
滁州市	13 516	1 422.8	403.1
池州市	8 399	589.0	143.9
宣城市	12 313	1 057.8	259.7

资料来源:土地面积和地区生产总值数据整理自《中国城市统计年鉴 2017》,年平均常住人口数据根据《中国城市统计年鉴 2017》统计的地区生产总值和人均地区生产总值数据推算得到。

2.功能定位

《长江三角洲地区区域规划》对长江三角洲地区发展的战略定位为亚太地区重要的国际门户、全球重要的现代服务业和先进制造业中心、具有较强国际竞争力的世界级城市群。《长江三角洲城市群发展规划》明确提出“建设面向全球、辐射亚太、引领全国的世界级城市群”,加快在“最具经济活力的资源配置中心”“具有全球影响力的科技创新高地”“全球重要的现代服务业和先进制造业中心”“亚太地区重要国际门户”“全国新一轮改革开放排头兵”“美丽中国建设示范区”六大发展定位上实现突破。

3.城镇空间结构

长江三角洲城市群大中小城市齐全,拥有1座超大城市、1座特大城市、13座大城市、9座中等城市和42座小城市(见表9.5),各具特色的小城镇星罗棋布,城镇分布密度达到每万平方千米80多个,是全国平均水平的4倍左右,常住人口城镇化率达70.51%。

表9.5　长江三角洲城市群各城市规模等级

<table>
<tr><th colspan="2">规模等级</th><th>划分标准
(城区常住人口)</th><th>城市</th></tr>
<tr><td colspan="2">超大城市</td><td>1 000万人以上</td><td>上海市</td></tr>
<tr><td colspan="2">特大城市</td><td>500万~1 000万人</td><td>南京市</td></tr>
<tr><td rowspan="2">大城市</td><td>Ⅰ型大城市</td><td>300万~500万人</td><td>杭州市、合肥市、苏州市</td></tr>
<tr><td>Ⅱ型大城市</td><td>100万~300万人</td><td>无锡市、宁波市、南通市、常州市、绍兴市、芜湖市、盐城市、扬州市、泰州市、台州市</td></tr>
<tr><td colspan="2">中等城市</td><td>50万~100万人</td><td>镇江市、湖州市、嘉兴市、马鞍山市、安庆市、金华市、舟山市、义乌市、慈溪市</td></tr>
</table>

续表

规模等级		划分标准（城区常住人口）	城市
小城市	Ⅰ型小城市	20万~50万人	铜陵市、滁州市、宣城市、池州市、宜兴市、余姚市、常熟市、昆山市、东阳市、张家港市、江阴市、丹阳市、诸暨市、奉化市、巢湖市、如皋市、东台市、临海市、海门市、嵊州市、温岭市、临安市、泰兴市、兰溪市、桐乡市、太仓市、靖江市、永康市、高邮市、海宁市、启东市、仪征市、兴化市、溧阳市
	Ⅱ型小城市	20万人以下	天长市、宁国市、桐城市、平湖市、扬中市、句容市、明光市、建德市

资料来源：整理自《长江三角洲城市群发展规划》。

4.城镇化与人口发展

2011—2016年，长江三角洲城市群常住人口增长333.03万人，年均增长率约为4.5‰，略低于全国人口自然增长率。其中，城镇常住人口增长885.94万人，年均增长率达17.4‰，远低于全国城镇人口平均增长率(28‰)。常住人口城镇化率年均增长约0.88个百分点，比全国平均水平低将近0.34个百分点。之所以如此，主要与长江三角洲城市群城镇化起步早、发展快、水平高有关。2016年年末，长江三角洲城市群城镇常住人口约1.07亿人，占全国城镇人口的比重达13.49%，常住人口城镇化率为70.51%，比全国平均水平高13个百分点。

二、长江中游城市群

1.地域范围

长江中游城市群是以武汉城市圈、环长株潭城市群、环鄱阳湖城市群为主体形成的特大型城市群。长江中游城市群承东启西、连南接北，是长江经济带的重要组成部分,也是实施促进中部地区崛起战略、全方位深化改革开放和推进新型城镇化的重点区域,在我国区域发展格局中占有重要地位。根据《长江中游城市群发展规划》,其地域范围包括湖北省武汉市、黄石市、鄂州市、黄冈市、孝感市、咸宁市、仙桃市、潜江市、天门市、襄阳市、宜昌市、荆州市、荆门市,湖南省长沙市、株洲市、湘潭市、岳阳市、益阳市、常德市、衡阳市、娄底市,江西省南昌市、九江市、景德镇市、鹰潭市、新余市、宜春市、萍乡市、上饶市及抚州市、吉安市的部分县(区),国土面积约31.7万平方千米,2016年实现地区生产总值7.26万亿元,年平均常住人口1.28亿人,分别约占全国的3.65%、9.76%、9.28%。2016年长江中游城市群基本情况见表9.6。

表9.6　2016年长江中游城市群基本情况

城市	土地面积(平方千米)	地区生产总值(亿元)	常住人口(万人)
武汉市	8 569	11 912.6	1 068.7
黄石市	4 583	1 305.6	246.2
鄂州市	1 594	797.8	106.4
黄冈市	17 457	1 726.2	630.6
孝感市	8 910	1 576.7	489.1
咸宁市	9 861	1 107.9	251.6
仙桃市	2 538	647.6	114.8
潜江市	2 004	602.2	96.2
天门市	2 622	471.3	128.7
襄阳市	19 728	3 694.5	562.6
宜昌市	21 230	3 709.4	412.3
荆州市	14 243	1 726.8	569.8
荆门市	12 404	1 521.0	289.9
长沙市	11 816	9 356.9	753.8
株洲市	11 307	2 488.5	400.8
湘潭市	5 008	1 866.8	283.1
岳阳市	14 858	3 100.9	565.5

续表

城市	土地面积(平方千米)	地区生产总值(亿元)	常住人口(万人)
益阳市	12 320	1 493.2	442.1
常德市	18 190	2 953.8	584.4
衡阳市	15 303	2 853.0	731.2
娄底市	8 109	1 400.1	388.3
南昌市	7 402	4 355.0	533.7
九江市	19 798	2 096.1	483.7
景德镇市	5 261	840.1	164.8
鹰潭市	3 560	695.3	115.6
新余市	3 178	1 036.2	117.0
宜春市	18 669	1 782.0	552.2
萍乡市	3 831	998.3	190.8
上饶市	22 791	1 817.8	673.3
抚州市	18 799	1 210.9	400.2
吉安市	25 373	1 461.4	490.9

资料来源:整理自《中国城市统计年鉴 2017》及相关省份和地市统计年鉴。

2.功能定位

《长江中游城市群发展规划》对长江中游城市群的定位为"一极三区",即中国经济新增长极、中西部新型城镇化先行区、内陆开放合作示范区、"两型"社会建设引领区。在产业发展和科技创新方面,长江中游城市群建设目标为具有全球影响的现代产业基地和全国重要创新基地。在新型城镇化方面,长江中游城市群着力打造农业转移人口就近城镇化典范。在对内对外双向开放方面,长江中游城市群重点构建统一开放的市场体系和高水平的对外开放平台。在生态保护方面,长江中游城市群全力打造具有重要影响力的生态型城市群。

3.城镇空间结构

长江中游城市群城镇体系发育较为成熟,拥有 1 座特大城市、5 座大城市、

15 座中等城市和 48 座小城市(见表 9.7)。尽管近年来武汉、长沙、南昌三大中心城市经济社会发展迅猛,但城市能级和辐射带动能力偏弱,城市之间的相互作用强度有待提升。

表 9.7　长江中游城市群各城市规模等级

规模等级		划分标准 (城区常住人口)	城市
特大城市		500 万~1 000 万人	武汉市
大城市	Ⅰ型大城市	300 万~500 万人	长沙市
	Ⅱ型大城市	100 万~300 万人	南昌市、襄阳市、株洲市、衡阳市
中等城市		50 万~100 万人	宜昌市、常德市、黄石市、荆州市、湘潭市、岳阳市、上饶市、九江市、益阳市、抚州市、宜春市、耒阳市、孝感市、荆门市、娄底市
小城市	Ⅰ型小城市	20 万~50 万人	新余市、萍乡市、吉安市、景德镇市、鄂州市、潜江市、咸宁市、仙桃市、汉川市、丰城市、黄冈市、枣阳市、洪湖市、浏阳市、天门市、大冶市、武穴市、钟祥市、麻城市、高安市、老河口市、樟树市、醴陵市、赤壁市、常宁市、湘乡市、鹰潭市、枝江市
	Ⅱ型小城市	20 万人以下	冷水江市、瑞昌市、安陆市、宜城市、当阳市、沅江市、宜都市、应城市、涟源市、乐平市、临湘市、汨罗市、石首市、贵溪市、松滋市、津市市、庐山市、德兴市、韶山市、井冈山市

资料来源:根据《中国城市建设统计年鉴 2016》整理。

三、成渝城市群

1.地域范围

根据《成渝城市群发展规划》,成渝城市群具体范围包括重庆市的渝中、万州、黔江、涪陵、大渡口、江北、沙坪坝、九龙坡、南岸、北碚、綦江、大足、渝北、巴南、长寿、江津、合川、永川、南川、潼南、铜梁、荣昌、璧山、梁平、丰都、垫江、忠县27个区(县)以及开县①、云阳的部分地区,四川省的成都、自贡、泸州、德阳、绵阳(除北川县、平武县)、遂宁、内江、乐山、南充、眉山、宜宾、广安、达州(除万源市)、雅安(除天全县、宝兴县)、资阳15个市,总面积18.5万平方千米,2016年年末常住人口9 286.22万人,实现地区生产总值4.84万亿元,分别占全国的1.92%、6.72%和6.50%。2016年成渝城市群基本情况见表9.8。

表9.8 2016年成渝城市群基本情况

城市	土地面积(平方千米)	地区生产总值(亿元)	年末常住人口(万人)
重庆市	82 402	17 740.6	2 436.2
成都市	14 335	12 170.2	1 591.8
自贡市	4 381	1 234.6	278.1
泸州市	12 236	1 481.9	430.6
德阳市	5 911	1 752.5	352.0
绵阳市	20 248	1 830.4	481.1
遂宁市	5 322	1 008.5	329.8
内江市	5 385	1 297.7	374.7
乐山市	12 723	1 406.6	326.5
南充市	12 477	1 651.4	640.2
眉山市	7 140	1 117.2	300.1
宜宾市	13 271	1 653.1	451.0
广安市	6 339	1 078.6	326.5
达州市	16 588	1 447.1	559.8
雅安市	15 046	545.3	154.0
资阳市	5 748	943.4	254.1

资料来源:整理自《中国城市统计年鉴2017》及相关省份和地市统计年鉴。

① 2016年6月8日,国务院批复同意撤销开县,设立重庆市开州区。

2.功能定位

《成渝城市群发展规划》将成渝城市群定位为引领西部开发开放的国家级城市群，其发展定位为“两地三区”，即全国重要的现代产业基地、内陆开放型经济战略高地、西部创新驱动先导区、统筹城乡发展示范区、美丽中国的先行区。在产业发展方面，成渝城市群定位为全国重要的先进制造业和战略性新兴产业基地、世界级文化旅游目的地。在科技创新方面，成渝城市群重点推进重庆、成都国家创新型城市和绵阳国家科技城建设。在对内对外双向开放方面，成渝城市群着力打造西南地区国际交往中心、国家向西开放战略支点。在新型城镇化方面，成渝城市群积极探索城乡统筹发展新模式。在生态文明建设方面，成渝城市群全力打造长江上游生态屏障。

3.城镇空间结构

重庆、成都核心引领作用不断增强，一批中小城市特色化发展趋势明显，县城(区)和建制镇分布密集，每万平方千米拥有城镇 113 个，远高于西部的 12 个/万平方千米和全国的 23 个/万平方千米，各级各类城镇间联系日益密切。成渝城市群各城市规模等级见表 9.9。

表 9.9　成渝城市群各城市规模等级

规模等级		划分标准 (城区常住人口)	城市
特大城市		500 万~1 000 万人	重庆、成都
大城市	Ⅰ型大城市	300 万~500 万人	—
	Ⅱ型大城市	100 万~300 万人	泸州市、绵阳市、南充市、自贡市
中等城市		50 万~100 万人	宜宾市、乐山市、遂宁市、内江市、德阳市、达州市、眉山市
小城市	Ⅰ型小城市	20 万~50 万人	简阳市、江油市、资阳市、广安市、阆中市、广汉市、都江堰市、彭州市、雅安市
	Ⅱ型小城市	20 万人以下	邛崃市、崇州市、峨眉山市、什邡市、绵竹市、万源市、华蓥市

资料来源：根据《中国城市建设统计年鉴 2016》整理。

4.城镇化与人口发展

2011—2016 年,成渝城市群常住人口增长 307.51 万人,年均增长率约为 6.76‰,略高于全国人口自然增长率。其中,城镇常住人口增长 824.55 万人,年均增长率达 35.15‰,略高于全国城镇人口平均增长水平(28‰)。常住人口城镇化率年均增长约 0.88 个百分点,比全国平均水平高 0.23 个百分点。

第三节　地区性城市群建设

一、滇中城市群

1.地域范围

根据《滇中城市群规划(2016—2049 年)》,滇中城市群由昆明、曲靖、玉溪、楚雄 4 个州市及红河州北部 7 个县市组成,是云南省经济最发达的地区,国土面积占全省 29%,人口占全省 47.39%。滇中城市群是云南省交通设施密集,开发强度最高,发展基础最牢,发展水平最高,继续开发前景最好的区域,是带动全省经济社会发展的龙头和云南省参与国内外区域协作、竞争的主体。

2.功能定位

《滇中城市群规划(2016—2049 年)》对滇中城市群的定位为面向南亚东南亚辐射中心的核心区、中国西南经济增长极、区域性国际综合枢纽、生态宜居的山水城市群。在产业发展方面,滇中城市群着力建设具有国际水平的国家级现代产业聚集地、国家现代服务业基地和先进制造业基地。在对外开放方面,滇中城市群重点打造区域性国际金融经济贸易中心、区域性科技创新与人文交流中心。在绿色发展方面,滇中城市群大力建设国际知名的文化、生态旅游目的地。

3.城镇空间结构

滇中城市群城市体系发展不充分,城镇数量偏少,城镇规模普遍偏小,且缺少中间规模城市,呈现高首位特征。滇中城市群各城市规模等级见表 9.10。

表 9.10　滇中城市群各城市规模等级

规模等级		划分标准（城区常住人口）	城市
大城市	Ⅰ型大城市	300 万～500 万人	昆明
	Ⅱ型大城市	100 万～300 万人	—
中等城市		50 万～100 万人	曲靖
小城市	Ⅰ型小城市	20 万～50 万人	玉溪、楚雄、个旧、开远、蒙自
	Ⅱ型小城市	20 万人以下	弥勒

资料来源:根据《中国城市建设统计年鉴 2016》整理。

4.城镇化与人口发展

滇中城市群占云南省人口比重最大,也是全省城镇化水平最高的地区。2011—2016 年,滇中城市群近年城镇化发展迅速,常住人口城镇化率年均增长 1.51 个百分点,比全国平均水平高 0.29 个百分点。2016 年年末,滇中城市群的城镇人口 1 198.2 万人,城镇人口占云南省城镇人口比重达 55.78%。

二、黔中城市群

1.地域范围

黔中城市群位于贵州省中部地区,是国家实施新型城镇化战略、长江经济带战略和新一轮西部大开发战略的重点区域,也是贵州省实施工业强省和城镇化带动主战略的重要支撑。根据《黔中城市群发展规划》,黔中城市群地域范围包括贵阳市、贵安新区,遵义市红花岗区、汇川区、播州区、绥阳县、仁怀市,安顺市西秀区、平坝区、普定县、镇宁县,毕节市七星关区、大方县、黔西县、金沙县、织金县,黔东南州凯里市、麻江县,黔南州都匀市、福泉市、贵定县、瓮安县、长顺县、龙里县、惠水县,共计 33 个县(市、区),总面积 5.38 万平方千米,2016 年常住人口 1 629.17 万人，实现地区生产总值 7 576.81 亿元，分别占贵州省的 30.54%、64.34%、45.83%。

2.功能定位

《黔中城市群发展规划》，对黔中城市群的定位为西部地区新的经济增长极、山地特色新型城镇化先行示范区、内陆开放型经济新高地、绿色生态宜居城市群。在产业发展方面，黔中城市群着力建成国家大数据综合试验区的先导区、山地特色旅游基地、大健康产业基地。在新型城镇化方面，黔中城市群积极探索山地特色的融合、集约、高效、生态、多元型的城镇化道路。在生态文明建设方面，黔中城市群因地制宜发展绿色经济，大力建设宜居宜业宜游绿色家园。

3.城镇空间结构

黔中城市群含 1 个Ⅰ型大城市、1 个Ⅱ型大城市、2 个中等城市、2 个Ⅰ型小城市，3 个Ⅱ型小城市，16 个县城和 197 个建制镇，以贵阳中心城区和贵安新区为龙头，以市、州政府所在地城市为支撑，以小城市和小城镇为基础，以新型农村社区为补充，初步形成了大中小城市和小城镇协调发展的城镇体系。随着城市间基础设施连通性的增强和产业分工合作的深化，城市间及城市内部合作不断增强。贵阳中心城区与周边清镇、修文、平坝、龙里等城镇的同城化趋势日益明显，与长顺、惠水、贵定、息烽、开阳、黔西等县城的联系不断增强。黔中城市群各城市规模等级见表 9.11。

表 9.11　黔中城市群各城市规模等级

规模等级		划分标准 （城区常住人口）	城市
大城市	Ⅰ型大城市	300 万~500 万人	贵阳
	Ⅱ型大城市	100 万~300 万人	遵义
中等城市		50 万~100 万人	毕节、安顺
小城市	Ⅰ型小城市	20 万~50 万人	凯里、都匀
	Ⅱ型小城市	20 万人以下	清镇、仁怀、福泉

资料来源：根据《中国城市建设统计年鉴 2016》整理。

第四节　特色小(城)镇建设

特色小镇是指具有明确产业定位、文化内涵、旅游资源和具有一定社会功能的聚集发展平台，它是一个创新空间，是由企业协同创新的企业社区，以企业为主体，进行市场化运作运营，并且空间便捷明确的一种新型创新创业空间。2015 年 12 月 24 日，习近平总书记对中央财办报送的《浙江特色小镇调研报告》做出重要批示后，“特色小镇”迅速成为热词，培育建设特色小镇在全国范围各个层面得到重视和推广。2016 年 7 月，住房和城乡建设部等三部委联合颁布《关于开展特色小镇培育工作的通知》，在全国范围内推广特色小镇发展模式。培育发展特色小(城)镇，不仅是农村地区实现就地城镇化的一种手段，也是缓解城市人口、资源等方面压力的一条途径，对于推进新型城镇化发展战略具有重大意义。

住房和城乡建设部于 2016 年 10 月公布了首批 127 个特色小镇名单，而后于 2017 年 7 月公布第二批 276 个特色小镇名单。其中，长江经济带沿线 11 省份共有 56 个建制镇入选首批特色小镇，118 个建制镇入选第二批特色小镇。截至 2017 年 8 月，长江经济带沿线 11 省份共有 174 个特色小镇(见表 9.12)，占全国特色小镇总数的 43%。分省份来看，浙江省特色小镇数量最多，达 23 个，其次为江苏省，拥有 22 个特色小镇。

为加快特色小镇高质量发展进程，长江经济带沿线 11 省份均出台了相应的政策措施。2013 年，四川省开始实施“百镇建设行动”，每年选取 100 个基础条件好、发展潜力大、特色优势明显的小城镇进行重点培育。2016 年，四川省还专门编制《四川省“十三五”特色小城镇发展规划》，着力提升特色小城镇发展质量。2013 年，贵州省发布《贵州省关于加快 100 个示范小城镇改革发展的十条意见》，并出台 29 个配套落实的具体操作文件，形成“1+N”政策体系。

表 9.12　长江经济带沿线 11 省份特色小镇名单

省份	个数	特色小镇名单
上海	9	第一批(3 个):金山区枫泾镇、松江区车墩镇、青浦区朱家角镇 第二批(6 个):浦东新区新场镇、闵行区吴泾镇、崇明区东平镇、嘉定区安亭镇、宝山区罗泾镇、奉贤区庄行镇
江苏	22	第一批(7 个):南京市高淳区桠溪镇、无锡市宜兴市丁蜀镇、徐州市邳州市碾庄镇、苏州市吴中区甪直镇、苏州市吴江区震泽镇、盐城市东台市安丰镇、泰州市姜堰区溱潼镇 第二批(15 个):无锡市江阴市新桥镇、徐州市邳州市铁富镇、扬州市广陵区杭集镇、苏州市昆山市陆家镇、镇江市扬中市新坝镇、盐城市盐都区大纵湖镇、苏州市常熟市海虞镇、无锡市惠山区阳山镇、南通市如东县栟茶镇、泰州市兴化市戴南镇、泰州市泰兴市黄桥镇、常州市新北区孟河镇、南通市如皋市搬经镇、无锡市锡山区东港镇、苏州市吴江区七都镇
浙江	23	第一批(8 个):杭州市桐庐县分水镇、温州市乐清市柳市镇、嘉兴市桐乡市濮院镇、湖州市德清县莫干山镇、绍兴市诸暨市大唐镇、金华市东阳市横店镇、丽水市莲都区大港头镇、丽水市龙泉市上垟镇 第二批(15 个):嘉兴市嘉善县西塘镇、宁波市江北区慈城镇、湖州市安吉县孝丰镇、绍兴市越城区东浦镇、宁波市宁海县西店镇、宁波市余姚市梁弄镇、金华市义乌市佛堂镇、衢州市衢江区莲花镇、杭州市桐庐县富春江镇、嘉兴市秀洲区王店镇、金华市浦江县郑宅镇、杭州市建德市寿昌镇、台州市仙居县白塔镇、衢州市江山市廿八都镇、台州市三门县健跳镇
安徽	15	第一批(5 个):铜陵市郊区大通镇、安庆市岳西县温泉镇、黄山市黟县宏村镇、六安市裕安区独山镇、宣城市旌德县白地镇 第二批(10 个):六安市金安区毛坦厂镇、芜湖市繁昌县孙村镇、合肥市肥西县三河镇、马鞍山市当涂县黄池镇、安庆市怀宁县石牌镇、滁州市来安县汊河镇、铜陵市义安区钟鸣镇、阜阳市界首市光武镇、宣城市宁国市港口镇、黄山市休宁县齐云山镇
江西	12	第一批(4 个):南昌市进贤县文港镇、鹰潭市龙虎山风景名胜区上清镇、宜春市明月山温泉风景名胜区温汤镇、上饶市婺源县江湾镇 第二批(8 个):赣州市全南县南迳镇、吉安市吉安县永和镇、抚州市广昌县驿前镇、景德镇市浮梁县瑶里镇、赣州市宁都县小布镇、九江市庐山市海会镇、南昌市湾里区太平镇、宜春市樟树市阁山镇

续表

省份	个数	特色小镇名单
湖北	16	第一批(5个):宜昌市夷陵区龙泉镇、襄阳市枣阳市吴店镇、荆门市东宝区漳河镇、黄冈市红安县七里坪镇、随州市随县长岗镇 第二批(11个):荆州市松滋市溑水镇、宜昌市兴山县昭君镇、潜江市熊口镇、仙桃市彭场镇、襄阳市老河口市仙人渡镇、十堰市竹溪县汇湾镇、咸宁市嘉鱼县官桥镇、神农架林区红坪镇、武汉市蔡甸区玉贤镇、天门市岳口镇、恩施州利川市谋道镇
湖南	16	第一批(5个):长沙市浏阳市大瑶镇、邵阳市邵东县廉桥镇、郴州市汝城县热水镇、娄底市双峰县荷叶镇、湘西土家族苗族自治州花垣县边城镇 第二批(11个):常德市临澧县新安镇、邵阳市邵阳县下花桥镇、娄底市冷水江市禾青镇、长沙市望城区乔口镇、湘西土家族苗族自治州龙山县里耶镇、永州市宁远县湾井镇、株洲市攸县皇图岭镇、湘潭市湘潭县花石镇、岳阳市华容县东山镇、长沙市宁乡县灰汤镇、衡阳市珠晖区茶山坳镇
重庆	13	第一批(4个):万州区武陵镇、涪陵区蔺市镇、黔江区濯水镇、潼南区双江镇 第二批(9个):铜梁区安居镇、江津区白沙镇、合川区涞滩镇、南川区大观镇、长寿区长寿湖镇、永川区朱沱镇、垫江县高安镇、酉阳县龙潭镇、大足区龙水镇
四川	20	第一批(7个):成都市郫县德源镇、成都市大邑县安仁镇、攀枝花市盐边县红格镇、泸州市纳溪区大渡口镇、南充市西充县多扶镇、宜宾市翠屏区李庄镇、达州市宣汉县南坝镇 第二批(13个):成都市郫都区三道堰镇、自贡市自流井区仲权镇、广元市昭化区昭化镇、成都市龙泉驿区洛带镇、眉山市洪雅县柳江镇、甘孜州稻城县香格里拉镇、绵阳市江油市青莲镇、雅安市雨城区多营镇、阿坝州汶川县水磨镇、遂宁市安居区拦江镇、德阳市罗江县金山镇、资阳市安岳县龙台镇、巴中市平昌县驷马镇
贵州	15	第一批(5个):贵阳市花溪区青岩镇、六盘水市六枝特区郎岱镇、遵义市仁怀市茅台镇、安顺市西秀区旧州镇、黔东南州雷山县西江镇 第二批(10个):黔西南州贞丰县者相镇、黔东南州黎平县肇兴镇、贵安新区高峰镇、六盘水市水城县玉舍镇、安顺市镇宁县黄果树镇、铜仁市万山区万山镇、贵阳市开阳县龙岗镇、遵义市播州区鸭溪镇、遵义市湄潭县永兴镇、黔南州瓮安县猴场镇

续表

省份	个数	特色小镇名单
云南	13	第一批(3个):红河州建水县西庄镇、大理州大理市喜洲镇、德宏州瑞丽市畹町镇 第二批(10个):楚雄州姚安县光禄镇、大理州剑川县沙溪镇、玉溪市新平县戛洒镇、西双版纳州勐腊县勐仑镇、保山市隆阳区潞江镇、临沧市双江县勐库镇、昭通市彝良县小草坝镇、保山市腾冲市和顺镇、昆明市嵩明县杨林镇、普洱市孟连县勐马镇

资料来源:根据《第一批特色小镇名单》《第二批特色小镇名单》整理。

表9.13　长江经济带沿线11省份特色小镇建设相关政策

省份	时间	政策文件	主要内容
上海	2016年6月	《关于金山区加快特色小镇建设的实施意见》	打造一批具有鲜明产业特色、浓厚人文气息、优美生态环境,同时兼备旅游与社区功能的特色小镇
江苏	2017年2月	《江苏省人民政府关于培育创建江苏特色小镇的指导意见》	通过3~5年的努力,在全省范围内建设100个左右的"特色小镇"
浙江	2015年4月	《浙江省人民政府关于加快特色小镇规划建设的指导意见》	重点培育和规划建设100个左右的特色小镇
安徽	2017年8月	《安徽省人民政府关于加快推进特色小镇建设的意见》	到2021年,培育和规划建设80个左右省级特色小镇,重点打造一批特色小镇样板,形成示范效应
江西	2016年12月	《江西省特色小镇建设工作方案》	争取在2020年之前,在全省范围内分两批培育60个左右的特色小镇
湖北	2017年1月	《关于加快特色小(城)镇规划建设的指导意见》	在3~5年内,在全省范围内建设50个左右的国家和省级特色小镇

续表

省份	时间	政策文件	主要内容
湖南	2016 年 11 月	《湖南省住房和城乡建设事业第十三个五年规划纲要》	在"十三五"期间,培育 100 个左右的特色小镇
重庆	2016 年 6 月	《重庆市人民政府办公厅关于培育发展特色小镇的指导意见》	按照"三特色、三集聚"目标,力争在"十三五"期间建成 30 个左右在全国具有一定影响力的特色小镇示范点
四川	2016 年 12 月	《四川省"十三五"特色小城镇发展规划》	在 2016—2020 年规划期内,要大力培育发展 200 个左右类型多样、充满活力、富有魅力的特色小城镇
贵州	2014 年 6 月	《贵州省关于加快 100 个示范小城镇改革发展的十条意见》	打造 100 个特色小镇的升级版,并充分发挥其示范作用,带动全省 1 000 多个小城镇的快速发展
云南	2017 年 4 月	《云南省人民政府关于加快特色小镇发展的意见》	到 2019 年,在全省建设 20 个左右的国家级特色小镇、80 个左右的省级特色小镇,并在 25 个世居少数民族各建成一个以上特色小镇

资料来源:根据长江经济带沿线 11 省份出台的相关特色小镇发展的政策文件整理。

附　新型城镇化质量评价方法

1.评价指标体系

(1)城镇化与工业化协调指数。城镇化与工业化协调指数(D_{UI})主要反映城镇化与工业化的协调程度。城镇化与工业化越协调,二者就越能相互促进、相得益彰,城镇化质量也就越高。计算公式如下:

$$D_{UI} = \sqrt{C_{UI} \times T_{UI}} \tag{9.1}$$

其中:

$$C_{UI} = \sqrt{2 - \frac{2 \times [U(u)^2 + I(i)^2]}{[U(u) + I(i)]^2}} \tag{9.2}$$

$$T_{UI} = \frac{U(u) + I(i)}{2} \tag{9.3}$$

式中，$U(u)$为城镇化水平，采用常住人口城镇化率、第二三产业就业人口占总就业人口比重、建成区面积占国土面积比重等加权计算得到。$I(i)$为工业化水平，采用工业产出比重、工业就业比重、工业劳动生产率和工业产出利润率等加权计算得到。

附表 9.1　工业化水平测度指标体系

目标层	准则层	指标	权重	指标性质
工业化水平	工业产出比重	工业增加值占 GDP 比重	0.25	正向
	工业就业比重	工业就业人数占总就业人数比重	0.25	正向
	工业劳动生产率	劳均工业增加值	0.25	正向
	工业产出利润率	单位工业增加值利润率	0.25	正向

(2)城镇化与农业现代化协调指数。城镇化与农业现代化协调指数(D_{UA})主要反映城镇化与农业现代化的协调程度。计算公式如下：

$$D_{UA} = \sqrt{C_{UA} \times T_{UA}} \tag{9.4}$$

其中：

$$C_{UA} = \sqrt{2 - \frac{2 \times [U(u)^2 + A(a)^2]}{[U(u) + A(a)]^2}} \tag{9.5}$$

$$T_{UA} = \frac{U(u) + A(a)}{2} \tag{9.6}$$

式中，$A(a)$为农业现代化指数，采用地均第一产业增加值、劳均第一产业增加值、单位耕地面积农业机械总动力、农村人均用电量、有效灌溉面积占耕地总面积比重等加权计算得到。

附表 9.2　农业现代化指数测度指标体系

目标层	准则层	指标	权重	指标性质
农业现代化水平	农业投入产出率	地均第一产业增加值	0.125	正向
		劳均第一产业增加值	0.125	正向
	农业机械化程度	单位耕地面积农业机械总动力	0.25	正向
	农业电气化水平	农村人均用电量	0.25	正向
	农田水利建设水平	有效灌溉面积占耕地总面积比重	0.25	正向

(3)城镇化与经济服务化协调指数。城镇化与农业现代化协调指数(D_{US})主要反映城镇化与经济服务化的协调程度。计算公式如下：

$$D_{US} = \sqrt{C_{US} \times T_{US}} \tag{9.7}$$

其中：

$$C_{US} = \sqrt{2 - \frac{2 \times [U(u)^2 + S(s)^2]}{[U(u) + S(s)]^2}} \tag{9.8}$$

$$T_{US} = \frac{U(u) + S(s)}{2} \tag{9.9}$$

式中,$S(s)$表示经济服务化水平,采用第三产业占 GDP 比重和第三产业就业人数占总就业人数的比重的算数平均数表示。

(4)人口城镇化与经济城镇化协调指数。人口城镇化与经济城镇化协调指数(D_{PE})主要反映人口城镇化与经济城镇化的协调程度。计算公式如下：

$$D_{PE} = \sqrt{C_{PE} \times T_{PE}} \tag{9.10}$$

其中：

$$C_{PE} = \sqrt{2 - \frac{2 \times [P(p)^2 + E(e)^2]}{[P(p) + E(e)]^2}} \tag{9.11}$$

$$T_{PE} = \frac{P(p) + E(e)}{2} \tag{9.12}$$

式中，$P(p)$表示人口城镇化率，采用城镇常住人口占总人口比重表示。$E(e)$表示经济城镇化率，采用第二三产业就业人口占总就业人口比重表示。

（5）人口城镇化与土地城镇化协调指数。人口城镇化与土地城镇化协调指数（D_{PL}）主要反映人口城镇化与土地城镇化的协调程度。计算公式如下：

$$D_{PL} = \sqrt{C_{PL} \times T_{PL}} \tag{9.13}$$

其中：

$$C_{PL} = \sqrt{2 - \frac{2 \times [P(p)^2 + L(l)^2]}{[P(p) + L(l)]^2}} \tag{9.14}$$

$$T_{PL} = \frac{P(p) + L(l)}{2} \tag{9.15}$$

式中，$L(l)$表示土地城镇化率，采用建成区面积占国土面积比重表示。

（6）经济城镇化与土地城镇化协调程度。经济城镇化与土地城镇化协调指数（D_{EL}）主要反映经济城镇化与土地城镇化的协调程度。计算公式如下：

$$D_{EL} = \sqrt{C_{EL} \times T_{EL}} \tag{9.16}$$

其中：

$$C_{EL} = \sqrt{2 - \frac{2 \times [E(e)^2 + L(l)^2]}{[E(e) + L(l)]^2}} \tag{9.17}$$

$$T_{EL} = \frac{E(e) + L(l)}{2} \tag{9.18}$$

（7）经济发展质量。经济发展质量主要衡量城镇经济发展的优劣，经济发展质量指数采用人均 GDP、人均 GDP 的变异系数、就业比重、R&D 经费投入强度、技术市场成交额占 GDP 比重、每万人专利授权数、每万人 R&D 人员全时当量等指标加权计算得到。

附表 9.3　经济发展质量测度指标体系

目标层	准则层	指标	权重	指标性质
经济发展质量	经济发展水平	人均 GDP	0.25	正向
	经济发展差异	人均 GDP 的变异系数	0.25	逆向
	经济发展效益	就业比重	0.25	正向
	经济发展潜力	R&D 经费投入强度	0.062 5	正向
		技术市场成交额占 GDP 比重	0.062 5	正向
		每万人专利授权数	0.062 5	正向
		每万人 R&D 人员全时当量	0.062 5	正向

(8)社会发展质量。社会发展质量主要衡量城市社会发展的优劣,社会发展质量指数采用城镇居民人均可支配收入、城镇居民人均消费额、城镇每千中小学生教师数、城镇每万人医师数四项指标加权计算得到。

附表 9.4　社会发展质量测度指标体系

目标层	准则层	指标	权重	指标性质
社会发展质量	居民收入	城镇居民人均可支配收入	0.25	正向
	居民消费	城镇居民人均消费额	0.25	正向
	基础教育	城镇每千中小学生教师数	0.25	正向
	医疗卫生	城镇每万人医师数	0.25	正向

(9)生态环境质量。生态环境质量主要衡量城镇生态环境的优劣,生态环境质量指数采用城镇 $PM_{2.5}$浓度和污水排放总量加权计算得到。

(10)城乡居民收入差距。城乡居民收入差距采用城镇居民人均可支配收入与农村居民人均可支配收入的比值表示。该值越大,表明城乡居民收入差距越大,就越不利于城镇化的健康发展,城镇化质量也就越低。

(11)城乡居民消费差距。城乡居民消费差距采用城镇居民人均消费支出与农村居民人均消费支出的比值表示。

（12）城乡公共服务差距。城乡公共服务差距主要衡量城镇地域和乡村地域在教育、医疗两方面的差距，采用城乡每千中小学生教师数之比、城乡每万人医师数之比加权计算得到。

2.评价方法及指标计算

本章采用熵值法来客观评价长江经济带 11 个省份的城镇化质量。由于研究时段为 2011—2016 年，因此需要将面板数据进行降维以消除时间信息，从而构建包含 66 个评价单元的研究样本。熵值法的主要步骤如下：

数据归一化处理。将 n 个评价单元、m 个指标进行归一化处理。其中，对于正向指标，采用下式进行归一化：

$$X'_{ij} = \frac{X_{ij} - \min X_j}{\max X_j - \min X_j}, i = 1,2,\cdots,n, j = 1,2,\cdots,m \tag{9.19}$$

对于逆向指标，采用下式进行归一化：

$$X'_{ij} = \frac{\max X_j - X_{ij}}{\max X_j - \min X_j}, i = 1,2,\cdots,n, j = 1,2,\cdots,m \tag{9.20}$$

计算第 j 项指标下第 i 个省份占该指标的比重：

$$P_{ij} = \frac{X_{ij}}{\sum_{i=1}^{n} X_{ij}}, i = 1,2,\cdots,n, j = 1,2,\cdots,m \tag{9.21}$$

计算第 j 项指标的熵值：

$$e_j = -k \sum_{i=1}^{n} P_{ij} \ln(P_{ij}) \tag{9.22}$$

其中，$k=1/\ln(n)>0$

计算信息效用值：

$$d_j = 1 - e_j \tag{9.23}$$

计算各项指标权重

$$W_j = \frac{d_j}{\sum_{j=1}^{m} d_j} \tag{9.24}$$

计算各评价单元的综合得分

$$S_i = \sum_{j=1}^{m} W_j \times X'_{ij}(i = 1,2,\cdots,n) \tag{9.25}$$

参考文献

[1] 陈桂秋,马猛,温春阳,等.特色小镇特在哪[J].城市规划,2017(2):68-74.

[2] 方创琳,王振波.新型城镇化的战略、思路与方法——长江经济带的束簇状城镇体系构想[J].人民论坛·学术前沿,2015(18):35-45.

[3] 何平,倪苹.中国城镇化质量研究[J].统计研究,2013(6):11-18.

[4] 简新华.新型城镇化与旧型城市化之比较[J].管理学刊,2014(6):56-60.

[5] 简新华,杨冕.从"四化同步"到"五化协调"[J].武汉大学学报(哲学社会科学版),2013(6):104-111.

[6] 赖德胜,夏小溪.中国城市化质量及其提升:一个劳动力市场的视角[J].经济学动态,2012(9):57-62.

[7] 蓝庆新,刘昭洁,彭一然.中国新型城镇化质量评价指标体系构建及评价方法——基于2003—2014年31个省市的空间差异研究[J].南方经济,2017(1):111-126.

[8] 欧向军,甄峰,叶磊,等.江苏省城市化质量的区域差异时空分析[J].人文地理,2012(5):76-82.

[9] 王怡睿,黄煌,石培基.中国城镇化质量时空演变研究[J].经济地理,2017(1):90-97.

[10] 王振坡,薛珂,张颖,等.我国特色小镇发展进路探析[J].学习与实践,2017(4):23-30.

[11] 卫龙宝,史新杰.浙江特色小镇建设的若干思考与建议[J].浙江社会科学,2016(3):28-32.

[12] 武前波,徐伟.新时期传统小城镇向特色小镇转型的理论逻辑[J].经济地

理,2018(2):82-89.

[13] 杨璐璐.中部六省城镇化质量空间格局演变及驱动因素——基于地级及以上城市的分析[J].经济地理,2015(1):68-75.

[14] 张林,杨小娟,吴客彤.演化视角下的中国城市化质量差异趋势研究——基于地级市的数据[J].广西大学学报(哲学社会科学版),2017(4):60-72.

[15] 王海萍,陈斐.区域社会发展质量的概念界定与涵义解析——基于对相关概念的辨析和理论解读[J].南昌大学学报(人文社会科学版),2012(2):78-83.

第十章

10

长江经济带开放发展新格局

内容提要 塑造长江经济带开放发展新格局是统筹国内和国外两个大局的内在要求和必然趋势。自长江经济带发展重新上升为国家战略,中央和地方相继出台一系列政策文件,从顶层设计上明确了长江经济带开放发展的战略定位和发展主线。推动长江经济带全方位对外开放发展,需要依托自由贸易试验区、中欧班列等实践平台不断推动体制机制创新,进而因地制宜、因势利导,加快实践方式推陈出新。

建设长江经济带对外开放新高地,有助于统筹国内和国外两个大局,培育国际经济合作竞争新优势,为将长江经济带建成中国经济发展新支撑带营造良好的发展环境。

第一节　长江经济带开放发展的顶层设计

1.国家顶层设计

2014 年 9 月 25 日颁布的《国务院关于依托黄金水道推动长江经济带发展的指导意见》指出,用好海陆双向开放的区位资源,创新开放模式,促进优势互补,培育内陆开放高地,加快同周边国家和地区基础设施互联互通,加强与“一带一路”的衔接互动,使长江经济带成为横贯东中西、连接南北方的开放合作走廊。

2016 年 3 月 2 日,国家发展改革委等三部委联合颁布的《长江经济带创新驱动产业转型升级方案》提出,充分利用国内外两种资源、两个市场,发挥自贸区示范作用,与“一带一路”等对外合作互动推进,借鉴国际区域经济发展的成熟经验,统筹海陆双向开放,深度参与国际竞争与合作,形成沿海沿江沿边全面开放合作的新格局。

2016 年 6 月,中共中央印发的《长江经济带发展规划纲要》提出,建设长江经济带东西双向、陆海双向开放新走廊，形成全方位开放新格局。深化向东开放，加快向西开放，统筹沿海内陆开放，扩大沿边开放。更好推动“引进来”“走出去”相结合，更好利用国际国内两个市场、两种资源，构建开放型经济新体制。

2016 年 10 月 11 日，国家邮政局印发的《关于加快长江经济带邮政业发展的指导意见》提出，用好长江海陆双向开放的区位资源，发挥长江三角洲地区快递产业辐射引领作用，强化国际快递货运枢纽功能，加快实施邮政快递“走出去”战略，加强与“一带一路”建设衔接互动，推动长江经济带成为我国邮政业对外开放的先行示范带。

国家层面关于长江经济带开放发展的顶层设计见表 10.1。

表 10.1　国家层面关于长江经济带开放发展的顶层设计

政策文件	发布时间	相关表述	核心要点
《国务院关于依托黄金水道推动长江经济带发展的指导意见》	2014.9.25	培育全方位对外开放新优势	• 发挥上海对沿海开放的引领带动作用 • 增强云南面向西南开放重要桥头堡功能 • 加强与丝绸之路经济带的战略互动 • 推动对外开放口岸和特殊区域建设 • 构建长江大通关体制
《长江经济带创新驱动产业转型升级方案》	2016.3.2	开放合作的共赢带	• 充分利用国内外两种资源、两个市场，发挥自贸区示范作用，与“一带一路”等对外合作互动推进，借鉴国际区域经济发展的成熟经验，统筹海陆双向开放，深度参与国际竞争与合作，形成沿海沿江沿边全面开放合作的新格局

续表

政策文件	发布时间	相关表述	核心要点
《关于加快长江经济带邮政业发展的指导意见》	2016.10.11	邮政业全方位对外开放先行示范带	• 用好长江海陆双向开放的区位资源，发挥长江三角洲地区快递产业辐射引领作用，强化国际快递货运枢纽功能，加快实施邮政快递"走出去"战略，加强与"一带一路"建设衔接互动，推动长江经济带成为我国邮政业对外开放的先行示范带

资料来源：根据相关政策文本整理。

2.地方顶层设计

为加快推进中央顶层设计在长江经济带精准落地，长江经济带沿线 11 省份围绕全面提升开放型经济水平、构建全方位、多层次开放合作新格局出台了一系列政策文件，明确各地的战略定位和发展主线，有效促进沿线 11 省份打造开放型经济升级版。见表 10.2。

表 10.2　长江经济带沿线省份开放发展的地方顶层设计

省份	政策文件	发布时间	相关表述	核心要点
上海	《上海市人民政府关于贯彻〈国务院关于依托黄金水道推动长江经济带发展的指导意见〉的实施意见》	2015.7.28	扩大对外开放	• 推进自贸试验区制度创新 • 推进长江大通关体制建设 • 推动口岸对外开放 • 拓展投资贸易网络

续表

省份	政策文件	发布时间	相关表述	核心要点
浙江	《浙江省参与长江经济带建设实施方案(2016—2018年)》	2016.9.29	建设义甬舟开放大通道	•打造高效、便捷、低成本的国际物流大通道 •推进重大开放平台建设 •加强产业区域分工协作 •坚持“引进来”和“走出去”同步发展
安徽	《安徽省人民政府关于贯彻国家依托黄金水道推动长江经济带发展战略的实施意见》	2015.4.13	搭建高水平对外开放平台	•加快开发区转型升级 •加强特殊监管区和开放口岸建设 •积极推进长江大通关
江西	《江西省2016年推动长江经济带发展工作要点》	2016.4.20	以体制机制创新为根本动力提升区域协同发展和对内对外开放水平	•建立健全区域合作机制 •强化与沿江省市产业协作 •打造长江中游国家黄金旅游圈 •加快口岸物流通道建设 •加强口岸大通关建设 •争取设立江西自贸区
	《江西省人民政府贯彻〈国务院关于依托黄金水道推动长江经济带发展指导意见〉的实施意见》	2015.4.24	积极参与沿江跨区域合作构建全方位多层次开放合作格局	•全面融入长江大通关体系 •加快完善对外开放口岸平台 •积极学习借鉴上海自贸区可复制经验 •着力深化与长三角地区对接合作 •大力拓展与周边地区开放合作
湖北	《湖北省人民政府关于国家长江经济带发展战略的实施意见》	2015.5.29	构建沿江开放新高地	•加快武汉内陆开放高低建设 •加快沿江对外开放口岸和特殊区域建设 •推进与“一带一路”建设的互动

续表

省份	政策文件	发布时间	相关表述	核心要点
湖南	《湖南省人民政府关于依托黄金水道推动长江经济带发展的实施意见》	2015.5.8	全面提升开放的层次和水平	• 推动形成新的开放发展格局 • 打造高层次开放平台 • 深化长江流域区域通关一体化改革
重庆	《重庆市人民政府关于深入推动长江经济带发展的意见》	2018.3.26	着力实施内陆开放高地建设行动计划，全面提升开放发展的质量和水平	• 推动开放平台提档升级、协同发力 • 加快建设内陆国际物流枢纽和口岸高地 • 实施开放主体培育行动 • 实施开放环境优化行动 • 务实开展国际合作 • 深化省际协商合作
四川	《四川省人民政府贯彻国务院关于依托黄金水道推动长江经济带发展指导意见的实施意见》	2014.11.11	全方位多层次扩大对外开放	• 探索投资、金融、贸易便利化等改革试点 • 建设面向西南开放核心腹地 • 构建连接两大经济带的重要枢纽 • 打造升级对外开放口岸的特殊区域 • 主动融入长江经济带海关区域通关一体化

资料来源：根据相关政策文本整理。

第二节　长江经济带开放发展水平的时空演变

综合考虑对外开放涉及的核心领域，构建包括对外贸易、对外投资、经济合作和国际旅游四个维度的评价指标体系（见表 10.3），采用因子分析法确定权重，选取《中国统计年鉴》（2013—2017）、《中国贸易外经统计年鉴》（2013—2017）提供的基础数据，测度 2012—2016 年长江经济带沿线 11 省份对外开放度（见表 10.4），研判长江经济带对外开放度整体差异特征及时空演变格局。

表 10.3 对外开放度评价指标体系

一级指标	二级指标
对外外贸依存度	(A_1)进出口总额占 GDP 比重
	(A_2)外资企业进出口总额占 GDP 比重
对外投资开放度	(A_3)外资企业投资额占 GDP 比重
	(A_4)全社会固定资产投资中外资比重（含外商投资和港澳台商投资）
对外经济合作开放度	(A_5)对外承包工程合同金额占 GDP 比重
	(A_6)对外承包工程营业额占 GDP 比重
国际旅游开放度	(A_7)接待入境过夜人数占总人口比重
	(A_8)国际旅游外汇收入占 GDP 比重

全国层面对外开放度综合得分是 29 个省份集成的结果，其平均得分为 0；长江经济带对外开放度得分是其沿线 11 省份综合得分的算术平均值。

表 10.4 长江经济带沿线 11 省份对外开放度综合得分

年份 / 地区	2012		2013		2014		2015		2016	
	得分	排名	得分	排名	得分	排名	得分	排名	得分	排名
上海	3.345	1	3.343	1	2.771	1	3.562	1	2.923	1
江苏	0.976	4	0.678	5	0.654	6	0.574	7	0.684	6
浙江	0.557	6	0.489	6	0.603	7	0.574	6	0.361	8
安徽	−0.233	14	−0.242	14	−0.344	16	−0.178	15	−0.331	15
江西	−0.301	16	−0.268	15	−0.498	19	−0.109	14	−0.497	20
湖北	−0.047	10	0.063	9	−0.773	29	0.046	8	−0.589	24
湖南	−0.695	24	−0.649	22	−0.511	20	−0.631	22	−0.559	23
重庆	−0.073	11	−0.031	10	0.327	8	−0.105	13	0.135	9
四川	−0.197	13	−0.213	13	−0.584	22	−0.218	16	−0.534	22
贵州	−0.811	25	−0.811	26	−0.596	24	−0.811	25	−0.629	25

续表

年份 地区	2012		2013		2014		2015		2016	
	得分	排名	得分	排名	得分	排名	得分	排名	得分	排名
云南	-0.152	12	-0.154	12	-0.178	12	-0.027	10	-0.128	11
全国平均	0	—	0	—	0	—	0	—	0	—
长江经济带	0.215	—	0.201	—	0.079	—	0.243	—	0.076	—

注:表中排名不含港澳台地区、西藏自治区和海南省。

表 10.4 反映了长江经济带沿线 11 省份对外开放度综合得分及其排名情况。从全国范围看,长江经济带总体对外开放程度较高,其得分高于全国平均水平。从区域层面看,长江经济带对外开放度呈明显区域分化特征。其中,长江下游地区对外开放程度较高,得分远高于全国平均水平;中上游地区对外开放程度较低,除重庆外其余省份历年对外开放度的综合得分均低于全国平均水平。此外,根据对外开放度变化趋势可知,上海、江苏、浙江、安徽、湖南、重庆、贵州、云南 8 省份的对外开放度排名较为稳定,江西、湖北、四川排名波动较大,导致 2014 年和 2016 年整体对外开放度综合得分显著低于其余年份。

图 10.1 反映出长江经济带沿线 11 省份近五年对外开放度平均得分差异较大,仅上海、江苏、浙江、重庆 4 省份的对外开放度得分高于全国平均水平,其余省份的对外开放度得分均较低。其中,湖南和贵州的对外开放度得分排名靠后,且长江中上游地区的对外开放程度相近。纵观长江经济带对外开放格局,上海(最高)和贵州(最低)相差近 4 分,区域梯度开放格局较为明显。

在因子分析法测度长江经济带沿线 11 省份对外开放度的基础上,联合采用绝对差异和相对差异分析对测度结果的区域差异状况进行检验。通过比较极差(R)和变异系数(CV)两个指标研判长江经济带对外开放度时空差异的动态变化趋势。

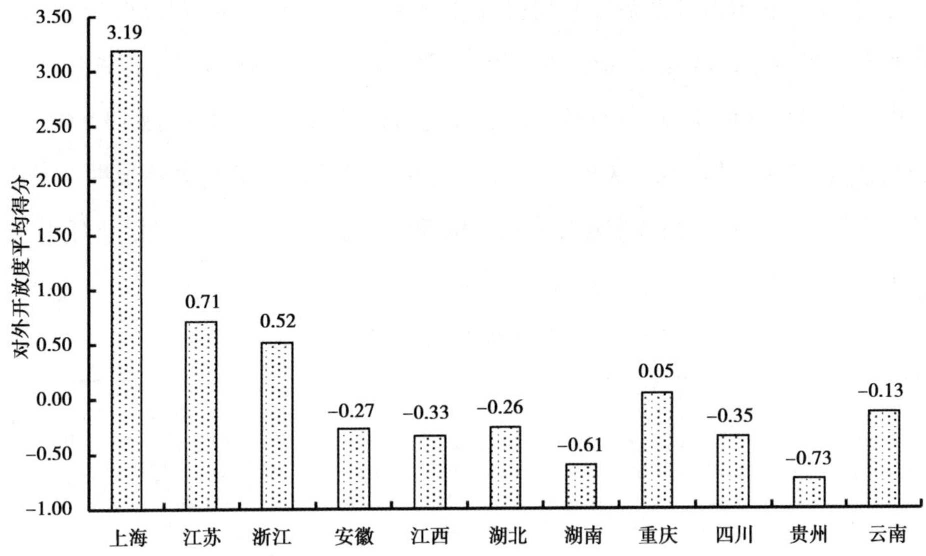

图 10.1　2012—2016 年长江经济带沿线 11 省份对外开放度平均得分

资料来源:根据测算结果整理。

表 10.5　长江经济带沿线 11 省份对外开放度的时空差异

年份 变量	2012	2013	2014	2015	2016
R(极差)	4.16	4.15	3.54	4.37	3.55
CV(变异系数)	4.31	4.43	5.49	4.22	5.55

资料来源:根据测算结果整理。

由表 10.5 可知,长江经济带对外开放度绝对差异逐年缩小,相对差异反而逐年扩大。由极差变化趋势可知,区域间的绝对差异呈先下降后上升再下降的“倒 N 形”变化特征,虽然不同年份间波动差异明显,但总体呈下降趋势,其中,2016 年 3.55 为近五年的最低点;变异系数则恰好相反,区域间的相对差异呈先上升后下降再上升的“正 N 形”变化特征。总体上,区域间的相对差异逐步扩大,2016 年 5.55 为近五年的最高点。

对 29 个省份对外开放度平均得分进行聚类分析可知,在得分高于全国平均水平的省份中,长江经济带占近一半,主要以长江下游地区为主,重庆作为长江中上游的开放高地,外向型经济发展领先其他省份。得分排名前 10 的省份中,长江经济带占据一半,表明长江经济带在发展外向型经济方面成效显著。湖南和贵州作为长江经济带对外开放程度较低的地区,有待进一步拓展对外合作渠道,加快外向型经济发展。见表 10.6。

表 10.6 29 个省份对外开放度综合得分排名

排名情况	省份
得分高于全国平均水平(9 个)	上海、广东、北京、天津、江苏、福建、浙江、辽宁、重庆
得分低于全国平均水平(20 个)	其余 20 个省份
得分排名前 10 位的省份	上海、广东、北京、天津、江苏、福建、浙江、辽宁、重庆、云南
得分排名后 10 位的省份	河北、河南、山西、黑龙江、湖南、内蒙古、贵州、青海、宁夏、甘肃

注:按 2012—2016 年对外开放度平均得分排序。表中排名不含港澳台地区、西藏自治区和海南省。

第三节 长江经济带自由贸易试验区建设

一、自贸区建设格局

2013 年 11 月,党的十八届三中全会审议通过的《中共中央关于全面深化改革若干重大问题的决定》提出构建开放型经济新体制的战略目标,包括放宽投资准入、加快自贸区建设、扩大内陆沿边开放等。

自 2013 年 8 月中国(上海)自由贸易试验区正式获批设立,到 2017 年 4 月

1 日辽宁等 7 省份自贸区挂牌成立，我国自贸区建设的“一极多点”格局已经形成。

我国自由贸易试验区发展历程见表 10.7。

表 10.7　我国自由贸易试验区发展历程

时间	发展阶段
2013.8	国务院正式批准设立中国（上海）自由贸易试验区
2013.9.18	国务院批准印发《中国（上海）自由贸易试验区总体方案》
2013.9.29	中国（上海）自由贸易试验区正式挂牌成立
2014.12.12	国务院正式宣布在广东、天津、福建再设三个自由贸易园区
2015.3.24	中共中央政治局审议通过了广东、天津、福建自由贸易试验区总体方案
2015.4.8	国务院批准印发《中国（广东）自由贸易试验区总体方案》《中国（天津）自由贸易试验区总体方案》《中国（福建）自由贸易试验区总体方案》
2015.4.21	中国（天津）自由贸易试验区、中国（福建）自由贸易试验区、中国（广东）自由贸易试验区同步挂牌成立
2016.8.31	党中央、国务院决定在辽宁、浙江、河南、湖北、重庆、四川、陕西新设立 7 个自贸区
2017.3.15	国务院批准印发辽宁、浙江、河南、湖北、重庆、四川、陕西 7 省份的自贸区总体方案
2017.4.1	辽宁、浙江、河南、湖北、重庆、四川、陕西 7 省份的自由贸易试验区同步挂牌成立

注：根据相关资料整理。

我国自由贸易试验区已经形成“1+3+7”的由沿海向内陆推进的梯度发展格局，为推动形成区域协调、陆海统筹的全方位、高水平对外开放新格局提供良好的平台基础。自由贸易试验区的建设和设置与中国改革开放总体战略布局大体一致，有助于更好地服务“一带一路”建设、长江经济带发展和京津冀协同发展三大区域战略。见图 10.2。

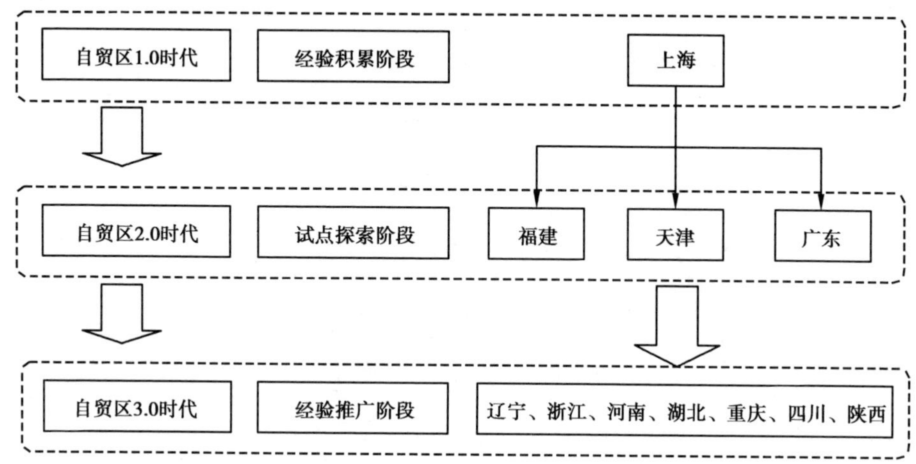

图 10.2　我国自由贸易试验区发展格局

为全面有效推进自由贸易试验区建设,从 2013 年 9 月国务院正式印发《中国(上海)自由贸易试验区总体方案》至今,长江经济带已批准的 5 个自由贸易试验区均先后出台建设总体方案,明确主要任务和措施,形成系统的自由贸易试验区政策体系(见表 10.8)。上海作为引领改革的排头兵,其总体方案的实施和调整为之后长江经济带其他地区制订自由贸易试验区总体方案提供参考和借鉴。

表 10.8　长江经济带自由贸易试验区总体方案

发布时间	总体方案
2013.9.18	《国务院关于印发中国(上海)自由贸易试验区总体方案的通知》
2017.3.15	《国务院关于印发中国(浙江)自由贸易试验区总体方案的通知》 《国务院关于印发中国(湖北)自由贸易试验区总体方案的通知》 《国务院关于印发中国(重庆)自由贸易试验区总体方案的通知》 《国务院关于印发中国(四川)自由贸易试验区总体方案的通知》

国务院印发的《中国(上海)自由贸易试验区总体方案》提出包括总体要

求、主要任务和措施、营造相应监管和税收制度环境、扎实做好组织实施等主要内容，并围绕提高开放型经济水平这一重点环节进一步制订服务业扩大开放措施（见表 10.9）。

表 10.9　《中国（上海）自由贸易试验区总体方案》的主要任务和措施

主要任务和措施	加快政府职能转变	深化行政管理体制改革
	扩大投资领域的开放	扩大服务业开放
		探索建立负面清单管理模式
		构筑对外投资服务促进体系
	推进贸易发展方式转变	推动贸易转型升级
		提升国际航运服务能级
	完善法制领域的制度保障	加快金融制度创新
		增强金融服务功能
营造相应的监管和税收制度环境	创新监管服务模式	推进实施“一线开放”
		坚决实施“二线安全高效管住”
		进一步强化监管协作
	探索与试验区相配套的税收政策	实施促进投资的税收政策
		实施促进贸易的税收范围

资料来源：整理自《中国（上海）自由贸易试验区总体方案》。

《中国（上海）自由贸易试验区总体方案》提出的主要任务和措施紧紧围绕面向世界、服务全国的战略要求和上海“四个中心”建设的战略任务，按照“先行先试、风险可控、分步推进、逐步完善”的方式，把扩大开放与体制改革相结合、把培育功能与政策创新相结合，形成与国际投资、贸易通行规则相衔接的基本制度框架。

国务院印发的《中国（浙江）自由贸易试验区总体方案》《中国（湖北）自由贸易试验区总体方案》《中国（重庆）自由贸易试验区总体方案》《中国（四川）自由贸易试验区总体方案》，提出涉及总体要求、区位布局、主要任务和措施以及保障机制等多方面内容。

《中国(浙江)自由贸易试验区总体方案》提出将浙江省建成东部地区重要的海上开放门户示范区、国际大宗商品贸易自由化先导区和具有国际影响力的资源配置基地,基本实现投资贸易便利、高端产业集聚、法治环境规范、金融服务完善、监管高效便捷、辐射带动作用突出,显著提升以油品为核心的大宗商品全球配置能力,对接国际标准初步建成自由贸易港区先行区(见表 10.10)。

表 10.10 《中国(浙江)自由贸易试验区总体方案》的主要任务和措施

主要任务和措施	切实转变政府职能	深化行政体制改革
		建立统一开放的市场准入和高标准监管制度
		提高利用外资水平
	推动油品全产业链投资便利化和贸易自由化	建设国际海事服务基地
		建设国际油品储运基地
		建设国际油品交易中心
		加快石油石化科技研发和人才集聚
	拓展新型贸易投资方式	建设国际矿石中转基地
		建设舟山航空产业园
		加强现代贸易投资合作

资料来源:《中国(浙江)自由贸易试验区总体方案》。

《中国(湖北)自由贸易试验区总体方案》提出湖北省立足中部、辐射全国、走向世界,努力成为中部有序承接产业转移示范区、战略性新兴产业和高技术产业集聚区、全面改革开放试验田和内陆对外开放新高地,加快对接国际高标准投资贸易规则体系,力争建成高端产业集聚、创新创业活跃、金融服务完善、监管高效便捷、辐射带动作用突出的高水平高标准自由贸易园区,在实施中部崛起战略和推进长江经济带发展中发挥示范作用(见表 10.11)。

表 10.11　《中国（湖北）自由贸易试验区总体方案》的主要任务和措施

主要任务和措施	加快政府职能转变	深化行政管理体制改革
		强化事中事后监管
	深化投资领域改革	提升利用外资水平
		完善对外投资合作促进体系
	推动贸易转型	培育新型贸易方式
		加快服务贸易创新发展
		创新通关监管服务模式
	深化金融领域开放创新	扩大金融领域对外开放
		增强金融服务功能
		推进科技金融创新
		建立健全金融风险防控体系
	推动创新驱动发展	深化科技体制改革
		健全知识产权保护运用机制
		集聚和利用国际创新要素
		构建人才支撑系统
	促进中部地区和长江经济带产业转型升级	加快建设长江中游航运中心
		构建国际物流枢纽
		促进区域产业转型升级和绿色发展
		打造区域发展综合服务平台

资料来源：《中国（湖北）自由贸易试验区总体方案》。

《中国（重庆）自由贸易试验区总体方案》提出全面落实党中央、国务院关于发挥重庆战略支点和连接点的重要作用、加大西部地区门户城市开放力度的要求，努力将自贸试验区建成“一带一路”和长江经济带互联互通的重要枢纽以及西部大开发战略的重要支点，努力建成投资贸易便利、高端产业集聚、监管高效便捷、金融服务完善、法治环境规范、辐射带动作用突出的高水平高标准自由贸易园区，努力建成服务于“一带一路”建设和长江经济带发展的国际物流枢纽和口岸高地，推动构建西部地区门户城市全方位开放新格局，带动西部大开发战略深入实施(见表 10.12)。

表 10.12 《中国(重庆)自由贸易试验区总体方案》的主要任务和措施

主要任务和措施	建设法治化、国际化、便利化营商环境	优化法治环境
		深化行政管理体制改革
		提高行政管理效能
	扩大投资领域开放	提升利用外资水平
		构筑对外投资服务促进体系
	推进贸易转型升级	促进加工贸易转型升级
		大力发展服务贸易
		加快发展新型贸易
		实施高效监管服务模式
		推进通关机制创新
	深化金融领域开放创新	优化跨境金融结算服务
		推动跨境人民币业务创新发展
		探索跨境投融资便利化改革创新
		增强跨境金融服务功能
		完善金融风险防控体系
	推进"一带一路"和长江经济带联动发展	构建多式联运国际物流体系
		探索建立"一带一路"政策支持体系
	推动长江经济带和成渝城市群协同发展	探索建立区域联动发展机制
		促进区域产业转型升级
		增强口岸服务辐射功能

资料来源:《中国(重庆)自由贸易试验区总体方案》。

《中国(四川)自由贸易试验区总体方案》提出四川省立足内陆、承东启西,服务全国、面向世界,将自贸试验区建成西部门户城市开发开放引领区、内陆开放战略支撑带先导区、国际开放通道枢纽区、内陆开放型经济新高地、内陆与沿海沿边沿江协同开放示范区,力争建成法治环境规范、投资贸易便利、创新要素集聚、监管高效便捷、协同开放效果显著的高水平高标准自由贸易园区,在打造内陆开放型经济高地、深入推进西部大开发和长江经济带发展中发挥示范作用（见表10.13）。

表10.13　《中国（四川）自由贸易试验区总体方案》的主要任务和措施

主要任务和措施	切实转变政府职能	推进简政放权
		构建事中事后监管体系
		优化法治环境
		建设多方参与的社会治理新体系
	统筹双向投资合作	提升利用外资水平
		构筑对外投资服务促进体系
		创新国际产能合作
		深化园区国际合作
		深化国有企业改革
	推动贸易便利化	加快服务贸易创新发展
		促进服务要素自由流动
		助推外贸转型升级
		创新口岸服务机制
		优化监管通关流程
	深化金融领域改革创新	促进跨境投融资便利化
		增强金融服务功能
		发展新兴金融业态
		探索创新金融监管机制
	实施内陆与沿海沿边沿江协同开放战略	增强产业辐射带动能力
		畅通国际开放通道
		打造沿江开放口岸
	激活创新创业要素	优化创新创业制度环境
		创新科技金融服务机制
		整合全球创新创业要素

资料来源：《中国（四川）自由贸易试验区总体方案》。

2017年3月,国务院印发的《全面深化中国(上海)自由贸易试验区改革开放方案》提出,新形势下全面深化改革和扩大对外开放的战略举措,重新审视自贸区建设中取得的重大进展,逐步深化对自贸区建设经验的认识。对照国际最高标准、最好水平的自贸区,全面深化自贸区改革开放,加快构建开放型经济新体制,在新一轮改革开放中进一步发挥引领示范作用。上海作为国家对外开放的前沿阵地,国家高度重视上海自贸区试点经验的推广,以上海为龙头带动长江经济带乃至全国提升对外开放深度和广度,在《国务院关于印发全面深化中国(上海)自由贸易试验区改革开放方案的通知》中明确提出上海自贸区建设过程中应加强改革系统集成,将上海自贸区建成开放和创新融合的综合改革试验区;加强同国际通行规则相衔接,将上海自贸区建成开放型经济体系的风险压力测试区;进一步转变政府职能,将上海自贸区打造成提升政府治理能力的先行区;创新合作发展模式,将上海自贸区建成服务国家"一带一路"建设、推动市场主体走出去的桥头堡;与此同时,上海自贸区建设还应服务于全国改革开放大局,形成更多可复制、可推广的制度创新成果。

二、自由贸易区建设存在的主要问题和推进策略

自上海自贸区建设到第三批自贸区挂牌成立,长江经济带自贸区建设成效显著,发挥了示范效应,有力地推动了地区开放发展,但也存在着某些问题。综合学术界相关研究成果,大体上存在以下主要问题:

(1)地方政府主导模式挤压了市场机制运行空间。地方政府普遍将自贸区视为开发区的"翻版",多个省份的政府工作报告明确表示要申报自由贸易试验区,盲目跟风现象严重。然而,自贸区既不能冲破土地红线,又无法利用财税政策形成"洼地",且没有国家的优惠政策支持。在传统政府主导的治理路径下,地方政府惯性地认为自贸区属于政策制度红利,热衷于跟中央索要"发展权利"而忽视"改革义务"。当前,自贸区建设有"开发区化"的趋势。从现有的自贸

区来看,地方政府仍采用政策扶植手段来吸引企业资源,“扎堆”现象较为普遍。如果不严控自贸区政策制度,优惠政策泛化就会造成边际收益递减,周边地区政策模仿也会加剧区域间的恶性竞争。

(2)自贸区扩容面临可复制经验移植困境。由上海自由贸易试验区扩散到广东、天津、福建三大沿海区域,再到第三次自贸区扩容区域,已形成自贸区梯度建设格局,且扩容地区逐步从沿海走向内陆。从初始禀赋看,第三批自贸区同前两批有着较为明显的差异。前两批自贸区处于发达的沿海地区,经济实力较强,交通区位优势明显,有着广阔的经济腹地作为支撑,可为经济开放提供便利条件;第三批自贸区经济发展程度较差,甚至有些地区尚未摆脱产业结构畸形失调的困扰,最新批次的自贸区建设不能简单复制原有自贸区建设经验,其发展甚至可能“从头再来”,在发展路径中面临的阻力可能会超出预期。

(3)自贸区间的竞合偏差和协同问题降低了经济效率。虽然国家在自贸区设置和定位上充分考虑了地区差异化竞争导向,但也难以避免自贸区功能上存在重叠、冲突甚至是恶性竞争的现象。如《中国(上海)自由贸易试验区总体方案》中多项涉及金融服务的激励措施同深圳前海等地存在政策竞争。在现有绩效考核导向和区际竞争框架下,同质化的制度创新可能导致地区间无序竞争。处理好区域间竞合关系,避免恶性竞争循环,是自贸区建设面临的一大挑战。另外,自贸区内的产业协同也至关重要。然而,产业发展碎片化现象在自贸区建设中时有发生。自贸区内部产业链构建,并非以产业关联为依据,区内技术不相容的产业过多,支撑这些产业会导致成本激增,不同片区间难以实现协同发展,反而是资源竞争现象明显,导致效率损失。

推进长江经济带自贸区持续健康发展,宜采取以下策略:

(1)转变自贸区建设的主导力量,强化市场机制运行。区域经济发展需摆脱传统依靠国家优惠政策和产业功能的狭隘思维,降低政府管制以发挥市场机制作用。重点聚焦事中事后监管体制的建立，简化行政审批程序，政府要主动塑造良好经济生态，逐步从竞争性市场领域中退出。通过市场机制来对生产要素进行调动和分配。另外，借鉴国外自贸区建设成功经验，将自贸区的总体要求、特殊禀赋及国际惯例相结合，设计出一套有根植力的体制框架，为我国自贸区建设提供具有可操作性的基本规范。

（2）建立由中央到地方的管理体制。因地方差异和功能定位不同，我国自贸区管理体制应分为两层级和三层级两种。两层级指由中央机构到自贸区管理机构，三层级指由中央机构到地方政府管理小组再到自贸区管理机构。无论两层级还是三层级，都是以由中央授权的专门管理机构作为最高领导机构。以中央机构作为领导便于与其他政府部门协调，在职权范围内以最高效率计划并落实自贸区事宜，以国家行为对自贸区运行进行宏观把控，协调全局，为自贸区提供基础设施，保障自贸区建成透明、高效的服务体系。

（3）注重自贸区协同发展。为避免自贸区间的不合理“内耗”所带来的效率下降，须建立各地自贸区的协调机制，拟定差异化发展政策，完善地区利益获取模式和规则。在自贸区间建构立体式信息疏导渠道，在自贸区间、自贸区内的微观经济主体中打造信息共享平台，消除由自贸区信息不对称带来的同构化竞争。另外，对产业同质性较强地区进行规划调整，提高自贸区间的产业差别，为发展规划路径腾出足够的协作空间，使自贸区间的经济分工合作后的溢出效益能够被有效吸纳。

第四节　长江经济带中欧班列建设

中欧班列作为一种新兴国际物流模式，推进与周边地区的互联互通，形成国际运输通道，扩展国际合作发展新空间。运行于中国与欧洲以及“一带一路”

沿线国家间的集装箱等铁路国际联运列车，是深化我国与沿线国家经贸合作的重要载体和推进“一带一路”建设的重要抓手。2016 年，国家发展改革委专门颁布实施《中欧班列建设发展规划（2016—2020）》《国务院关于依托黄金水道推动长江经济带发展的指导意见》《长江经济带发展规划纲要》等政策文件均强调，加强长江经济带与“一带一路”建设的衔接与互动，推动形成长江经济带开放发展新格局。中欧班列作为推动长江经济带对外开放的重要实践，促进长江经济带沿线地区融入“一带一路”建设，为长江经济带开放型经济发展提供广阔空间。与中欧班列建设相关的部分政策文件见表 10.14。

一、中欧班列发展格局

2011 年 3 月 19 日，渝新欧是中国首列开行的中欧班列。截至 2017 年年底，中欧班列累计开行 6 235 列①。随着中国与欧洲及沿线国家经贸往来发展迅速，中欧班列开行数量高速增长。2017 年，中欧班列开行总量高达 3 271 列，安排班列运行线路 57 条，国内开行城市总数达到 35 个，顺畅连接欧洲 12 个国家 34 个地区。因此，2017 年被外界誉为中欧班列的“提速年”②。中欧班列开通的意义不能简单通过现有赢利能力衡量，更重要的是推动各地开放型经济的发展。

国家及地方政策均强调中欧班列建设对于推动长江经济带开放发展至关重要，通过构建全方位、多层次、立体式的交通廊道不断深化长江经济带与“一带一路”建设的衔接与互动，强化对外贸易合作，加快形成长江经济带更深层次、更高水平的开放新格局。

---

① 重庆马路社.2017 年中欧班列：重庆成都领跑、郑州武汉强势崛起！[EB/OL].搜狐网，2018-01-03.

② 李果.2017 中欧班列报告：35 城市共开行 3 271 列　未来将转向“高质量”[EB/OL].一带一路网，2018-01-03.

表 10.14　中欧班列建设的顶层设计

政策文件	总体表述	具体表述
《国务院关于依托黄金水道推动长江经济带发展的指导意见》	大力发展多式联运	• 充分发挥“渝新欧”“蓉新欧”“义新欧”等既有通道作用，优化整合中欧通道国际集装箱班列，打造具有国际影响力的运输平台
	加强与丝绸之路经济带建设的互动	• 提升“渝新欧”“蓉新欧”“义新欧”等中欧班列国际运输功能，建立中欧铁路通道协调机制，增强对中亚、欧洲等地区进出口货物的吸引能力，着力解决双向运输不平衡问题
《中国（湖北）自由贸易试验区总体方案的通知》	构建国际物流枢纽	• 推进中欧班列（武汉）发展，支持设立中欧班列华中拆拼箱中心
《中国（四川）自由贸易试验区总体方案的通知》	助推外贸转型升级	• 探索中欧班列（成都）邮（快）件运输
	畅通国际开放通道	• 支持成都国际铁路港建设国家对外开放口岸，依托中欧班列（成都）等打造国际铁路运输重要枢纽，推进与泛欧泛亚国家（地区）枢纽城市的互联互通 • 优化多种运输方式衔接、中转流程，完善多式联运标准和服务规则，探索与沿海沿边沿江重要枢纽城市高效联运新模式，加速构建集高铁、地铁、城际铁路、高速公路于一体的综合交通体系，建设中欧陆空联运基地
《中国（重庆）自由贸易试验区总体方案的通知》	构建多式联运国际物流体系	• 依托中欧国际铁路联运通道，强化运输安全，提高运输效率，降低运输成本，构建中欧陆路国际贸易通道和规则体系，发展国际铁路联运
	探索建立“一带一路”政策支持体系	• 以中欧国际铁路联运通道为重点，完善自贸试验区与“一带一路”沿线各国海关、检验检疫、标准认证部门和机构之间的通关合作机制

资料来源：根据相关政策整理而成。

中欧班列运行线分为中欧班列直达线和中欧班列中转线。中欧班列直达线是指内陆主要货源地节点、沿海重要港口节点与国外城市之间开行的点对点班列线；中欧班列中转线是指经主要铁路枢纽节点集结本地区及其他城市零散货源开行的班列线。长江经济带中欧班列运行线路见表 10.15。

表 10.15　长江经济带中欧班列运行线路

国内发（到）城市	边境口岸	境外到（发）城市	方向	是否开通
重庆	阿拉山口（霍尔果斯）	杜伊斯堡（德国）等	双向	开通
	满洲里	切尔克斯克（俄罗斯）等	去程	开通
成都	阿拉山口（霍尔果斯）	罗兹（波兰）等	双向	开通
武汉	阿拉山口（霍尔果斯）	帕尔杜比采（捷克）等	双向	开通
		汉堡（德国）等	双向	开通
	满洲里	托木斯克（俄罗斯）等	回程	开通
苏州	满洲里	华沙（波兰）等	去程	开通
		布列斯特（白俄罗斯）等	回程	开通
义乌	阿拉山口（霍尔果斯）	马德里（西班牙）等	双向	开通
		德黑兰（伊朗）等	双向	规划中
长沙	满洲里	汉堡（德国）等	去程	开通
连云港	阿拉山口（霍尔果斯）	阿拉木图（哈萨克斯坦）等	双向	开通
		伊斯坦布尔（土耳其）等	双向	规划中
合肥	阿拉山口（霍尔果斯）	阿拉木图（哈萨克斯坦）等	去程	开通
昆明	阿拉山口（霍尔果斯）二连浩特	鹿特丹（荷兰）等	双向	规划中
贵阳		杜伊斯堡（德国）等	双向	
南昌		阿拉木图（哈萨克斯坦）等 莫斯科（俄罗斯）等	双向	
南京	阿拉山口（霍尔果斯）满洲里			

资料来源：整理自《中欧班列建设发展规划（2016—2020）》。

中欧班列作为长江经济带对接“一带一路”建设的重要纽带和建设陆路大通道的先行者,已成为加强中欧互联互通的重要载体,它带来的“脉动”效应不断增强,提升了“一带一路”沿线各国基础设施互联互通和经贸合作水平。加快对外高速铁路建设,打通对外大通道,对进一步提升长江经济带和“一带一路”的联结点功能,加快推动长江经济带开放发展新格局,具有十分重要的战略意义。

当前,长江经济带中欧班列建设正经历从起步阶段向快速发展阶段转变,探索地区独具特色的发展模式有助于打造长江经济带开放型经济升级版。随着中欧贸易关系稳步加强及“一带一路”倡议的落地,中欧班列成为破解铁路货运困局、发展对外贸易、对接国家战略的最佳载体。

(1)中欧班列(重庆)(见表10.16)。自2011年1月28日“渝新欧”首次开行,中欧班列(重庆)已走过七个年头。“渝新欧”国际铁路联运大通道是从重庆出发到欧洲的国际铁路货运专线,也是中欧班列的开创者。“渝新欧”的开通比原来通过长江水运到上海再海运至欧洲节约近30~40天,而运行成本只为空运的1/6~1/5,是各类附加值货物常态化运输的首选①。

2017年,“渝新欧”成为首个突破1 000列的中欧班列,其出货值一度占从阿拉山口出境的中欧班列的80%。截至2017年年底,中欧班列(重庆)已累计开行超过1 500列,约占中欧班列开行总量的四分之一。其中,2017年,重庆开行中欧班列700列,占全部中欧班列数量的21.4%,运输货物超12万标箱,能够辐射到荷兰、比利时等30多个国家和地区。对扩大中欧经贸合作产生重要影响。“渝新欧”已发展成为我国中西部地区开行时间最早、数量最多、带动力最强的中欧国际货运班列。

① 李玺,郑治,卢倩桦.“渝新欧铁路”——打造我国中西部最强中欧国际货运班列[EB/OL].百度网,2018-01-08.

表 10.16　中欧班列(重庆)

<table>
<tr><td rowspan="5">中欧班列(重庆):
渝新欧</td><td>运输路线</td><td>重庆—新疆阿拉山口—哈萨克斯坦—俄罗斯—白俄罗斯—波兰—德国杜伊斯堡</td></tr>
<tr><td>运输里程、时间</td><td>全程约 11 000 千米,运行时间约 15 天</td></tr>
<tr><td>国际货运班列</td><td>2011 年 1 月 28 日测试运营(共两次)
2011 年 3 月 19 日正式开通</td></tr>
<tr><td>主要货源地</td><td>上海、江西、浙江、深圳等地</td></tr>
<tr><td>运输货物</td><td>电子产品、汽车用品、家具、服装等</td></tr>
</table>

资料来源:根据相关资料整理。

在前期仅以阿拉山口为进出境口岸的基础上,“渝新欧”又开拓了霍尔果斯、满洲里、二连浩特三个进出境口岸,并均已实现常态化运行。作为中欧班列的开创者,中欧班列(重庆)积极创新拓展国际铁路联运大通道的运营模式,在公共班列开行、铁路货源组织、“1+N”的分拨体系建设、国内外场站建设、国际邮包运输、跨境电商运输、班列提速降费等方面均有重大突破,并通过返程运邮、多式联运以及提升通关效率等多领域创新,不断夯实“渝新欧”品牌的国际影响力,成为重庆走出去和打造内陆开放高地的重要抓手。

“1+N”的分拨体系建设。“渝新欧”集结点和分拨点由最初的德国杜伊斯堡增加到俄罗斯、白俄罗斯、意大利、荷兰、比利时、越南、新加坡等 10 余个国家 30 多个城市,成为中欧陆上贸易的主通道。

国际邮包运输。2016 年,中欧班列(重庆)运邮测试成功,实现了我国 60 多年来首趟国际邮包铁路运输。经过一年多的发展,中欧班列(重庆)在国际邮包领域已实现了常态化、规模化,可分拨至 14 个国家,实现每天 1.5 万件的邮包运输量。

返程运邮测试。2018 年,中欧班列(重庆)将在海关等单位的支持下,开展返程运邮测试,并启动西部物流园 2 万平方米的国际邮件互换局铁路口岸中心建设,重庆市有望成为铁路国际邮包的集散分拨中心和口岸枢纽城市。

多式联运体系。2017 年,重庆实现"中欧班列(重庆)+4 小时航空",欧洲产品通过中欧班列(重庆)运至重庆,再通过航空运至 4 小时航空范围内的新加坡及东南亚①。此外,重庆按"前港后园"模式建成西南地区最大的铁水联运港果园港,成为"渝新欧"继重庆团结村之后又一始发站,推动了中欧国际货运大通道和长江黄金水道水陆运输的无缝衔接。规划到 2020 年,果园港的中欧班列始发、到达量将达到 300 班,其作为长江上游多式联运物流枢纽地位将更为显现。

提升通关效率。2017 年 11 月,借助中欧班列(重庆),海关总署完成了重庆—阿拉山口—多斯特克—阿拉木图的"关铁通"测试。通过"关铁通",进口国海关不需要对集装箱货物实施侵入式查验,便可直接读取集装箱上加挂的安全智能锁查验图像和数据。

中欧班列(重庆)的建设实现了长江黄金水道与"一带一路"的无缝衔接,真正承担起"渝新欧"国际铁路联运大通道在国家建设中的重要节点作用,成为服务长江经济带开放发展的重要支撑。

(2)中欧班列(江苏)(见表 10.17)。2017 年,江苏省中欧班列开行量达 150 列,同比增长 23.1%。主要开行线路有"苏满欧""宁满欧""连新欧",涉及苏州、南京、连云港等市。其中,"苏满欧"在全国已形成较强的影响力。2017 年,"苏满欧"开行出口班列达 116 列,发运 10 588 标箱,货运量 6.36 万吨,出口主要商品为电子产品、服装鞋帽、生活用品。

---

① 重庆马路社.2017 年中欧班列:重庆成都领跑、郑州武汉强势崛起![EB/OL].搜狐网,2018-01-03.

表 10.17　中欧班列(江苏)

中欧班列(江苏):苏满欧、连新欧	运输路线	苏满欧:苏州—满洲里—俄罗斯—白俄罗斯—波兰华沙 连新欧:连云港—德国杜伊斯堡
	运输里程、时间	苏满欧:全程 11 200 千米,运行时间约 15 天 连新欧:全程 11 000 千米,运行时间约 12 天
	国际货运班列	苏满欧:2013 年 9 月 29 日正式开通 连新欧:2015 年 12 月 23 日正式开通
	主要货源地	苏满欧:苏州本地及周边 连新欧:长三角地区
	运输货物	苏满欧:笔记本电脑、平板电脑、液晶显示器、硬盘、芯片等 IT 产品 连新欧:电子产品、生活用品等

资料来源:根据相关资料整理。

2017 年,江苏省出台的《中欧班列建设发展实施方案(2017—2020 年)》明确指出加大对开行线路的财政支持力度,有力推动中欧班列的有序发展、扩量增效,强化对外向型经济的物流服务支撑①。此外,组建中欧班列发展联席会议制度,保障实施方案取得实效。积极探索创新国际货运班列合作模式,深化与铁路系统合作,在资金扶持、用地保障、税费优惠、科技创新、人才保障等方面予以支持。

方案提出,到 2020 年,江苏要基本形成布局合理、设施完善、运量稳定、便捷高效、安全畅通的中欧班列综合服务体系,班列设施供给明显改善,班列运行效率得到提升,运输服务一体化、个性化、信息化水平进一步提高,口岸通关更加便捷高效,在此基础上,实现中欧班列腹地货源集聚能力显著增强,争取中欧班列年开行数量突破 850 列,初步实现中欧班列对周边地区服务的全覆盖。

① 杨守华.江苏省中欧班列 2017 年发送量突破 880 列[EB/OL].百度网,2018-01-17.

江苏省将重点发展南京、苏州、连云港三大国家级中欧班列枢纽节点，加快培育徐州、南通两大省级中欧班列枢纽节点，形成“3+2”中欧班列枢纽节点体系；以陇海铁路、京沪铁路两大铁路货运干线为支撑，紧密衔接由新疆阿拉山口、霍尔果斯等口岸出境的西通道，以及由内蒙古满洲里等口岸出境的东通道两条中欧班列铁路运输通道，着力打造沿东陇海、沿京沪、沿海、沿长江、沿运河的省内五大物流集聚通道。为此，江苏将实施加强物流枢纽设施建设、加强中欧班列通道设施建设、加大资源整合力度、创新运输服务模式、构建信息服务平台、推进便利化大通关等六大重点任务。

(3)中欧班列(安徽)(见表10.18)。2015年6月，中国铁路上海局集团有限公司与合肥市政府联手打造合肥新亚欧大陆桥国际铁路货运通道，正式开行合肥至德国汉堡的中欧班列，2018年，合新欧班列已步入常态化运营，基本保持每周开行1列。合肥至德国汉堡的中欧班列，不仅可以承担大宗货物的“一站式”运输，而且成本更低、效率更高①。运输成本比空运低五分之一，且运输时间仅为海运的四分之一，大大降低货物进出口的物流成本。

表10.18　中欧班列(安徽)

中欧班列(合肥)：合新欧	运输路线	合肥—阿拉山口—哈萨克斯坦—俄罗斯—白俄罗斯—波兰—德国汉堡
	运输里程、时间	全程约10 600千米，运行时间约15天
	国际货运班列	2014年6月26日正式开通
	主要货源地	合肥，还带动周边的浙江、江苏等地的产品出口
	运输货物	家电、汽车、装备制造等产品，带动周边浙江、江苏等地产品出口

资料来源：根据相关资料整理。

① 胡旭.合肥“中欧班列”首次连续发班　年内开行量力争增长一倍[EB/OL].央广网，2018-03-09.

自2014年以来,中欧班列为合肥市乃至安徽省直接与中亚、欧洲建立经贸关系开辟重要通道,实现合肥周边地区与中亚、中欧沿线国家贸易的互联互通,成为安徽融入"一带一路"建设、构筑对外开放大通道的重要举措。

截至2017年年底,合新欧累计开行162列,货值达71.2亿元。2017年,合肥货运中心累计开行中欧班列48列,近3 000车产自安徽的太阳能光伏、液晶面板、笔记本电脑、机械设备和轻纺等产品踏上"新丝绸之路"。2018年,合肥铁路将大幅增加班列频次,力争在年内实现开行总量翻一番①。2018年3月,合肥首次实现中欧班列四列连发,集装箱班列装载着"安徽造"的新产品从中国铁路上海局集团公司合肥北物流基地开出。建设中欧班列为安徽产业规模化、集群化发展拓展了广阔空间。

(4)中欧班列(浙江)(见表10.19)。中欧班列是浙江融入"一带一路"建设的重要举措,其中义新欧班列最具影响。经过三年多运营,截至2018年5月,义新欧班列已开通9条运输线路,沿线设立4个分支机构,8个海外仓和5个物流分拨中心②。2017年,义新欧班列往返运行168列,发送14 910个标箱,比上年增长84.3%。义新欧班列已成为全国运行线路最多、市场化程度最高、运行效率领先的中欧班列。

表10.19　中欧班列(浙江)

中欧班列(义乌):义新欧	运输路线	线路一:义乌—新疆阿拉山口—哈萨克斯坦—俄罗斯—白俄罗斯—波兰—德国—法国—西班牙马德里 线路二:义乌—新疆阿拉山口—哈萨克斯坦—土库曼斯坦—伊朗德黑兰
	运行里程、时间	线路一:全程13 052千米,运行时间约21天 线路二:全程10 399千米,运行时间约14天
	国际货运班列	线路一:2014年11月18日正式开通 线路二:2015年1月28日正式开通
	主要货源地	义乌
	运输货物	服装、鞋帽、百货、五金、床上用品、家电、饰品等

资料来源:根据相关资料整理。

---

① 胡旭.合肥"中欧班列"首次连续发班　年内开行量力争增长一倍[EB/OL].央广网,2018-03-09.

② 姜波.义新欧班列班列促进中西经贸合作[EB/OL].人民网,2018-05-04.

为深度参与“一带一路”建设，浙江着力做大做强义新欧班列、推进“一带一路”捷克站建设。除实现班列双向常态化运行外，加快推进两个重点项目。国内以建设义乌捷克小镇为重点，打造班列进口大平台；同时建立义新欧班列进口直通机制，探索进口贸易简化申报，发展跨境电商进口业务；国外以建设“一带一路”捷克站为重点加快沿线海外分市场、物流中心和仓库建设，拓展班列的融资、通关、退税、保险等综合服务功能，组织开展货源对接活动，推动班列全年往返 300 列以上。

（5）中欧班列（四川）（见表 10.20）。自 2013 年 4 月 26 日首次开行以来，蓉欧班列开行呈快速增长趋势。2015 年，蓉欧班列开列 103 次，在开通中欧班列的城市里排名第 4；2016 年，蓉欧班列运力大幅提升，全年共开行 453 次，首次超过“渝新欧”，跃居中欧班列榜首；2017 年，蓉欧班列开行 777 列，占中欧班列开行总量的23.8%，牢牢占据首位，并初步形成涵盖捷克布拉格、荷兰蒂尔堡等欧洲 11 个主要节点城市的核心布局①。

表 10.20　中欧班列（四川）

中欧班列（成都）：蓉欧快铁	运输路线	成都—新疆阿拉山口—哈萨克斯坦—俄罗斯—白俄罗斯—波兰罗兹
	运输里程、时间	全程 9 965 千米，运行时间约 14 天
	国际货运班列	2013 年 4 月 26 日正式开通
	主要货源地	西南、华南、华东地区
	运输货物	机械产品、衣服裤子、汽车配件、笔记本电脑等

资料来源：根据相关资料整理。

截至 2017 年年底，蓉欧班列已从最初的每周 1 列单向运行，发展到每周 15 返 13 的双向对开，平均每天有 2～3 班进出成都国际铁路港。虽然渝蓉班列优势依旧明显，但随着郑州、武汉等中部地区日益崛起，渝蓉地区中欧班列发展面

① 重庆马路社.2017 年中欧班列：重庆成都领跑、郑州武汉强势崛起！［EB/OL］.搜狐网，2018-01-03.

临前所未有的挑战。

(6)中欧班列(湖北)(见表10.21)。作为湖北融入"一带一路"建设的重要载体,中欧班列(武汉)积极建设国际贸易新通道,全力实现沿线国家商品大流通。2017年,汉新欧开行375列,超额完成年初300列的目标,同比增长68.9%,居全国第4。其中返程214列超过去程班列,运输实载率97.7%,位居中欧班列首位。截至2017年年底,汉新欧累计开行达700列,已实现"有去有回"的双向常态化运行。

表10.21　中欧班列(湖北)

中欧班列(武汉):汉新欧	运输路线	武汉—新疆阿拉山口—哈萨克斯坦—俄罗斯—白俄罗斯—波兰/捷克
	运输里程、时间	全程约10 700千米,运行时间约15天
	国际货运班列	2012年10月24日开通,2014年4月23日正式开通
	主要货源地	武汉
	运输货物	笔记本电脑等电子产品以及周边地区的其他货物

资料来源:根据相关资料整理。

2017年,中欧班列(武汉)不断取得新突破。作为全国唯一具有三条通道运行能力的中欧班列,中欧班列(武汉)以工业制造大国德国以及资源大国俄罗斯为重要支点,在新亚欧大陆桥、中蒙俄、中国—中亚—西亚国际经济走廊上陆续累计开通16条线路,包括武汉至帕尔杜比采(捷克)、戈茹夫(波兰)、莫斯科(俄罗斯)、明斯克(白俄罗斯)、塔什干(乌兹别克斯坦)、汉堡/杜伊斯堡(德国、双向)、里昂(法国)、杜尔日、"俄满汉"木材回程运输专列,中欧班列(武汉)开行线路在全国开行中欧班列的35个城市中名列第1,辐射欧洲、中亚、西亚等28个国家,完成与60多个城市的经贸交流。彻底改变了过去内陆地区外贸出口依靠沿海地区走向世界的"一江春水向东流"格局。中欧班列开通大幅提升了武汉对外贸易方面的竞争优势,国内外不少企业向湖北转移生产布局。

从以前"满载出国门,空着回武汉"到如今"有去有回",中欧班列(武汉)双向运行日趋常态化,不仅提升班列运力,同时推动武汉与沿线各国的外贸交流。中欧班列(武汉)由此成为武汉连接世界、双向沟通的重要途径。截至2017年年底,中欧班列(武汉)既有富士康、东风等企业的“定制专列”,又有凡谷、爱帝等中小外贸企业的“公共班列”,也有小微企业、跨境电商的“拼箱班列”,甚至有满足个人需求的“私人定制”①。

2017年年底,武汉率先在全国开通5趟“天天班”货运班列,与每周三去两回的班列形成互补,将班列在俄罗斯及欧洲其他国家形成的资源优势扩散至全国,推动形成中部地区对外开放的新格局。

(7)中欧班列(湖南)(见表10.22)。2014年11月,湖南首条直达欧洲的国际铁路货运班列“湘欧快线”正式开行,这也是继渝新欧、蓉欧快铁、郑新欧等之后,新的一条连通我国中西部地区与欧洲大陆的铁路货运专线。

2017年,湖南中欧班列进出口货运量41.9万吨,同比增长3.9倍,进出口总额46亿元,同比增长1.1倍。截至2017年年底,湘欧快线已运营中欧班列线路10条,去程8条,返程2条。在已开通中欧班列的全国35个城市中,货运量居第5位。中欧班列的常态化运营有力推动湖南本土产品走出国门。

表10.22 中欧班列(湖南)

<table>
<tr><td rowspan="5">中欧班列(湖南):湘欧快线</td><td>运输路线
(一主两辅线路)</td><td>主线路:长沙—新疆阿拉山口—哈萨克斯坦—俄罗斯—白俄罗斯—波兰—德国汉堡
辅线路一:长沙—新疆霍尔果斯—乌斯别克斯坦塔什干
辅线路二:长沙—二连浩特/满洲里—俄罗斯莫斯科</td></tr>
<tr><td>运输里程、时间</td><td>全程11 808/12 521千米,运行时间约18/16天</td></tr>
<tr><td>国际货运班列</td><td>2012年10月30日正式开通</td></tr>
<tr><td>主要货源地</td><td>湖南、广东、江苏、江西、浙江等省份</td></tr>
<tr><td>运输货物</td><td>茶叶、烟花、陶瓷、钢管、服装、化工、工程机械、汽车、电子产品、显示器、玩具、服装等</td></tr>
</table>

资料来源:根据相关资料整理。

① 王贤.中欧班列(武汉)全年往返开行375列同比增长68.9%[EB/OL].百度网,2017-12-29.

中欧班列是湖南一条可以在本地自主报关、进出口货物直通国内外的主要进出口通道，海关将重点支持企业运营好中欧班列。其中，长沙海关积极助推湖南融入"一带一路"，多措并举保障湖南中欧班列运营发展。

一方面为中欧班列量身定制监管方案，推行通关便利措施，压缩通关环节，优先为中欧班列办理通关手续，大幅缩短货物在场站的仓储时间。2018年，长沙海关将在长沙新北站铁路货栈推行"区港一体化""提前申报、运抵验放"等改革措施，并配置大型集装箱检测设备、货物检查X光机、移动查验单兵作业设备等先进监管查验设备，进一步提高海关监管通关智能化、提升通关效能。

另一方面，强化与边境海关的联系配合，相继与阿拉山口、霍尔果斯、满洲里、二连浩特等边境海关签订合作备忘录，为企业打通"一次报关、一次查验、全程放行"的绿色通关通道。2017年，通关效率大幅提升。关区进口平均通关时间8.62小时，远低于全国15.87小时的平均水平，与2015年同比压缩71.4%，出口通关时间1.04小时，优于全国1.11小时的平均水平，压缩54.4%，超额完成海关压缩通关时间三分之一的预期目标①。

此外，长沙海关针对中欧班列晚上装运提供预约加班服务，实行"5+2""白+黑"预约加班，及时办理验放手续，有力保障了中欧班列顺利启程。

(8)中欧班列(江西)(见表10.23)。自2015年年底从南昌首趟中欧班列开往鹿特丹，短短不到3年，中欧班列(江西)已步入发展快车道，实现了从无到有，从不定期开行到定期开行的飞跃。2017年，中欧班列共开行27列，实现多地多趟开行的目标。截至2018年5月，全省已有南昌、赣州、鹰潭、上饶、抚州5地开行中欧班列。

---

① 刘怡斌.湖南"中欧班列"货运量排名全国第五[EB/OL].网易网，2018-01-16.

表 10.23　中欧班列(江西)

中欧班列(江西):赣新欧	运输路线	南昌—满洲里—俄罗斯—白俄罗斯—波兰—德国—荷兰阿姆斯特丹
	运输里程、时间	全程约 12 000 千米,运行时间约 17 天
	国际货运班列	2015 年 11 月 24 日正式开通
	主要货源地	江西
	运输货物	太阳能组件

资料来源:根据相关资料整理。

南昌和赣州两地已基本实现定期开行中欧班列,特别是赣州港一年内开通满洲里、二连浩特、阿拉山口、霍尔果斯 4 个出入境通道,成为全省唯一纳入海关总署和铁路总公司中欧班列运行线路图的国际港站。赣州港中欧班列能够辐射“一带一路”沿线 18 个国家和地区,是全国开行目的国和打通沿海沿边通道较多、货物品种丰富、发展速度最快的内陆口岸,实现了家具、木材、煤炭、蔬菜、汽车和电子产品等货物出口。

2018 年 4 月,赣州港经满洲里、霍尔果斯的两条中欧班列线路固化,成为常态化开行中欧班列的重要保证,赣州港已基本实现每月开行两班。中欧班列的常态化开行给江西开放发展带来立竿见影的作用。

首先,运行效率不断提升,大大缩短出口时间。铺画速度为 120 千米/时的中欧班列专用线路,全程运行时间从初期超过 20 天逐步缩短至 12~14 天;运行成本不断降低,整体运输费用较开行初期下降约 40%。

其次,实现货物畅通,为集装箱重出重进奠定基础。以往我国中欧班列出口多进口少,集装箱出口后往往空箱丢弃在外,物流成本居高不下。重出重进可通过空箱回用低成本进口国内,从而实现现代物流良性运转。中欧班列的开行,不仅使得江西造“走出去”,也使得一些洋货“走进来”。

此外,极大地弥补对外开放短板,使全省对接融入“一带一路”。中欧班列进一步加强江西的全球贸易合作,港口业务覆盖面已从江西延伸到全国各地,有效吸引了全国各地货物向港口集聚。同时，赣州主动“走出去、请进来”，与11个国家的驻华领事馆、5个国际城市及港口建立了长期合作关系，在国外建立了6个资源供应及加工基地。

中欧班列还加快了产业转型升级进程。赣州港通过直通直放，有力促进了家具产业的外贸转型。截至2018年5月，有50多个国家和地区的木材从赣州港进来，赣南制造的产品从赣州港发往全球100多个国家和地区。在南康注册的进出口公司从2014年的3家猛增到2018年5月的400余家，南康已经成为区域性货物贸易集散中心。高端装备制造、电子信息、新能源汽车等产业龙头企业相继“抢滩登陆”，以临港产业为主导的临港经济区逐步形成。在港口带动下，南康家具产业集群产值从建港前450亿元快速上升到2017年突破1 300亿元，成为全国最大实木家具制造基地，解决了40余万劳动力的就业问题，直接带动近10万贫困户脱贫。

(9)中欧班列(云南)(见表10.24)。2017年，云南中欧班列的进出口货运量实现大幅增长。其中，转关出口394个标准集装箱，货运量4 500吨，货值5 746.6万元，分别是2016年的4.6倍、4.5倍和5.9倍，主要货物为结构部件、金属硅、办公设备、电脑部件等。转关进口78个标准集装箱，货运量770吨，货值621万元，分别是2016年的3.9倍、33.5倍和4.2倍，主要货物为葡萄酒、泥煤、主轴箱等①。

表10.24　中欧班列(云南)

中欧班列(云南)滇新欧	运输路线	昆明—成都—宝鸡—兰州—阿拉山口—哈萨克斯坦—俄罗斯—白俄罗斯—波兰—德国—荷兰阿姆斯特丹
	运输里程、时间	全程14 000千米，运行时间约15天
	国际运输班列	2015年7月1日正式开通
	运输货物	精深加工咖啡产品

资料来源：根据相关资料整理。

① 刘子语.2017年云南中欧班列货运量增长[EB/OL].网易网,2018-02-07.

以昆明为起点的中欧班列(滇新欧)顺畅运行,加快云南融入"一带一路"步伐。昆明海关通过实行预约通关、货物通关手续随到随办等制度,大幅减少货物中转环节,降低企业运营成本。海关、检验检疫和铁路运输等多部门加强协作衔接,根据企业需求调整查验工作,并通过上门调研、电话沟通等多种方式与班列公司保持密切联系。

此外,"黔新欧"也正加快建设步伐。贵州省围绕"打造西部内陆开放高地,实现与全球互联互通"建设贵州黔北现代物流城,与"一带一路"的重庆通联主道,将"渝新欧"物流线延伸到遵义,打造"黔新欧"物流线,建成多式联运的一类铁路口岸和 B 型保税物流中心,抢占内陆物流开放新高地。

二、中欧班列发展面临的突出问题和推进策略

综合学术界相关研究成果,长江经济带中欧班列发展面临以下五大主要问题:

一是线路重复现象严重。当前,国内各地运营的中欧班列线路重复现象较为普遍,地区间的无序竞争导致班列返程空载率和物流成本居高不下,资源浪费,加大对外谈判铁路运价难度,不利于行业健康发展。中欧班列返程率仍较低,双向运输仍不均衡,与实现良性运营还有较大距离。此外,部分铁路港因设计能力较低,难以适应中欧班列数量的快速增长,已经处于满负荷运行,货物持续拥堵影响了运输的时效性①。

二是地方政府巨额补贴。中欧班列经过几年运行和市场培育,具备全面市场化运作能力。然而,部分地区靠政府补贴盲目开行,导致班列平台公司无法按市场化运营,区域无序竞争造成极大资源浪费,严重影响中欧班列的健康发展。虽然政府补贴对于维持大部分中欧班列运营仍很重要,但盲目的扶持不利于中欧班列市场竞争力的提升。

① 主要的拥堵点位于北俄罗斯的布列斯特和波兰的马拉舍维奇。

三是班列物流成本偏高。部分沿线国家出于保护本国就业、税收等资源，对过境的中欧班列收取较高的运费，削弱了中欧班列“高性价比”的市场优势。虽然中国铁路总公司通过与宽轨国家铁路企业积极谈判协商，实施宽轨段和中国境内的运价优惠，但由于欧洲段运价依然较高，导致中欧班列全程运价仍高于市场预期。

四是口岸通关效率不高。一方面，由于欧亚大陆桥轨距不统一，班列全程中至少要进行两次换装。部分口岸的换装能力不足延长了铁路过境时间，导致铁路物流竞争力下降，降低通关效率。另一方面，中欧班列开行应遵循沿线国家铁路运输公约、国际铁路货物联运协定、国际铁路旅客联运协定，繁多的报关程序延长了班列在口岸滞留时间。

五是班列综合服务水平有待提升。中欧班列营销平台还处于独立揽货状态，信息缺乏互联互通，不能有效利用班列相关资源，尤其在对外谈判时不能有效整合零散货运批量而形成竞价优势，导致难以降低规模成本和运费。另外，国内不同地区班列服务标准、补贴标准差异较大，不能及时查询在途货物信息，综合服务水平很难满足客户要求。

综合学术界相关研究成果，未来宜从以下五大方面着力进一步推动长江经济带中欧班列持续健康发展：

一是加强国家层面顶层设计，避免地方无序竞争。国家相关管理部门需要统筹规划各地中欧班列的开行计划和运行线路，尽可能避免运力浪费并减少运营发车等待时间，充分发挥中欧班列“高性价比”优势；中国铁路总公司可以集中管理各条班列线路的货物，统一对外谈判，统一签订过境和运价协议。最大化保障各地权益，避免地方政府无效博弈。

二是强化市场导向，整合地方利益。地方政府应借助市场力量，逐步减少财政补贴力度。地方政策支持有利于中欧班列建设，但政府过度参与也会削弱市场调节能力，造成班列开行对政策的过度依赖。在中欧班列短期竞争激烈背景下，长江中上游地区应抛弃地方利益思维，在跨国合作的同时应推动国内运营中欧班列的地区合作。

三是统一对外运价。由中国铁路总公司整合各地区班列资源统一对外询价、竞价，压低国外线路的运输成本，从而减少地方政府财政压力。同时，加强对各地中欧班列的统筹引导，避免恶意竞争。通过整合各种渠道货源信息，拓展国际联运市场，增强我国中欧班列的整体竞价能力，健全国际联运价格形成机制，最大限度利用价格杠杆提高我国境外运输定价的话语权。

四是推进便利化大通关。首先，加强与中欧班列沿线国家海关的国际合作。推进信息互换、监管互认、执法互助合作，扩大海关间监管结果参考互认、商签海关合作协定等。其次，进一步扩大口岸开放。支持有条件的地方建设进境肉类、粮食、水果、种苗、汽车、木材等国家指定口岸，对符合国家要求的优先审批、优先验收。此外，推动建立统一的规则体系。积极推动与铁路合作组织、国际铁路联盟、世界海关组织、万国邮政联盟等国际组织的合作，建立统一互认的单证格式、货物安全、保险理赔、通关便利、数据共享等规则和技术标准，提高班列运行质量和效率。

五是完善班列服务体系。加强地方政府部门、中国铁路总公司、物流供应商以及进出口加工企业的联系合作，协调班列路线的物流服务业务。加快与中欧班列沿线国家铁路部门的沟通协调，不断提高境外通关清关和转场作业效率，压缩全程运行时间，形成便捷、安全、高效的物流服务体系。同时，完善班列服务平台。构建服务全球贸易和营销的电子交易平台和物流信息平台，建立国际联运信息交换机制，加强与沿线国家铁路公司信息交换和对接，推进国内海关、质检、港口的信息交换平台建设，实现货源数据的共享，提供货物及时信息查询，进一步提升客户体验。

参考文献

[1] 任学武.一本书读懂自贸区[M].北京：人民邮电出版社，2017.

[2] 高柏，甄志宏，等.中欧班列——国家建设与市场建设[M].北京：社会科学文献出版社，2017.

[3] 周茂荣,张子杰.对外开放度测度研究述评[J].国际贸易问题,2009(8):121-128.

[4] 伍凤兰,马忠新."一带"与"一路"沿线 18 个省区市对外开放度的比较研究[J].云南社会科学,2017(1):6-10,185.

[5] 陈威,潘润秋,王心怡.中国省域对外开放度时空格局演化与驱动机制[J].地理与地理信息科学,2016(3):53-60.

[6] 杨继瑞,罗志高."一带一路"建设与长江经济带战略协同的思考与对策[J].经济纵横,2017(12):85-90.

[7] 沈玉良,彭羽.自贸试验区建设与长江经济带开放型经济战略研究[J].国际贸易,2017(6):14-18.

[8] 陈文玲.一带一路与长江经济带战略构想内涵与战略意义——兼论重庆在两大战略中的定位[J].中国流通经济,2016(7):5-16.

[9] 王娟娟.京津冀协同区、长江经济带和一带一路互联互通研究[J].中国流通经济,2015(10):64-70.

[10] 王海燕.上海在"一带一路"和长江经济带建设中的定位与作用研究[J].科学发展,2015(3):92-98.

[11] 杜金岷,吴非,韩亚欣.中国自由贸易试验区:目标导向、制度约束与突破路径[J].亚太经济,2017(1):147-153.

[12] 王洪.我国自由贸易试验区发展比较分析及提升对策[J].天津师范大学学报(社会科学版),2017(3):67-74.

[13] 池永明.中欧班列发展的困境与出路[J].国际经济合作,2016(12):60-65.

[14] 付新平,张雪,邹敏,等.基于价值量模型的中欧班列经济性比较分析[J].铁道运输与经济,2016(11):1-5,11.

[15] 李耀华.中欧班列的运行现状与发展对策[J].对外经贸实务,2015(2):91-93.

[16] 王艳波.中欧班列建设发展规划研究[J].铁道运输与经济,2017(1):41-45.

附　录

国家长江经济带发展战略与主要相关政策文件目录汇编（2014—2018）

附表　国家长江经济带发展战略与主要相关政策文件目录汇编（2014—2018）

主题类型	发布日期	发布机构	文号	文件名称
综合发展	2014.09.25	国务院	国发〔2014〕39 号	《国务院关于依托黄金水道推动长江经济带发展的指导意见》
	2015.04.13	国家发展改革委	发改地区〔2015〕738 号	《国家发展改革委关于印发长江中游城市群发展规划的通知》
	2015.06.09	国家发展改革委	发改外资〔2015〕1294 号	《国家发展改革委关于建设长江经济带国家级转型升级示范开发区的实施意见》
	2016.09	中共中央		《长江经济带发展规划纲要》
	2016.04.12	国务院	国函〔2016〕68 号	《国务院关于成渝城市群发展规划的批复》
	2016.05.22	国务院	国函〔2016〕87 号	《国务院关于长江三角洲城市群发展规划的批复》
	2016.05.25	国家发展改革委	发改外资〔2016〕1111 号	《国家发展改革委关于建设长江经济带国家级转型升级示范开发区的通知》
	2016.06.01	国家发展改革委、住房城乡建设部	发改规划〔2016〕1176 号	《国家发展改革委、住房城乡建设部关于印发长江三角洲城市群发展规划的通知》
	2018.06.13			《习近平：在深入推动长江经济带发展座谈会上的讲话（2018 年 4 月 26 日）》

续表

主题类型	发布日期	发布机构	文号	文件名称
综合立体交通走廊	2014.06.09	国务院	国办函〔2014〕54号	《国务院办公厅关于印发推进长江危险化学品运输安全保障体系建设工作方案的通知》
	2014.09.12	国务院	国发〔2014〕39号	《长江经济带综合立体交通走廊规划（2014—2020年）》
	2015.02.02	国家交通运输部	交通运输部公告2015年第7号	《关于发布〈长江干线桥区和航道整治建筑物助航标志〉（JTS 196-10-2015）的公告》
	2015.05.18	国家发展改革委	发改办基础〔2015〕1241号	《国家发展改革委办公厅关于印发〈长江经济带综合立体交通走廊建设中央预算内投资安排工作方案〉的通知》
	2016.12.07	国家发展改革委、交通运输部、中国铁路总公司	发改基础〔2016〕2588号	《国家发展改革委、交通运输部、中国铁路总公司关于印发〈“十三五”长江经济带港口多式联运建设实施方案〉的通知》
	2017.08.04	国家交通运输部	交水发〔2017〕114号	《交通运输部关于推进长江经济带绿色航运发展的指导意见》
	2017.11.04	国家交通运输部	交通运输部令2017年第32号	《长江干线水上交通安全管理特别规定》

续表

主题类型	发布日期	发布机构	文号	文件名称
生态保护	2016.02.23	国家发展改革委、环境保护部	发改环资〔2016〕370 号	《国家发展改革委、环境保护部印发关于加强长江黄金水道环境污染防控治理的指导意见的通知》
	2016.02.24	国家发展改革委、国家林业局	发改农经〔2016〕379 号	《国家发展改革委、国家林业局关于加强长江经济带造林绿化的指导意见》
	2017.07.07	国家环境保护部办公厅	环办环监函〔2017〕1077 号	《环境保护部办公厅关于长江经济带饮用水水源地环境保护执法专项行动进展情况的通报》
	2017.07.13	国家环境保护部、国家发展和改革委员会、水利部	环规财〔2017〕88 号	《环境保护部、国家发展和改革委员会、水利部关于印发〈长江经济带生态环境保护规划〉的通知》
	2018.02.13	国家财政部	财预〔2018〕19 号	《财政部关于建立健全长江经济带生态补偿与保护长效机制的指导意见》
	2018.02.28	国家发展改革委	发改基础规〔2018〕360 号	《国家发展改革委关于印发〈长江经济带绿色发展专项中央预算内投资管理暂行办法〉的通知》

续表

主题类型	发布日期	发布机构	文号	文件名称
产业发展	2016.03.02	国家发展改革委、科技部、工业和信息化部	发改高技〔2016〕440号	《国家发展改革委、科技部、工业和信息化部关于印发〈长江经济带创新驱动产业转型升级方案〉的通知》
	2016.11.01	国家邮政局	国邮发〔2016〕99号	《国家邮政局关于加快长江经济带邮政业发展的指导意见》
	2017.01.10	国家交通运输部	交办规划〔2017〕7号	《交通运输部办公厅关于印发长江干线危险化学品船舶锚地布局方案(2016—2030年)的通知》
	2017.06.30	国家工业和信息化部、发展改革委、科技部、财政部、环境保护部	工信部联节〔2017〕178号	《工业和信息化部、发展改革委、科技部、财政部、环境保护部关于加强长江经济带工业绿色发展的指导意见》(附件1.《长江经济带11省市危险化学品搬迁改造重点项目》;附件2.《长江经济带产业转移指南》)

续表

主题类型	发布日期	发布机构	文号	文件名称
开放合作	2014.11.06	国家海关总署关税征管司	税管函〔2014〕99号	《海关总署关税征管司关于长江经济带海关区域通关一体化审单工作有关问题的复函》
	2015.03.24	国家质检总局		《质检总局关于印发〈长江经济带检验检疫一体化建设方案〉的通知》
法制建设	2016.02.24	国家最高人民法院	法发〔2016〕8号	《最高人民法院关于为长江经济带发展提供司法服务和保障的意见》
	2018.06.13	国家司法部		《司法部关于全面推动长江经济带司法鉴定协同发展的实施意见》

资料来源：整理自北大法律信息网、中国政府网、国家发展改革委网等网站信息。